RÉFUTATION

DE

L'HISTOIRE DE FRANCE

DE L'ABBÉ DE MONTGAILLARD.

BLOIS, IMPRIMERIE D'AUCHER-ELOY.

RÉFUTATION

DE

L'HISTOIRE DE FRANCE

DE L'ABBÉ DE MONTGAILLARD,

PUBLIÉE

PAR M. URANELT DE LEUZE,

ACCOMPAGNÉE DE PIÈCES JUSTIFICATIVES, QUI CONTIENNENT UNE NOTE
POLITIQUE DE MIRABEAU ET PLUSIEURS LETTRES INÉDITES DE LOUIS XVIII ;
AVEC UN FAC SIMILE DE LEUR ÉCRITURE.

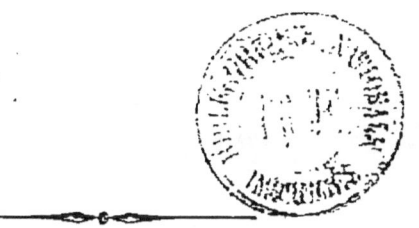

PARIS,

CHEZ DELAFOREST, LIBRAIRE,
RUE DES FILLES-SAINT-THOMAS, N° 7;
ET CHEZ PONTHIEU ET Cⁱᵉ, AU PALAIS-ROYAL.

1828.

AVIS DE L'ÉDITEUR.

L'auteur de cette réfutation s'est attaché principalement à combattre les fausses doctrines de l'abbé de Montgaillard, et ses appréciations, ridicules ou iniques, sur les événements et les personnages historiques de l'époque contemporaine. Il s'agissait, avant tout, d'opposer un jugement impartial à l'emportement d'un satiriste, et de démontrer, par une analyse exacte, que le livre, dont certaines gens avaient fait un *Manuel indispensable pour l'instruction politique des peuples*, n'était guère qu'un volumineux pamphlet, rempli d'erreurs, de contradictions et d'invectives, et tout-à-fait vide de raison et d'équité, soit à l'égard des institutions et des notabilités sociales de l'ancien régime, soit envers les hommes et les choses de la France régénérée. S'il avait fallu réfuter spécialement tous les mensonges et repousser tous les traits empoisonnés que renfermait cette prétendue *histoire de France*, neuf volumes n'auraient pas suffi, et la critique sommaire et philosophique, pour laquelle l'auteur de cet écrit avait pris la plume, aurait été noyée dans une foule de détails fastidieux. On a dû par conséquent ne signaler les inexactitudes et les faussetés sur les faits particuliers et les individus, que pour faire droit aux réclamations, adressées à notre bureau de souscription, et qui se trouvaient appuyées sur des renseignements positifs, dont quelques uns ont été même placés, comme pièces justificatives, à la fin du volume, selon l'engagement pris dans le prospectus. L'accueil fait à ces réclamations, sans acception d'opinion et de parti, s'il n'a été pour nous que l'accomplissement d'un devoir sacré, attestera du moins que nous avons été fidèles à nos promesses d'impartialité.

RÉFUTATION

DU

LIVRE DE L'ABBÉ DE MONTGAILLARD ;

INTITULÉ :

HISTOIRE DE FRANCE,

DEPUIS LA FIN DU RÈGNE DE LOUIS XVI JUSQU'EN 1825.

PREMIÈRE LETTRE.

Paris, 1ᵉʳ mai 1827.

Monsieur ;

Vous êtes donc un de ces frondeurs incorrigibles, qu'on ne rencontre que trop rarement en province, et qui osent penser autrement que les organes quotidiens de l'opinion, sur les hommes et sur les livres, sur les événements du jour comme sur ceux du passé. En vérité, vous êtes bien à plaindre, par le temps qui court, de tenir ainsi à l'indépendance

de vos jugements! Je vois d'ici les *capables* de ***
rire de vos prétentions, et signaler entre eux,
comme un être bizarre, l'homme qui veut avoir
ses idées en propre, au lieu de les recevoir chaque
matin de Paris par la malle-poste.

Ainsi, Monsieur, en dépit des pompeuses annonces
et des recommandations réitérées du *Constitutionnel*, vous persistez à ne pas trouver tout admirable
dans l'Histoire de France de M. l'abbé de Montgaillard, et vous refusez décidément de vous faire l'é-
cho de ses apologistes périodiques. Mais, dites-
vous, qu'en pensez-vous vous-même? La question
serait embarrassante, si on me l'adressait en public.
Après la réponse favorable qu'a rendue l'oracle in-
faillible des salons et des cafés, il ne serait pas
prudent de résister à la contagion de l'enthousiasme,
et de hasarder la critique la plus mesurée. Heureusement, c'est sous le sceau du secret des lettres,
proclamé inviolable par cette Charte qui ne sait pas
bien souvent se préserver elle-même des affronts
dont elle doit garantir les autres; c'est dans le
mystère d'une correspondance confidentielle, que
vous provoquez ma réponse à des interpellations
qu'ailleurs j'appelerais indiscrètes. Je vais donc
vous mander mon avis, puisque vous l'exigez:
dût-il vous déplaire, je l'exprimerai sans détour,
comme je ferais, si j'étais cité au tribunal de
l'histoire, devant lequel surtout il faut dire toute

la vérité et parler sans haine et sans crainte.

Je partage d'abord votre opinion sur le style de l'abbé de Montgaillard; ce qu'on peut en dire de mieux, c'est qu'il a de la véhémence et de la chaleur, qualités essentielles pour se faire lire, pourvu qu'on sache les contenir dans de sages limites. Mais ne trouvez-vous pas que la chaleur de cet écrivain indique parfois des symptômes de fièvre, et qu'elle tient moins, après tout, du feu qui vivifie que de celui qui brûle? Où remarque-t-on la vivacité, l'énergie, la rapidité dont on le loue, si ce n'est dans ses violentes diatribes contre les institutions et les personnages historiques de l'ancienne France, de la république, de l'empire et de la restauration? Il est facile d'échapper au reproche de mollesse et de froideur, lorsqu'on écrit sous l'influence de l'irritation et de la colère. Avec la ferme résolution de déchirer les hommes et de dénigrer les choses, on est toujours sûr de trouver sous sa plume des expressions virulentes, des termes passionnés, qui donnent du mouvement et de la physionomie au discours. Or, voyez si ce n'est pas là précisément ce qui est arrivé à M. de Montgaillard? D'un bout de son livre à l'autre, il se fâche, s'emporte, gronde, tonne, et contre qui? contre tout le monde. Faites-y bien attention : si vous trouvez quelque part, vous, M. l'ex-député, votre nom cité avec éloge, ne vous pressez pas trop de vous mettre en frais de modestie; préparez-vous, au contraire, à la résignation dont bientôt vous feront un besoin les injures qui vous attendent à la page suivante; et ne croyez pas que ce soit une exception, ce que je dis de vous s'applique à peu près à toutes les personnes que notre irascible, inégal, impétueux historien a pris la peine d'enregistrer dans ses nombreux volumes. Du moins, s'il était plus calme, plus conséquent, plus d'accord avec lui-même, en s'occupant des événements ; mais, encore ici sa bouillante imagination le domine, imprime à ses appréciations le cachet de sa mobilité, et le fait tomber dans les plus choquantes contradictions. En voulez-vous un exemple? prenez son discours préliminaire; vous y verrez, à la page 5, qu'il considère, avec Fox, la révolution française *comme le plus grand pas fait pour l'affranchissement total du genre humain ;* à la page 10, *que cette révolution a produit des changements immenses dans tous les esprits*, et *que ses principes ont conquis le monde.* Comment pensez-vous maintenant qu'il envisage l'influence de la population militaire et révolutionnaire de la France, jetée pendant quinze ans sur toutes les autres nations européennes, par les triomphes de Napoléon, et laissant partout les traces de ses nouvelles doctrines, de ses nouvelles habitudes? Vous supposez qu'il voit dans ce contact prolongé des soldats d'un peuple régénéré avec les habitants des pays soumis

à nos armes; vous supposez qu'il y voit un des grands moyens par lesquels *les principes de la révolution sont parvenus à conquérir le monde.* Pas du tout, M. de Montgaillard est trop convaincu de *l'inanité de la gloire militaire dont Napoléon éblouit et charma les Français ;* il est trop préoccupé du besoin de flétrir les intentions illibérales de ce superbe conquérant, pour reconnaître que ses conquêtes, en dépit de sa volonté despotique, purent avoir des résultats favorables à la liberté. Les grands changements moraux survenus dans les esprits, depuis le débordement des générations de la France nouvelle sur la vieille Europe, s'effacent tout à coup de sa mémoire, et voulant, à tout prix, ternir ou rapetisser ce qu'il ne comprend pas, il termine ainsi sa boutade contre les illusions et la vanité de la gloire qui s'acquiert par les armes :
« Après tout, la campagne si peu célèbre de 1734,
» qui réunit la Lorraine, a plus de mérite positif,
» plus de valeur réelle que toutes les conquêtes
» merveilleuses qui fondaient sur le sable le grand
» empire de Napoléon. » Je vous l'avouerai, Monsieur, la première fois que je lus cette phrase, je fus quelque temps à soupçonner la fidélité de mes yeux. Encore peu familiarisé avec la manière, les bonds, les saccades de notre auteur, je ne pouvais croire qu'il eût réellement terminé par une comparaison aussi bizarre et des considérations aussi

mesquines, ses fastueuses déclamations contre la fausse gloire que les gens de guerre moissonnent dans les camps. Comment, me disais-je, ce profond publiciste, cet historien philosophe, qui naguère semblait regarder en pitié les écrivains, ses devanciers, trop servilement attachés aux détails, à la partie matérielle de l'histoire; ce penseur audacieux qui planait sur les faits dramatiques de notre révolution, pour en saisir l'enchaînement et l'ensemble, pour en indiquer les immenses résultats moraux sur le sort de tout le genre humain, serait tombé tout à coup dans l'ornière des chroniqueurs vulgaires! Sa vue n'embrasserait plus le vaste tableau de la régénération universelle, commencée en France et communiquée au reste du monde, au milieu des glorieuses relations que le mouvement révolutionnaire, la victoire et le bruit de nos triomphes nous ouvrirent sur tous les points du globe! Son œil d'aigle, qui, des sommités de la haute politique, signalait les progrès et l'influence des doctrines libérales sur la civilisation de tous les peuples, aurait été frappé soudainement d'une telle myopie, qu'il n'apercevrait plus que le côté grossier des choses! Qu'il ne verrait plus dans le résultat de nos grandes commotions, pendant vingt-cinq ans, que l'absence d'accroissement territorial! Non, non, ajoutai-je, M. de Montgaillard n'a pu descendre si bas, après avoir voulu monter si haut.

De pareilles chutes ne sont permises que, par privilége, aux hommes de génie; et notre bouillant abbé, quelque bonne opinion qu'il parût avoir de son mérite, n'aurait certainement pas osé se donner des airs d'Homère et de Corneille. Cependant le livre était là qui repoussait énergiquement mes doutes et mon incrédulité; après l'avoir pris et repris, examiné, médité, commenté, force fut enfin de céder à l'évidence.

Mais lorsque j'eus fait une connaissance plus intime avec cet écrivain, je m'aperçus bientôt, Monsieur, que j'avais eu tort de témoigner tant de surprise de l'incohérence et de l'étrangeté de ses appréciations, et je me sentis disposé à ne plus m'étonner de rien. Sans sortir du cercle même de son discours préliminaire, j'aurais trouvé matière à plusieurs volumes, si j'eusse voulu me charger de signaler toutes les anomalies, toutes les erreurs, tous les écarts d'imagination qu'il renferme. Que pensez-vous, par exemple, de cette profonde admiration (pag. 47) pour le mot de Voltaire, faussement attribué à Louis XV : « L'Europe finit et l'Amérique commence. » Dans la bouche de l'homme qui vient de célébrer la jeunesse et la vigueur de l'Europe constitutionnelle (pages 3, 4, 5 et 10); qui semble tout fier (à bon droit sans doute) de pouvoir placer en Europe, et dans sa propre patrie, l'impulsion primitive et créatrice, d'où résultera la régénération

du monde; qui nous montre *l'industrie s'élançant d'une course rapide dans des routes nouvelles, à la voix de l'assemblée constituante;* qui, votant des remerciements à ce sénat *européen*, au nom de l'univers entier, proclame que *l'influence de ses doctrines doit se projeter sur les siècles à venir et s'étendre sur la surface entière du globe habité;* qui finit, en disant, avec Fox, de la révolution française, que *c'est le plus grand pas fait pour l'affranchissement du genre humain?* Concevez-vous que la même main qui traça ces phrases pompeuses en l'honneur de notre renaissance industrielle et politique, ait pu se prêter ensuite à exprimer la foi la plus vive, à l'égard de la sinistre prophétie qui nous menace d'une fin prochaine, comme si nous étions parvenus au dernier terme de la décrépitude? « Depuis trente ans, ajoute notre auteur,
» il s'est opéré de si grands changements dans le
» système général de la puissance, qu'il serait
» presque permis aujourd'hui de conjecturer, qu'a-
» vant la fin du 19e siècle, l'Europe sera sous le
» barbare joug de la Russie, et l'Amérique sous les
» heureuses lois des États-Unis. » (Pages 47 et 48) et *l'ère des gouvernements constitutionnels qui est arrivée en Europe! et les changements immenses produits dans tous les esprits par la révolution française! et les fondements du corps social qu'elle a mis à découvert! et ses principes qui ont conquis le*

monde ! Que vont-ils devenir sous le *barbare joug* des Moscovites? Ah! M. l'abbé de Montgaillard, pourquoi nous faire un si brillant tableau des bienfaits de la révolution, et de ses vastes résultats sur l'avenir du genre humain, si nous devons en être sitôt déshérités? Pourquoi nous commander d'abord l'enthousiasme par la peinture éloquente des améliorations sociales dont nous jouissons, ou sommes prêts à jouir, pour nous abandonner ensuite au désespoir? N'avez-vous reçu du ciel une si haute prévoyance que pour signaler, en des temps et des lieux identiques, des événements dont la co-existence est impossible? que pour faire des prédictions qui s'entredétruisent? L'*Europe finit*, dites-vous ! Mais ainsi s'exprimait M. de Maistre, l'inflexible champion des institutions du moyen âge : « *Je finis* » *avec l'Europe, c'est s'en aller en bonne compagnie.*» Tel fut son dernier cri, qui ne précéda que de quelques instants son dernier soupir. Il était conséquent, lui, dont la tête opiniâtrément féodale, ne concevait d'ordre social possible qu'avec la féodalité. Dans son système, la fin de l'ancien régime devait être la fin du monde, ou du moins la fin de l'Europe. Et c'est vous, le chantre enthousiaste de la révolution française, vous qui placez incessamment en elle les sources d'une nouvelle vie, non seulement pour la société européenne, mais pour le genre humain tout entier; c'est vous qui consentez à devenir l'écho de ce Jérémie de la vieille europe, qui n'a vu qu'un abîme et le néant au-delà de notre immortelle révolution ! C'est vous qui entonnez l'hymne de mort pour cette noble portion de l'humanité, à laquelle vous promettiez naguère de si brillantes destinées !!! Tranquillisez-vous, nos neveux ; M. l'abbé ne tardera pas de révoquer ce que ses prophéties peuvent avoir de sinistre. Il boude moins long-temps la postérité que ses contemporains, et, après tout, il est permis de croire que l'exaltation sybillique n'est pas toujours la preuve certaine de la connaissance de l'avenir.

En vérité, Monsieur, le livre de l'abbé de Montgaillard est tellement hérissé de bévues qu'on ne sait par où le prendre ; à chaque page, à chaque phrase, là même où se rencontrent parfois une appréciation saine, un emportement légitime, il faudrait s'armer du fouet de la critique. Si la proposition principale est vraie, il est rare qu'elle ne soit pas trop durement exprimée, ou que le désordre et la confusion des idées ne viennent pas se glisser dans une proposition incidente, dussent-elles se retrancher derrière les crochets d'une parenthèse, ou se placer modestement sous le texte, dans le cadre étroit d'une note. Ainsi, après avoir blâmé sévèrement et justement les soldats de la république, qui prirent des titres et se donnèrent des airs de grands seigneurs, sous l'ère impériale et depuis la restauration; après avoir flétri, sans indulgence et sans crainte, les transfuges de la révolution, pour si éminents en dignité qu'ils puissent être, il se laisse entraîner hors des bornes de la modération et de la justice, pour ne plus écouter que ses inspirations particulières et comprendre la vieille armée tout entière dans ses anathèmes. Il n'y avait plus de patrie pour ces militaires du temps de l'empire, nous dit-il (page 15), ce qui signifie sans doute que les braves d'Austerlitz et de Wagram, que ceux même de Brienne et de Montmirail, ne combattaient que pour un homme. Et qu'aurait dit l'illustre Carnot, lui qui, en 1815, triompha de ses ressentiments personnels, contre cet homme, pour offrir son bras à sa patrie menacée, si on lui eût découvert qu'il n'avait point de patrie à cette époque, et qu'il n'avait servi qu'un oppresseur? que penseront des doutes jetés sur le patriotisme de la vieille armée, ces vétérans de notre gloire, plus nombreux que ne semble le penser M. de Montgaillard, et auxquels ne saurait s'appliquer le reproche d'avoir transigé pour de l'argent, des cordons et de vains titres de noblesse, avec le pouvoir absolu et l'émigration nobiliaire? comment les noms des Lannes, des Lecourbe, des Drouot, des Foy, des Tareyre, des Gérard, des Grenier, des Demarçay, des Oudet, etc., etc., etc. (1), ne se sont-

---

(1) Le colonel Oudet, tué dans une embuscade, la veille

ils pas présentés à l'esprit de cet écrivain, et n'ont-ils pas arrêté sa plume, lorsqu'elle allait tracer son arrêt de réprobation en termes généraux, et confondre ainsi l'innocent avec le coupable? mais nos guerriers ne sont pas les seuls en butte à la pétulance emphatique et souvent brutale de notre abbé. Voyez en effet comment il parle des hommes de lettres, à la page 31. Selon lui, *presque tous les écrivains de notre époque ont encensé et servi tour à tour la liberté, le despotisme et l'usurpation; ils ont dénaturé tous les faits survenus depuis 1789, et, se calomniant eux-mêmes pour de l'argent, essaient de tromper jusque dans les choses dont nous sommes les témoins.* Certes on ne peut pas contester que la république des lettres n'ait eu ses mauvais citoyens, que le talent n'ait eu ses jours de prostitution, que la poésie surtout n'ait chanté plus d'une tyrannie. Mais *presque tous les écrivains de notre époque* ont-ils réellement trempé dans cette lâche profanation du culte des Muses? le souvenir des Chénier, des Ducis, des Ginguené, etc., s'est-il donc si vite effacé que les monuments de la bassesse littéraire soient seuls restés debout? l'histoire de nos dix dernières années ne témoigne-t-elle pas ensuite énergiquement en fa-

---

de la bataille de Wagram, était le chef d'une association républicaine, dite des *Philadelphes*, qui était fort répandue dans l'armée.

veur de nos écrivains actuels? les poursuites dont ils sont l'objet, l'animadversion des hommes qui donnent l'argent et les cordons, les précautions inouies que le dépit ministériel a conçues pour étouffer leurs accents, n'attestent-elles pas leur probité politique, et ne donnent-elles pas un démenti formel à M. de Montgaillard! Dans quel coin assez solitaire, cet impitoyable censeur allait-il donc chercher l'isolement dont il a voulu faire depuis une présomption d'impartialité, pour qu'il ait pu ignorer des faits connus de tout le monde? Où était-il pendant que les hommes de lettres de tous les âges, depuis Saint-Simon et Paul-Louis Courier, jusqu'à MM. Comte et Dunoyer; depuis l'Hermite de la Chaussée-d'Antin, jusqu'à M. Duménil; depuis Benjamin Constant jusqu'à l'inimitable Béranger, manifestaient la noble indépendance de leur caractère sur les bancs du tribunal correctionnel! Vivait-il alors loin de la capitale! mais les écrivains de nos départements ne furent pas moins dévoués que ceux de Paris. *Le Phocéen de Marseille, la Tribune de la Gironde, le Patriote alsacien, l'Écho de l'ouest, l'Écho du nord, l'Ami de la Charte* (du Puy-de-Dôme), *l'Ami de la Charte* (de Nantes), *l'Abeille de la Moselle, le Précurseur de Lyon*, le *Journal libre de l'Isère*, le *Journal politique de la Côte-d'Or*, etc. etc. : toutes ces feuilles provinciales rivalisaient de zèle et de civisme avec les plus énergiques des journaux parisiens, tels que *l'Aristarque de* 1820, *le Censeur européen*, le *Courrier français*, le *Journal du commerce*, etc., etc. Là aussi des procédures rigoureuses constataient l'existence d'écrivains honorables que ni les menaces ni les caresses du pouvoir n'avaient pu faire désister de leur périlleuse mission. Parlerai-je maintenant des écrits non périodiques qui ont paru dans le même temps? Eh bien! puisqu'il ne s'agit ici que de l'indépendance de l'écrivain, je citerai d'abord la collection des *Résumés historiques* (1) et la *Bibliothèque du dix-neuvième siècle*. Ces deux publications importantes ont occupé pendant plusieurs années les littérateurs de la nouvelle France, et l'on ne trouverait pas dans les nombreux volumes dont elles se composent, un seul livre, un seul chapitre, qui ne soit dirigé contre les doctrines des puissants du jour, qui n'ait

(1) Cette collection n'est pas seulement un monument de l'indépendance des écrivains de la nouvelle génération, elle contient aussi plusieurs volumes qui attestent l'instruction solide et le mérite littéraire de leurs auteurs. On peut citer, entre autres, les *Résumés de l'histoire de Russie*, *d'Espagne et de Portugal*, par M. Rabbe; *du Commerce et de l'industrie*, par M. Adolphe Blanqui; *de France et d'Angleterre*, par M. Bodin; *de la Révolution française*, par M. Thiessé; *des Traditions morales*, par M. de Sénancour; *de l'Ecosse et des Grecs modernes*, par M. Carrel; *de la Hollande et de l'empire germanique*, par M. Scheffer.

été inspiré par cette philosophie et cet esprit de liberté, dont M. l'abbé de Montgaillard s'est constitué l'infatigable apôtre. Mais, diront les apologistes de ce dernier, ce sont les historiens de notre révolution, les hommes qui ont écrit sur l'époque contemporaine, qu'il avait surtout en vue dans sa véhémente philippique. J'entends : pour préparer le succès de son livre, et donner plus d'autorité à sa propre version, sur un sujet tant rebattu, il fallait ruiner préalablemnnt le crédit de ses devanciers et disposer le public à saluer avec transport la tardive venue du Tacite gascon, *après tant de misérables écrivassiers qui vendirent leurs plumes aux factions, depuis Rabaut-Saint-Etienne jusqu'à Gohier*. Pour un ancien gentilhomme, dont l'éducation dut être nécessairement étrangère aux petites ruses du négoce, et repousser la spéculation comme un acte de dérogeance, ce n'est pas mal calculer. Ainsi nous voilà fixés également sur le sens et le but de l'étrange phrase qu'on lit à la page 53, et dans laquelle *le cordelier Camille Desmoulins* se trouve accolé au *famélique Desfontaines*; où sont jetés pêle-mêle, et confondus bon gré malgré, le *Marseillais Barbaroux*, le *conventionnel ex-curé Paganel*; ou bien *l'ampoulé Thibaudeau*, ou la *Girondine bel esprit Roland*; ou *l'ex-directeur de la république, ex-avocat de Rennes Gohier*, *avec le publiciste Lacretelle jeune et le chansonnier Alissan*

Chazet. Toujours affaire de concurrence, Monsieur, pure affaire de concurrence. Reste à savoir si le moment était bien choisi pour décrier aussi effrontément tous les auteurs en qui M. de Montgaillard pouvait apercevoir des rivaux ; s'il était possible que l'opinion publique sanctionnât les arrêts, ou plutôt les boutades intéressées de ce fulminant abbé. Tandis qu'il traçait ses lignes diffamatoires contre une génération entière d'écrivains; qu'il frappait surtout de réprobation ceux qui s'attachèrent à reproduire les événements politiques survenus en France depuis 1789, la tribune nationale retentissait des justes éloges donnés à MM. Mignet et Thiers, qui venaient de publier, sur la révolution, deux ouvrages remarquables par le talent, la hardiesse et l'impartialité qu'ils y avaient déployés. Il est vrai, toutefois, qu'en accusant *presque tous les écrivains de notre époque d'avoir servi tour à tour le despotisme et la liberté*, M. Montgaillard s'est cru obligé de faire quelques exceptions dans une note de trois lignes et demie, placée au bas de la page 31. Mais le croiriez-vous, si vous ne l'aviez lu comme moi? Sur les dix personnes exceptées, il y en a cinq dont la carrière politique et littéraire pourrait seule expliquer, sinon justifier, le déchaînement de notre abbé ; c'est à dire qu'après avoir condamné en masse, et fort injustement, une classe honorable de citoyens, il s'empresse, non pas d'amnistier généreusement, mais d'absoudre et de signaler même à l'estime nationale, comme si leur muse courtisane et féconde eût conservé héroïquement sa pureté virginale, précisément les plus remarquables d'entre les écrivains qui cédèrent aux séductions du grand homme, et suivirent complaisamment le char glorieux de l'empire (1). Je sais que pour faire disparaître cette bizarre contradiction entre le texte et la note, on a prétendu que cette dernière n'appartenait pas plus à M. de Montgaillard, que l'enfant posthume, né après le dixième mois, depuis la mort du mari, ne peut lui être légalement attribué; mais quelle est donc la main officieuse qui s'est chargée d'ajouter ainsi au désaccord et aux contrastes dont ce livre était déjà rempli ? Entre nous, je soupçonne les ennemis de MM. Etienne, Jay, etc., de s'être faits ici les annotateurs de

(1) Ces spirituels littérateurs n'ont, d'ailleurs, jamais cherché à nier eux-mêmes les services qu'ils purent rendre au gouvernement impérial; et loin d'en repousser le souvenir comme injurieux, ils conservent encore aujourd'hui, sans doute, la même admiration pour les prodiges de l'ère brillante qu'ils célébrèrent et en prose et en vers. Nous tenons d'une personne, qui fut longtemps attachée à Napoléon, l'anecdote suivante; on parlait des hommes de lettres devant l'empereur : « Ils étaient tous » hostiles lors de mon avénement, dit-il, en s'adressant à quel» ques uns des écrivains dont il s'agit ici, et c'est vous, mes» sieurs, avec Esménard, qui me les avez amenés. »

M. de Montgaillard; c'est sur eux que je ferais peser, si j'avais à m'expliquer là-dessus, la responsabilité de cet *acte additionnel*. Dans la crainte qu'on ne songeât pas assez tôt à ces messieurs, en lisant la virulente diatribe de l'abbé contre les tardifs libéraux qui n'osèrent pas refuser leur encens à l'*usurpation*, ils ont imaginé, ce me semble, de rappeler leurs noms au lecteur, sous les couleurs de la bienveillance, et, pour mieux voiler la perfidie de leurs intentions, ils ont eu soin d'y mêler des noms vraiment étrangers aux fastes de l'adulation bonapartiste, tels que ceux de MM. Daru, Pagès, Hofman, Chatelain et Mignet. Vous me direz, dans votre réponse, ce que vous pensez de mes conjectures.

Quoique cette lettre soit déjà bien longue, Monsieur, il ne m'est pas encore permis de la clore. Puisque j'ai tant fait que d'entreprendre de vous signaler les erreurs et les contradictions principales du discours préliminaire de M. de Montgaillard, il faut que, sans désemparer, j'accomplisse ma tâche, qui serait fort imparfaite, si je la terminais ici.

Nous avons vu naguère, au sujet de la fin prochaine du monde européen, que notre malencontreux prophète, imbu sans doute des principes de M. Azaïs, annonçait aux Américains des siècles de prospérité, en compensation des maux

qu'il prédisait aux enfants de Japhet. « Heureuse Amé-
» rique, s'écriait-il, où les inquisitions religieuses
» et les préjugés nobiliaires de la vieille Europe
» sont proscrits par les lois de l'état, et repoussés
» par l'esprit de la nation ! » Certes, je suis loin de
vouloir médire de Washington et de Bolivar; je
m'associe, au contraire, avec empressement à l'admiration de M. de Montgaillard pour les auteurs
de la régénération transatlantique; mais l'affranchissement des colonies anglaises et espagnoles, et
la préférence qu'elles ont donnée à certaines formes politiques, pour lesquelles, soit dit en passant,
je n'éprouve, d'ailleurs, nulle répugnance, n'ont
pas détruit, à mes yeux, la supériorité de la civilisation européenne sur celle des États-Unis, de
Buénos-Ayres, du Pérou, du Mexique et de la Co-
lombie. Si les Américains nous ont dépassé dans
leur constitution, nous sommes de beaucoup plus
avancés qu'eux sous le rapport des mœurs et des
lumières, et l'on sait que ce sont les lumières et les
mœurs qui, en définitif, font la législation. Oui,
la liberté dont ils jouissent tient surtout aux combinaisons gouvernementales, sujettes par essence
à de fréquentes vicissitudes, tandis que la nôtre
est inhérente à la société elle-même, dont l'existence
n'est pas tout-à-fait aussi précaire que celle des
constitutions. Comment peut-on parler sérieusement des inquisitions religieuses et des préjugés

nobiliaires d'un pays, où l'élite de la population accompagne tous les jours, avec recueillement, à leur dernière demeure, les hommes qui osent mourir comme ils ont vécu, c'est à dire en philosophes; où le noble de race est obligé de fournir double preuve de son mérite personnel pour détruire les préventions défavorables que l'opinion commune a consacrées contre le patriciat héréditaire (1). Ah! que M. l'abbé de la Mennais a bien mieux apprécié notre état social, s'il est vrai qu'il ait dit, comme on l'assure, que *la France n'est au fond qu'une démocratie, plus un roi!* que M. Charles Dupin s'est montré bien plus instruit de notre avenir que M. l'abbé de Montgaillard, quand il a tracé son magnifique tableau de la progression morale et industrielle de la France, pour rassurer les esprits timides qui accordent trop d'importance à la rétrogradation politique! En vérité, ce beau travail devrait ranimer un peu le courage des *grands enfants*, à qui l'on est parvenu à faire peur de M. de Peyronnet, des jésuites et du barbare joug de la Russie. Il peut engager aussi à prendre gaiement patience les admirateurs de Sparte et de Rome,

(1) M. de Montgaillard ne croyait pas beaucoup, lui-même, à la puissance des préjugés nobiliaires parmi nous, lorsqu'il écrivait, à la page 160 de son premier volume : « Les prestiges de l'ancienne noblesse sont totalement anéantis dans l'opinion publique; la nouvelle noblesse a peu de racines dans l'opinion. »

de New-York et de Bogota, en leur découvrant dans l'organisation interne de cette vieille Europe si dédaignée, les éléments de vingt états libres tels qu'ils peuvent en désirer; car, si par une de ces grandes catastrophes, dont la colère du ciel afflige quelquefois la terre, nos neveux venaient à perdre les traditions de la légitimité, et qu'ils fussent réduits à essayer des formes américaines, ils seraient tout étonnés de trouver sous leurs pas, du Tage au Niémen, l'étoffe d'une douzaine de républiques. Et quelles républiques encore! on n'y verrait pas, comme aux États-Unis, et dans toutes les autres parties du nouveau monde, la noblesse de la peau conservée, et l'homme esclave de l'homme; et si jamais la foudre venait à écraser le clocher d'une paroisse, on ne transformerait pas aussitôt les voyageurs en hérétiques, pour en faire des victimes expiatoires, en leur imputant d'avoir attiré, par leur présence, cette explosion du courroux céleste (1). Mais ne nous inquiétons pas trop de ce que pourrait être une confédération républicaine en Europe. Il suffit de constater que nos lumières et nos mœurs, c'est à dire notre état social, ren-

(1) Un fait semblable s'est passé dans une république américaine, pendant l'année 1826. Les journaux nous apprennent aujourd'hui que le congrès du Mexique, imitateur de la Camarilla de Madrid, vient de rendre un décret contre les francs-maçons.

ferment tous les trésors démocratiques du nouveau monde, et que nous possédons, en fait, sous l'empire de *la grâce de Dieu*, autant de liberté et d'égalité qu'il en existe, en droit, *par la volonté du peuple*, sur les bords de l'Orénoque et de l'Ohio. Cela paraîtrait sans doute ridicule aux hommes qui ne considèrent que la superficie dans les choses, et qui ne peuvent comprendre que c'est le fait qui, à la longue, détermine le droit; que c'est la société qui modifie inévitablement le gouvernement selon elle, et non *vice versâ*. Mais l'opinion de ces hommes ne doit pas plus nous toucher que celle de notre abbé déclamateur, qui me semble avoir surtout écrit pour ce genre de public. Oui, Monsieur, nous avançons, et à pas de géant, alors même qu'on nous crie de tout côté que nous marchons à reculons, et que la civilisation va faire comme les eaux du Jourdain. Encore une fois, la rétrogradation n'est qu'à la surface, tandis qu'au fond tout chemine en avant et rapidement. Savez-vous à quoi je compare les publicistes insensés qui croient à la possibilité de nous faire franchir dix siècles de l'abîme du passé, pour nous reporter aux beaux jours de la théocratie et de la féodalité; je les compare à des hiboux, qui, surpris par le lever de l'aurore, s'empresseraient de voler, de toute la force de leurs ailes, vers le couchant, dans l'espoir d'échapper ainsi au mouvement diurne de la terre, d'occident en orient, et de se dérober à la clarté du jour. Ils seront tout étonnés, après tant d'efforts pour se replonger dans cette *nuit des temps*, qu'ils ont coutume d'invoquer à l'appui de leurs prétentions; ils seront tout étonnés de se trouver au plein midi de la civilisation, et à peu près brûlés par le soleil qu'ils auront follement espéré de pouvoir retenir sous l'horizon de la France et de l'Europe.

Mais revenons à l'abbé de Montgaillard. Avez-vous remarqué, Monsieur, qu'il fait de la politique et de l'histoire, comme M. de Saint-Chamans fait de l'économie politique; et qu'au lieu d'applaudir à la tendance philanthropique des peuples vers l'heureuse alliance qu'a chantée notre grand poëte, et dont tous les vrais philosophes appellent le prompt accomplissement, il s'efforce de réveiller les antipathies nationales, et nous parle des Anglais, comme au temps de Pitt et de Cobourg. « Jamais dit-il, » (page 43) une politique franche, noble, ap-» propriée aux droits des monarques ou des peu-» ples ne sera professée d'inclination ou franche-» ment, dans ces bureaux où l'on ne calcule que le » bénéfice net des guerres ou des révolutions. » Du moins si M. de Montgaillard avait eu la prudence de borner son accusation au présent et au passé; mais pas du tout, il a décidément la manie de prédire, et l'avenir en sera, quoiqu'on fasse. Voyez cependant où le mènent ses prophéties. Au moment où son livre paraît, le ministère anglais, comme pour lui donner un démenti, se place hardiment à la tête de la civilisation; M. Canning arbore solennellement l'étendard de la liberté civile et religieuse, et les vighs accourent en foule sous la bannière qu'il a déployée sur l'univers entier. Il est vrai qu'à l'époque de la mort de M. de Montgaillard, l'alliance des Lansdown, des Holland, des Wilson, des Brougham et des Francis Burdett avec le successeur de lord Castelreagh ne paraissait pas aussi prochaine qu'elle l'a été. Mais c'était précisément alors qu'il pouvait y avoir quelque mérite à la prévoir. Un homme, que M. de Montgaillard traite parfois assez cavalièrement, l'avait devinée avant même que M. Canning eut pris le timon de la politique anglaise, et du vivant du marquis de Londonderry. Ouvrez le mémorial de Sainte-Hélène, vous y verrez que Napoléon traçait, sur son roc désert, la marche que devait suivre nécessairement et qu'a suivie en effet le cabinet de Saint-James. M. Canning n'a rien fait, ne fera rien (1) qui ne soit indiqué dans

(1) L'homme d'état, qui s'était chargé d'accomplir les hautes prévisions d'un grand homme, a cessé de vivre. La douleur universelle que sa mort a fait éclater, et dont M. Charles Dupin s'est constitué l'interprète, au nom de tous les peuples, justifie entièrement la prophétie de Napoléon. La philanthropie triomphe enfin des barrières étroites que lui opposait l'esprit de nationalité; c'est une conquête importante pour la civilisation, qu'il

les prédictions de l'illustre exilé sur les destinées de l'Angleterre (1). Il y a déjà huit ans que cet homme extraordinaire, dont le génie, délivré des illusions de la grandeur, avait repris toute sa force et sa pénétration, énumérait ainsi d'avance les succès du ministre que M. de Montgaillard présentait encore en 1824, comme devant se réconcilier avec la sainte-

---

est bon de constater. On s'inquiète du nom du successeur que Georges IV donnera à M. Canning; quel qu'il soit, il sera forcé de suivre la route où l'opinion publique entraîna M. Canning lui-même, ou d'imiter, un peu plus tôt, ou un peu plus tard, lord Castelreagh dans son désespoir politique. Pitt, lui-même, comme l'a fort bien remarqué le *Journal des Débats*, pour rester fidèle à son système et à son génie, aurait agi, en 1827, comme le ministre accusé d'avoir déserté le torysme.

(1) « Qu'aurait de mieux à faire l'Angleterre que de donner la main à ces beaux mouvements de la régénération moderne ? Aussi bien faudra-t-il tôt ou tard qu'elle s'accomplisse. C'est en vain que les souverains et les vieilles aristocraties multiplieraient leurs efforts pour s'y opposer, c'est la roche de Syziphe qu'ils tiennent élevée au-dessus de leurs têtes; mais quelques bras se lasseront, et au premier défaut tout leur croulera dessus. Ne vaudrait-il pas mieux traiter à l'amiable; c'était-là mon grand projet. Pourquoi l'Angleterre se refuserait-elle à en avoir la gloire et à en recueillir le profit ? Tout passe en Angleterre comme ailleurs; le ministre Castelreagh passera, et celui qui lui succédera, héritier de tant de fautes, deviendra grand s'il veut seulement ne pas les continuer..... Il n'a qu'à se mettre à la tête des idées libérales, et il recueillera les bénédictions universelles. » (*Esprit du Mém. de Sainte-Hélène*, tom. III, pag. 13.)

alliance, *si toutefois il fut jamais brouillé avec elle.* (page 49). Soyons justes néanmoins ; il était permis, même à M. de Montgaillard, de ne pas apercevoir, en 1824, ce que Napoléon avait pressenti en 1816.

Ainsi la colère de notre abbé a franchi la Manche, Monsieur, et M. Canning, malgré ses protestations libérales, n'a pu trouver grâce auprès de lui. En revanche, il est curieux de le voir s'extasier au nom d'Edmond Burke, dont le talent et les lumières furent pourtant employés à combattre et à flétrir la révolution *qui a conquis le monde.* Comment expliquez-vous donc, me direz-vous, cet enthousiasme pour le détracteur le plus passionné de l'assemblée, à laquelle lui, M. de Montgaillard, votait naguère des remercîments au nom de tout le genre humain ? J'avoue que cela ne m'est pas facile. Cependant à défaut de mieux, je hasarderai cette explication, que M. de Montgaillard a pardonné à Burke ses attaques contre *la constituante*, en faveur des formes acerbes et du ton déclamatoire qui distinguent les réflexions de sir Edmond : *Similis simili gaudet.*

J'aurais bien envie de finir, Monsieur, et cependant j'éprouve le besoin d'ajouter un mot. Vous avez vu en parcourant les premières pages du discours préliminaire le long développement de cette pensée, sur laquelle je suis revenu plusieurs fois, que la révolution française a été le signal d'une régénération qui doit embrasser le monde. D'accord en cela avec l'abbé de Montgaillard, vous l'avez suivi attentivement dans l'énumération des bienfaits immenses que nous devons à cette grande crise. Eh bien! reportez-vous maintenant à la fin de ce même discours, et vous y lirez, page 58, *que l'histoire d'un peuple en révolution n'est guère que l'histoire de ses maladies les plus aiguës ; que rarement les grandes crises lui rendent la santé ; et que le sort des sujets dans les monarchies s'améliore bien légèrement par l'effet des convulsions politiques.*

Tout à l'heure la vieille Europe monarchique allait périr; elle tombait de vétusté, lorsque la révolution ouvrant l'ère des gouvernements constitutionnels, est venue fort à propos lui rendre la jeunesse et la vigueur. Maintenant il est décidé que les révolutions guérissent rarement le corps politique, et qu'elles n'améliorent que légèrement le sort des sujets. Voilà l'abbé de Montgaillard!

Dans une prochaine lettre, je vous entretiendrai de l'introduction historique dont cet écrivain a formé la seconde préface de son livre.

J'ai l'honneur, etc. etc.

DEUXIÈME LETTRE.

Paris, 15 mai 1827.

Monsieur,

Je vous remercie bien sincèrement de vos sages réflexions sur la vivacité de ma critique. Il est très vrai que pressé de réfuter, dans le livre de M. de Montgaillard, tout ce qui me paraissait erroné, bizarre, entaché de contradiction, j'ai passé trop légèrement sur quelques belles pages, dont il aurait été raisonnable et juste de tenir compte à cet écrivain. Permettez-moi donc de réparer mes torts, en convenant, avec vous, qu'il y a vraiment de l'éloquence dans son indignation contre *ces caméléons politiques revétant à chaque circonstance une forme nouvelle; contre ces dissertateurs que la versatilité de leurs théories et la flexibilité de leurs opinions rendent aussi méprisables à la fin de leur carrière, qu'ils l'avaient été, par la bassesse de leur caractère, ou l'emportement de leurs passions, le jour de leur entrée en scène.* (Page 66 du discours préliminaire.) Depuis long-temps nous pensions ainsi l'un et l'autre, et si nous n'avons pas su l'exprimer avec autant de bonheur que M. de Montgaillard, notre réprobation intérieure n'était pas moins violente que la sienne, à l'égard des républicains félons, qu'on a vus successivement affublés de la livrée impériale et fleurdelisés. Je vous dirai maintenant, qu'après avoir lu, avec une attention scrupuleuse, l'introduction historique, sur laquelle je vous ai promis quelques observations, j'ai reconnu qu'elle renfermait aussi des morceaux dignes d'éloges, sous le double rapport du style et des pensées. Vous pressentez que je veux parler de l'allocution à Napoléon (page 96), et du portrait de Voltaire (page 82), quoique sur ce dernier point je ne sois pas entièrement de l'avis du peintre. Mais ce qui m'a surtout frappé dans cette introduction, c'est la manière dont l'auteur envisage l'ordre social des anciens, mis en regard de celui des temps modernes. En lisant, à la page 7 de son discours préliminaire, que *les Français décomposés par la barbarie ou la corruption de quatorze siècles, ne ressemblent en rien aux Athéniens dans le temps de leur glorieuse lutte contre le grand roi et ses satrapes*, je m'étais imaginé que M. de Montgaillard était un de ces libéraux *antiquaires*, qui n'ont d'admiration que pour les lois de Sparte et de Rome, et qui poussent l'amour de l'égalité jusqu'à regretter des institutions où quelques hommes puisaient l'horrible droit de vie et de mort sur leurs semblables.

Heureusement il n'en est point ainsi ; je calomniais M. de Montgaillard en lui prêtant une opinion que semblait indiquer sa comparaison des Athéniens et des Français. Voici comment il s'exprime à la page 79 : « Les nations modernes valent mieux à tous
» égards que ces peuples anciens (1) nommés hé-
» roïques, dont les pédagogues de nos colléges ne
» cessaient de montrer les grandeurs, et seulement
» les grandeurs, à la jeunesse abusée. Paris et
» Londres sont fort au-dessus de cette Rome et de
» cette Athènes, dont les coutumes, les institutions,
» les mœurs et les lumières ne méritent pas, sous
» beaucoup de rapports, le culte enthousiaste et
» servile que leur avaient voué nos pères. » Rien de plus clair et de plus vrai que ce langage, auquel M. de Montgaillard avait préludé, en se plaignant, avec raison, de la préférence donnée jusqu'ici dans les écoles à l'histoire ancienne sur l'histoire nationale, et en disant, à ce sujet, à la page 73 : « L'his-
» toire ancienne est, à l'égard de l'histoire moderne,
» ce que sont ces médailles antiques auprès des
» monnaies courantes ; les premières se recueillent
» dans les cabinets pour l'information des érudits

(1) M. de Montgaillard dit aussi (page 87) : « Si le combat
» des Thermopyles est beau, la submersion du *vengeur* est su-
» blime. » Et cela vaut mieux que la phrase (page 7), où les Français de Jemmapes sont déclarés si inférieurs aux Grecs de Marathon.

» ou l'amusement des curieux; les secondes circu-
» lent dans les deux hémisphères pour le commerce
» des peuples. »

Vous le voyez, Monsieur, il ne m'en coûte nullement de rappeler ce qui peut vous disposer favorablement envers un écrivain que, selon votre judicieuse remarque, j'ai traité, de prime abord, avec trop peu de ménagements, et, pour mieux dire, de *turc à maure*. Mais c'est précisément parce que je trouve çà et là, dans M. de Montgaillard, des idées saines, énergiquement exprimées; parce qu'il se présente quelquefois avec les apparences de l'impartialité, et toujours avec celles de la conviction qui séduit et entraîne ; c'est parce qu'il jette de temps à autre, à travers ses erreurs, quelques traits de lumière qui peuvent éblouir le lecteur, qu'il est essentiel de signaler la fréquence de ses faux pas, et les dangers auxquels on s'exposerait en le prenant pour guide dans une investigation historique. Je m'engage, dès ce moment, avec vous, à étudier soigneusement son livre, et à vous faire passer les observations critiques que cette étude me suggérera, en autant de lettres qu'il en faudra pour former un examen complet de l'ouvrage. Si vous persistez à croire que la publication de cette correspondance puisse avoir quelque utilité pour le public, je vous autorise à en disposer comme de votre chose propre.

Je commence, Monsieur, par prendre note du jugement de M. de Montgaillard sur *les historiens sortis des cloîtres*, sur *les abbés, les professeurs de collége, ou les savants à peu près étrangers au monde, vivant claustralement ou dans l'obscurité de leur cabinet.* J'aime à le voir proclamer que l'isolement n'est pas une position avantageuse pour écrire l'histoire, et c'est avec la plus vive satisfaction que j'ai lu la phrase où il oppose aux écrivains cénobitiques *les grands écrivains de l'antiquité, Xénophon, Salluste, César, Tacite, à la fois hommes de goût et de talent, littérateurs, hommes d'état*, qui furent *non seulement spectateurs des scènes qu'ils ont retracées, mais qui prirent part à l'action, ou figurèrent dans des scènes analogues.* (Pages 78 et 79.) Si jamais M. de Montgaillard se prévaut de l'obscurité de son existence sous la république et sous l'empire, pour établir ses droits à faire une bonne histoire sur ces deux époques; s'il lui arrive de rappeler, comme en son discours préliminaire (p. 57), qu'il vécut éloigné du choc des partis, dont il s'est constitué l'historien; et s'il tente d'infirmer par là que son récit et ses appréciations doivent être préférés à tous autres, nous dirons à ses admirateurs qu'il ne saurait exprimer avec exactitude des sentiments que, de son aveu, il n'a pas éprouvés; que pour juger, en connaissance de cause, la manifestation terrible des passions qui dominèrent à une certaine époque, il faut avoir vécu au milieu de ces passions, et pu saisir le fil qui liait leurs résultats à leurs causes. Nous leur dirons que les hommes notés d'infamie par la loi de Solon, en expiation de leur indifférence dans les troubles de leur pays, n'auraient pas été les meilleurs peintres des événements, dont leur prudence les aurait tenus ainsi éloignés; et si toutes ces raisons leur paraissaient peu prépondérantes, nous invoquerions alors l'autorité de M. de Montgaillard lui-même, dans son ingénieuse comparaison des moines de Saint-Benoît avec César et Xénophon. Trop de gens, Monsieur, s'imaginent que l'impartialité leur est nécessairement acquise, par cela seul que leur conduite, dans les orages civils, fut purement négative. Rien ne ressemble moins pourtant à la vraie impartialité, à celle qu'on attribue surtout à la postérité, que cette neutralité des contemporains, à l'égard des partis divers qui occupent la scène politique, et qui possèdent les sentiments et les idées contraires, dont se compose l'ensemble du mouvement social de l'époque. La postérité peut apprécier sainement les actes mêmes qui ne sont plus dans ses mœurs, et qu'elle repousserait au besoin s'ils venaient à se reproduire, parce que, si elle est étrangère aux intérêts dont le choc amena les faits déplorables qu'on lui dénonce, elle renferme du moins dans son sein le germe et le principe des passions, dont certaines circonstances rendirent le développement terrible; parce qu'elle puise, dans ce principe, un moyen sûr de sympathiser avec la génération que ces circonstances environnèrent; parce qu'elle peut ainsi se placer idéalement elle-même dans ces circonstances, et les caractériser sans ressentiment et sans prévention. Le contemporain *neutre*, au contraire, en s'isolant des affaires publiques, par dédain, par insouciance, ou par peur, dans un moment où les affaires publiques priment essentiellement les affaires privées, et entraînent toutes les têtes; en restant impassible au milieu d'une commotion universelle; en fermant soigneusement son ame aux passions énergiques qui enflamment ses concitoyens; le contemporain *neutre* se déclare, par toutes les précautions dont il entoure son froid égoïsme, incapable de comprendre ce dont il est témoin, de peindre des hommes avec lesquels il est sans rapport possible, et de retracer des événemens auxquels il a assisté, sans les voir, sans les sentir, avec l'immobilité de la statue.

Je crains bien, Monsieur, que l'abbé de Montgaillard ne me donne souvent l'occasion de lui appliquer cette triste vérité sur les *neutres*, parmi lesquels il affecte de se ranger (1) (page 55) sans

(1) On a fait cette remarque, que l'abbé de Montgaillard ne s'était sans doute montré impassible durant tout le cours de la révolution, que pour ne rien laisser exhaler de son humeur atra-

penser à ce qu'il va dire des historiens de cellule, comparés à ceux du *forum*. Mais ne préjugeons rien; chaque chose doit venir en son temps : reprenons l'examen de l'introduction historique.

Je ne doute pas, Monsieur, que vous n'approuviez la sentence rigoureuse de notre auteur contre le père d'Orléans, Garnier, Villaret, Velly, etc., etc., dont les *prétendues histoires ne sont guère*, dit-il, *que des recueils d'intrigues royales, et d'intrigues nobiliaires et religieuses* (76). Je suis également persuadé que vous applaudissez à la juste sévérité qu'il déploie à l'égard du jésuite Daniel, *diffus dans les récits des combats, dans les descriptions des fêtes, et silencieux quand il s'agit d'institutions, de ressorts d'événements, de progrès de l'esprit humain.* Mais je pense aussi que vous partagerez mon étonnement de le voir reprocher à ce dernier historien *d'avoir voulu établir en principe que la plupart des rois de la première race, plusieurs de la seconde, quelque uns de la troisième, furent illégitimes, très souvent adultérins et doublement adultérins, sans que ce défaut ait jamais été considéré comme un motif de les exclure du trône.* Je ne croyais pas vraiment, chez M. de Montgaillard, tant de sollicitude pour la pureté du sang de nos rois; je ne pouvais m'at-

---

bilaire, dont il préparait une explosion à tous les partis, pour le moment de leur réconciliation.

tendre à lui trouver cette vive susceptibilité *monarchique* qui le fait s'indigner contre le père Daniel, en songeant que *cet écrivain a émis des doctrines pernicieuses et contraires au dogme antique de la légitimité dans la succession au trône* (page 76). Les puristes de l'ancienne cour doivent être réellement édifiés à la lecture de ce passage, qu'accueilleront aussi sans doute *tous ces Grotius* (1) *et ces Puffendorf de nos jours*, comme dit M. de Montgaillard, *qui font pour de l'argent, du droit public et de la haute politique dans les feuilles et les brochures monarchiques* (page 102). Mais l'admiration des uns et des autres ne sera pas de longue durée. Quand ils verront que ce nouveau champion de la légitimité s'attache surtout à prouver, dans de nombreuses pages de son introduction, que la couronne ne fut point héréditaire sous la première et la seconde race; quand ils liront, aux pages 105 et 106, que saint Rémi ne versa point l'huile sainte sur le front de Clovis, et qu'aucun des rois Mérovingiens n'obtint pour son pouvoir la consécration

---

(1) M. de Montgaillard a traité les morts et les personnages historiques avec la même inégalité d'humeur que ses contemporains. Après avoir lu, à la page 23 (disc. prél.), que le Hollandais Grotius fut un historien qui mérite d'être honorablement distingué, on ne conçoit pas que son nom devienne à la page 102 une épithète injurieuse pour désigner les écrivains mercenaires.

divine; quand ils arriveront enfin à cette phrase de la page 146, où M. de Montgaillard déclare *qu'il est impossible de ne pas convenir que le droit divin de la couronne n'est qu'un système proclamé par les conseillers de Latran, et plus tard par les apologistes de la cour la plus ignare et la plus corrompue dont les monarchies modernes offrent l'exemple;* ils ne pourront alors que repousser avec dédain, pour ne pas dire avec horreur, le livre qui les séduisit d'abord par une profession de foi toute monarchique; et ils comprendront que la légitimité, comme la révolution, doit se tenir en garde contre les *déclarations d'amour* de notre abbé, dont il ne faudra prudemment accepter les éloges qu'après avoir lu la dernière ligne de son dernier volume, c'est à dire *sous bénéfice d'inventaire.*

Ne croyez pas au reste, Monsieur, que je veuille m'engager dans la discussion qu'a soulevée M. de Montgaillard sur la véritable origine de la noblesse française. Laissons-le s'évertuer à prouver, contre Montesquieu et le comte de Boulainvilliers, que Dubos, Mably et Thouret eurent raison de contester à notre patriciat le droit d'étendre ses antiques racines jusque dans les déserts de la Germanie; il nous suffit aujourd'hui de savoir que l'arbre aristocratique lui-même ne dévore plus la substance nourricière de notre sol, et que la foudre révolutionnaire en a pulvérisé les branches les plus orgueilleuses dans l'immortelle nuit du 4 août. Que nous importe en effet la généalogie des Montesquiou, des Montmorency, etc., après que le peuple est parvenu à établir, en déroulant la sienne, qu'il date de plus loin que nos grandes maisons, et qu'il possède lui-même assez de titres pour ne plus souffrir qu'on l'opprime en faisant preuve d'un certain nombre de *quartiers!* puisque les progrès du bon sens national, qui ne sont autres que ceux de la raison humaine, nous ont conduits à cette heureuse situation où l'aristocratie n'est plus que nominale, ne nous inquiétons pas de l'importance que les débris impuissants de la féodalité peuvent obtenir dans l'esprit de certaines gens, et permettons aux descendants de nos anciens maîtres, de faire remonter, aussi haut que possible, la vanité de leurs familles, désormais inoffensive. Il serait peu raisonnable sans doute de s'offusquer du soin puéril qu'on apporte ordinairement à rappeler le haut rang d'un mort de distinction, en parant son cadavre de toutes les marques de ses dignités, dans la solennité de ses funérailles. Eh bien! la noblesse, dépouillée de ses prérogatives, et ne formant plus un ordre privilégié dans l'état, se trouve réellement placée dans la charte, en tant que corps politique, comme dans un magnifique sarcophage, où il ne lui reste plus que l'étalage de ses grandeurs passées (1). En vérité,

(1) Nous en appelons à M. de Montgaillard lui-même; il

je vous le demande, Monsieur, cela vaut il la peine de faire de longues recherches généalogiques, et de se livrer à de fastidieuses récriminations contre la classe nobiliaire?

Que pensez-vous, au reste, Monsieur, de ce sombre tableau de la monarchie française, où tout fait contraste et rien ne se lie? où la confusion la plus absolue empêche de saisir la véritable couleur que le peintre a voulu donner aux divers objets? N'avez-vous pas été frappé, comme moi, de voir M. de Montgaillard, qui nous assurait, à la page 103, que *dans les deux premières races, la constitution de l'état ne fut qu'une anarchie militaire et un despotisme féodal*, déclarer tout à coup, à la page 104, que *s'il existe un fait politique et historique qu'on ne puisse révoquer en doute, c'est celui du gouvernement démocratique des Français, sous la première race de leurs rois, dits Mérovingiens?* Qu'une telle contradiction, direz-vous sans doute avec moi, se fît remarquer à dix pages d'intervalle, on le pardonnerait à un écrivain qui s'est acquis par l'habitude certains droits à cette sorte de distraction : mais sur le même feuillet, sans autre distance que celle du *recto au verso!* Notre historien abuse vraiment ici de la

---

s'exprime ainsi à la page 159 : « La noblesse, telle qu'elle exis-
» tait, ou prétendait exister, avant 1789, est aujourd'hui un
» mot vide de sens. »

liberté, qu'il s'est donnée trop fréquemment, de se démentir lui-même.

Vous me dispenserez, Monsieur, de le suivre pas à pas dans toutes ses contradictions, dont l'ensemble est pourtant destiné à former un précis historique. Après le rapprochement des deux feuilles que je viens de vous citer, toute réflexion critique semble superflue, et il ne reste plus qu'à fermer le livre. Cependant la réputation de l'auteur va toujours croissant, son nom vole de bouche en bouche, et l'on peut craindre que ses erreurs ne se propagent, sous la puissante protection de quelques anciens interprètes de *Minerve*. Il n'est donc pas inutile d'insister encore sur la mobilité de jugement et le défaut complet de logique, qui se font remarquer incessamment dans un ouvrage, dont on ne pourrait expliquer le succès, si l'on ne savait qu'il est sorti de certaine boutique.

Ainsi, Monsieur, après avoir lu (page 104) que le gouvernement français fut démocratique sous les Mérovingiens, vous le retrouvez, à la page 128, avec le caractère féodal qu'on lui avait attribué sous les mêmes princes, à la page 103, et cette fois la cause de la contradiction se laisse deviner aisément. M. de Montgaillard avait des choses dures à dire à la haute noblesse; c'était de la vieille rancune de nobilion à grand seigneur, et il n'a pas craint d'abjurer son système de l'égalité primitive des

Francs et des Gaulois, et de nous parler emphatiquement de *l'illustration de ces grandes souverainetés féodales dont l'origine se perd dans le berceau de la monarchie française*, afin de l'opposer à *l'illustration moderne d'un d'Usez, d'un Luynes, d'un La Trémouille, d'un Noailles, d'un Richelieu et de tant d'autres ducs et pairs, sortis de la roture, depuis quatre ou cinq siècles seulement*; sauf à nous répéter bientôt ce qu'il a dit à la page 115, *que la charte de Louis* XVIII *n'a fait que rétablir, dans toute sa pureté, l'ancien régime de la première race*, et que *l'égalité politique et civile fut la base des institutions françaises, dès l'élévation de Clovis au trône.* Cependant il faut en finir, une fois pour toutes, avec notre abbé, sur son introduction historique, et sur ses bizarres appréciations de l'ancien ordre politique de la France. Voici, ce me semble, en peu de mots, le résumé qu'on peut en faire.

Notre constitution primitive fut féodale (103 et 128) et démocratique (104); la première race n'offre qu'un continuel tableau de crimes, de barbaries, d'assassinats, de déposition de rois et d'attentats exécrables contre l'autorité royale et contre les libertés nationales ; la seconde race est remplie des mêmes crimes et des mêmes barbaries, et ne présente qu'un spectacle également honteux et effrayant (123). Les rois tendent néanmoins, à la même époque, comme sous la troisième race, à usurper la souveraineté nationale (109) et leur mémoire doit être flétrie, quoique leurs efforts dussent avoir pour résultat de centraliser le pouvoir et de mettre un terme aux excès de l'anarchie féodale. Philippe-Auguste, Saint-Louis, Philippe-le-Bel, Charles V, et surtout Louis XI, Richelieu et Louis XIV, ne furent que des tyrans acharnés contre les libertés nationales, et dont on ne saurait trop réprouver le despotisme royal, qui renversa successivement les anciennes lois (1) (pages 100, 101 et suivantes); bien que

(1) Tandis que les plus capables des théologiens travaillaient à la désorganisation lente du système théocratique, par l'émission de doctrines de plus en plus hardies, souvent condamnées comme hérétiques, les plus puissants d'entre les seigneurs, en rompant violemment l'équilibre féodal, en s'appliquant à diminuer le nombre et la puissance de leurs rivaux pour augmenter le nombre de leurs sujets, ruinaient de leur côté la partie temporelle d'un édifice social, de jour en jour moins propre à garantir les intérêts des nations dans leur marche ascendante. Les rois, successeurs de Hugues-Capet, furent les novateurs politiques de l'ordre théologique féodal, comme Luther et Calvin en furent les novateurs religieux. L'affranchissement des communes, le droit d'appeler aux juges royaux des décisions des justices seigneuriales, le droit de guerre enlevé aux barons, etc., etc., tout cela ne porta pas des coups moins rudes, ni moins décisifs à l'économie féodale, que ceux dirigés par la raison insurgente de quelques membres du sacerdoce contre les croyances qui avaient rendu le pouvoir ecclésiastique prépondérant. C'est dans ce sens qu'on peut dire surtout que les grands et le clergé ont contribué à la révolution.

sous l'empire de ces lois, *l'homme fût devenu la propriété de l'homme* (125) et que la France eût offert *un tableau continuel de crimes, de barbaries, d'assassinats*, etc. Depuis Louis XI, la France ruinée, opprimée ou déchirée, n'a vu qu'à de rares et courts intervalles la liberté prendre quelque essor, c'est à dire qu'avant le règne de ce prince, et durant cette longue période d'anarchie militaire et de despotisme féodal (103), où l'on rencontre à chaque page des usurpations nobiliaires et sacerdotales (115), où notre histoire n'offre que d'exécrables attentats contre les libertés nationales (123), la liberté régnait paisiblement sur notre belle et riche patrie. Richelieu, le Roberspierre du droit divin, le plus atroce des monstres politiques (181), continua l'œuvre de Louis XI; et Louis XIV, en consolidant le despotisme de la couronne, acheva de renverser les anciennes lois, d'abattre les franchises populaires, que nous avaient sans doute léguées les usurpateurs et les oppresseurs des deux premières races (146). Alors se trouva fondée la *monarchie de Versailles*, si différente de celle de Clovis (102); alors les grands de l'état perdirent la hauteur du caractère de leurs ancêtres (216), et leur dégénération devint telle qu'ils n'eurent bientôt plus aucun trait de ressemblance avec ces fiers barons, qui remplirent la France de dévastation et de sang sous les enfants de Mérovée et de Charlemagne.

Le pupille de Mazarin osa dire: *l'état c'est moi;* et les grands seigneurs, qui dévoraient le royaume durant les troubles et les révoltes de la Fronde (218), furent réduits à rentrer dans l'ordre et à se faire courtisans. Après cette affligeante déviation de la constitution primitive, les chefs du gouvernement français se plongent dans la débauche et la dissipation; le régent et Louis XV ne s'occupent que de leurs plaisirs, qui ruinent et corrompent à la fois la nation française. Cependant le royaume prospère sous ces deux princes, et c'est une preuve de l'existence d'une providence, selon l'expression du pape Clément XIV (221). A la même époque, on voit aussi le peuple s'éclairer, la noblesse rétrécir ses petits préjugés (*id.*), et ce n'en est pas moins une époque de décadence, qu'il faudrait pouvoir rayer de nos annales. Elle aura pour résultat inévitable cette même révolution (223) qui n'a fait que jeter dans de nouvelles déviations une nation jusque-là si mal dirigée (90), quoiqu'elle nous ait donné la première constitution fixe dont nous ayons joui (103); qu'elle ait abattu du même coup le *despotisme féodal, les priviléges sacerdotaux, la morgue parlementaire,* et *l'autocratie de Versailles,* et qu'elle ait été signalée comme *le premier pas fait vers l'affranchissement total du genre humain* (5).

Voilà, Monsieur, l'histoire de France de l'abbé de Montgaillard, depuis Pharamond jusqu'à Louis XVI.

SUR L'INTRODUCTION HISTORIQUE.   45

Je vous laisse le soin d'y découvrir quelque liaison dans les idées, d'en tirer quelque conclusion morale, en me réservant de dire aux hommes qui n'ont pas encore lu ce morceau curieux. « Qui
» que vous soyez, Francs ou Gaulois, pour l'abbé
» Dubos ou pour le comte de Boulainvilliers, pour
» les grands seigneurs ou pour les rois, pour les phi-
» losophes, ou pour les prêtres, pour les ministres
» ou pour les parlements, pour l'ancien régime ou
» pour la révolution; attendez-vous à n'éprouver tous
» qu'une même et commune impression à la vue
» du tableau où M. de Montgaillard s'est chargé
» d'esquisser les divers portraits de vos pères. Tout
» le monde était laid, hideux, dans le vieux temps,
» et le peintre, pour retracer tant de physiono-
» mies, n'a eu besoin que d'un type unique, celui
» de la difformité. » Oui, Monsieur, la noblesse fut exclusivement usurpatrice et oppressive (1); les rois

(1) Si la noblesse n'avait jamais été qu'inutile ou nuisible à la société, elle n'aurait pas pu s'y enraciner comme elle l'a fait : mais au milieu de la confusion et de l'anarchie qui suivirent le débordement des populations normandes et le mélange des barbares avec les nations corrompues de l'empire romain, les hommes d'armes devinrent les membres les plus importants de l'état qui, mis en péril par des hostilités toujours renaissantes, ne pouvait exister que par eux. La protection du baron, devenue si onéreuse depuis, fut alors indispensable au travailleur paisible pour mettre le fruit de son labeur à l'abri de la rapacité d'un voisin redoutable ; et le protecteur, s'autorisant naturellement

qui l'ébranlèrent et détruisirent graduellement sa tyrannie, ne furent que des despotes; les parlements qui combattirent le despotisme royal se laissèrent diriger par des brouillons, et cédèrent à l'esprit de faction et d'intrigue (244, 245, 246, 247 et 248). Le sacerdoce ne cessa de nourrir la plus criminelle et la plus opiniâtre ambition; il eut pour maxime de tout sacrifier à l'agrandissement de son crédit et de sa fortune (301); il fournit à la France une foule de ministres qui, tous, commirent de grands crimes, ou causèrent de grands désastres (181 et 182); quant aux philosophes, dont les écrits servirent à éclairer le peuple sur les usurpations du sacerdoce, des parlements, des rois et des seigneurs, ils ont aussi fait du mal à la France (241); en général, ils voulaient acquérir réputation et fortune; c'était aux grands, aux riches, à la bonne compagnie qu'ils

de la force dont il disposait, dut s'adjuger la plus grande partie des biens qu'il était chargé de défendre contre les agressions étrangères. M. de Montgaillard n'avait pas songé sans doute à l'utilité qu'avait pu avoir le vasselage à son origine. S'il vivait encore, je le renverrais à l'étude du moyen âge, dans le livre que mademoiselle de Lezardière, sœur de l'honorable député de ce nom, a publié sur *la Théorie des lois féodales*, et qui, à mon avis, retrace avec plus d'exactitude que ne l'ont fait Mably, Dubos et M. de Montlosier, le tableau de la vieille monarchie française. Toutes les institutions humaines ont dû avoir une valeur relative, ou leur fondation et leur durée deviendraient inexplicables.

adressaient leurs hommages, se souciant assez peu du peuple, dont ils parlaient sans cesse (273). Il faut du reste les justifier, comme d'un grand crime, de leur coopération à *la révolution qui doit affranchir le genre humain* (de 236 à 280); et si l'on veut absolument qu'ils soient les seuls promoteurs de ce *désordre social* (277), ils peuvent citer en garantie les jésuites, les prêtres, les bénédictins, les minimes, les récollets, qui furent chargés de leur éducation.

Après cette analyse exacte et succincte du résumé de M. de Montgaillard, permettez-moi de passer, Monsieur, à sa longue dissertation sur les véritables causes de la révolution. Des esprits étroits, vous le savez, ont voulu attribuer cette grande crise à des accidents qu'il eût été possible d'éviter, au déficit des finances, par exemple, à la présence de Mirabeau dans les états-généraux, aux incertitudes de Louis XVI, à l'influence de la reine, etc. M. de Montgaillard, comme vous avez pu le voir, ne s'est point arrêté à de semblables considérations ; loin delà, il s'est élevé hardiment au-dessus des publicistes vulgaires, des historiens superficiels, et n'a point hésité à déclarer que la génération d'un tel phénomène n'a pu s'improviser; que plus l'apparition est merveilleuse, plus long-temps elle a dû être préparée (213). Cependant après avoir cité à l'appui de cette opinion, un passage fort remarquable de

Mallet-Dupan (1); après avoir reproché aux écrivains royalistes de 1790, 1791, et 1792 de s'en tenir aux causes accidentelles, d'ôter ainsi de la révolution ce qu'elle a de prédominant, et de la réduire à une simple cabale (227), il accuse, à leur tour, les écrivains qui donnent la révolution comme le produit nécessaire et inévitable de la raison et des

---

(1) Je transcris ici ce passage parce qu'il me parait renfermer quelques vérités générales qui peuvent servir, mieux que le livre entier de Montgaillard, à expliquer la révolution. « Chaque
» siècle pèse sur le siècle qui le suit par sa masse inaperçue ; il
» entraîne d'un insensible mouvement les opinions, les institu-
» tions et les rapports sur lesquels on les avait fondées. Impi-
» toyable novateur, le temps prépare en secret les métamor-
» phoses; l'habileté du législateur consiste à marcher du même
» pas que lui, et à atténuer sa domination en la partageant.
» Mais les empires et les usages s'écroulent, lorsque les résultats
» nécessaires de l'état social ne sont plus en harmonie avec les
» lois positives; c'est au moment de leur choc que se développent
» les révolutions générales qui renversent des institutions véné-
» rables ou abusives, dont le ciment se trouve absolument dis-
» sous. » Si vous ne personnifiez pas l'être abstrait qu'on appelle le *temps;* si vous n'entendez désigner par ce mot que les individus et les faits dont la succession progressive constitue ce qu'on appelle la marche de l'esprit humain ; si enfin vous substituez à *l'action secrète du temps,* dans la préparation des métamorphoses, une action patente et solennelle, telle qu'on peut l'apercevoir dans la manifestation historique de la sociabilité humaine, c'est à dire dans l'ensemble et l'enchaînement des faits sociaux, je suis tout-à-fait de l'avis de Mallet-Dupan.

progrès du siècle, d'en avoir fait, pour ainsi dire, un roman philosophique (229).

Comment est donc venue cette grande réformation, si elle n'a été produite ni par des causes prochaines, ni par des causes éloignées, ni par des causes matérielles, ni par des causes morales, ni par des événements accidentels, ni par le cours irrésistible des choses humaines ? devons-nous expliquer l'histoire, comme les dogmes sacrés, par des voies miraculeuses, et faire intervenir les agents occultes de la mythologie dans l'étude des phénomènes de la physique sociale ? Lorsqu'on pense avec M. de Montgaillard que les institutions et les hommes, qui dirigèrent pendant quatorze cents ans la monarchie française, n'enfantèrent que des crimes et des entraves, des attentats et des chaînes; et lorsqu'on admet qu'à la suite de cette série continuelle des efforts des nobles, des prêtres, des parlements et des rois pour tenir la nation dans la servitude et l'abrutissement, cette nation s'est pourtant trouvée tout à coup assez éclairée pour réclamer et conquérir la liberté, pour donner le signal de l'affranchissement du monde, il faut bien recourir à l'intervention des puissances mystérieuses, pour trouver la raison de ce vaste perfectionnement social, dont on ne pourrait établir la génération, par la succession de faits historiques auxquels on n'accorde qu'une tendance et qu'une valeur rétrogrades; à

4

moins toutefois qu'on ne veuille supposer que *l'esprit humain* peut se développer indépendamment et en sens inverse du mouvement social par lequel il se manifeste, ce qui serait un véritable *roman philosophique*, et ferait, de *l'esprit humain*, un être réel, quoiqu'invisible, qui, de la sphère des génies, civiliserait le monde à son insu et malgré lui. Mais M. de Montgaillard, comme je l'ai dit, n'est point pour le *roman philosophique;* il rejette également les explications merveilleuses, et ne veut attribuer la révolution ni à la marche lente et irrésistible de la civilisation, ni au concours fortuit de certaines circonstances contemporaines. Il croit donc aux effets sans cause, me dira-t-on, à l'isolement des phénomènes, à la spontanéité des événements. Il semble en effet que telle dut être sa conclusion, après ce que nous avons vu précédemment: cependant il n'en est point ainsi. M. de Montgaillard repousse bien l'influence graduelle des causes éloignées et l'action soudaine des causes occasionnelles ; mais il trouve dans la corruption des grands une raison suffisante de la régénération politique, dont il s'est chargé de nous révéler la véritable origine. La corruption des grands! entendez-vous, Monsieur? Ce n'est là ni une circonstance accidentelle, ni une manifestation des progrès de la raison humaine. La corruption des grands! Elle tient un juste milieu entre le positif grossier et mesquin du *déficit des finances*, et le vague des considérations philosophiques. Ingénieuse découverte! qui va sans doute nous procurer la meilleure histoire que nous puissions avoir sur *la révolution dont les principes ont conquis le monde*: M. de Montgaillard ne l'aurait pas échangée, j'en suis persuadé, contre celles de Toricelli, de Galilée, de Colomb, de Guttemberg et de Watt; tant il était convaincu de l'excellence de *la trouvaille*. Mais nous, Monsieur, qui sommes étrangers à cet enthousiasme tout paternel de l'inventeur, devons-nous partager l'admiration aveugle de ses partisans? pouvons-nous voir dans *la corruption des grands* une cause impulsive d'un ordre plus élevé que toutes celles mises en avant par les *écrivains royalistes, qui ôtèrent à la révolution ce qu'elle avait de prédominant?* Cette corruption n'entre-t-elle pas, comme les embarras financiers, l'opposition des parlements, etc., dans le concours des circonstances contemporaines qui servirent d'expression à l'état social, précurseur nécessaire et immédiat d'une révolution inévitable? Oui, Monsieur, dussé-je être accusé de faire *un roman philosophique*, par les hommes qui pensent comme l'abbé de Montgaillard, la dépravation des hautes classes de la société, en France, me paraît n'avoir été que le produit forcé du développement graduel de la raison humaine. Dès que la diffusion progressive des lumières eut discrédité insensiblement les vieilles doctrines et sapé l'autorité morale qui, après avoir gouverné le moyen âge, ne pouvaient plus convenir au nôtre, il était naturel que les esprits, abjurant les principes surannés et inapplicables sur lesquels reposait l'ancien édifice social, s'abandonnassent au scepticisme (1), enfreignissent des règles dont la raison primitive n'était plus sentie, et se trouvassent ainsi conduits passagèrement à l'immoralité, par les efforts mêmes de l'esprit humain pour arriver à une rénovation morale. Mais quel est donc le but de M. de Montgaillard, en rejetant l'explosion patriotique de 1789 sur la corruption de la no-

(1) Si le dogmatisme est l'état normal des sociétés, le scepticisme n'en exerce pas moins une influence puissante et salutaire aussi long-temps qu'il se trouve en présence d'institutions usées, dont il doit révéler les défectuosités croissantes et saper l'autorité. Sa mission est de préparer et d'effectuer la transition d'un dogmatisme stationnaire et arriéré à un dogmatisme correspondant à des lumières et des besoins nouveaux : c'est celle que remplit le criticisme des écoles grecques, dans le passage du polythéisme au christianisme. Il est permis de croire que les sceptiques du 18e siècle, qui ne rêvèrent que destruction, seraient aujourd'hui des apôtres moins fervents de la philosophie du doute, et qu'ils songeraient, après la victoire à peu près complète, remportée sur les vieilles doctrines, à donner d'autres liens à la société que ceux d'une incrédulité commune. Si dans les classes instruites, le doute amené par des investigations philosophiques peut se prolonger sans danger, il n'en serait pas de même du scepticisme qui régnerait dans les ateliers et dans les champs.

blesse? a-t-il quelque intérêt à trouver une source impure à ce beau mouvement national, qu'il signale d'ailleurs comme le premier pas fait vers l'affranchissement total du genre humain, et que M. de Lalli-Tollendal s'estimait si heureux d'avoir vu? Ou bien voudrait-il recommander à la reconnaissance du peuple français et de l'humanité tout entière, les patriciens de la régence et du règne de Louis XV, dont les mœurs dissolues amenèrent la régénération universelle? Est-il dans son intention de les faire considérer comme de généreuses victimes qui se précipitèrent dans la fange du vice, comme autrefois Curtius dans un gouffre, pour sauver leur pays? Je ne le pense pas, Monsieur, et vous serez de mon avis lorsque vous vous rappellerez que cet écrivain, gentillâtre gascon, ne laisse échapper aucune occasion d'attaquer les grands seigneurs, dont les dédains pesèrent si long-temps sur les nobilions de province. Oubliant qu'il a salué la révolution française, avec l'enthousiasme d'un patriote ardent, qui voyait en elle l'accomplissement des destinées du monde, il en fait tout à coup un grand crime, pour l'imputer aux hommes dont les prétentions nobiliaires, et peut-être aussi l'illustration historique, le mirent si souvent en courroux. « Les » premiers révolutionnaires, dit-il, les premiers jaco-» bins de France, furent dès l'ouverture des états-» généraux, les d'Orléans, les Larochefoucault,

» les Noailles, les Montmorency, les Beauveau,
» les d'Aiguillon, les d'Estaing, les Crillon, les
» Clermont-Tonnerre, les Lameth, le comte de Mi-
» rabeau, le comte de Lalli-Tolendal, le comte de
» Lusignan, le marquis de Nesle, etc., etc., l'évêque
» d'Autun, Talleyrand Périgord, l'archevêque de
» Vienne, Lefranc de Pompignan, l'archevêque de
» Bordeaux, Champion de Cicé, etc., etc. On accuse
» bien gratuitement la nation, ajouta-t-il, d'avoir
» bouleversé la monarchie; elle ne prit même part
» active à la révolution, que lorsque la cour, la no-
» blesse, le clergé et les parlements l'y eurent for-
» mellement appelée. (231 et 233.) » Mais la révolution n'est donc pas un événement aussi heureux
que vous nous le disiez naguère, M. de Montgaillard,
puisque vous voulez en faire tomber la responsabilité sur une classe, que vous n'avez pas coutume
de traiter favorablement, et que vous pensez désigner
par là à l'animadversion publique? puisque vous
vous croyez obligé de justifier la nation du reproche
d'avoir pris l'initiative de cette grande réforme !
Mais la nation n'est pas forcée elle-même de vous
suivre dans toutes vos contradictions. Faites, tant
qu'il vous plaira, de l'élan patriotique qui renversa
la *monarchie de Versailles*, tantôt l'objet de votre
admiration, tantôt celui de vos déclamations injurieuses, selon que vous voudrez en faire honneur
à vos amis, ou l'imputer à crime à vos ennemis;

l'opinion du peuple français, moins versatile que la vôtre, restera toujours la même, pour attester la justice de la cause que l'assemblée constituante fit triompher, et pour accorder, sans distinction de rang et de naissance, aux hommes qui s'associèrent à ce succès national, la part de gloire due à leur coopération et à leurs services. Vous voyez, Monsieur, que je m'adresse à M. de Montgaillard comme s'il pouvait m'entendre, comme s'il vivait encore. Je sais bien que quelques personnes prétendent qu'il n'est pas mort tout entier, et citent en preuve les modifications qu'on croit avoir été faites à son livre, depuis le jour où son trépas fut officiellement constaté. Mais peu disposé à admettre qu'on puisse mourir à demi, et n'ajoutant pas beaucoup de foi aux revenants, je ne puis plus croire à l'existence de ces modifications, additions et soustractions, après la déclaration négative et solennelle que les éditeurs viennent de faire, et à laquelle le *Constitutionnel* a daigné accorder les honneurs de l'insertion.

Nous allons enfin aborder, Monsieur, l'examen de l'histoire contemporaine : j'espère vous démontrer qu'elle n'a pas été écrite avec moins de légèreté et d'injustice, que le discours préliminaire et l'introduction historique. Dans une troisième lettre, je vous ferai part de mes observations sur les commencements du règne de Louis XVI, et les premiers événements de la révolution.

J'ai l'honneur etc.

TROISIÈME LETTRE.

Paris, 1er juin 1827.

Monsieur,

Avant de passer à l'examen du livre premier de l'histoire de l'abbé de Montgaillard, je dois revenir sur certaines conjectures relatives à la fameuse note du discours préliminaire (page 31), et vous apprendre que, loin d'être aussi fondées que je le pensais, elles sont incontestablement fausses, puisque les éditeurs de l'ouvrage, très proches parents des écrivains honorables que je croyais victimes d'une perfidie, viennent de déclarer hautement que les notes, comme le texte, ont été publiées sur les manuscrits autographes de l'auteur, et qu'ainsi c'est bien la main de ce dernier qui traça les quelques lignes, où MM. Jay, Etienne, etc., sont non seulement exceptés de la réprobation générale lancée contre presque tous les écrivains de notre époque, comme atteints et convaincus d'avoir célébré tour à tour le despotisme et la liberté, mais sont encore recommandés à l'estime nationale. Il n'est plus permis maintenant, Monsieur, de conserver le moindre doute à cet égard; l'exception que j'attribuais à la malveillance, est le fait de M. de Montgaillard; et lors même que les intentions de cet écrivain n'auraient pas été exemptes de malignité, les exceptés étant eux-mêmes persuadés que la note est un hommage rendu à l'invariabilité de leurs principes politiques, il en résulte qu'elle ne saurait être réellement injurieuse pour eux, puisque, comme disent les jurisconsultes : *Volenti non fit injuria.*

Que vous dirai-je maintenant, Monsieur, du tableau que nous fait l'abbé de Montgaillard du gouvernement de Louis XVI? C'est en vain qu'on y chercherait des aperçus ou des faits nouveaux. Indécision et faiblesse du monarque, mœurs pures de ce prince à côté des prodigalités et de la dissolution de sa cour, vertus de Turgot et de Malesherbes, radotage et entêtement de Maurepas, incapacité de Vergennes, talents et immoralité de Calonne, scandale, déprédations, intrigues, ambition et médiocrité de Brienne, conduite et influence diverse de Monsieur et du comte d'Artois, portrait hideux du duc d'Orléans et du cardinal de Rohan, crédit de l'abbé de Vermond auprès de la reine, stérilité des assemblées provinciales, opiniâtreté des notables et des ordres privilégiés, inconséquence et témérité des parlements dans leur appel aux états-généraux, connaissances financières, esprit plus cultivé qu'étendu, inexpérience politique et austérité affectée de Necker; voilà les lieux communs que l'on rencontre dans tous les écrits relatifs aux commencements de notre révolution, et auxquels M. de Montgaillard, avec toutes les ressources de sa brillante imagination, n'a pu donner, néanmoins, un air de fraîcheur et de nouveauté. Il y a plus, Monsieur, toutes ces fastidieuses répétitions n'ont pas toujours le mérite d'être reproduites avec ordre, et l'on est souvent frappé d'étonnement de se trouver reporté à 1776 ou 1780, après avoir lu de longues considérations sur les événements de 1786. Si vous joignez à cela que l'auteur se livre parfois à de soudaines digressions sur les affaires de l'Amérique septentrionale, et qu'il passe brusquement d'un sujet à un autre, sans trop s'embarrasser de lier étroitement les diverses parties de son travail, et comme s'il ne faisait encore qu'une *revue chronologique*, vous conviendrez, avec moi, qu'il serait bien difficile de prendre cela pour de l'histoire, et surtout pour une bonne histoire.

Mais ce n'est pas assez, Monsieur, que de caractériser ainsi l'ensemble des divagations historiques de l'abbé de Montgaillard sur le gouvernement de Louis XVI; il faut, quelque pénible que soit cette tâche, vous présenter une critique spéciale des assertions et opinions qui me paraissent surtout fausses ou hasardées, et pour ne pas laisser plus long-temps votre esprit dans les tourments de l'incertitude, de la curiosité et de l'attente, je me hâte d'entrer en matière.

Calonne et Brienne furent, selon notre historien, les agents principaux de la destruction de la monarchie, et une flétrissure éternelle doit s'attacher à leur mémoire. A Dieu ne plaise que je cherche à les réhabiliter dans l'opinion de la France, dont les intérêts les touchèrent moins que ceux du trône, ou que leur propre fortune. Mais sans donner à l'accusateur de Lachalotais le caractère d'un grand citoyen, ni à l'archevêque de Sens celui d'un homme d'état et d'un prélat intègre, il est permis de discuter les motifs de la réprobation dont les frappe l'abbé de Montgaillard. Ces deux ministres, pressés par la marche des événements et surtout par l'effrayante progression du *déficit*, imaginèrent de combler l'abîme où l'état allait s'engloutir, avec la générosité des ordres privilégiés; ils assemblèrent les notables pour leur proposer des sacrifices en faveur de la chose publique, et toutes leurs demandes furent rejetées. M. de Montgaillard qualifie sévèrement, et avec raison, ce refus de la noblesse et du clergé de supporter une partie des charges de la société qui les faisait vivre dans l'abondance et les honneurs, et de se soumettre à l'impôt territorial, tout en possédant la presque totalité du territoire. Mais comment se fait il que l'administration, qui lutta contre l'égoïsme opiniâtre des premiers ordres et qui voulut les amener à des concessions indispensables, se trouve condamnée précisément pour avoir adopté le système que l'on reproche aux notables d'avoir repoussé ? N'est-ce pas ici une répétition de ce que nous avons vu dans l'introduction historique, au sujet des tyrans féodaux et des despotes Carlovingiens et Capétiens, coupables, les premiers, d'avoir rempli la France de dévastation et de sang en attentant incessamment à la prérogative royale, et les seconds, d'avoir détruit, par leurs empiétements successifs, l'indépendance, et partant le brigandage des barons ? On dirait, en vérité, que M. de Montgaillard craint de perdre, par le non usage, le droit qu'il s'est attribué de se contredire formellement, et qu'il est obligé de ne pas nous laisser parcourir trop de pages, sans nous offrir un contraste dans ses jugements. Je ne veux pas, au reste, insister d'avantage sur l'irréflexion qui l'a fait maudire, à la fois, le ministère et l'opposition de 1787 et 1788; il me suffit de vous avoir indiqué l'antimonie que présente cette double malédiction. Les qualités personnelles de Calonne (1) et de Brienne captivent seules ici l'attention de l'historien, comme il ne voyait naguère

(1) Dans un avertissement, placé en tête de la collection des mémoires présentés à l'assemblée des notables en 1787, Calonne s'exprimait ainsi : « On reconnaîtra que les projets adoptés par

en Louis XI, Richelieu et Louis XIV, que leur caractère violent et despotique, sans songer qu'ils l'exercèrent, surtout, pour abaisser la puissance féodale qui pesait sur le peuple, et sans s'occuper

» Sa Majesté sont tous projets sanctionnés depuis long-temps par
» le public.

» Les assemblées provinciales, composées des représentants
» de tous les propriétaires, pour faire les rôles et l'assiette des
» contributions ;

» Une répartition proportionnelle de l'impôt territorial, sur
» tous les fonds, sans exception quelconque ;

» Le remboursement des dettes du clergé, pour qu'il puisse
» contribuer, comme tous les autres sujets du roi, aux charges
» publiques ;

» Un soulagement provisoire sur la taille, etc.;

» L'abolition de la corvée en nature ;

» L'entière liberté du commerce des grains, etc., etc.

» Toutes ces vues qui ont été développées aux notables par
» ordre du roi, étaient indiquées par le vœu national....

» Des priviléges seront sacrifiés !... Oui, LA JUSTICE LE VEUT,
» le besoin l'exige ; vaudrait-il mieux surcharger encore les non-
» privilégiés, le peuple ?

» Il y aura des réclamations !... On s'y est attendu. Peut-on
» faire le bien général, sans froisser quelques intérêts parti-
» culiers? Réforme-t-on sans qu'il y ait des plaintes ? »

Calonne reproduisit cet avertissement à la fin du livre qu'il publia en 1790, à Londres, *sur l'état de la France*, et qu'il accompagna de cette réflexion : « Voilà l'écrit que l'envie de me
» perdre fit traiter d'incendiaire, sans que jamais la vérité de
» l'exposé ait été contredite. On a trouvé que je n'y parlais pas
» avec assez de ménagements des privilégiés. »

du résultat de leur règne sur la destruction graduelle du régime seigneurial, dont la disparition complète et définitive lui fait pourtant voter des remercîments à l'assemblée constituante. Il faut être juste envers tout le monde, même envers les ministres courtisans qui auraient livré le fruit des sueurs du pauvre à l'exigence insatiable des dissipateurs, voisins du trône ; il faut savoir reconnaître que Calonne et Brienne, justement accablés du poids de la haine et du mépris publics, pour leur profonde immoralité, se trouvaient, en présence des notables, les véritables représentants de l'esprit révolutionnaire, les continuateurs de Mazarin et de Richelieu, et les précurseurs de Necker (1) et de Mirabeau. Je sais bien qu'il serait ridicule de leur savoir gré des concessions qu'ils voulurent imposer à l'aristocratie ; je n'ai jamais douté que le désir de remédier à l'embarras des finances et de mettre le gouvernement à portée de briser toutes les résistances opposées à l'empire du bon plaisir, ne les eut seul déterminés à proposer des mesures populaires, telles que la répartition proportionnelle de l'impôt territorial ; je suis également persuadé que, dans la convocation des états-généraux, les minis-

(1) *Précurseurs de Necker :* ceci se rapporte au second ministère, pendant lequel celui-ci fit convoquer les états-généraux du Genevois, et rendre l'édit de la double représentation.

tres de Louis XVI n'avaient en vue que de se faire accorder de l'argent par les députés des trois ordres, sauf à les renvoyer dès que les subsides auraient été votés (1); mais je pense aussi que le but du gouvernement, dans un acte quelconque, n'en détruit pas la nature, et qu'une proposition utile doit conserver son caractère, dans l'histoire, indépendamment des travers ou des vices de l'homme d'état dont elle émane.

J'arrive, Monsieur, aux avis salutaires que l'abbé de Montgaillard aurait pu donner à Louis XVI, si l'on eût songé à l'appeler dans les conseils de ce prince. Pour éviter les catastrophes de la révolution, il fallait se garder le plus possible des innovations, et se borner à *faire revivre l'esprit de nos coutumes primitives* (447). « Il convenait, ajoute-t-
» il, d'interroger les temps antérieurs; on y aurait
» vu que la distinction des trois ordres n'existait
» pas avant les Capétiens. Le roi, faisant la loi
» avec les grands et les hommes libres, voilà le
» régime primitif des Français ! En réunissant donc
» les pairs actuels, dont le nombre s'augmentait
» par l'adjonction des chefs de plusieurs familles
» éminentes, on avait une chambre haute composée
» d'éléments convenables et homogènes. Les petits

(1) Les intentions de la cour, à ce sujet, sont naïvement dévoilées dans la lettre de l'abbé Maury à l'abbé de Vermond.

» vassaux, mêlés à la foule obscure des nobles du
» jour, venaient se fondre dans la représentation
» des communes, et cette combinaison, en repro-
» duisant le type estimé le plus ancien, s'adaptait
» aussi à l'état, aux besoins, aux lumières de la
» société présente. Mais le conseil de Louis XVI ne
» remonta qu'au moyen âge. » Ainsi, pour satisfaire
les nouveaux besoins sociaux, pour calmer l'effer-
vescence des esprits, résultat de l'incompatibilité
des mœurs actuelles avec des institutions surannées,
il ne fallait que s'enfoncer encore plus loin que ne
le firent les courtisans de Versailles, dans les ténèbres du passé; c'est à dire que, pour mieux se
conformer aux progrès de la raison humaine, on
devait rétrograder davantage! Et M. de Montgaillard nous parle pourtant quelquefois de perfectibilité, de la marche ascendante de la civilisation (79).
(329 et 330, introduction historique)! « La révo-
» lution française, dit-il, est maîtresse du monde.
» Ce n'est pas une révolution survenue dans le
» palais ou dans le gouvernement intérieur, mais
» un changement total opéré dans l'essence même
» des esprits et des choses. Toutes les nations sont
» en travail, et les révolutions naissent les unes
» des autres; encore un demi-siècle, et la révolu-
» tion française sera consommée dans l'ancien et
» dans le nouveau monde. La révolution française
» est indestructible dans sa nature et ses principes;

» elle est invincible dans ses attaques, dans ses
» effets; car on ne tue pas les idées, a dit avec
» beaucoup de sens un écrivain royaliste. Aujour-
» d'hui, ce n'est plus un royaume, ce n'est plus un
» seul peuple qui est agité par les principes révo-
» lutionnaires ; tous les peuples réclament ou invo-
» quent, par un morne silence, le système de gou-
» vernement approprié à leurs besoins. Or, *les be-*
» *soins d'un peuple naissent des idées dont il a été*
» *imprégné par les événements survenus dans l'ordre*
» *social, dans la marche de la civilisation.* Lorsque
» les barbares du nord ont été conduits à Paris, ils
» ont bu dans la coupe de la liberté constitution-
» nelle, ils ont entendu les mots *liberté, égalité*,
» mots si doux à l'esprit et au cœur de l'homme !
» La liberté leur est apparue avec tous ses bien-
» faits; ils voudront en jouir; ils l'obtiendront de
» manière ou d'autre, et plus tôt qu'on ne le croit,
» peut-être, dans les pays du despotisme. »

Vous préférerez avec moi, Monsieur, cette dernière prédiction, à celle dont le même prophète a voulu nous effrayer, dans son discours préliminaire, en nous annonçant que l'Europe policée allait finir, et qu'elle se trouverait dans cinquante ans sous le joug barbare de la Russie. Mais quel était donc ce *type ancien*, qui, après avoir convenu aux peuplades sauvages de la Germanie, pouvait s'adapter également à l'état, aux besoins, aux lumières de la société présente? M. de Montgaillard vous l'a dit; c'est celui où le pouvoir législatif aurait été attribué à deux chambres, dont l'une, formée par la haute aristocratie, et l'autre, composée des petits vassaux, mêlés à la foule obscure des nobles du jour, qui seraient venus se fondre dans la représentation des communes. Que ce grand publiciste a été heureux de vivre jusqu'en 1825! qu'il a dû entonner de bon cœur son *Nunc dimittis*, en voyant accomplir ses vœux, et reproduire son *type estimé le plus ancien*, au-delà de ses espérances, par la double intervention de la noblesse dans la représentation nationale! Cependant, quelles furent les merveilles enfantées par cette admirable constitution primitive, que les états-généraux de 1789 auraient dû exhumer de la poussière des tombeaux de Clovis et de Pharamond? M. de Montgaillard s'est encore chargé de nous l'apprendre lui-même : des excès de tout genre, des crimes, des brigandages, l'anarchie féodale avec toutes ses horreurs. Et c'était la résurrection du principe qui avait produit ces épouvantables désordres, qu'on aurait dû réclamer comme le vrai moyen d'en tarir la source et d'en détruire les dernières conséquences! Si la France éprouvait le besoin d'extirper la féodalité jusque dans ses plus profondes racines; si la haine de l'aristocratie et l'amour de l'égalité lui inspiraient, seules, les dispositions révolutionnaires qui se manifestaient en elle de toutes parts, il était facile de la satisfaire et de l'apaiser, en donnant une nouvelle vie aux institutions d'où dérivaient les abus qui la poussaient à l'insurrection, en reconstituant, en rajeunissant l'aristocratie féodale! Singulière découverte! bizarre expédient! qui, pour faire cesser le mal, en raviverait le principe! qui placerait l'anéantissement de l'effet dans l'accroissement d'activité de la cause! Mais n'a-t-on pas d'ailleurs essayé d'arrêter la révolution, avec la vieille machine que M. de Montgaillard regrette d'avoir vu tomber dans l'oubli? N'y eut-il pas aussi, dans l'assemblée constituante, des partisans de *l'antique organisation*, dont le tableau vivant existait par-delà la Manche? J'en appelle toujours à M. de Montgaillard lui-même. Il s'est plu à retracer les efforts des Mounier, des Lalli, des Necker, etc., pour importer en France le système anglais, et je ne vois pas, dans son livre, que ces efforts aient réussi, qu'ils aient répondu à l'exigence de la nation, et qu'ils fussent ainsi de nature à modérer le mouvement révolutionnaire.

Autre moyen d'échapper, selon notre auteur, au débordement des passions populaires, et de régénérer paisiblement la France. Il fallait que la noblesse de Provence consentît à honorer le comte de Mirabeau de ses suffrages, au lieu de rejeter cet homme *qui devait être d'un si grand poids dans la balance* (467 et 468). L'abbé de Montgaillard oublie évidemment ici, Monsieur, les reproches qu'il a adressés (227) aux écrivains royalistes qui donnent trop d'importance aux causes accidentelles de la révolution ; il ne se souvient plus d'avoir dit (228), qu'en voyant un édifice antique tomber en un clin d'œil, et s'ébouler comme un château de sable, il n'attribuerait pas sa chute à de légers accidents ; et puis, dans quel temps vient-il insinuer que l'influence de Mirabeau, rattachée à la cause nobiliaire, si ses pairs n'eussent commis la faute grave de le repousser de leur collége, aurait pu rendre l'élan de 1789 moins hostile aux classes privilégiées ? C'est lorsque l'histoire nous montre ce tribun audacieux, menacé de perdre sa puissance sur l'opinion publique, et de voir passer en d'autres mains le sceptre révolutionnaire, précisément pour s'être cru le maître de la révolution, et avoir tenté de la réconcilier avec la cour (1). Que dans les premiers jours de l'assemblée constituante, après la fameuse séance

(1) Ici encore on peut réfuter M. de Montgaillard par lui-même; il dit positivement à la page 368 du second volume de son *Histoire* : « Mirabeau lui-même, dont les révolutionnaires ont fait
» l'homme d'état par excellence, Mirabeau, si prôné et si dénigré
» depuis trente ans, ne périt-il pas aussitôt qu'il voulut compri-
» mer le ressort révolutionnaire ? »

royale du 23 juin au 14 juillet, le lendemain du 6 octobre, M. de Montgaillard, saisissant partout en flagrant délit le crédit immense et le génie ardent de Mirabeau, se fût exagéré l'empire que cet orateur célèbre pouvait exercer sur la marche des événements, son erreur eût été naturelle; mais après tant d'exemples de l'impuissance des hommes, pour modifier à leur gré le cours irrésistible des choses; après la déchéance successive de tous les potentats de la tribune, qui voulurent diriger, selon leurs vues personnelles, et ralentir arbitrairement le char de la révolution, depuis Mounier et Mirabeau, Barnave et Lameth, Duport et Thouret, jusqu'à Vergniaud et Brissot, Desmoulins et Danton, prétendre encore que l'élection de tel député, par l'ordre de la noblesse, aurait pu changer la direction des travaux de l'assemblée nationale, et rendre les chances de la révolution moins défavorables à l'aristocratie! Reprocher en conséquence au patriciat français d'avoir commis une faute grave et contribué lui-même à la perte de ses priviléges, en refusant de se faire représenter par Mirabeau! C'est ne tenir aucun compte des leçons de l'expérience, et donner, ce me semble, beaucoup trop d'importance aux individus, comme causes occasionnelles.

Vous avez dû être bien plus surpris, Monsieur, en lisant, aux pages 3, 4 et 5 du second volume, que la révolution, *dont les principes ont heureusement conquis le monde*, avait été l'ouvrage d'une assemblée composée de sots, d'ignorants et de pervers. Vous n'étiez pas préparé, sans doute, à cette révélation; vous ne deviez pas vous y attendre, surtout, si vous vous rappeliez les remercîments votés à ce sénat illustre, au nom de tout le genre humain, dans le discours préliminaire; mais venant à réfléchir que vous lisiez l'abbé de Montgaillard, comment auriez-vous pu vous étonner encore? La contradiction, Monsieur, la contradiction! Voilà ce qui le distingue éminemment de ses devanciers, qui se bornèrent à maltraiter l'un ou l'autre des partis, et ne songèrent jamais au succès réservé à l'historien qui oserait les frapper tous d'une égale réprobation, et pousserait la manie des invectives jusqu'à les faire tomber sur des têtes qu'il aurait déjà environnées de bénédictions. Vous aviez accueilli avec transport, j'en suis persuadé, Monsieur, le passage prophétique où l'historien, pressé par ses sublimes inspirations, vous transportait avec lui dans l'avenir, pour vous montrer les doctrines de l'assemblée constituante, *s'étendant sur la surface du globe habité* : eh bien! vous apprenez maintenant que ce conseil amphictionique, *dont l'influence devait se projeter dans les siècles à venir, et hâter l'affranchissement du genre humain*, n'était que la réunion des incapacités et

des nullités, pour ne pas dire plus, renfermées dans les trois ordres. « Les assemblées bailliagères,
» dit M. de Montgaillard, ont envoyé, pour travailler
» à cette œuvre si difficile de refondre un état, une
» foule de curés de village qui n'eurent jamais idée
» de ce qui fait un état, qui, ne reconnaissant rien
» de ce monde au-delà des bornes de leur obscure
» paroisse, et vivant dans une pauvreté sans res-
» sources, ne sauraient voir qu'avec des yeux d'en-
» vie toutes les fortunes, soit ecclésiastiques, soit
» laïques, la majorité des députés du tiers-état con-
» siste en praticiens et en membres inférieurs et
» ignorants de chaque classe, c'est à dire en méca-
» niciens de la profession : il y a quelques excep-
» tions dignes d'attention; mais la composition gé-
» nérale se forme d'obscurs avocats de province, de
» commis de petites juridictions locales, de pro-
» cureurs ou notaires de petits bourgs, et de toute
» la bande de ces processifs municipaux, fomen-
» tateurs et chefs des misérables querelles qui dé-
» solent incessamment les villages et les petits pro-
» priétaires. Puisqu'il suffisait d'être reconnu ou
» simplement toléré noble ou anobli pour entrer
» dans les assemblées de l'ordre de la noblesse, les
» suffrages devaient se réunir sur un grand nombre
» de nobles nécessiteux, par conséquent sans lu-
» mières, envieux et remplis de petits préjugés. »
Qui reconnaîtrait, à ce tableau, les états-généraux

de 1789, *les libérateurs du genre humain ?* Si l'on
ne savait que c'est bien d'eux qu'il s'agit ici, on
serait tenté de croire que M. de Montgaillard a
voulu faire un portrait de fantaisie, ou qu'il a
découvert, en fouillant dans les annales des temps
primitifs, *l'état personnel* de la représentation nationale, dans quelque champ de Mars ou de Mai,
et qu'il s'est amusé à faire, sur cet antique modèle,
la caricature de la première de nos assemblées.
Sans doute il serait encore possible aujourd'hui de
composer une chambre représentative, telle que
l'a supposée cet écrivain; mais tous les éléments
ne s'en trouveraient pas dans le même pays, et à
moins d'aller chercher en Ecosse les successeurs
des légistes que Walter-Scott a peints dans ses ro-
mans, pour les mêler aux prêtres catholiques de
l'Unterwalden, que l'on réunirait ensuite aux Gus-
man et aux Alvarez de Castille, il faudrait désespérer de voir réaliser le burlesque assemblage que
l'on ose nous donner comme un fait historique
contemporain. Oui, Monsieur, ce bizarre amalgame pourrait seul produire le tableau que vous
a fait l'abbé de Montgaillard de cette assemblée
constituante qui, de son propre aveu, mérita la
reconnaissance de la France et du monde entier.
Si les traits sous lesquels il l'a peint sont vrais;
si le pinceau de l'historien est fidèle, il ne nous
reste plus qu'à nous humilier devant les décrets

de la providence, qui fit jaillir tant de lumières du sein des plus épaisses ténèbres.

Mais c'est aux avocats que M. de Montgaillard en veut principalement : en fait de haine ou de mépris pour eux, c'est décidément un petit Bonaparte. Il ne dit pas crument et laconiquement, comme le grand homme, que ce sont des bavards; il cherche à le prouver par de longs commentaires, et finit par déclarer que les jeunes gens qui étudiaient la jurisprudence dans l'ancien régime, ne s'occupant que des lois civiles, leur ignorance politique et constitutionnelle était complète, ce que *nos assemblées législatives ont démontré.*

Je sais, Monsieur, que vous êtes vous-même assez mal disposé pour les gens de loi, et je vous dirai qu'il m'arrive aussi quelquefois de me surprendre avec des préventions peu favorables sur leur compte; mais il me semble que l'abbé de Montgaillard choisit bien mal ses exemples, quand, pour donner des preuves de la loquacité, de l'ignorance, de l'ambition et de l'avidité des avocats, il va les chercher dans les états-généraux de 1789. Si cette assemblée *a préparé l'affranchissement du genre humain,* quels sont en effet les hommes qui prirent le plus de part à ses immortels travaux, qui déployèrent à la fois de grands talents et de beaux caractères? Ne sortaient-ils pas tous, ou presque tous, du barreau? Mounier, Barnave, Thouret, Tronchet, Target, Threillard, Lanjuinais, Buzot, Le Chapelier, Chabroud, étaient-ils de misérables praticiens, étrangers à la science du publiciste, et dévorés seulement du désir d'accroître leur réputation ou leur fortune? Eux qui, après avoir fait admirer tour à tour leur éloquence et leur savoir, à la tribune ou dans les comités, restèrent fidèles à la cause de la révolution, au milieu des plus cruelles vicissitudes! M. de Montgaillard a oublié sans doute comment ont vécu, comment sont morts ces illustres citoyens. Il ne s'est pas souvenu non plus que Vergniaud, Guadet, Gensonné et les principaux orateurs ou hommes d'état de l'assemblée législative et de la convention, appartenaient à cet ordre des avocats, qui renferme, selon lui, les plus verbeux, les plus vains, les plus ambitieux de tous les hommes. Mais pourquoi des annotateurs officieux ne sont-ils pas venus, cette fois, réparer les torts de sa mémoire, faire d'honorables exceptions, et soustraire *au moins leurs amis* à l'anathème général lancé contre une classe de Français qui contribua si puissamment à la régénération de la patrie? C'est une véritable lacune à signaler : espérons qu'elle disparaîtra dans une nouvelle édition.

Je termine ici, Monsieur, et renvoie à ma prochaine lettre les observations que j'ai à vous présenter, tant sur la manière dont l'abbé de Montgaillard expose et apprécie les travaux de l'assemblée nationale, que sur les portraits des personnages influents de cette époque, qui m'ont paru le plus souvent défigurés.

J'ai l'honneur, etc.

QUATRIÈME LETTRE.

Paris, 15 juillet 1827.

Monsieur,

La condamnation en masse des membres d'une assemblée, que l'on reconnaît avoir conçu et exécuté de grandes choses, devrait faire supposer au moins qu'ils furent les dociles instruments de quelque homme d'état extraordinaire, roi, ministre ou législateur, sous les auspices duquel ils purent opérer cette vaste régénération, dont on veut bien leur laisser la gloire. On se tromperait fort cependant si l'on s'attendait à trouver cette conséquence rigoureuse dans un historien dont l'argumentation consiste le plus souvent en injures, et qui rejette avec dédain les règles de la logique, comme trop gênantes pour son irascibilité. « Le caractère du monarque
» qui convoqua les états-généraux était d'une si
» molle contexture, dit l'abbé de Montgaillard,
» qu'on pourrait l'assimiler au plus faible de tous
» ses aïeux, si remarquables d'ailleurs par le
» nombre d'esprits faibles et d'inconstantes volon-
» tés, vices héréditaires dans la succession de

» Hugues Capet. » Son principal ministre, ce même Necker, à qui l'on accordait, à la page 431 du premier volume, *la science des affaires de finance*, n'est plus, à la page 15 du second volume, qu'*un banquier ne comprenant pas la science des finances, et ignorant complétement l'art des institutions politiques.* « On a fait de M. Necker, dit-il, un grand
» ministre, un homme de génie, un sage, et pres-
» qu'un de ces sages de l'antiquité dont le nom est
» synonyme du mot *vertu*. Rien de tout cela : le
» Genevois était tout simplement un intrigant
» parvenu, un ambitieux exalté jusqu'à la dé-
» mence..... Quant à ce qu'on appelle strictement
» probité, cette grande vertu morale, tout le monde
» sait aujourd'hui que M. Necker avait fait pour son
» compte particulier des spéculations sur les an-
» nuités anglaises, au moment du traité de paix de
» 1783; mais M. Necker avait reçu commission
» d'acheter les annuités anglaises pour un person-
» nage que sa très haute position tenait au courant
» des secrets de l'état; et, tout en ayant l'air d'exé-
» cuter la commission dont il était chargé, M. Necker
» intrigua si bien qu'il joua le personnage et fit la
» spéculation pour son propre compte..... Il doit
» être regardé du reste comme l'un des plus mau-
» vais ministres qu'ait eus la France. Nous ajoute-
» rons qu'on peut l'envisager comme l'une des
» principales causes additionnelles ou d'accident

» qui précipitèrent les approches de la révolution
» française; car les écrits de ce banquier contri-
» buèrent puissamment à échauffer les esprits, et
» *à les diriger vers les innovations funestes.* » Il est
inutile de s'arrêter à l'étrange reproche adressé au
ministre genevois d'avoir pris une grande part à la
révolution (1), *qui doit profiter à l'humanité tout
entière*, quoiqu'elle ne soit plus ici qu'une série de
funestes innovations. Nous verrons plus tard que les
innovations, conçues par Necker, seront précisément
celles dont le rejet causera de vifs regrets à l'abbé
de Montgaillard. Nous avons déjà remarqué, au sujet

(1) Madame de Staël a commis, à l'égard de Mirabeau, l'inconséquence dans laquelle tombe ici l'abbé de Montgaillard, au
sujet de son père, M. Necker. Après avoir proclamé la nécessité
de la révolution, elle ne voit plus que des principes désorgani-
sateurs et funestes dans les principes révolutionnaires de l'audacieux tribun, ce qui a fait dire à Bailleul : « Cette accusation
» serait bien placée dans la bouche d'un contre-révolutionnaire;
» mais on ne la conçoit pas dans un ouvrage où l'on a commencé
» par reconnaître que *la révolution de France est une des
» grandes époques de l'ordre social,* qu'elle était *nécessaire* et
» *inévitable.* » Il n'est pas plus aisé de comprendre comment
l'historien qui a voté des remercîments à l'assemblée constituante
pour avoir consommé cette grande *révolution*, peut ne plus
considérer que comme un dangereux *novateur* le ministre qui
l'a préparée par son administration et ses écrits, et dont la retraite, en 1791, si l'on s'en rapporte au même auteur, fut
accueillie par *les factieux avec une joie concentrée.* (Tome II,
pag. 259.)

de l'édit de la double représentation du tiers-état, qu'il pensait sur ce point comme l'*intrigant parvenu*. J'ajouterai qu'il considère, comme irréfragable, l'avis d'un membre du conseil relatif à la nécessité de fonder la représentation sur la propriété seule (1), « ce que la
» force des choses, dit-il, ce que l'opinion, éclairée
» par de cruels événements, ont enfin établi. » Il est bon de prendre acte de cette profession de foi tant soit peu hostile à l'industrie, aux arts et aux sciences, dont les progrès font pourtant la gloire de notre époque. Peut-être n'arriverons-nous pas à la fin de l'ouvrage sans avoir à signaler plus d'une

---

(1) La proposition de Malesherbes était une amélioration à l'époque où elle fut faite, puisqu'elle tendait à associer tous les propriétaires à la puissance politique, sans distinction de rang et de naissance, dans un temps où la naissance et le rang concentraient cette même puissance dans les ordres privilégiés, ou dans certaines corporations. Depuis l'assemblée constituante, la scène a changé de face, et l'innovation de Malesherbes a cessé d'avoir un caractère progressif. C'est ce qui échappe ici à l'abbé de Montgaillard, quand il s'applaudit de l'application qu'a obtenue de nos jours le principe de l'ami de Turgot. L'amendement que la chambre des pairs a fait insérer cette année dans la loi sur le juri, en faveur des licenciés ou docteurs des quatre facultés, prouve que les hommes les plus enclins par leur position à faire prédominer la qualité de *propriétaire*, ont senti que la société était au-delà de cette prédominance exclusive, et qu'il y avait de nouveaux intérêts sociaux qu'on ne pouvait laisser plus long-temps sans danger, hors de la considération politique.

rétractation, implicite ou expresse, dans quelques pompeuses déclamations en faveur des industriels, des artistes et des savants, ou dans quelques violentes diatribes contre les représentants de la propriété territoriale.

Mais prenons garde, Monsieur, de ne pas nous égarer à la suite de notre auteur, et n'allons pas nous jeter dans un labyrinthe inextricable en cherchant à saisir les innombrables erreurs, faussetés ou contre-sens, dont son livre est rempli. Je vous disais donc, en commençant cette lettre, que si l'assemblée constituante forma sa majorité et sa presque unanimité, de prêtres, de nobles et d'avocats, également ignorants ou cupides, il était nécessaire d'admettre qu'elle fut dirigée, dans ses immortels travaux, par l'intelligence supérieure d'un roi, d'un ministre, ou d'un législateur assez habile pour tirer un parti merveilleux d'une composition aussi désespérante. Nous venons de voir que ni le monarque, ni le chef de son conseil n'avaient reçu du ciel le génie qui pouvait enfanter ce prodige. Reste à examiner si parmi les rares exceptions qui se firent remarquer au milieu de l'incapacité et de l'ambition universelles, on peut trouver les véritables moteurs du rouage immense, dont le jeu produisit les impérissables résultats, qui nous font palpiter de reconnaissance au souvenir de cette époque; reste à savoir si les grandes résolutions et

les actions généreuses, que nous admirons dans l'histoire de 1789, ont leur principe, sinon dans les lumières de Louis XVI et les intentions libérales de Necker, au moins dans la force d'esprit, l'élévation de sentiment, l'enthousiasme et la pureté civiques d'un ou de plusieurs députés, hommes d'état aussi habiles qu'intègres patriotes, et capables de faire concourir une masse d'ignares et d'intrigants à l'accomplissement d'une révolution, où le désintéressement et la capacité politique semblent avoir atteint leur apogée. Eh bien ! Monsieur, ni le caractère, ni les talents des membres influents de l'assemblée constituante n'expliquent encore la régénération que les siècles passés avaient préparée, et qu'elle compléta par ses décrets. Les uns ne songèrent qu'à faire fortune, ou à défendre leurs priviléges ; les autres furent des rêveurs. Ecoutez plutôt l'abbé de Montgaillard : « Les chefs de la majorité
» du clergé, dit-il, les chefs de la majorité de la
» noblesse sont plus jaloux de conserver les attri-
» buts de leur prépondérance, avec leurs préroga-
» tives exclusives, que de concourir aux améliora-
» tions que réclame l'avantage et même *le salut de la*
» *patrie commune*. Parmi les députés qui dominent
» l'opinion de leurs collègues du tiers-état, Mira-
» beau, Sieyes, quelques affidés du duc d'Orléans
» conçoivent déjà le dessein d'entretenir les trou-
» bles du royaume pour satisfaire leur ambition,

» leur cupidité ou leur orgueil blessé; d'autres,
» Bailly, Lafayette, Thouret, Barnave, Grégoire,
» emportés par des idées abstraites de bien public,
» séduits par des systèmes généraux de rénovation
» politique, se montrent empressés d'en faire l'ap-
» plication sur une nation, dégradée et corrompue
» depuis tant de siècles par un mauvais gouverne-
» ment, comme s'il suffisait de présenter à cette
» nation la robe de l'innocence, pour lui redonner
» cet état. (Page 29, tome II). » Voilà qui est clair, positif, Monsieur; la plus grande partie des hommes qui prêtèrent le serment du jeu de paume étaient mus par des considérations personnelles; et la faible minorité, accessible aux inspirations du civisme, ne sut rien imaginer d'applicable à la France du 18e siècle, se perdit dans les abstractions, voulut le bien sans le comprendre, et n'embrassa que le fantôme de la prospérité publique. Ainsi *le plus grand pas vers l'affranchissement total du genre humain* fut fait par des infirmes politiques, et la révolution la plus féconde en *événements créateurs et en causes génératrices*, résultat inouï de la triple incapacité du prince, de son premier ministre et des députés des trois ordres, provient nécessairement de l'impuissance des uns et de la stérilité des autres (1). Voyez, au reste, avec quelle

(1) Walter Scott, dans son *Tableau de la révolution fran-*

flexibilité de talent M. de Montgaillard peint notre émancipation sous des couleurs sombres ou brillantes, selon les caprices de son imagination. S'agit-il de verser le blâme sur la noblesse et le clergé, défenseurs opiniâtres de l'ancien régime ? Les améliorations que les novateurs indiquèrent *furent réclamées par le salut de la patrie commune.* Veut-il, au contraire, ternir l'éclat des réputations fondées sur des services révolutionnaires ? Ces améliorations cessent d'être indispensables, et deviennent même des *innovations funestes.* D'un côté, les mesures adoptées contre les ordres privilégiés furent exécutées *avec quelque dureté, quelque injustice ;* de l'autre, *l'aristocratie était déraisonnable, et si les patriotes de 1789 furent imprudents, s'ils firent appel à la nation, c'est parce que l'aristocratie an-*

çaise, que je suis loin d'ailleurs de trouver exact et fidèle, a rendu plus de justice que M. de Montgaillard à l'assemblée constituante. Il dit, en parlant des membres du tiers-état, « Prétendre que le corps qui captivait l'attention générale manquait » de talent pour la justifier, serait une absurdité manifeste. Loin » de là, l'instruction, l'habileté, l'éloquence française se trou- » vaient en grande partie dans le tiers-état. » Son portrait de Necker est loin aussi de ressembler à la caricature odieuse que j'ai retracée au commencement de cette lettre : « Ministre probe » et sincère, né républicain, d'ailleurs, et disposé conséquem- » ment à respecter l'opinion publique, Necker, dit-il, oublia » malheureusement, que pour être saine et raisonnable, cette » opinion doit être formée par des hommes de talent et intègres. »

6.

nonçait hautement le dessein de s'opposer, par la violence et les armes, aux améliorations les plus impérieusement exigées par les besoins de la chose publique. Tout le monde ici est encore coupable, et ceux qui poussèrent à la révolution, et ceux qui lui résistèrent. C'est une nouvelle répétition de ce que nous avons remarqué dans le développement historique de la lutte de la couronne et de la féodalité; c'est une conséquence inévitable du besoin, dont M. de Montgaillard se montre partout dévoré, de déclamer amèrement contre les hommes et les choses de toutes les époques et de tous les pays.

Avez-vous remarqué, au reste, Monsieur, dans le passage que je viens de citer, combien le langage de notre abbé, sur nos plus illustres citoyens, se rapprochait de celui du *despote le plus accompli des temps anciens et des temps modernes.* (96, Introd. hist.) Pour Napoléon, les Bailly, les Lafayette, les Barnave et les Grégoire étaient des *niais* ou des *idéologues;* pour M. de Montgaillard, qui reprochait naguère (*idem*) à ce grand homme d'avoir *proscrit de ses conseils et du sein même de la représentation nationale tous les principes généreux, toutes les lois de justice que la révolution française avait proclamées en* 1789; pour M. de Montgaillard, ces premiers patriotes de la France nouvelle, ces premiers propagateurs et inébranlables partisans des principes de la révolution, ne sont plus maintenant que de stériles spéculateurs *qui furent emportés par des idées abstraites de bien public, et se laissèrent séduire par des systèmes généraux de rénovation politique.* Des idées abstraites ! Entendez-vous, Monsieur ? Cela vaut l'*idéologie.* D'un trait de plume l'historien condamne dédaigneusement ce que le monarque croyait flétrir d'un mot. Mais Bonaparte avait perdu des batailles, quand il se fâchait contre les idéologues; il avait aperçu la double influence de leurs doctrines dans l'élan national des populations germaniques, et dans le mécontentement du peuple français. M. de Montgaillard, ce me semble, n'avait point contre eux de semblables griefs; et s'il éprouva jamais quelque désappointement dans ses courses de Paris en Afrique, de Gibraltar à Londres, de Hambourg à Rastadt, je ne croyais pas qu'il pût l'attribuer aux hommes qui professèrent *l'amour pur du bien public,* et qui poursuivirent avec une constance admirable l'œuvre de notre régénération. Napoléon d'ailleurs était conséquent, lorsqu'il affectait de ne voir, dans la persévérance des amis de la liberté, que le produit d'une *ténébreuse métaphysique.* Il parlait au retour de Moscou, en 1812, comme à la barre des anciens au 18 brumaire; c'était toujours le détracteur de l'esprit et des formes démocratiques, ne voyant que désordre et anarchie dans l'extension de la puissance populaire, et plaçant le bonheur social dans l'unité et l'intensité du pouvoir suprême. M. de Montgaillard, au contraire, répète incessamment que l'ère des gouvernements constitutionnels est arrivée, que les principes de notre révolution vont conquérir le monde, qu'ils affranchiront le genre humain, que l'artillerie est impuissante contre les idées, que le torrent ne peut plus être refoulé, etc., etc.; et cependant ces idées et ces principes, auxquels il promet solennellement la conquête de l'univers entier, ne doivent plus être considérés, selon lui, que comme de vaines abstractions, si l'on vient à s'occuper des personnages historiques qui furent les premiers à les proclamer et qui contribuèrent le plus à leur triomphe. Alors la nécessité d'une révolution politique disparaît pour faire place à l'impossibilité d'appliquer un système général de rénovation à *une nation dégradée et corrompue;* alors les lambeaux du costume gothique, dont nos pères furent chargés au moyen âge, cessent d'être pesants ou ridicules, et nous devons nous estimer heureux de pouvoir en couvrir notre nudité, indignes que nous sommes de revêtir la robe de l'innocence!

Il arrive pourtant quelquefois à l'abbé de Montgaillard, Monsieur, d'avoir pour lui l'opinion publique et l'équité, dans ses jugements les plus sévères. En blâmant indistinctement tous les acteurs du drame révolutionnaire, ses coups doivent en effet

frapper nécessairement juste, lorsqu'ils viennent à tomber sur quelques uns des grands coupables, qui malheureusement ne furent pas assez rares dans nos débats politiques. Ainsi personne ne songera sans doute à lui reprocher d'avoir calomnié Sieyes, en lui attribuant d'avoir pris une part active aux proscriptions des 18 fructidor et 18 brumaire; et tout le monde s'empressera d'applaudir à l'arrêt de flétrissure lancé contre *ce puritain de la liberté et de l'égalité, prenant le titre de comte et se couvrant de cordons.* Mais sans absoudre trop complaisamment l'apostat républicain, dont la dissimulation profonde et les sourdes intrigues firent tant de mal aux patriotes, ne peut-on pas révoquer en doute les étranges paroles que lui prête, et que croit avoir entendues l'abbé de Montgaillard? « Tout ce qu'un homme peut savoir, je le sais;
» j'ai creusé et analysé la législation beaucoup
» mieux que Locke et Montesquieu: je n'ai plus
» rien à apprendre des hommes (35-11). » Quelque présomptueux et vain que se soit montré le sombre publiciste, dont Mirabeau voulut un jour faire considérer le silence comme une calamité publique, est-il permis de supposer que le délire de l'orgueil ait jamais pu altérer assez son caractère méfiant et taciturne, pour le rendre tout à coup expansif jusqu'à la maladresse et à la sottise? Non, je ne le pense pas. Aussi quand notre historien, afin

de fermer la bouche aux incrédules, déclare avoir entendu lui-même M. Sieyes proférer la phrase que je viens de transcrire, je n'hésite pas à le croire dupe de la fécondité de son imagination, qu'en cette occasion et par mégarde, il a dû prendre à coup sûr pour sa mémoire.

Je n'ai pas encore fini sur l'abbé Sieyes, Monsieur; quoique ce nom sonne mal à vos oreilles, et que je n'éprouve pas moins de répugnance que vous, pour l'un des principaux meneurs de la faction des *constitutionnistes et des diplomates*, dont l'influence fut si fatale à la France, je sens le besoin d'opposer à la condamnation trop rigoureuse et au blâme exagéré de l'abbé de Montgaillard, le souvenir des services que ce métaphysicien fameux rendit à la cause nationale, dans le pénible enfantement de notre liberté. Il est incontestable aujourd'hui que la brochure: *Qu'est-ce que le tiers-état?* servit réellement de fanal à l'opinion publique, sur les questions fondamentales et entièrement neuves mises à *l'ordre du jour* par les événements de 1788 et 1789; qu'elle prépara la solution de ces questions par les états généraux, solution qui ne fut autre que la révolution elle-même. Il n'est pas moins avéré que la motion de donner à la réunion des députés des trois ordres le titre *d'assemblée des représentants connus et vérifiés de la nation française*, amena la proposition plus simple de M. Legrand, et que ce fut de la fusion des deux motions, qu'à la séance du 17 juin, jaillit la déclaration, par laquelle les mandataires du peuple français, déplaçant le mot de Louis XIV (1), osèrent dire à l'héritier de cet orgueilleux monarque, au patriciat et au sacerdoce : L'état c'est la nation, et nous sommes ses organes. M. de Montgaillard reconnaît lui-même que cet acte, expression manifeste de l'audace qui animait les chefs du tiers-état, renfermait en lui seul toute la révolution. Si donc nous n'avons pas oublié que la révolution prépara l'affranchissement et le bonheur du genre humain, il nous deviendra difficile d'in-

(1) Ce mot, que Napoléon a reproduit de nos jours, n'a pas peu contribué à faire peser, sur la mémoire du grand roi, le reproche d'impopularité. Cependant, si l'on réfléchit que le peuple n'était pour rien dans cette boutade du maître; qu'il était alors inaperçu dans la sphère politique, et que la déclaration superbe de l'autocrate de Versailles ne s'adressait qu'aux classes privilégiées qui avaient aussi l'ambition de renfermer l'état en elles-mêmes, on finira par se convaincre que le langage despotique de Louis XIV fut plus hostile aux prétentions féodales, ultramontaines et parlementaires qu'aux intérêts nationaux, et qu'il ne fit qu'exprimer, le plus laconiquement possible, l'état d'anéantissement où étaient tombées les anciennes puissances sociales, et qu'aplanir, bien innocemment sans doute, les voies à la révolution : c'est ce qu'a reconnu l'auteur de la *Conjuration de Cinq-Mars*, M. Alfred de Vigny, en disant que Richelieu, dont Louis XIV fut le continuateur, avait sapé la monarchie par sa base, en renversant l'échafaudage aristocratique élevé par la féodalité.

criminer, d'une manière absolue, l'homme qui eut le plus de part à la résolution qui détermina ainsi la crise salutaire, d'où devait résulter l'émancipation universelle des peuples.

» Mais, dit notre historien, le titre d'assemblée » nationale ouvrit à ceux qui la composaient, les » voies à l'absolu pouvoir; cet acte renversa subite- » ment et sans précaution l'édifice monarchique » du 18ᵉ siècle. » L'édifice monarchique du 18ᵉ siècle! jusqu'ici on avait considéré ce siècle comme une époque de décadence et de destruction; ce n'était ni au règne de Louis XV, ni à la régence de de Philippe d'Orléans, ni à la vieillesse de Louis XIV, qu'on avait coutume de rattacher l'institution de la monarchie qui succomba en 1789: on croyait au contraire que le 18ᵉ siècle n'avait fait qu'accélérer et consommer la ruine de l'édifice monarchique, restauré passagèrement, avec les dépouilles de l'aristocratie, par Richelieu et Louis-le-Grand. M. de Montgaillard a pensé autrement. Il a vu l'esprit de création dans le développement de la puissance désorganisatrice, et s'est imaginé d'avoir aperçu le génie de Clovis, de Charlemagne ou de Hugues Capet, soit dans le confessionnal de Letellier, ou le boudoir de la Pampadour.

Passons sur cette vision, Monsieur, et arrivons au reproche qu'on adresse aux états-généraux, de s'être investis de l'absolu pouvoir, et d'avoir renversé la monarchie sans précaution, en se déclarant *assemblée nationale.* Sur le premier point, il me semble que, pour effectuer une réforme générale, au profit du gros de la nation ou du tiers-état, et au préjudice des prérogatives du trône, du clergé et de la noblesse, il était indispensable que la suprême influence sociale, ou la souveraineté, échût au tiers-état, au moins pendant la durée de la destruction des abus et des priviléges. Quant à la question de prudence, elle ne pouvait se présenter au milieu du déchaînement des passions révolutionnaires, dont l'intervention seule était pourtant capable d'opérer le vaste ébranlement, et de décider la démolition complète et définitive de l'édifice féodal. Les hommes qui accusent l'assemblée constituante de précipitation et d'imprévoyance supposent toujours qu'elle put s'isoler du mouvement social dont elle n'était elle-même que le résultat et l'expression, faire l'opinion publique dans ses comités, et maîtriser à son gré l'exigeance de la nation. Ils oublient toutes les circonstances qui environnèrent les délibérations de ce sénat immortel, et semblent croire qu'il procéda à la régénération de la France, dans une entière indépendance des considérations temporaires et locales; c'est à dire que, comme Moyse, Numa ou Mahomet, il eut le temps de se livrer, dans le silence et le calme de la solitude, à de longues méditations sur ses plans législatifs, avant de les produire;

et qu'il y joignit aussi l'avantage de pouvoir les placer sous la protection d'une puissance mystérieuse, pour les rendre inviolables, et pour étouffer toutes les résistances, sous le poids des croyances ou des préjugés religieux. Madame de Stael elle-même, dont le nom est si souvent invoqué par les amis de la liberté, n'échappe point à cet écueil dans ses *Considérations sur la révolution française*. Dupe de sa rancune envers l'assemblée qui eut le tort de ne pas persévérer dans sa première admiration pour Necker, elle tombe, à l'occasion du décret du 17 juin, dans les mêmes inconséquences que la fureur de blâmer ou de médire a fait commettre à M. de Montgaillard; et elle se trouve ainsi entraînée, par son idolâtrie filiale même, à exprimer une opinion qui devait obtenir l'assentiment d'un écrivain, obstiné à flétrir la mémoire de son père. « Ce décret, dit-elle, était la révolution elle-même : » combien n'importait-il donc pas de le prévenir (1)!» Et cependant cette femme célèbre, ainsi que l'a observé judicieusement M. Bailleul, avait commencé son livre en déclarant que la révolution de France était une des grandes époques de l'ordre social, l'œuvre des siècles et du développement des idées,

(1) Madame de Stael s'exprime encore ici comme une foule de prétendus partisans de la révolution, qui persistent à la juger du point de vue contre-révolutionnaire, et à la considérer comme un malheur à éviter.

le triomphe des lumières, et en un mot, l'événement le plus favorable à la grandeur et à l'amélioration de l'espèce humaine. Ah! ne reprochons plus, Monsieur, à l'abbé de Montgaillard ses violentes attaques contre l'assemblée nationale, pour n'avoir pas prévenu la révolution qui était destinée à la conquête et à l'affranchissement du monde : il était excusable, lui, de tomber dans l'abîme des contradictions et des erreurs, que le génie lui-même n'a pas su éviter.

Mais si les plumes libérales, dont les productions forment aujoud'hui la bibliothèque sacrée des pontifes et des adeptes du *constitutionnalisme* MINERVIEN, n'ont pas retracé avec fidélité le caractère des événements qui décidèrent la chute de l'ancien régime et l'établissement de la liberté, il est consolant de voir justifier les premiers et les véritables libéraux français, ceux dont les doctrines furent réellement utiles à leur pays, par des écrivains qui appartiennent à une nation considérée jusqu'ici comme l'éternelle rivale de la France. Walter Scott, l'Anglais et l'aristocrate Walter Scott, dans un livre d'ailleurs rempli d'inexactitudes et de déclamations banales, a mieux apprécié la position et la conduite des députés du tiers-état, à la séance du 17 juin 1789, que n'ont osé le faire la plupart des historiens qui affectent de se ranger sous les bannières du libéralisme. « En raisonnant d'après les idées

» communes, dit-il, il serait difficile peut-être de
» justifier des représentants qui, convoqués pour
» un objet déterminé, investis de pouvoirs relatifs,
» dénaturaient à ce point leur qualité primitive, et
» se plaçaient, par rapport à la couronne et à la na-
» tion, dans une position si peu conforme à leur
» mandat. *Mais l'assemblée nationale savait très
» bien qu'en étendant ses pouvoirs* au-delà des limi-
» tes prescrites, elle ne faisait que seconder le vœu
» de ses commettants, et qu'en assumant une au-
» torité plus vaste, elle pouvait compter sur l'appui
» de la nation tout entière, les classes privilégiées
exceptées. » M. de Montgaillard n'a pas su se placer
à ce point de vue élevé; il est resté dans les *idées
communes* (1).

Après avoir lu l'espèce de protestation que cet
écrivain a lancée contre le titre d'assemblée nationale, je m'attendais, Monsieur, à quelque déclama-

(1) *Le prodigue et anti-Français Calonne*, selon les expressions de M. de Montgaillard (tome II, page 399), envisage
aussi la conduite du tiers-état sous le rapport de sa légalité, et
ne peut pardonner aux états-généraux de s'être constitués en
assemblée nationale, au mépris des termes de leur mandat (*De
l'état de la France*, Londres, 1790). Mirabeau voyait de plus
haut; aussi, pour rassurer les consciences timorées qui pouvaient
se trouver dans l'assemblée, se contenta-t-il de rappeler l'exemple
de l'orateur romain, qui, ayant outrepassé ses pouvoirs,
répondit à l'interpellation de serment que lui faisaient ses accusateurs : *Je jure que j'ai sauvé la patrie.*

tion violente contre le serment du jeu de paume, qui ne fut que la conséquence du décret du 17 juin. Mais cette crainte ne s'est point réalisée, et je m'en applaudis. M. de Montgaillard se borne ici à constater le fait, ajoutant seulement que le comte Mathieu de Montmorency fut le cinquième à jurer; et si l'abondance de sa bile vient aussitôt l'oppresser et le contraindre à l'exhaler encore, il évite du moins cette fois de la déverser sur l'étendard et les défenseurs de la révolution, pour en couvrir les courtisans de Versailles et les ministres du roi, qui provoquèrent l'énergique et solennelle résolution des membres du tiers-état, en faisant fermer la salle où se réunissaient les hommes qui venaient de se constituer les représentants de la France (1). Malheureusement nous ne pouvons

(1) Un écrivain recommandable, comme jurisconsulte, vient de publier un livre sur *la législation civile, commerciale et criminelle de la France*, dans lequel il signale le serment du jeu de paume, comme *un acte de félonie*, et applique à Martin d'Auch le *Justum atque tenacem propositi virum*, etc. Le même auteur déclare que la constitution de l'an 8 est une des plus fortes conceptions qui soit sortie des têtes humaines, et s'extasiant au souvenir du corps législatif, du tribunat et du sénat, il s'écrie : « Jamais la division des pouvoirs, de laquelle la garantie sociale » dépend, ne fut mieux entendue; jamais on n'avait fait une » plus ingénieuse alliance entre deux choses qui paraissaient mu- » tuellement s'exclure; je veux dire entre une administration » forte et la liberté publique. » Il est juste de dire que cet admi-

cheminer long-temps en paix avec notre abbé. A peine sommes-nous disposés à le féliciter d'un éclair de raison et de justice, qu'il nous faut déplorer la courte durée de cet intervalle lucide, et subir de nouveau les écarts de son imagination désordonnée. Que pensez-vous, en effet, Monsieur, des lamentations que l'issue de la séance royale du 23 juin lui arrache? « Cette séance, dit-il, détruit les espé-
» rances des véritables amis de cette vraie liberté
» qui s'unit à l'ordre; Mounier, Malouet, Dupont
» de Nemours, Larochefoucaut-Liancourt, tous
» placés alors à l'avant-scène (page 48, tome II). »
Et il s'agit ici de l'une des plus grandes défaites de la cour! de cette journée mémorable, où la réponse foudroyante de Mirabeau aux sommations *d'un domestique du roi*, selon l'expression de M. de Mont-

---

rateur de la monarchie pondérée de Napoléon, que ce rigoureux censeur des états-généraux, est un baron de l'empire (M. Locré). Si je n'éprouvais quelque honte d'avoir toujours à signaler les *libéraux* de mon pays, comme juges moins éclairés et moins équitables que le détracteur de la nation française lui-même, à l'égard des fondateurs de notre liberté, je dirais que Walter Scott a mieux senti que le baron Locré tout ce qu'il y eut de grand et de sublime dans la séance du *jeu de paume*.
« La magnanime fermeté des représentants, dit en effet l'écrivain
» anglais, leur unanimité courageuse, fit voir en eux des hommes
» déterminés à souffrir le martyre plutôt que d'abandonner la
» défense de leurs propres droits et des droits du peuple. »
(*Vie de Napoléon*, tome I, page 198, édition in-12.)

gaillard lui-même, attéra les ennemis de la cause populaire et leur apprit l'irrévocable résolution de l'assemblée nationale, d'achever la révolution, *qui devait affranchir le monde!* et c'est l'homme qui traça ces mots prophétiques, qui consacra des pages si éloquentes à célébrer les résultats merveilleux de cette révolution, c'est lui qui s'afflige maintenant de l'un de ses principaux triomphes! Que l'on vante tant qu'on voudra, sur la foi de certain journal, le libéralisme de cet homme, je me vois encore forcé ici de préférer au protégé du *Constitutionnel*, le tory anglais que je vous citais tout à l'heure, et dont personne, que je sache, ne s'est avisé de repousser le témoignage, comme trop favorable au parti de la révolution. Walter Scott qui, par orgueil national, comme madame de Stael, par excès de piété filiale, ne montre pas un moindre engouement que l'abbé de Montgaillard, pour la constitution anglaise, dernier terme des civiques efforts de Necker et de Mounier; Walter Scott se garde bien néanmoins de signaler comme funeste à la vraie liberté, le jour qui vit le tiers-état, inébranlable dans ses résolutions, vaincre par un nouvel acte d'énergie l'opposition des ordres privilégiés, et forcer le conseil royal à sanctionner les décrets qui devaient servir de base à la régénération de la France. « Si tous les membres de l'assemblée natio-
» nale, dit-il, eussent été animés d'intentions loyales

» et pures, comme nous croyons que l'étaient
» plusieurs d'entr'eux, ou même le plus grand
» nombre, le gouvernement français, alors étendu
» sans vie à leurs pieds, aurait pu, comme la statue
» de Prométhée, recevoir de leurs mains une se-
» conde existence. » L'écrivain écossais, vous le
voyez, Monsieur, ne regrette pas, avec l'historien
français, que la majorité du tiers-état, *ait été assez
orgueilleuse pour ne pas rester soumise à ses mandats* (49), ni qu'elle ait porté une main trop irres-
pectueuse sur le colosse monarchique et féodal. Au
contraire, il déplore que l'harmonie n'ait pu s'é-
tablir parmi les destructeurs de l'ancien régime,
pour faire surgir, à leur voix, un nouveau corps
social, plein de vie et de force, du sein même des
ruines que le cours irrésistible des événements con-
traignit l'assemblée nationale d'amonceler soudainement autour d'elle. S'il gourmande les mandataires de la nation, ce n'est pas pour avoir étendu à
leurs pieds le cadavre de la féodalité, au mépris de
certaines formes ou traditions, et sans consulter le
morceau de papier qu'ils durent recevoir de leurs
commettants; mais plutôt à cause des divisions in-
testines qui rendirent infructueux leurs essais de
réorganisation, et frappèrent de stérilité toutes
leurs mesures constitutives. Il était essentiel, Monsieur, de faire ce rapprochement, qui peut servir
à démontrer, d'une manière incontestable, que

l'abbé de Montgaillard, dont tant de libéraux ont prôné si complaisamment le patriotisme et l'impartialité, ne s'élève pas même à la demi-justice de l'auteur des *lettres de Paul*, quand il s'agit de caractériser les époques décisives de la révolution de 1789. L'opinion de M. de Montgaillard sur la séance du 23 juin renferme d'ailleurs une double erreur. Non seulement il n'est point vrai que les partisans du système anglais fussent seuls les vrais amis de la liberté, et que le succès d'une réforme suffisante fut attaché à l'adoption de leurs doctrines; mais il est encore inexact de placer le désespoir de ces illustres champions des deux chambres, à l'aurore même de la révolution. Ce ne fut au contraire qu'après la vive apostrophe de Mirabeau au marquis de Dreux-Brézé, et le mot si simple et si profond de Sieyes; « Nous sommes aujourd'hui ce que nous étions » hier; délibérons. » Ce ne fut qu'après la victoire complète, obtenue par le tiers-état, à la suite de cette courageuse persistance de ses députés, que Clermont-Tonnerre et Lalli-Tolendal se réunirent à l'assemblée nationale, et que Mounier, Malouet, et les autres confidents de Necker, secrètement favorisés par Monsieur, dans leur prédilection pour la charte anglaise, parurent avec éclat sur la scène politique, et y jouirent d'un grand crédit. Certes ces hommes étaient loin d'avoir désespéré de la cause de la vraie liberté, lorsqu'ils s'écriaient à la séance du 13 juillet: « La constitution sera, ou nous ne serons plus ! » Lorsque, sur les débris fumants de la Bastille, ils répondaient au roi qui appelait les mouvements de Paris une révolte : « Non, sire, c'est une révolution. » Lorsqu'enfin ils entraient tous, ou presque tous, dans le comité de constitution, dont les travaux, selon leurs propres expressions, devaient bientôt assurer le bonheur de l'empire. Je vous cite ici les paroles de Larochefoucault-Liancourt et de Clermont-Tonnerre ; j'aurais pu y joindre celles de Mounier et de Lalli-Tolendal, sur le renvoi et le retour de Necker : mais tous ces détails seraient superflus. Le *Moniteur* est là, pour attester aux lecteurs trop confiants de l'abbé de Montgaillard, que les *anglomanes* de l'assemblée constituante avaient si peu fermé leur cœur à l'espérance, dès le 23 juin, qu'ils entonnaient le *Te Deum* à la mi-juillet, et croyaient plus que jamais à l'accomplissement de leurs vœux et à l'adoption de leurs projets.

Quels étaient donc ces jours heureux où les *véritables amis de la vraie liberté*, selon M. de Montgaillard, unis aux patriotes les plus purs de la France, selon l'histoire impartiale, adressaient leurs remercîments au ciel pour les bienfaits qu'il promettait à leur pays ? Où Mounier et Malouet, Lafayette et Bailly, confondaient leurs sentiments dans une allégresse commune ! où Louis XVI, brisant la triple haie de courtisans qui le séparait de son peuple, apportait solennellement son adhésion au vœu national, et semblait partager l'enthousiasme que sa condescendance, quoique tardive, faisait éclater d'un bout du royaume à l'autre! Ces jours furent signalés par des mouvements insurrectionnels, dont un jeune écrivain, passionné pour la liberté, avait établi le foyer au Palais-Royal, et qui eurent pour résultat la prise de la Bastille et le rappel de Necker. C'est à ces deux événements surtout qu'il faut attribuer les fêtes patriotiques célébrées alors dans tout l'empire, et les discours touchants prononcés, en cette occasion, par les partisans les plus modérés de la révolution française. Voyez cependant sous quels traits hideux M. de Montgaillard, confondant les attroupements populaires de 1789, avec ceux d'une autre époque, et s'étayant de quelques excès individuels, présente l'ensemble des hommes qui se levèrent à la voix de Camille Desmoulins, arborèrent les premiers la cocarde de la nation, et volèrent à la conquête d'une forteresse, dont l'existence au milieu de Paris attestait le despotisme de l'ancien gouvernement et l'esclavage de nos pères. « Aujourd'hui, dit-il, ce lieu de dissolution (le Palais-Royal) est devenu l'antre du brigandage et le foyer des assassinats. Ce lieu rassemble des hommes sans mœurs et sans humanité, accourus de toutes les provinces de la France et de diverses parties de l'Europe, qui, jour et nuit, y forment impuné-

» ment des complots de meurtre et de dévastation :
» nous verrons bientôt cette puissance ignomi-
» nieuse, née dans la fange de la prostitution, dicter
» des lois à la capitale, comme la capitale à l'empire. »

Mais sans excuser la manière barbare dont le peuple usa de sa victoire à l'égard de quelques hommes ; sans répéter le mot effrayant d'un orateur, qui devint bientôt l'auxiliaire de la cour : « Le sang qui coule, » était-il donc si pur ? » ne pourrai-je pas, sinon justifier, du moins expliquer, autrement que par l'intervention d'un ramas de brigands, les actes déplorables qui souillèrent les triomphes révolutionnaires du 14 juillet ? Je ne veux point recourir ici aux écrivains qui, en peignant exactement la situation respective des partis à cette époque, me paraissent avoir suffisamment répondu aux déclamations des ennemis et des faux amis de la cause populaire; je n'emprunterai rien à Rabaud-Saint-Etienne, ni à MM. Mignet et Thiers : je sens le besoin d'opposer à l'abbé de Montgaillard une autorité qui, pour lui, eût été plus respectable, c'est à dire la sienne propre. Eh bien! je lis aux pages 62, 63, 64, 65, 66, 67, etc., du second volume de son *Histoire de France*, que les projets les plus affreux étaient alors médités dans le voisinage du trône, et que le peuple pouvait se croire à la veille d'une Saint-Barthélemy politique. « On tient du baron de Breteuil, dit-il, que
» le duc d'Orléans, le marquis de la Fayette, le

» comte de Mirabeau, l'abbé Sieyes, Barnave,
» Chapelier, Lally-Tolendal, Mounier, et huit ou
» dix autres membres de l'assemblée nationale
» étaient désignés comme victimes impérieusement
» réclamées par le salut du trône et de l'état. Une
» compagnie de canonniers avait été casernée aux
» écuries de la reine, et l'on ne cachait pas que cette
» compagnie était destinée à mitrailler l'assemblée. »
Peu de jours après la séance royale du 23 juin, le
même ministre à qui l'on doit cette horrible confidence, avait dit à Versailles, selon M. de Montgaillard : « Le roi ne doit aucun compte de ses ac-
» tions à ce qu'on appelle la nation ; il est maître
» absolu de son royaume, et si les sujets se révol-
» tent, c'est par les plus terribles châtiments qu'il
» doit les faire rentrer dans l'obéissance. » — « Lorsque le maréchal de Broglie, ajoute notre historien, eut pris le commandement des troupes destinées à dissoudre l'assemblée des états-généraux, le baron de Breteuil qu'on pouvait considérer, en quelque sorte comme premier ministre, par l'influence sans bornes qu'il exerçait sur l'esprit de la reine et sur celui du roi ; le baron de Breteuil disait, portes ouvertes : « Au surplus, s'il faut brûler Paris,
» on brûlera Paris, et l'on décimera ses habitants :
» aux grands maux, les grands remèdes. » —
« Comment se refuser à l'évidence des projets tramés à Versailles, continue M. de Montgaillard,

lorsque la déposition même des premiers acteurs vient les constater? la lettre du maréchal de Broglie au prince de Condé (lettre imprimée et publiée à Paris et à Londres en 1789, lettre qui n'a jamais été démentie jusqu'à ce jour) ne saurait laisser le moindre doute à cet égard;

« Monseigneur, je l'avais toujours prévu, et je
» l'ai dit une fois à V. A. que la plupart des
» députés nationaux seraient des loups affamés,
» qui, las de pousser des hurlements, chercheraient
» une victime, et que cette victime serait la haute
» noblesse... Avec cinquante mille hommes je me
» chargerai volontiers de dissiper tous ces beaux
» esprits qui calculent sur leurs prétentions, et
» cette foule d'imbécilles qui écoutent, applau-
» dissent et encouragent. Une salve de canons, ou
» une décharge de coups de fusil aurait bientôt
» dispersé ces argumentateurs, et remis la puis-
» sance absolue qui s'éteint à la place de cet esprit
» républicain qui se forme. Mais il ne faut pas s'en-
» dormir au sein des dangers; il faut que des
» hommes entendus, fermes, sûrs, et en petit nom-
» bre, travaillent à la révolution et se chargent de
» l'exécuter. Jamais conspiration ne fut plus utile:
» je dirai sur cela à V. A. des choses fortes, vraies
» et senties. »

Quelque terrible que fut ce langage, quelque odieuses que doivent paraître aux hommes impartiaux les mesures annoncées ou conseillées par le maréchal de Broglie et le baron de Breteuil, il serait peu raisonnable aujourd'hui de copier les pamphlets du temps, et de signaler ces derniers défenseurs de la monarchie, comme des êtres naturellement féroces, altérés du sang des patriotes : aussi me garderai-je du ton d'aigreur et d'irritation dont l'abbé de Montgaillard lui-même ne s'est pas défendu, en parlant de ces ennemis nés de la révolution. Mais après avoir tenu compte de leur naissance, de leur éducation et de leurs préjugés, aux partisans opiniâtres de l'ancien régime; après avoir expliqué la politique incendiaire et homicide de quelques grands seigneurs, par l'empire des circonstances et les sentiments naturels qui devaient entraîner alors la majorité de la noblesse aux moyens extrêmes, pour défendre sa position sociale violemment attaquée: il est juste aussi de reconnaître que le tiers-état, non moins passionné pour ses intérêts, ne dut pas apporter moins d'ardeur à leur défense, et que menacé de dévastation et de mort, il put songer à son tour à conjurer le danger par la violence, sans mériter d'être flétri comme une horde de brigands (1). Quand le peuple parisien

(1) M. Charles Comte dit à ce sujet, dans son *Histoire de la garde nationale de Paris* : « Lorsqu'une population nombreuse
» a été soulevée tout entière, et que le besoin de sa conservation
» l'a mise sous les armes, il est difficile qu'elle tombe subitement

se porta sur la Bastille, les desseins de la cour lui avaient été révélés depuis trois jours par le renvoi de Necker et l'apparition subite d'un corps de troupes étrangères au milieu de la capitale. « Le 12
» juillet, le prince de Lambesc, homme de mœurs
» féroces et dissolues, dit M. de Montgaillard, fait
» une expédition aux Tuileries ; il s'avance fièrement
» à la tête du régiment royal-allemand et d'un corps
» de Suisses; il traverse au galop la foule de bour-
» geois paisibles qui remplissaient les allées du
» jardin, donne ordre à ses soldats de sabrer; et
» sabre lui-même une femme qui se trouvait sur
» son passage; un vieillard tombe aussi sous ses
» coups, dangereusement blessé. Au meurtre ! s'é-
» crie-t-on ; vengeance! vengeance! » Voilà toute l'explication des événements du mois de juillet! voilà le mot qui caractérise l'insurrection au milieu de laquelle tombèrent Delaunay, Solbray, Flesselles, Foulon et Bertier; et si nous gémissons encore, au souvenir du sort affreux que le peuple fit

» dans le calme, et que chacun des individus dont elle se com-
» pose, restant toujours maitre de lui-même, conserve dans
» toutes les occasions l'empire de sa raison. » Ces judicieuses réflexions précèdent une description de l'état de la capitale, après la prise de la Bastille; description que l'auteur a puisée dans les mémoires inédits d'un membre distingué de l'assemblée constituante, et qui confirme tout ce que j'oppose ici aux déclamations de l'abbé de Montgaillard.

subir à ses ennemis vaincus, n'allons plus chercher la cause de leur supplice, dans la férocité native d'une foule de scélérats, qui seraient accourus à Paris des divers points du globe, pour s'y constituer les représentants de la puissance révolutionnaire ; mais voyons-la plutôt dans l'explosion de la colère nationale, malheureusement provoquée à des actes de cruauté, par une agression meurtrière.

Peut-on croire, en effet, Monsieur, que si les excès que nous déplorons n'eussent pas été considérés dès lors comme le résultat inévitable des violences du parti aristocratique et de l'irritation populaire ; que s'il eût été possible de les attribuer exclusivement à une poignée de brigands, n'ayant pas même en leur faveur l'excuse tirée de l'exaltation universelle des esprits ; peut-on croire qu'un homme, du caractère de Barnave, quelque part que l'on fasse à sa jeunesse et à sa première exagération, se fût laissé entraîner jusqu'à absoudre, du haut de la tribune, cette lie du genre humain, en contestant la pureté du sang qu'elle aurait versé ? est-il plus vraisemblable ensuite que l'archevêque de Paris eût proposé un *Te Deum*, et que les Bailly, les Lafayette, les Mounier, les Lalli et les Larochefoucault y eussent assisté avec enthousiasme, si la journée mémorable qui plongeait la nation dans l'ivresse de la joie, n'eut fait que livrer les rênes du char révolutionnaire à des *hommes sans mœurs et sans huma-*

nité, comme le prétend M. de Montgaillard? j'oserai invoquer aussi les mânes de Camille Desmoulins ; je rappellerai son patriotisme sincère, ses vertus privées, ses généreux efforts pour réconcilier la liberté et la clémence, sa mort glorieuse enfin ; et je demanderai si le lieu où cet homme communiqua ses inspirations civiques à la foule qui l'entourait, ne fut réellement alors que *l'antre du brigandage et le foyer des assassinats;* si les citoyens qui, à son exemple, arborèrent le signe de ralliement dont on fit plus tard la cocarde tricolore, et formèrent la première armée nationale que la révolution put opposer aux troupes soldées de l'ancien régime, ne firent que céder à l'instinct ou à l'habitude *du meurtre* (1) *et de la dévastation.* Quoi! les muses patriotiques qui décernèrent l'immortalité aux

---

(1) Les hommes qui ensanglantèrent le triomphe du 14 juillet étaient si peu habitués au crime et résolus à trouver des victimes, que le général Lafayette parvint un instant à leur faire abandonner leurs projets homicides. « Déjà, dit M. Charles Comte, aux
» rugissements de ces *tigres*, succédaient des applaudissements
» tumultueux, lorsque Foulon, qui, ainsi que son défenseur,
» était fort en vue, dans un moment de joie et de reconnaissance,
» eut la funeste pensée d'applaudir lui-même. A ce geste, toutes
» les espérances s'évanouirent; une voix s'écria : *voyez-vous, ils*
» *s'entendent.* Ces mots, qui furent répétés de toutes parts,
» furent l'arrêt de la victime. Quand l'exécution fut terminée, dit
» le même auteur, les hommes qui venaient de donner un exem-
» ple de férocité, donnèrent un exemple de probité non moins

vainqueurs de la Bastille, n'auraient chanté que *ces hommes hideux que l'on voit toujours, au premier tumulte, sortir comme de dessous terre!* et le berceau de la liberté *qui doit grandir pour le bonheur du monde*, se trouverait dans la fange de la prostitution! Non, non, M. de Montgaillard, laissez-nous jeter un voile sur le portrait dégoûtant et mensonger que vous faites ici des premiers volontaires nationaux, par qui la France fut sauvée des projets affreux que naguère vous dénonciez vous-même à l'exécration de la postérité. Le soleil du 14 juillet a aussi son éclat : en vain vous chercheriez à le ternir. « S'il fut jamais dans l'histoire
» des hommes, a dit un écrivain célèbre, une épo-
» que fertile en souvenirs d'un immense intérêt,
» en causes lointaines et profondes, en résultats
» illimités, c'est l'époque du 14 juillet, c'est cette

» remarquable. Un homme apporta au comité des électeurs une
» tabatière en or, et un soulier avec une boucle d'argent, et il
» en demanda un reçu. Un autre apporta un chapeau, un mou-
» choir, une paire de gants, deux montres en or, une bourse
» renfermant douze louis, deux pièces de six sols et un médail-
» lon, des flacons garnis en or et quelques autres objets; il s'en
» fit également délivrer un reçu, pour qu'on ne soupçonnât pas
» qu'il eût pu détourner quelque chose à son profit. » Voilà les pillards et les scélérats de *profession* de l'abbé de Montgaillard! Voilà les hommes dont la criminalité, purement accidentelle, lui fait attribuer les actes révolutionnaires du peuple parisien à quelques misérables façonnés à tous les forfaits!

» première journée de la liberté française, où, par
» une explosion soudaine, un moment de volonté
» vraiment nationale vainquit un despotisme de tant
» de siècles et ouvrit un nouveau cours aux des-
» tinées de l'espèce humaine.... Déjà hurlaient au
» sein de Paris ces hordes de satellites étrangers,
» avides d'esclavage, d'ivresse et d'or; déjà reten-
» tissaient les menaces, prélude insolent du car-
» nage; déjà coulait le sang des citoyens désarmés!
» il coulait sous la main féroce d'un rejeton de cette
» maison de Lorraine, de ces Guises, machina-
» teurs accoutumés des forfaits de la cour, et des ca-
» lamités de la France. Tout à coup, dans cette vaste
» commune, sous l'ombre silencieuse, les citoyens
» deviennent soldats; le peuple n'est plus qu'une
» armée. Il arbore les couleurs nationales. Tout se
» rassemble, tout s'ébranle, le tocsin sonne l'heure
» de la liberté; l'airain des esclaves tonne: mais les
» tyrans, les esclaves, l'airain, les tours inexpug-
» nables, tout cède à la valeur du peuple; et sou-
» dain de rue en rue, de bouche en bouche, se pro-
» longe, avec la rapidité de la foudre, ce cri tou-
» chant et sublime: *Vive la liberté! la Bastille est*
» *prise!* » Voilà la véritable histoire de cette journée: on sent passer dans son ame, à la lecture de
cette page brûlante, l'émotion vive de l'écrivain,
et l'on assiste avec lui aux scènes imposantes qu'il
retrace.

Les amis de la révolution, à la manière de l'abbé de Montgaillard, récuseront, il est vrai, le témoignage de Chénier, qui osa ne pas désespérer de la liberté à sa naissance, et dédaigna les bienfaits de la *charte anglaise*; mais les hommes qui comprennent le civisme et le génie attesteront que l'auteur de *Charles IX* et de *Tibère*, avare d'encens pour un grand homme, dont l'ambition avait fait un roi, et fier, à juste titre, de n'avoir chanté que la gloire, et jamais la puissance (1), ne fut point chercher des inspirations pour sa haute éloquence dans la fange *de la prostitution*, et n'avilit pas à la fois son caractère et son talent jusqu'à faire, du triomphe de quelques scélérats, la fête du genre humain. Je m'arrête, Monsieur, pour ne pas violer l'engagement que j'ai pris de réfuter froidement un livre écrit avec passion. Quelque ferme que soit, en effet, ma résolution à cet égard, je ne me sens pas capable de contenir plus long-temps mon indignation,

---

(1) Je ne puis résister au désir de citer ici les vers de *la Promenade*, où Chénier, cédant à un noble orgueil, rend lui-même cet hommage à l'indépendance de son caractère :

> Je n'ai point caressé sa brillante infamie ;
> Ma voix des oppresseurs fut toujours ennemie ;
> Et tandis qu'il voyait des flots d'adorateurs,
> Lui vendre avec l'état leurs vers adulateurs ;
> Le tyran dans sa cour remarqua mon absence,
> Car je chante la gloire, et non pas la puissance.

en voyant salir l'histoire des événements les plus mémorables de la révolution, par des hommes qui se glorifient de n'avoir jamais partagé l'enthousiasme et l'élan universel des Français; qui dénaturent l'exaltation patriotique, dont ils osent se vanter d'avoir été les témoins impassibles, et qui fondent, sans rougir, leur prétendue impartialité, sur le soin même qu'ils mirent à se tenir prudemment éloignés de la scène politique, tandis que la masse populaire, qu'ils transforment aujourd'hui en une horde de brigands, parce qu'elle ne sut pas combattre et vaincre, avec modération, un ennemi furieux, scellait de son sang, la conquête de cette liberté, à laquelle ils apportent leurs bruyants et tardifs hommages, quand le jour du danger et des sacrifices est passé.

J'ai l'honneur, etc.

CINQUIÈME LETTRE.

Paris, 20 juillet 1827.

Monsieur,

Vous me félicitez d'avoir pu clore ma dernière lettre assez à temps, pour ne pas tomber dans les déclamations que je suis obligé de reprocher si souvent à l'abbé de Montgaillard. Quoique votre opinion soit entièrement conforme à la mienne, sur les événements qui précédèrent et suivirent la prise de la Bastille; quoiqu'en lisant la phrase odieuse que je vous ai signalée, vous ayez aussi senti votre pouls battre plus vite qu'à l'ordinaire, vous avez craint un instant que je ne cédasse trop facilement à l'irritation légitime que vous partagiez, et que je ne finisse par donner le caractère véhément d'un plaidoyer à l'examen impartial que je vous avais promis. Le danger était pressant, en effet, et il ne fallait pas moins que le sentiment de son imminence, tel que je vous l'ai exprimé, pour m'imposer la brusque interruption à laquelle je me suis soumis, en dépit de l'abondance et de la vivacité des impressions qui m'assiégeaient. Cependant vous l'avouerai-je, Monsieur, je n'éprouve nul repentir d'avoir repoussé, avec quelque émotion, le tableau hideux où la révolution du 14 juillet, pour me servir des termes du duc de Larochefoucault-Liancourt, ne s'offre plus à nous que comme un soulèvement de lazarronis, et le signal des plus horribles saturnales. Sans doute, il serait peu convenable aujourd'hui de réveiller les passions de cette époque, en se prononçant avec trop de chaleur pour l'un ou l'autre des partis qui divisaient alors la France, et surtout en adoptant le langage hostile qu'ils employaient respectivement dans leurs débats; mais on n'encourt pas la responsabilité d'une excitation aussi coupable, parce qu'on refuse de condamner son ame à étouffer tous ses mouvements de répugnance ou de sympathie, par déférence pour la froide raison, quand il s'agit du récit ou de l'analyse de l'un de ces faits extraordinaires et décisifs, qui, pour être devenus historiques, ne se présentent pas, avec une physionomie moins animée, à tous ceux que touchent et maîtrisent l'honneur national et les intérêts permanents de l'humanité. Permettez-moi, Monsieur, d'exposer ici, une fois pour toutes, ma manière d'envisager l'histoire de la révolution. Ce sera une espèce de profession de foi, qui pourra servir d'explication à la double critique que j'aurai souvent occasion d'appliquer à certains écrits, qui portent encore le cachet des clubs ou de Coblentz, et spécialement aux assertions contradictoires de l'abbé de Montgaillard, sur les amis et les ennemis de la liberté.

Je considère la crise terrible dont nous sortons à peine, comme un fait inévitable dans la vie du genre humain. Préparée par les conquêtes de la raison, c'est à dire par les travaux et les succès des réformateurs et des philosophes, depuis Lecoq et Marcel, Wiclef et Luther, jusqu'à Diderot et d'Alembert, Voltaire et Rousseau, elle devait éclater aussitôt que le progrès des lumières aurait assez fait sentir l'incompatibilité des anciennes institutions avec des idées et des besoins nouveaux, pour produire un malaise universel; et qu'un incident, plus ou moins grave, l'embarras des finances, par exemple, ou l'opposition parlementaire, viendrait favoriser la manifestation des vœux, le développement des principes et le déchaînement des passions révolutionnaires. Les tribuns succédèrent en effet aux spéculateurs, dont ils s'efforcèrent de réaliser les doctrines. Mais quelque irrésistible que fût le mouvement imprimé aux esprits, quelque salutaires qu'en dussent être les résulats définitifs, il ne pouvait obtenir un assentiment unanime. Les privilèges et les abus, que les masses nationales étaient impatientes de détruire, formaient l'héritage de l'aristocratie sacerdotale et nobiliaire qui, bien que dépouillée de son influence morale, continuait d'occuper les sommités de l'ordre politique. Signalés comme d'odieuses usurpations par les écrivains populaires, ces priviléges et ces abus n'étaient que des éléments d'ordre et des droits irrévocablement acquis, pour les deux classes dont l'existence sociale reposait sur le maintien rigoureux du *statu quo*. La majorité des vieilles notabilités suivant donc la pente naturelle de ses affections, de ses préjugés et de ses intérêts, dut s'opposer, de toutes ses forces, à la dépossession qui la menaçait ; car, si du sein de la noblesse et du clergé surgirent des hommes assez éclairés et assez généreux pour donner l'exemple de l'abnégation personnelle, et sacrifier leurs prérogatives au vœu national, on ne saurait raisonnablement conclure de ces glorieuses exceptions, que la masse aristocratique tout entière pût s'élever à ces hautes considérations philosophiques et à cet héroïque désintéressement. Les ordres privilégiés résistèrent aux innovations, comme l'avaient prévu ceux des publicistes du 18e siècle, qui joignaient, à l'étude approfondie de l'histoire, une connaissance exacte du cœur humain. A côté de quelques prélats et d'une poignée de gentilshommes qu'une éducation plus libérale, une intelligence supérieure, des dispositions philanthropiques, ou même des vues ambitieuses, avaient entraînés sous l'étendard plébéien, on vit les Cazalès et les Maury, les Lafare et les Montlosier, se constituer les véritables organes, et appeler sur eux la reconnaissance de leur corps, par la véhémence de leur opposition aux réformes qu'opérait l'assemblée constituante. Mais cette lutte parlementaire, trop inégale et toujours funeste aux orateurs du côté droit, ne suffisait pas aux intérêts et aux passions contre-révolutionnaires. Vaincus dans les états-généraux, les partisans de l'ancien régime voulurent porter la guerre sur un autre théâtre. Ils disposaient de la force armée par leur alliance avec le trône, que le danger commun avait rapproché de l'aristocratie : ils entourèrent l'assemblée nationale de baïonnettes françaises et étrangères, répandirent le vin et l'or dans les casernes, et conseillèrent de répondre par la mitraille à la déclaration des droits de l'homme. Ce fut alors que MM. de Broglie et de Breteuil, aussi sincèrement dévoués à la cour, que MM. Lafayette et Bailly l'étaient à la cause nationale, proposèrent les moyens extrêmes, indiqués par l'abbé de Montgaillard. Ces moyens, dont l'emploi n'eut fait sans doute qu'accélérer la marche de la révolution qu'on voulait étouffer (1),

(1) M. de Montgaillard justifie lui-même cette conjecture, par ses réflexions sur le traité de Pilnitz : « La convention de Pilnitz, » dit-il, qui avait pour but, de la part des puissances alliées, de » démembrer la France et de consolider le despotisme royal, » devint pour les révolutionnaires de l'assemblée législative et

exigeaient une certaine force de caractère qui manquait au monarque (2). Cependant l'agression du prince de Lambesc sembla n'être que le signe de l'attaque sérieuse et décisive qu'on méditait depuis quelque temps dans les conciliabules du parti monarchique et féodal. L'issue de cette imprudente provocation, qui amena la défection d'une partie des troupes royales et l'organisation des gardes

» de la convention nationale, le stimulant le plus fort; ils déve-
» loppèrent une énergie et une résistance si prodigieuse, que la
» nation entière fut mise sous les armes, et les souverains qui
» avaient signé à Pilnitz le partage de la France, virent leurs états
» envahis et leurs capitales prises par les soldats de la révolu-
» tion. (398, tom. II.) »

(1) Walter Scott prétend que Louis XVI, au 14 juillet, aurait dû imiter Georges III, qui, en 1780, voulut marcher lui-même à la tête de sa garde, contre la populace de Londres, déchaînée par lord Gordon; mais Georges n'avait qu'une émeute à réprimer, et Louis était en présence d'une véritable insurrection nationale. On peut donc répondre à l'écrivain anglais, qui méconnaît le caractère des événements de Paris, après en avoir cependant expliqué et développé judicieusement les causes premières; on peut lui répondre comme le duc de Liancourt au roi de France : « Ce n'était pas une révolte, mais une révolution. » Walter Scott repousse d'ailleurs ainsi l'objection tirée des périls personnels du monarque, dans le cas où il aurait consenti à employer l'armée contre la capitale et à payer de sa personne :
« Si l'on nous demande ce que nous aurions voulu qu'il fît
» contre cette multitude de furieux, nous répondrons avec le
» vieil Horace : *qu'il mourût !* »

bourgeoises, apprit aux hommes des anciens jours que la force physique leur échappait avec la puissance morale. On dira qu'ils auraient dû se résigner après cette fatale expérience, et se convaincre de l'inutilité de leurs efforts, en voyant la nation se lever spontanément pour prêter son appui aux fondateurs du nouvel ordre de choses. Si les masses pouvaient s'éclairer subitement, déposer tout à coup leurs affections et leurs idées, raisonner et agir comme un seul individu, on concevrait la possibilité d'une pareille résignation. Malheureusement il n'en est point ainsi. Les prêtres, les nobles et les courtisans, quoique battus au dedans et au dehors de l'assemblée, n'en conservèrent pas moins leur attachement invincible pour des institutions que rendaient sacrées, à leurs yeux, l'empire de l'éducation, de l'habitude et de l'intérêt personnel. Plus aigris que corrigés par leurs défaites, ils ne virent qu'un délire accidentel, qu'un mouvement convulsif et passager, qu'un crime national, dans le soulévement universel qui allait consommer la ruine de leurs priviléges, minés depuis plusieurs siècles par les progrès de l'esprit humain, dont les rois eux-mêmes avaient été souvent, à leur insu, les plus ardents auxiliaires. Résolus par conséquent à faire cesser, le plus tôt possible, l'état de vertige dans lequel ils supposaient que la nation était tombée, et obstinés à reconquérir les avantages sociaux dont on les dépouillait, ils s'agitèrent, tantôt ouvertement, et tantôt en secret, ourdirent des complots, formèrent des rassemblements, allumèrent la guerre civile et appelèrent l'étranger. Pendant que l'esprit insurrectionnel, auquel les royalistes se trouvaient ainsi obligés à leur tour de recourir, passait du camp de Jalès dans la Vendée, des corps nombreux d'émigrés bordaient les frontières de la France, les Prussiens entraient en Champagne, précédés du fameux manifeste de Brunswick, et la contre-révolution paraissait aux portes de Paris, armée de la flamme et du fer.

Que faisait cependant, que pouvait faire la révolution, en présence des obstacles et des dangers dont l'entouraient ainsi ses opiniâtres ennemis ? fière de voir accourir sous ses drapeaux un peuple immense, qui s'empressait de venir constater sa légitimité, elle ne devait pas abandonner, sans combattre, les bienfaits qu'elle avait annoncés ; surtout lorsque la nation, qui avait pris acte de ses promesses, lui offrait tous les moyens de les remplir. La foi, dont ses partisans étaient embrasés pour le dogme de la liberté et de l'égalité, n'était pas moins vive que celle des royalistes à l'égard du droit divin ; les intérêts moraux et matériels qu'elle avait créés n'étaient pas non plus de moindre importance pour l'universalité des citoyens, que ceux de l'ancien régime pour les privilégiés; et l'enthousiasme du patriote, qui sentait combien son existence était liée au triomphe de la réforme, était certainement de nature à donner à ses dispositions révolutionnaires un caractère aussi violent que celui dont l'aristocrate revêtait sa résistance à la régénération du pays, et la défense de ses droits seigneuriaux. Aussi les hommes d'état impitoyables et les soldats intrépides ne manquèrent pas plus à la révolution qu'à la contre-révolution; ils furent même de beaucoup plus nombreux, plus habiles et plus audacieux dans les rangs populaires, ainsi qu'on devait s'y attendre, en songeant que vingt-huit millions de citoyens, soulevés, au nom du bien public et de la raison, contre le privilége et le préjugé, renfermaient nécessairement plus d'héroïsme et de lumières que quelques milliers de familles, armées pour des intérêts spéciaux, et cherchant vainement à soutenir ce qui tombait de vétusté. Si l'antique monarchie eut ses Luxembourg, Breteuil, Broglie, Bouillé, etc., le peuple lui opposa Danton et les cordeliers, Robespierre et les jacobins, Saint-Just, Billaud et les comités. Une guerre à mort s'établit, et comme de chaque côté l'on croyait combattre pour la cause juste, pour la cause sainte, toute trêve et toute transaction devinrent impossibles, jusqu'à l'entière défaite de l'un des deux partis. Tant que dura la bataille, les champions les plus fougueux de l'ancien régime et de la révolution, les chefs et les héros des deux camps, quoique poussés aux moyens extrêmes par une conviction également profonde, monarchique ou républicaine, s'appliquèrent à l'envi l'épithète de *scélérats*, et se désignèrent réciproquement par les sobriquets de *chouans* ou de *terroristes*, de *chevaliers du poignard* ou *d'hommes de sang*. Long-temps encore après la cessation des hostilités, cette injustice et cet acharnement mutuels firent conserver ces odieuses qualifications. Il était difficile, en effet, qu'une génération, dont les opinions et les habitudes s'étaient formées au milieu de cette lutte sanglante, renonçât soudainement aux sentiments de répugnance ou d'affection qu'elle y avait puisés. Mais enfin d'autres générations sont venues, qui, étrangères aux passions dont les combattants furent animés, et recueillant les fruits de cette grande querelle, pour les transmettre aux siècles à venir, en dépit de quelques tentatives de rétrogradation aussi vaines que passagères, ont pu réformer les jugements de l'esprit de parti, et classer, avec autant d'exactitude que d'impartialité, les choses et les hommes de la révolution. Il a été permis alors de rendre hommage à la loyauté et à la bravoure des vendéens, sans s'exposer au reproche d'être partisan de la *chouannerie*, et l'on a proclamé la bonne foi et la sincérité patriotique des plus furieux démagogues, sans passer pour un apologiste des *septembriseurs*. Il ne manquait aux hommes qui ont rempli dignement ce ministère de modération, et qui, en se plaçant au-dessus de toutes les préventions, n'ont fait qu'exprimer la pensée de ceux de leurs contemporains, dont l'opinion, sur le drame révolutionnaire, n'était pas irrévocablement fixée, en 1814, par les impressions reçues sous le toit paternel, et par l'éducation des colléges ou du monde de l'empire; il ne manquait à ces hommes, dis-je, que de voir sanctionner leurs jugements, quant aux faits généraux et aux résultats de la révolution, par les hautes capacités et les grands caractères qui suivirent avec éclat les bannières de la contre-révolution; et c'est précisément ce que nous avons vu s'accomplir pendant le cours de 1826 et de 1827. M. Hyde de Neuville, proscrit tant de fois pour son inaltérable dévouement à la cause royale, n'a pas craint d'attester, à la tribune, la supériorité de la France régénérée sur la France de l'ancien régime; et tandis que sa voix éloquente et sa noble franchise excitaient l'admiration de ses concitoyens, son illustre ami, M. de Chateaubriand, déclarait, à la chambre des pairs, que l'émigration s'était trompée lorsqu'elle avait pris un mouvement national, provoqué par les besoins du siècle, pour une sédition accidentelle de la populace, pour un acte de mutinerie. D'autres orateurs, qui portent aussi des noms honorablement inscrits dans les fastes chevaleresques, et qui ne sont pas moins remarquables par leur talent et leur savoir que par l'élévation de leurs sentiments, les Beaumont, les Alexis de Noailles, les Cambon, les Lézardières, etc..., ont également reconnu la nécessité de tenir compte, en politique, des idées et des besoins nouveaux, amenés par la marche de la civilisation; ils ont constaté les améliorations survenues dans notre état social, sommé les ministres de les respecter, et confessé ainsi que la révolution avait eu sa raison légitime. Ces vues larges et impartiales ne s'appliquent, il est vrai, qu'aux choses; les préventions contre les hommes devant subsister plus long-temps, comme fondées sur le souvenir vivace des actes d'hostilité qu'on eut à subir de leur part. Je suis loin aussi de prétendre que les nobles députés dont je vous parle puissent abjurer leur profonde aversion pour les personnages révolutionnaires, qui opposèrent les cachots et le glaive de la terreur, à leurs conspirations intérieures et à leurs armements sur les frontières. Mais ce que ne peuvent faire de loyaux chevaliers, qui appartiennent tous à la génération nobiliaire, élevée sous les tentes de Condé, ou dans les champs de la Vendée, nous le devons nous, héritiers des bienfaits de la révolution; et quand les plus violents aristocrates qui combattirent, par tous les moyens possibles, le vœu général de 1789, nous trouvent disposés à expliquer leurs pensées et leurs actes, autrement que par la perversité et la noirceur de leur ame, ayons au moins le courage de reporter cette indulgence, ou plutôt cette justice, sur les implacables du parti populaire, qui, agissant aussi sous l'empire d'une forte conviction, ne repoussèrent des attaques meurtrières par des mesures terribles, que pour faire triompher la cause, proclamée aujourd'hui la cause nationale, par les plus éclairés de ses adversaires.

Voilà, Monsieur, comment il me semble que devrait être jugée la révolution française par les écrivains qui aspirent à l'impartialité et à la dignité de l'histoire. Ne perdez pas de vue cet exposé rapide : s'il contient le secret de la guerre un peu vive que j'ai faite à l'abbé de Montgaillard au sujet du 14 juillet, vous y trouverez également le fond de ma pensée, dans toutes les attaques que je serai encore obligé de diriger contre lui, à raison de ses fréquentes erreurs ou injustices, sur les événements et les hommes les plus remarquables de notre nouvelle ère politique.

Je vous ai rappelé, je crois, sans m'y arrêter, le meurtre de Berthier; je dois pourtant appeler votre attention, Monsieur, sur les réflexions perfides dont l'abbé de Montgaillard accompagne le récit et les horribles détails de cet attentat. « Les assassins,

» dit-il, le massacrèrent sur la place de Grève,
» coupèrent sa tête et déchirèrent son cadavre en
» lambeaux ; un des vainqueurs de la Bastille, dont
» le nom a échappé à l'exécration de la postérité,
» ouvrit la poitrine de Berthier à coups de sabre,
» et en arracha le cœur ; ce cœur fut présenté san-
» glant à M Bailly et à M. le marquis de Lafayette,
» *maîtres, ou plutôt esclaves proclamés de ce peuple*
» *qui les avait élus maire et commandant de la ville*
» *de Paris.* » Vous vous attendiez sans doute, Monsieur, à trouver à la suite de cette dernière phrase, l'expression de l'horreur qu'un aussi affreux spectacle dut causer à des hommes tels que Lafayette et Bailly ; c'était le cas de rappeler les efforts qu'ils firent l'un et l'autre de concert avec les électeurs, pour arracher et Berthier et Foulon à la fureur populaire ; et l'historien ne devait pas omettre surtout la démission que le commandant général de la garde nationale s'empressa de donner, en voyant méconnaître ses exhortations et ses ordres. Mais cet hommage à la vérité aurait fait perdre à l'abbé de Montgaillard l'occasion d'essayer indirectement ses dispositions haineuses sur deux illustres citoyens qu'il n'osait attaquer en face, et dont les vertus publiques et privées, devenues incontestables, en le condamnant quelquefois à laisser entrer la louange dans une bouche naturellement pleine de fiel et d'amertume, le plaçaient trop sou-

vent dans la position du poëte, dont Boileau disait, *qu'il croyait voir en lui le diable, que Dieu forçait à louer les saints.* Ainsi, au lieu d'indiquer les démarches qui auraient présenté sous son véritable jour la conduite courageuse du maire et du commandant de Paris, au milieu des désordres affligeants dont fut suivie la première victoire des soldats de la révolution sur ceux de l'ancienne monarchie, il a mieux aimé signaler ces deux fonctionnaires comme les *esclaves* du peuple, qui se livrait, sous leurs yeux, aux derniers excès; de telle sorte que, si l'on ne connaissait l'histoire de cette époque que par le livre de l'abbé de Montgaillard, Lafayette et Bailly sembleraient n'avoir pas osé désapprouver, ou même avoir *servilement* et tacitement approuvé les actes effroyables contre lesquels ils s'élevèrent avec tant d'indignation, après s'être efforcé vainement de les prévenir. J'aurais honte, Monsieur, de chercher à réfuter sérieusement une insinuation plus absurde encore qu'atroce.

Vous savez, Monsieur, qu'après la formation des gardes bourgeoises parisiennes, le parti patriote, craignant d'être accablé dans la capitale, au milieu même de ses triomphes, par les troupes royales dont les chefs étaient exclusivement dévoués à la cour, sentit la nécessité d'organiser dans toutes les provinces une armée nationale, ou garde civique, sur le modèle de celle de Paris. Vous vous rappe-

lez aussi que pour ne pas laisser aux ennemis de l'assemblée constituante le temps de mettre à profit les lenteurs de cette organisation, d'habiles meneurs conçurent le projet d'armer, en un seul jour, la population entière de la France, et qu'ils vinrent à bout de réaliser cette pensée gigantesque, avec la fable des *brigands* dont l'approche menaçante fut annoncée au même instant sur tous les points du royaume. Que les hommes, dont les regrets sont irrévocablement acquis à l'ancien régime, ne voient qu'une combinaison machiavélique dans cette audacieuse conception ; qu'ils en déplorent les effets incalculables sur la marche d'une révolution que leurs intérêts ou leurs principes leur commandent de haïr, nous ne saurions nous en étonner, ni nous en plaindre : mais qu'un écrivain, qui s'est fait le héraut de cette même révolution, pour la proclamer *libératrice de l'univers entier*, flétrisse les auteurs d'un plan admirable et éminemment utile, comme production révolutionnaire, c'est ce que nous pourrions trouver étrange ailleurs que dans l'ouvrage de l'abbé de Montgaillard. « Qui
» sont donc ces méchants, s'écrie ce dernier, vou-
» lant par l'épouvante amener le désordre ; par le dé-
» sordre l'anarchie ; par l'anarchie le despostisme
» de la multitude ?... (109, t. 11). On a fait honneur,
» repond-il, d'abord à l'abbé Sieyes, ensuite à
» l'abbé Torné, enfin au comte de Mirabeau, de

» l'infernale conception de cette armée de brigands
» qui parcouraient le royaume pour incendier les
» moissons; nous n'avons pas des renseignements
» assez positifs pour émettre une opinion fixe, pour
» déterminer à qui doit rester, dans l'histoire, la
» propriété *de l'exécrable conception* qui avait
» pour motif, et eut pour résultat, d'armer, en un
» clin d'œil, les prolétaires, la masse de la populace
» de toutes les provinces du royaume (113, t. 2). »
Les prolétaires! ce mot pourrait faire croire que
les dernières classes du peuple furent seules émues
et portées à s'armer, par la terreur panique qui se
répandit simultanément sur toute la France, au
commencement d'août 1789: mais si l'on réfléchit
que l'abbé de Montgaillard vient de se démentir
d'avance, deux pages auparavant (111, *id.*), en
disant de Mirabeau, qu'*il fit sortir, au premier coup
de sifflet, tous les nobles de leurs manoirs féodaux,
afin d'accroître en un seul instant la confiance, la
force du peuple, c'est à dire des classes intermédiaires qui se levèrent entières comme un seul homme*,
il devient évident que les termes de *prolétaires, et
de populace*, si peu conciliables avec celui de
classes intermédiaires, n'ont été employés, à la
page 113, que parce qu'ils pouvaient aider l'intention injurieuse de l'historien, à l'égard des hommes
qui eurent la première idée de l'armement uni-

versel, dont il cherche à faire ici *une conception infernale et exécrable.*

Puisque j'ai prononcé le nom de Mirabeau, *qui savait tout et prévoyait tout*, de l'aveu de madame de Stael, qui fut un *prodige de talent* et *d'immoralité*, selon Walter Scott, et que l'abbé de Montgaillard appelle *un Machiavel dont l'esprit s'était imbu du génie de Sylla*, je vous demanderai, Monsieur, si vous avez saisi en effet quelques traits de ressemblance, entre ce prince des orateurs modernes et le rival du farouche Marius. Pour moi, je confesse humblement que je n'ai pu comprendre encore, par quel acte de sa vie, le plus redoutable des champions populaires, patricien transfuge, dont la voix puissante appela le génie de la destruction et fit tomber la foudre sur l'édifice féodal, a donné lieu de croire qu'il appartint à l'école et qu'il se fût nourri des maximes d'un aristocrate féroce, qui ne s'empara du suprême pouvoir, que pour décimer, à souhait, la population plébéienne de sa patrie. Il ne fallait pas moins que l'œil perçant de M. l'abbé de Montgaillard, ou de ses *coadjuteurs posthumes*, pour faire une telle découverte, et signaler des rapports entre l'éloquent interrupteur du marquis de Dreux-Brézé et le vainqueur de Jugurtha.

Mais l'audacieux Mirabeau, indomptable à la tribune, succomba-t-il réellement dans les négociations secrètes dont il fut l'objet, ainsi que l'assurent les écrivains de tous les partis? et l'admirable interprète de l'enthousiasme national de 1789, celui dont le nom seul représente encore, dans l'histoire, toute la révolution de cette époque, ne fit-il que spéculer sur les troubles de son pays, mettre sa conscience à l'encan, et se livrer au plus infâme trafic, là où nous le supposions dominé par de sublimes inspirations? Si nous étions obligés de prendre à la lettre certains passages de madame de Stael, de Walter Scott et de Montgaillard, cette explication dégoûtante d'un homme prodigieux ne pourrait être aujourd'hui contestée. Il est vrai que les mœurs dissolues de Mirabeau, rapprochées des liaisons politiques qu'il eut avec la cour sur la fin de sa vie, ont dû le faire considérer communément comme un déserteur du camp révolutionnaire, et le stipendié de l'ancien régime, qui lui devait ses principales défaites. Mais madame de Stael et Walter Scott étaient faits pour s'élever au-dessus de l'opinion commune; ils auraient dû sentir que le héros de la révolution pouvait bien, comme tant d'autres, qu'on ne songe pourtant pas à accuser d'apostasie, chercher à modérer l'élan démocratique qu'il avait contribué à communiquer aux esprits, sans devenir pour cela contre-révolutionnaire. Quand Mounier, qui avait pris, en Dauphiné, l'initiative de l'insurrection; quand Necker, son ami, et les autres partisans de la constitution anglaise, qui formaient avec eux l'entourage et le conseil de Monsieur (Louis XVIII), se séparèrent du parti populaire à cause de son refus d'adopter leur système des deux chambres; quand ils abandonnèrent leur poste dans l'assemblée nationale, ou dans les conseils du roi, firent-ils alors acte de trahison; et devait-on les regarder comme vendus au parti, qu'ils avaient combattu jusque là, avec autant de zèle que de talents et de succès? Non, ces hommes d'état furent, d'après les accusateurs de Mirabeau, les seuls et vrais amis de la liberté; ils purent changer de position, sans changer de principes, et l'on ne saurait faire une semblable distinction en faveur du géant de la tribune française, qui eut le tort d'insister pour une chambre unique, et de dédaigner l'introduction de la pairie anglaise, si chère à Walter Scott, à madame de Stael et à l'abbé de Montgaillard. Si Mirabeau eût laissé une fille, qui eût hérité de son génie, elle n'aurait pas eu besoin de publier trois volumes, pour démasquer cette injuste partialité, et pour recommander son père à la reconnaissance nationale; il lui eût suffi de rappeler qu'au moment même où la défense des prérogatives du roi constitutionnel, par ce terrible adversaire de la vieille monarchie, venait de faire peser sur lui le soupçon odieux de corruption, ses collègues et ses concitoyens s'empressèrent de déposer leurs préventions au pied de son cercueil, et votèrent ou accueillirent, avec enthousiasme, la translation de ses cendres au Panthéon.

L'opinion publique s'égara, dira-t-on ; il est avéré aujourd'hui que Mirabeau fut le pensionnaire de la couronne, et qu'il conspira, avec Bouillé, pour favoriser la fuite de Louis XVI. En supposant irréfragables ces divers chefs d'accusation, il n'en résulte pas nécessairement que le défenseur du peuple eût vendu lâchement son éloquence, sa vaste capacité et son crédit à la contre-révolution, et qu'il eût renoncé à son indépendance, sous peine de perdre ses gages; on peut invoquer sur ce point l'autorité de madame de Stael elle-même: « Mirabeau, » dit-elle, soit qu'il acceptât, ou non, l'argent de la » cour, était bien décidé à se faire le maître, et non » l'instrument de cette cour. » Après l'achèvement de l'œuvre de démolition, le plus actif des destructeurs s'éloigna, dans ses plans de réorganisation, des idées alors dominantes. Il avait accéléré la ruine de la monarchie féodale; il voulut la remplacer par la monarchie constitutionnelle, et proposa de faire au roi, dans la distribution des pouvoirs, une part plus grande que ne le désirait la majorité de l'assemblée nationale, soumise encore à la tendance démocratique des esprits. Dépassé dès lors par Barnave et les Lameth, qui bientôt refusèrent à leur tour de suivre le mouvement rapide de la révolution, il vit baisser son crédit, et se consola de sa disgrace, en rappelant le voisinage du Capitole et de la roche Tarpéienne, et en citant ses ingrats contemporains au tribunal de la postérité. La cour qui connaissait ses désordres et ses besoins, et qui sentait l'importance de son appui, dut chercher à tirer parti de cette rupture éclatante du tribun avec le peuple ; non qu'elle pût se flatter de faire concourir Mirabeau au rétablissement des institutions surannées qu'il avait fait crouler sous la massue nationale; mais dans l'espoir d'obtenir, par la puissance de son talent, des conditions meilleures pour le monarque, dans la discussion de l'acte constitutionnel

Si Mirabeau accepta jamais les dons du trésor royal, ce fut sans doute à cette époque; et l'on voit que cette faiblesse morale, loin d'équivaloir chez lui à une défection politique, qui l'aurait entraîné à détruire son propre ouvrage, ne faisait que l'engager à soutenir avec plus de véhémence peut-être, contre les envahissements de la démocratie, les doctrines monarchiques et constitutionnelles auxquelles il avait pu se fixer, aussitôt qu'il était devenu urgent de substituer une nouvelle organisation à celle qu'on venait de réduire en poussière (1).

(1) Je trouve, dans le livre même de l'abbé de Montgaillard, la preuve authentique du fait que je présente ici comme simplement hypothétique. On lit, à la page 313, tome II : Lors de sa

Ses rapports avec le trône, sauf l'acceptation des largesses royales, s'offrent donc à mon esprit, avec

première entrevue secrète (il s'agit du roi) aux Tuileries, avec le comte de Mirabeau, celui-ci lui dit : « Avant toutes choses, » je prie votre majesté de me permettre de lui soumettre une ques- » tion : votre majesté veut-elle, désire-t-elle sincèrement être un » roi constitutionnel, ou votre majesté regrette-t-elle le pouvoir » absolu de ses ancêtres ? *Dans ce dernier cas*, JE N'AURAIS NI » CONSEILS A DONNER, NI SERVICES A OFFRIR. »—« Je ne veux point » du pouvoir absolu; je serais satisfait, très satisfait d'être roi con- » stitutionnel, pourvu que la couronne ait les prérogatives et » les attributions de force et de dignité, sans lesquelles elle ne » serait qu'un simulacre : mon intention est de régner d'après » les lois constitutionnelles. » Nous garantissons cette anecdote, parce que nous l'avons lue, ÉCRITE DE LA MAIN DE LA REINE, dans sa lettre à M. le marquis de Bombelles. » A l'appui de cet auguste témoignage, je citerai une note politique (*A*), inédite, trouvée dans les papiers d'un ami de Mirabeau, et dans laquelle cet homme célèbre conseille d'amener le roi à *s'annoncer de bonne foi, comme adhérant à la révolution, à la seule condition d'en être le chef et le modérateur.*

Mirabeau eut aussi des entrevues avec Marie-Antoinette. Montgaillard prétend que la première eut lieu dans les caves de Saint-Cloud ; madame Campan dit que ce fut à un rond-point qui est encore sur les hauteurs du jardin particulier de cette maison royale ; et M. Lacretelle assure que la reine reçut Mirabeau dans son appartement même. D'après l'attestation irrécusable d'une parente, dont le nouveau courtisan se fit accompagner en cette circonstance, je crois pouvoir affirmer que la dernière version est la plus vraie, et que l'entrevue se passa en effet dans les appartements du château.

le même caractère que les négociations successives, entamées plus tard avec Louis XVI, par les feuillants, et même par les girondins (1). J'y vois la justification de ce que je vous ai dit tant de fois, que la révolution, marchant plus vite que ses meneurs, la lassitude et l'embarras de ces derniers durent les exposer souvent à de fausses démarches, comme hommes d'état, sans les faire renoncer, comme citoyens, à la direction plus ou moins libérale qu'ils avaient donnée à leurs opinions et à leurs actes.

C'est assez parler d'un homme, Monsieur; je reviens à l'assemblée nationale, pour reprendre l'examen de ses travaux, et j'arrive à la nuit du 4 août, dont le souvenir retrace à nos yeux, dans le tableau des dernières heures de la féodalité, l'un des plus beaux mouvements d'exaltation et de désintéressement civiques qui puissent orner l'histoire d'un peuple libre. « On peut envisager cette
» nuit de destruction, dit Montgaillard, comme
» l'explosion d'une troisième révolution politique,
» ou comme une troisième éruption du volcan ou-

(1) A l'époque des propositions faites à la cour par les amis de Vergniaud, un citoyen recommandable, M. Dyanière dit à Condorcet, en parlant des conseillers de Louis XVI : « S'ils ac-
» ceptaient, c'en serait fait de la liberté. »—« Ne craignez rien,
» lui répondit le philosophe, l'ignorance et la vanité le leur dé-
» fendent. »

» vert sous la France. C'est le complément de la
» journée du 17 juin, où le tiers-état s'investit de
» l'autorité souveraine, en s'attribuant tous les
» droits de la nation (1); c'est le sceau de la jour-
» née du 14 juillet, où les Parisiens en armes, se
» faisant les interprètes de l'opinion générale, ont
» déployé la force populaire, renversé la Bastille,
» et précipité sur ses ruines le pouvoir arbi-
» traire (118 et 119). » Viennent ensuite des réflexions amères sur les fondateurs de ce pouvoir, sur
*le système si faussement posé du superbe Richelieu
et du fastueux Louis XIV;* ce qui semblerait indiquer que notre historien, revenu à sa haine pour
les puissances de l'ancien régime et à son enthou-

---

(1) Montgaillard insiste encore ici sur la prétendue usurpation que commirent les mandataires du tiers-état, en se déclarant les représentants de la nation. Il est faux, d'abord, que le tiers-état ait voulu exercer seul la souveraineté; il invita, au contraire, les députés de la noblesse et du clergé à se réunir à lui dans le sein de l'assemblée nationale, et ses instances finirent même par triompher de la répugnance des premiers ordres. Si, après cette réunion, il eut pour lui l'avantage du nombre et du talent; s'il dirigea exclusivement la marche de la révolution, et ne laissa au patriciat et au sacerdoce que le droit d'assister et de prendre part à l'abolition de leurs priviléges, c'est que les supériorités ecclé-siastiques et féodales, devenues factices, ne représentaient plus les supériorités réelles, les existences prédominantes de l'état social de cette époque, selon les propres expressions de Walter Scott, dont on trouvera plus loin les paroles remarquables à ce sujet.

siasme pour la révolution, *qui a marqué l'ère des gouvernements constitutionnels*, apporte des dispositions plus libérales dans sa manière de juger le *complément* et *le sceau* de 17 juin et du 14 juillet, que dans l'appréciation de ces journées elles-mêmes. Gardons-nous cependant d'admettre trop légèrement cette présomption; l'abbé de Montgaillard veut bien s'élever avec son acrimonie habituelle contre le pouvoir arbitraire, pour faire un crime de son établissement au ministre et au successeur de Louis XIII, mais il n'entend point renoncer par là au droit de blâmer le peuple français, qui fut assez insensé *pour applaudir avec transport aux décrets qui précipitaient le pouvoir arbitraire sur ses ruines*; et si, plus indulgent envers les êtres collectifs qu'envers les individus, il consent à pardonner à la nation son allégresse, en considération de *son ignorance des moyens d'amener la félicité publique*, il reste du moins inexorable à l'égard de ses représentants, *trop fougueux défenseurs des droits généraux*, dit-il, *ardents et ambitieux tribuns, dont les uns sont séduits par des abstractions, et les autres nourrissent des intentions perfides, et qui, tous, procèdent avec une jalouse fureur au renversement de toutes les institutions, détruisent tous les appuis de la morale, de l'ordre public, ébranlent le respect dû à la propriété, abattent l'édifice avant d'avoir formé le plan de reconstruction* (1), *oublient dans leurs attaques contre la féodalité, la doctrine de la prescription* (2), *et poussent l'inconsidération et la légèreté jusqu'à dédaigner l'autorité du jurisconsulte Domat, en matière de révolution et de réformation sociale.* Ainsi, Monsieur, la troisième victoire du parti populaire, qui fut le complément des deux autres, et mit le sceau à la révolution, n'est encore qu'un événement déplorable pour le détracteur de la vieille aristocratie, pour le prophète libéral, à qui les principes et les bienfaits de cette révolution inspiraient, il n'y a pas long-temps, la prédiction de l'affranchissement du monde.

(1) M. de Montgaillard qui reproche incessamment aux démolisseurs l'abus des *théories* et la manie des *abstractions*, les accuse ici de n'avoir pas formé un plan de reconstruction, et semble ne pas s'apercevoir de la contradiction que renferme cette double imputation. Il ne comprend pas d'ailleurs que la réédification ne pouvait être tentée utilement qu'après la destruction totale, et le déblaiement des ruines; et que si les premiers essais de réorganisation ne produisirent que des formes passagères, ce fut précisément parce qu'ils étaient prématurés, c'est à dire trop liés aux travaux de désorganisation qui restaient à faire, et par conséquent trop empreints du cachet révolutionnaire.

(2) On ne devait pas s'attendre à voir invoquer la doctrine de la prescription, en faveur des titres et des droits féodaux, par l'auteur de l'*Introduction historique*, où les usurpations féodales sont flétries à chaque page, au nom des antiques franchises nationales et des droits imprescriptibles de l'humanité.

Et Walter Scott! dites-vous; comment a-t-il envisagé la *journée des sacrifices!* Il se prononce pour les écrivains qui l'ont appelée *la journée des dupes* (1), vous répondrai-je; et cela fait déjà pressentir son opinion. Il descend en effet, cette fois encore, au niveau de l'abbé de Montgaillard, et le 4 août n'est pas mieux jugé que le 14 juillet. C'est l'enthousiasme qui a tout fait dans cette grande circonstance, et l'enthousiasme devrait être banni des conseils d'une nation, pour y laisser régner exclusivemsnt la raison sévère et la réflexion. J'avoue, Monsieur, qu'il serait peu convenable, en thèse générale, et dans l'état normal, que des législateurs votassent par acclamation: mais je conçois aussi qu'il est des cas où l'entraînement est inévitable, et peut même devenir utile. Il fallait bien, par exemple, que les prêtres et les nobles, jusque-là si opposés à la révolution, cessassent de régler froidement leur conduite dans l'assemblée nationale, sur l'exigence de leurs intérêts, et qu'ils éprouvassent, à leur tour, la fièvre patriotique, pour se dépouiller eux-mêmes des priviléges dont l'abolition était universellement réclamée. On n'arrive point à de semblables déterminations par une discussion longue et méthodique; elles sont toujours le fruit

---

(1) M. Mignet observe avec raison que cette journée, signalée par quelques écrivains comme *la Saint-Barthélemy de la propriété*, ne fut que *la Saint-Barthélemy des abus*.

d'inspirations soudaines, que la sécheresse et la lenteur d'une délibération ordinaire étoufferaient sous le poids des combinaisons et des calculs (1). Aurait-on mieux aimé que le peuple leur arrachât par des violences et des excès ce qu'ils abandonnèrent généreusement ? Étrange aveuglement de la plupart des hommes qui ont écrit l'histoire de nos discordes civiles ! Si la nation, irritée par la résistance ou l'agression de l'aristocratie, dément un instant son caractère humain, et n'exprime plus sa volonté et sa puissance que comme le Dieu d'Israël, au bruit de la foudre et des tempêtes, ils ne voient plus en elle qu'une société de brigands; et lorsque l'aristocratie, afin de prévenir d'imminentes calamités, donne le signal des concessions et des sacrifices, elle n'est plus, à leurs yeux, qu'une étourdie et qu'une dupe, dont un accès de démence provoqua et fit toute la générosité! En vérité, Monsieur, les regrets que l'on manifeste ici au sujet de la condescendance conciliatoire des nobles, des prélats et des abbés qui siégeaient dans la représentation nationale, pourraient faire croire que les malheurs causés

(1) On reproche aux députés de 1789 d'avoir déchargé le peuple français d'une foule de droits onéreux et abusifs, avec trop de précipitation, et les hommes qui répètent complaisamment cette accusation fatiguent de leur reconnaissance, en 1827, l'aristocratie constitutionnelle qui vote, en deux jours, un budget d'un milliard.

par l'opiniâtreté des partis et la persistance ultérieure des privilégiés, n'ont pas toujours inspiré, à nos modernes Jérémies, une douleur aussi sincère, qu'ils voulaient le persuader par leurs éternelles lamentations.

Je ne vous parle pas, Monsieur, de l'abolition de la dîme; l'assemblée nationale n'est pas mieux traitée sur ce point par Walter Scott et Montgaillard, qu'elle ne l'a été à l'occasion de la nuit mémorable du 4 août. Il est curieux de voir ces deux écrivains examiner cette haute question d'ordre politique, du point de vue des canonistes et des praticiens, à qui l'écrivain français affecte partout d'appliquer l'épithète de *misérables légistes*. L'un et l'autre rappellent l'opposition de Sieyes en cette circonstance, et citent avec admiration ce mot si connu: « Ils veulent être libres, et ils ne savent » pas être justes. »

Je terminerai cette lettre, Monsieur, en appelant votre attention sur les réflexions injurieuses auxquelles l'abbé de Montgaillard se livre contre les gens de finance, à propos de l'emprunt de 30 millions, décrété le 9 août 1789. Dans un pamphlet en neuf volumes, où toutes les classes (1) et tous les partis (2) sont immolés sans pitié, où les nobles

(1) Les propriétaires seuls sont en faveur auprès de l'abbé de Montgaillard.

(2) Il faut excepter les *anglomanes*.

et les prêtres, les hommes de lettres et les avocats, le gouvernement et le peuple, ont été successivement attaqués avec une égale violence, les capitalistes et les banquiers devaient avoir leur tour. « Les gens à porte-feuille, dit notre auteur, n'ont » de patrie que leur comptoir..... les banquiers » sont de véritables vampires; une fois parvenus » à se saisir de la fortune publique, du trésor de » l'état, il ne lâchent prise qu'après l'avoir dévoré. » On peut sans injustice, et à quelques exceptions » près, les appeler les Midas du corps politique. » Ne cherchez pas dans leur ame de la générosité, » du patriotisme, de l'élévation, il n'y a que du » métal. Les Samuel Bernard, les Paris-Mont- » martel, les Biré, etc., tous ces millionnaires » étaient les plus vains, les plus durs des hommes; » ils n'auraient pas donné un écu pour une famille » pauvre, si leur libéralité était demeurée secrète. » Beaujon est le seul de ces enrichis qui ait songé » aux pauvres; il a fondé un hospice. » Je laisse aux heureux successeurs des Paris et des Bernard le soin de repousser ces brutales invectives; je vous ferai seulement observer que M. de Laborde méritait au moins d'être placé à côté de Beaujon, comme financier habile, intègre et bienfaisant. Voici un trait dont je vous garantis l'anthenticité. En 1771, l'abbé Terray força MM. de Laborde et Beaujon, banquiers de la cour, de recevoir en paiement d'avances très considérables faites par eux à l'état, des contrats au lieu d'argent. M. de Beaujon obligea à son tour ses créanciers porteurs de ses billets, à prendre ces contrats en paiement. M. de Laborde, au contraire, paya ses créanciers en écus, et garda les contrats; il y perdit beaucoup, en ce que ces contrats ne purent se négocier qu'à trente ou quarante pour cent de perte. Cette anecdote était publique et imprimée depuis long-temps, lorsque M. de Montgaillard écrivait son livre : pourquoi n'en a-t-il pas fait usage? pourquoi s'est-il borné à excepter du nombre des banquiers insatiables, durs et vains, celui des deux banquiers de la cour, qui, dans une circonstance difficile, ne s'était pas montré aussi désintéressé que son collègue; et pourquoi le nom de ce collègue a-t-il été omis? Si l'abbé de Montgaillard pouvait me répondre, et s'il voulait le faire franchement, nous trouverions indubitablement l'influence de quelque coterie, ou de quelque ressentiment personnel, derrière cette omission : mais les éditeurs ne pourraient-ils pas la réparer? M. Alexandre de Laborde, fils de l'honorable financier, n'est pas, que je sache, mal avec ces *messieurs*.

J'ai l'honneur, etc.

SIXIÈME LETTRE.

Paris, 25 juillet 1827.

Monsieur ,

La question la plus importante et la plus difficile à résoudre, dans la recomposition des pouvoirs politiques, selon nos publicistes, était celle de la division ou de l'unité du corps législatif. Vous savez que, le 10 septembre, l'assemblée nationale rejeta le projet du premier comité de constitution, où dominaient les partisans du système anglais, et décréta, malgré la vive opposition de Mounier, de Malouet et de Lalli, qu'il n'y aurait qu'une chambre représentative. Cette décision à laquelle Sieyes et Mirabeau eurent la plus grande part, excite le courroux de l'abbé de Montgaillard, qui, comme Walter Scott et madame de Staël, ne laisse échapper aucune occasion de manifester sa prédilection pour l'institution des *lords* et des communes. Dans l'opinion de ces écrivains, ainsi que je vous l'ai fait remarquer plus d'une fois, il n'y a rien de comparable, sous le ciel, à la charte de Jean-sans-Terre, modifiée par les conditions successivement imposées à la couronne sous le règne de Charles Ier, et au double avénement des maisons de Hollande et de Hanovre. Ils pensent que l'importation de cette merveille en France aurait enchaîné les passions des partis contraires, établi une juste balance entre les prétentions royales, aristocratiques et populaires, et procuré à la France, vingt-cinq ans plus tôt, sans lui faire subir les excès de l'anarchie et du despotisme militaire, les avantages du gouvernement constitutionnel qu'elle possède aujourd'hui. C'est à cette idée, prédominante chez nos trois auteurs, qu'il faut attribuer les jugements sévères ou injustes qu'ils portent sur la majorité de la représentation nationale, qui ne fut pas aussi convaincue qu'eux-mêmes de l'efficacité du *régime britannique*; c'est elle qui nous expliquera le reproche qu'ils adressent incessamment aux *démocrates*, de n'avoir enfanté que des utopies, sur les ruines des conceptions applicables des *anglomanes*.

Mais est-il d'abord incontestable, Monsieur, que l'adoption du système de Mounier et de ses amis eût prévenu, comme on l'assure, les déchirements et les catastrophes de la révolution? Ce système avait-il réellement ensuite un caractère moins métaphysique et plus approprié à l'état social actuel, que les autres constitutions essayées en France depuis trente-cinq ans? Telles sont les deux questions que je me propose d'examiner.

Je me souviens de vous avoir dit, dans une de mes précédentes lettres, que si l'introduction de la pairie en France avait pu satisfaire les vœux et l'exigence de la nation, elle n'aurait pas été universellement repoussée, et n'aurait pas surtout exposé ses éloquents apologistes à perdre irrévocablement leur popularité, et à devenir suspects au parti de la révolution, malgré les gages qu'ils lui avaient donnés. En reproduisant aujourd'hui cette observation, j'ajouterai qu'il n'est pas trop facile de concevoir comment une mesure, dont la proposition seule mécontenta les partisans de l'aristocratie, comme ceux des doctrines populaires, et fit naître tant d'aigreur et d'irritation contre ses auteurs, aurait pu, après son adoption, opérer une conversion assez générale pour plaire soudainement à tout le monde, étouffer les ressentiments, éteindre les haines, calmer les passions, et seconder paisiblement l'établissement de la *moyenne liberté* et des *pouvoirs pondérés*, aux acclamations des royalistes et des révolutionnaires, qui, d'ailleurs irréconciliables, avaient également rejeté jusque-là cette imitation du mécanisme constitutionnel de l'Angleterre. « En politique, comme en religion,
» dit Walter Scott, plus la différence d'opinion est
» légère, moins les partis sont disposés à se faire
» des concessions réciproques : bien loin de vouloir
» se réunir à ceux qui confondaient dans leurs af-

» fections la monarchie et la liberté, les royalistes
» purs les jugeaient à peine dignes de partager le
» péril qui les menaçait les uns et les autres (1). » Je
pourrais citer aussi le blâme sévère que madame
de Stael et l'abbé de Montgaillard s'accordent à
jeter sur les deux partis qui divisaient la nation et
l'assemblée, à raison de leur opiniâtreté aristocratique ou de leur tendance républicaine; je pourrais
rappeler que les partisans de l'ancien régime coururent aux armes, au dedans et au dehors de la
France, lorsqu'ils désespérèrent de pouvoir repousser les innovations dans l'arène législative; et
que le peuple s'insurgea lorsque ses mandataires
ne se conformèrent pas entièrement à ses vues démocratiques, dans leurs délibérations; d'où il résulte évidemment que le *mezzo termine*, tant regretté par la fille de Necker, le romancier écossais
et le gentillâtre gascon (2), s'il fût sorti triomphant

(1) Les mémoires de Mme Campan, du marquis de Férières, etc., ainsi que le témoignage du comte de Las-Cases, attestent cette répugnance des royalistes pour les constitutionnels.

(2) Ce préjugé en faveur de la monarchie anglaise s'est glissé jusques dans des écrits, dont les auteurs professent d'ailleurs d'excellentes doctrines. Je trouve, par exemple, à la page 60, d'une *Réponse à M. Charles Lacretelle*, sur son histoire de l'assemblée constituante, réponse qui est l'ouvrage d'un écrivain sincèrement attaché à la cause de la révolution, et aux intérêts populaires; je trouve la phrase suivante: « Sans doute il eût été
» vivement à désirer que, se rangeant de l'avis de plusieurs

du scrutin de l'assemblée constituante, n'aurait pas mieux obtenu l'assentiment des anciens privilégiés et des masses populaires ; et que ne changeant rien dès lors aux dispositions hostiles et à l'antagonisme des hautes classes et du tiers-état, il n'aurait prévenu ni Coblentz, ni la Vendée, ni l'insurrection du Champ-de-Mars, ni la journée du 10 août, etc...., et n'aurait fait, au contraire, que hâter la lutte sanglante et précipiter les événements, dont les écrivains que je combats prétendent qu'il aurait pu préserver la France.

Je dirai plus, Monsieur: l'institution des deux chambres, impuissante pour modérer l'ardeur contre-révolutionnaire des hommes qui ne voyaient d'ordre légal que dans la monarchie absolue et le maintien rigoureux de l'ancienne hiérarchie sociale, était aussi peu propre à vaincre qu'à apaiser ces ennemis nés de toute réforme. Soumettant à de funestes lenteurs l'exercice du pouvoir législatif, dans un temps où le soulèvement inévitable de

---

» de ses membres les plus distingués, elle se fût renfer-
» mée rigoureusement dans *les formes tempérées d'une mo-*
» *narchie constitutionnelle.* » L'assemblée nationale ayant adopté une constitution monarchique, il est clair que *les formes tempérées* dont il s'agit ici, ne sont autres que les *institutions anglaises*, proposées par des *membres distingués*, tels que Mounier, Malouet et Lalli, et dans lesquelles l'assemblée refusa de se *renfermer rigoureusement.*

l'aristocratie européenne contre les principes de la révolution allait exiger des mesures de défense aussi promptes que vigoureuses, elle aurait compromis l'indépendance du pays et le sort d'une cause (1), que ses adversaires eux-mêmes avouent aujourd'hui avoir été celle du peuple français et de la civilisation. Qu'aurait fait, en présence des Prussiens de Brunswick, un sénat, où les conditions d'âge, de naissance et de fortune n'auraient laissé entrer que par exception des membres capables de s'élever à des résolutions hardies, ou de se porter à des actes énergiques et quelquefois terribles, proportionnés à la gravité des circonstances ? Tandis qu'il aurait mûri sagement ses délibérations, et communiqué, dans les formes constitutionnelles, avec la chambre élective, les portes de son palais auraient été assiégées par les soldats de Frédéric-Guillaume, qui, sans respect pour la *monarchie tempérée*, se seraient empressés de rétablir l'ancien régime et de punir les novateurs de toutes les nuances (2). En se

---

(1) Les avortements révolutionnaires de Naples, de Lisbonne et de Madrid, ne sont point dus à l'établissement d'une seule chambre dans ces divers pays, mais plutôt à ce que l'assemblée unique des Napolitains, des Portugais et des Espagnols, apporta dans ses résolutions tant de prudence et de temporisation qu'on aurait pu croire que ces peuples avaient deux chambres et connaissaient les bienfaits de la sagesse héréditaire.

(2) J'en appelle à M. le comte Ferrand, dans son livre *Du*

plaçant d'une manière abstraite dans une situation paisible, en procédant idéalement à l'organisation d'un état, les publicistes de cabinet peuvent sans inconvénient préférer telle combinaison à telle autre, admirer d'autant plus un système de gouvernement qu'il est plus compliqué (1); mais cette latitude, laissée aux fantaisies du théoricien, échappe à l'homme d'état, qui, opérant sur des réalités, rencontre, à chaque pas, l'ascendant irrésistible des faits, et ne peut donner une valeur positive à ses spéculations législatives, qu'en les subordonnant aux besoins matériels et moraux, ainsi qu'à la situation intellectuelle du peuple, auquel elles sont destinées. Or, pouvons-nous croire aujourd'hui que la pondération scrupuleuse des trois pouvoirs et la division du corps législatif en deux chambres fussent applicables à la France militante de 1790 à 1800; quand l'histoire de ces dix années nous montre la nécessité de centraliser l'exercice de la souveraineté, croissant toujours avec les menaces

---

rétablissement de la monarchie. « Quelle ressource, juste Dieu! » s'écrie-t-il (page 160), resterait-il donc à la France, si les » atrocités des jacobins devaient faire oublier ou pardonner les » crimes des constitutionnels? »

(1) Quelques publicistes, justement célèbres d'ailleurs, ont pensé que trois pouvoirs ne suffisaient pas encore pour assurer l'*équilibre constitutionnel*, et ils en ont imaginé un quatrième. *Quand nous serons à dix, nous ferons une croix.* (Régnard.)

et les hostilités des ennemis de la révolution, étrangers ou domestiques? Quand nous nous rappelons que la seconde de nos assemblées, ne trouvant pas, dans la plénitude même de la puissance législative, les moyens de désarmer les partis, de prévenir les complots, d'étouffer les révoltes et de repousser les invasions liberticides, fut obligée de convoquer une convention, qui, bien qu'investie de l'omnipotence nationale, se trouva réduite à son tour, par les dangers de la patrie, à concentrer, dans un comité de dix membres, la direction souveraine que ses commettants lui avaient attribuée? quand cette commission suprême, comme si elle eût été trop nombreuse encore, et que les ressorts du régime révolutionnaire eussent ainsi risqué de se détendre dans son sein, dut subir l'influence, presque dictatoriale, de celui de ses membres dont le système était le mieux approprié aux passions, pour ne pas dire aux nécessités du temps, et qui jouissait, en conséquence, d'une plus grande popularité? Après les premiers triomphes de la république, il est vrai, ses législateurs, ne délibérant plus sur la brèche, crurent que les périls de la liberté étaient passés sans retour; que les excès commis en son nom, au lieu de dériver de ces périls mêmes, ne provenaient que de la réunion des pouvoirs dans une assemblée unique; et ils se hâtèrent de créer un conseil des anciens à côté d'un conseil des cinq-cents. Mais à peine la coalition des potentats européens remit-elle en question les destinées de la France régénérée; à peine les trames et les insurrections contre-révolutionnaires redevinrent-elles alarmantes, qu'il fallut enfreindre les formes spéciales de la nouvelle constitution, et chercher dans les *coups d'état* le salut des principes et des intérêts généraux, attaqués à la fois par les conspirateurs de Clichy, les héros de la Vendée et les auxiliaires de l'émigration. Pour répondre à ceux qui voudraient citer l'ère directoriale à l'appui de l'opinion, que le système des deux chambres était le seul que dussent adopter les mandataires de la France, quelle que fût d'ailleurs ou que pût devenir sa situation intérieure et extérieure, il suffit de leur rappeler le 18 fructidor, que suivirent immédiatement les *journées de floréal et de brumaire.*

Après avoir ainsi établi, par le raisonnement et par l'histoire, que la balance des pouvoirs, si long-temps enviée à l'Angleterre, n'aurait fait que mettre en péril les conquêtes légitimes de 1789, sans préserver le pays des désordres et des calamités des années subséquentes, il me reste à démontrer, Monsieur, que cet équilibre constitutionnel, qui consiste à régulariser et à perpétuer l'antagonisme dans la société, à faciliter le développement et le combat de sentiments contraires et d'intérêts rivaux, n'était que la prolongation intempestive des hostilités légales, imaginées autrefois pour représenter, sous des formes moins violentes, les hostilités réelles, existantes entre les diverses classes de la nation anglaise; c'est à dire que la charte britannique, objet des vœux et de l'admiration de Mounier, de Necker et de Lalli, si elle était respectable à cause de sa vieille origine (1), portait, par cela même, l'empreinte d'un siècle, dont les mœurs et les idées ne pouvaient fort heureusement convenir au nôtre, et se trouvait par conséquent incompatible avec les nouveaux faits sociaux, auxquels il s'agissait de donner une expression politique. Si je parviens à compléter cette démonstration, il en sortira cette conclusion naturelle, que les *anglomanes*, ainsi que je l'ai prétendu, n'ont pas mieux compris les besoins de la France contemporaine que tous les autres *constitutionnistes*, qu'ils signalent eux-mêmes comme de stériles rêveurs (2).

(1) J'ai retenu la phrase suivante, que j'ai trouvée dans un journal philosophique, destiné à propager une nouvelle doctrine, dont je me déclare passablement imbu : « Nous osons dire
» que partout la machine à ouvrer les lois est la plus vieille mé-
» canique du pays; les procédés les plus avancés dans ce genre
» de fabrication ne répondent guère qu'à l'état social du
» 16ᵉ siècle. » (*Le Producteur*, tom. II, pag. 487).

(2) « Des législateurs, dit Walter Scott, qui posent la base
» d'une constitution projetée sur des idées politiques spécula-
» tives, ressemblent fort à ces tailleurs de Laputa, qui, dédai-

Lorsque les héritiers des barons normands, à qui Guillaume-le-Conquérant avait distribué la dépouille des Anglais, contraignirent le roi Jean d'accepter les articles de la grande charte, et jetèrent les fondements de la constitution qui régit encore de nos jours l'empire britannique, ils se réservèrent, presque exclusivement, le droit de représenter la nation, et n'admirent que les prélats dans les assemblées générales. Seuls puissants par le glaive, dans un temps où l'esprit de guerre entraînait les populations les unes sur les autres; où la protection du soldat, indispensable au laboureur qui alimentait la société et que menaçait sans cesse la rapacité de

» gnant de prendre mesure à leur pratique, comme font leurs
» confrères dans les autres pays, calculent mathématiquement
» l'épaisseur et la hauteur de l'individu. » (*Vie de Nap.*, chap. 4, pag. 209, tom. I, édit. in-12). Le penseur le plus profond de tous les publicistes catholiques, M. de Maistre, caractérise ainsi les conceptions des métaphysiciens politiques : « Une constitu-
» tion qui est faite pour toutes les nations, n'est faite pour
» aucune : c'est une pure abstraction, une œuvre scolastique,
» faite pour exercer l'esprit d'après une hypothèse idéale, et
» qu'il faut adresser à l'*homme*, dans les espaces imaginaires où
» il habite... La constitution de 1795, tout comme ses aînées, est
» faite pour l'*homme*. Or, il n'y a point d'*homme* dans le
» monde. J'ai vu dans ma vie des Français, des Italiens, des
» Russes, etc. ; mais quant à l'*homme*, je déclare ne l'avoir ren-
» contré de ma vie. Y a-t-il une seule contrée de l'univers, où
» l'on ne puisse trouver un conseil des cinq-cents, un conseil
» des anciens et cinq directeurs ? Cette constitution peut être

ses voisins, constituait le service social le plus éminent; où le courage militaire formait la première des vertus publiques; où le principe de la vie politique était renfermé sous la tente ou dans les châteaux forts : seuls possesseurs du sol qu'ils avaient enlevé aux Anglo-Saxons, et qui, dans l'enfance de l'industrie et du commerce, était l'unique nourricier de la nation, les seigneurs, comme propriétaires et hommes d'armes, réunissaient véritablement en eux les éléments de la supériorité sociale, et devaient par conséquent arriver à la supériorité politique, sauf à la faire partager au clergé, en raison de sa supériorité intellectuelle, non moins

» présentée à toutes les associations humaines, depuis la Chine » jusqu'à Genève. » (*Considérations sur la France*, chap. 6, pag. 102).

L'auteur du *Pape* et celui des *Puritains* ont raison d'employer l'arme du ridicule et le sarcasme contre des hommes qui, s'imaginant bonnement de pouvoir trouver le type d'une constitution parfaite, applicable indistinctement à toute société, depuis celle des Osages jusqu'à la nôtre, voudraient que les peuples de mœurs différentes s'encadrassent également dans le cercle qu'ils leur tracent sur un morceau de papier, avec lequel ils prétendent faire de l'*ordre* et du *bonheur*, comme Procuste faisait de l'*égalité* avec son lit : mais Walter Scott et M. de Maistre se trompent, selon moi, lorsqu'ils pensent que le système, dont ils ont embrassé la défense, n'a pas cessé d'être applicable aux nations européennes. Je crois qu'un habit, fait par des tailleurs du moyen âge, sur la mesure de leur pratique de ce temps-là, ne serait pas plus de mise aujourd'hui, que celui des tailleurs de Laputa.

réelle que celle de l'aristocratie féodale. Mais en Angleterre, comme dans les autres contrées de l'Europe, envahies par les enfants du Nord, la race victorieuse, à mesure qu'elle s'éloigna de la conquête, prit des habitudes sédentaires, qui soumirent son vagabondage guerrier à une décroissance continue. D'autre part, l'influence des doctrines du christianisme et le crédit de ses prêtres, intéressés, comme ministres privilégiés du culte des lettres, à conjurer le plus possible l'intervention de la force brutale, pour laisser prédominer le pouvoir rationel dont ils étaient dépositaires, adoucirent les mœurs des vainqueurs et des vaincus, donnèrent un frein religieux à la soif du pillage, et firent rentrer le terrible droit de guerre, si cher aux barons, dans d'étroites limites, que resserrèrent de plus en plus les progrès de la civilisation. Alors les travaux paisibles commencèrent à obtenir quelque importance; et tandis que l'agriculture subvenait aux premiers besoins de la nation, des essais dans les arts et l'industrie promettaient d'étendre, pour elle, le cercle des jouissances et des commodités de la vie. Ce fut surtout dans les villes que les hommes laborieux appliquèrent leur activité à la production industrielle; ils y gagnèrent à la fois de la considération et des richesses, et prirent dans la société une position assez élevée pour nécessiter tôt ou tard leur admission à l'exercice des droits politiques. Cet événement eut lieu sous Henri III. Le comte de Leicester, qui s'était emparé du trône et avait fait le roi prisonnier, voulut étayer son usurpation en rattachant les intérêts populaires à sa cause, et il donna l'entrée des assemblées nationales à la bourgeoisie. Édouard Ier confirma cette innovation ; les députés des communes vinrent siéger au parlement (1), et toutes les puissances de fait se trouvèrent ainsi associées à la puissance légale.

La nouvelle constitution qui résulta de cet établissement de la *chambre basse*, compléta le système représentatif, si souvent offert depuis pour modèle aux peuples du continent. Destiné à régir un empire au sein duquel s'entrechoquaient des intérêts et des sentiments qu'on ne pouvait concilier, elle fut moins un traité de paix et d'union entre les divers membres de l'état, pour les faire concourir si-

---

(1) Le docteur Stewart, dans ses *Essais sur la constitution d'Angleterre*, pag. 17, prétend que les communes avaient été admises au parlement avant Édouard Ier et Henri III. J'ai préféré l'opinion de Millot et de Priestley. Le premier, parlant de l'usurpation de Leicester, s'exprime ainsi : « C'est l'époque la » plus sûre de l'établissement des *communes*, dont on ne trouve » jusqu'alors aucune trace dans l'histoire. » (*Élém. de l'hist. d'Angleterre*, tom. I, 267). « La quarante-neuvième année de » Henri III et la vingt-troisième d'Édouard Ier, dit le savant Anglais, sont généralement considérées comme les véritables dates » de l'établissement de nos communes. » (*Disc. sur l'hist. et la pol. en général*, tom. II, pag. 155, disc. 46e.)

multanément au bien général, que l'organisation civile de la guerre intestine qui déchirait la société, et la règle des prétentions particulières, des vues opposées et des dispositions hostiles des propriétaires nobles, ou gens d'église, et des bourgeois industriels. S'il y eut alors *pondération* dans les pouvoirs, ce fut par nécessité et non par choix, l'hétérogénéité des éléments sociaux forçant le législateur à chercher ses moyens d'ordre et ses garanties contre la confusion et l'anarchie, dans l'équilibre des passions ennemies, à défaut de pouvoir les soumettre à une direction commune ; mais de ce que les constituants anglais furent ainsi conduits à l'idée de la *balance politique* par la difficulté de réunir dans un même esprit le baron, le clerc et l'artisan, s'ensuit-il que cette *balance*, dernier produit de l'intelligence et de la sagesse humaines, soit applicable à toutes les situations possibles, même aux nations qui auraient le bonheur de ne pas renfermer des ordres rivaux, et de ne connaître qu'une seule classe prépondérante, celle des citoyens vraiment *actifs*, qui enrichiraient leur pays des découvertes de la science, des merveilles des arts ou des bienfaits de l'industrie ? C'est ce qu'a pensé, après tant d'autres, M. l'abbé de Montgaillard, et ce que, ni vous, ni moi, Monsieur, ne saurions admettre.

Cependant la charte anglaise eut une valeur positive aussi long-temps qu'elle fut l'expression de l'état social du peuple breton. Tant qu'elle ne fit en effet que donner un caractère régulier à la lutte opiniâtre qui existait dans la société, et qu'elle investit de l'influence politique ceux qui possédaient d'ailleurs un crédit réel, elle dut avoir des résultats avantageux; mais depuis que les progrès de l'esprit de paix et d'association ont atténué l'importance de la noblesse militaire; depuis la diffusion des lumières et du courage parmi ces plébéiens que le sacerdoce et le patriciat se chargèrent exclusivement autrefois d'éclairer et de défendre, la hiérarchie constitutionnelle, imaginée sous Édouard Ier, a perdu son mérite de relation, et n'a pu correspondre à la classification des nouvelles valeurs sociales, seules reconnues dans le domaine de l'opinion.

Oui, Monsieur, le désir d'une réforme parlementaire, presque universel dans les trois royaumes, n'est que la conséquence de la disproportion que l'on remarque aujourd'hui entre la position politique de certains hommes et leur utilité réelle. On a beau s'évertuer à flétrir par un sobriquet les interprètes de ce vœu national, il n'en atteste pas moins que la constitution semi-féodale, dont on voulut nous gratifier, n'est pas plus applicable aux nations civilisées de l'Europe, que ne le furent les conceptions métaphysiques de nos législateurs; et que la pairie anglaise, n'en déplaise à leurs SS., établie pour représenter les défenseurs privilégiés du sol, ainsi

que les précepteurs exclusifs du peuple, personnages purement historiques aujourd'hui, survit ainsi à la cause de son existence, et devient de plus en plus semblable à ces institutions abstraites, qui, comme notre conseil des anciens et même le sénat américain, consacrent des distinctions politiques dont la raison tout entière réside dans la volonté arbitraire du pouvoir constituant. Je vous renvoie au reste, Monsieur, à Walter Scott lui-même, pour vous convaincre de la vérité des faits sur lesquels j'appuie ici mon opinion. Après avoir parlé des richesses, des lumières et de l'influence croissante des classes moyennes, dans le 18ᵉ siècle, il signale ainsi l'imminence et la nécessité de la révolution française. « Il n'était point dans la nature
» de l'homme que les membres les plus hardis, les
» plus intelligents et les plus ambitieux d'une
» classe qui savait déjà apprécier sa puissance et
» son crédit demeurassent bien long-temps encore
» dociles à un système politique qui les plaçait dans
» le rang social au-dessous d'individus leurs égaux
» sous tous les rapports, à part les *supériorités fac-*
» *tices* de la naissance ou des ordres ecclésiastiques.
» Il devenait également impossible qu'elle con-
» tinuât de se soumettre paisiblement à des dog-
» mes féodaux qui accordaient à la noblesse l'im-
» munité des taxes parce qu'elle servait la nation sur
» les champs de bataille, et au clergé parce qu'il

» adressait des vœux au Tout-Puissant. Quel-
» que fondés qu'ils pussent être sous la féodalité
» qui les avait fait naître, ces priviléges étaient de-
» venus une fiction légale, extravagante au 18ᵉ siècle,
» où tout le monde savait que la noblesse mili-
» taire et le clergé recevaient des émoluments
» pour des services qu'ils ne rendaient plus ex-
» clusivement à l'état, puisque le roturier possé-
» dait alors, et la valeur pour se battre, et les
» connaissances nécessaires pour prier. » Remarquez bien cette dernière phrase, Monsieur; elle
justifie non seulement les patriotes français de 1789,
mais les wighs anglais qui, en 1827, proclament
la nécessité d'améliorer le système de la représentation nationale. Walter Scott n'est sans doute, ni
jacobin, ni radical; cependant, ce qu'il dit ici des
supériorités nobiliaires et sacerdotales, devenues
factices, et ne reposant plus que sur *une fiction
légale, extravagante au* 18ᵉ *siècle*, renferme une
explication apologétique des attaques dirigées, dans
les clubs de Londres et de Paris, contre l'aristocratie ecclésiastique, et la noblesse héréditaire.
De plus, si les gentilshommes et les prélats bretons
ont cessé de rendre exclusivement à l'état les services d'où dérivait leur prééminence sociale; si
l'élévation de leur rang n'est plus la conséquence de
leur utilité réelle, il faut bien m'accorder que le
corps politique, destiné à représenter ces *supério-*

rités factices, n'est plus lui-même qu'une superfétation constitutionnelle, sans rapport avec la situation et les besoins actuels de la société; d'où l'on arrive à ma conclusion, que les membres distingués de l'assemblée constituante qui voulurent appliquer à la France révolutionnaire de 1789, un système tombant de vétusté en Angleterre (1), de

---

(1) Un écrivain français (M. Joseph Rey) que les troubles politiques de la France avaient obligé de chercher un asile en Angleterre, s'est appliqué dans son exil à l'étude des institutions judiciaires de ce pays, et le livre qu'il a publié, sur cet intéressant sujet, à son retour dans sa patrie, atteste les défectuosités de cette législation anglaise, tant vantée par des publicistes célèbres dupes de l'orgueil national, ou par des étrangers trop disposés à les en croire sur parole. Le droit criminel des Anglais est surtout vicieux. Cambacérès se trouvant à dîner chez l'avocat-général Séguier, avec le grand juge d'Angleterre, et la conversation étant tombée sur notre droit criminel, le magistrat anglais leur dit : « Vous auriez peu de choses à faire pour rendre » votre législation bonne. Il n'en est pas ainsi de la nôtre. » J'ai trouvé cette anecdote dans le livre de M. Locré, dont il a été question au sujet du serment du *jeu de paume*. La population bretonne n'est pas du reste dans une situation plus heureuse sous le rapport de son organisation industrielle, que sous celui de ses institutions judiciaires. La classe ouvrière y gémit sous le joug d'un haut commerce éminemment aristocratique; car les riches industriels, admis de bonne heure à partager la puissance politique avec les barons, ont donné à leur patronage sur les travailleurs pauvres, une allure féodale qui nécessitera tôt ou tard une grande réforme. L'esprit d'hostilité qui régnait entre l'in-

l'aveu même du tory Walter Scott, loin d'être, comme le prétend l'abbé de Montgaillard, les plus éclairés d'entre tous les amis de la liberté, ne conçurent, au contraire, selon l'expression de M. de Maistre, au sujet de la constitution de l'an 3, qu'une *œuvre scolastique*, qui, outre le défaut de valeur pratique, commun à toutes les utopies, aurait aggravé les dangers et paralysé la défense d'un peuple, sorti vainqueur, sans elle, d'une lutte à jamais mémorable.

dustrie et l'aristocratie, en s'éteignant dans une transaction entre la noblesse normande et les chefs de l'industrie anglaise, s'est reproduit dans les relations des maîtres aux ouvriers, c'est à dire que la puissance industrielle, réunie à l'aristocratie, a comprimé la classe ouvrière, et l'a réduite le plus possible au rôle d'instrument de travail. « La société anglaise, dit un des rédacteurs du
» *Producteur* (M. Rouen), observée intérieurement et physio-
» logiquement dans son état actuel, se montre divisée en deux
» fractions, composées, d'une part, de la masse popu-
» laire, et, de l'autre, des chefs de travaux et de l'aristocratie
» avec leur clientèle : la ligne de démarcation la plus profonde
» sépare ces deux populations, et malgré les mots de liberté et
» de garanties dont on se paie encore, les faits attestent que la
» répartition des bénéfices du travail général n'est qu'un cruel
» abus de la souveraineté de la classe supérieure sur la classe
» ouvrière. Ce n'est guère qu'en Angleterre, dans ce pays le plus
» riche du monde, que l'on voit des masses de travailleurs livrées
» aux horreurs de la famine au milieu de l'abondance générale,
» lorsque le pays regorge de denrées et de biens de toute nature. »
C'est à cette ligne de démarcation qu'on peut rapporter celle qui

Revenons maintenant, Monsieur, à l'abbé de Montgaillard : je ne l'ai point perdu de vue dans cette longue digression sur la constitution anglaise ; je le retrouverai donc aisément, et ce sera pour lui adresser de nouveaux reproches, toujours à l'occasion de cette même constitution. Il dit, en effet, à la page 128 du second volume, que le général Lafayette, qu'il associe à Lalli-Tolendal, à Bergasse, etc....., voulait la constitution anglaise, lorsqu'il est constant que cet illustre citoyen ne

existe dans le sein du parti libéral anglais. Les wighs, dont les habitudes et la fortune font des aristocrates obligés, sont jaloux de conserver la haute position qu'ils occupent dans l'état, et se contentent par conséquent de la somme de liberté, actuellement acquise; quelques uns d'entr'eux seulement osent désirer une réforme parlementaire qui ne sorte pas des bornes d'une certaine modération. Les hommes pénétrés de l'affligeante situation des classes ouvrières, et désireux d'y mettre promptement un terme, ne voient au contraire le bien du pays que dans une refonte générale, et ils sont désignés en conséquence sous le nom de *radicaux*. Il faut espérer que le gouvernement anglais, après s'être déclaré l'appui de la civilisation, dans sa politique extérieure, quoique William A'Court ait rendu un assez mauvais témoignage, à Lisbonne, de la sincérité des paroles solennelles de M. Canning; il faut espérer, dis-je, que le gouvernement anglais s'occupera plus activement des réformes intérieures, commencées par M. Peel, et qu'il fera jouir la population britannique des améliorations indispensables, dont l'ajournement trop prolongé pourrait amener à la fin des catastrophes, qu'il est de l'intérêt des cabinets et des peuples de conjurer.

chercha jamais à cacher ses préventions contre cet ordre de choses, qu'il se prononça partout hautement pour deux chambres électives, telles que celles des États-Unis, et qu'il ne put prendre d'ailleurs aucune part à la discussion spéciale dont il s'agit ici, sur la division ou l'unité du corps législatif, ayant été retenu à Paris par ses fonctions de commandant général de la garde nationale.

Si le nom de Lafayette figure à tort sur la liste des *anglomanes*, c'est à tort aussi que celui de Necker ne s'y trouve pas. Necker, l'ami de Lalli et de Mounier, méritait d'être inscrit en tête des partisans de la pairie anglaise : mais le Genevois n'est pas en bonne odeur auprès de l'abbé de Montgaillard, qui l'a déjà accusé d'avoir poussé les esprits vers les *innovations funestes*. Or, vous comprenez qu'après une telle imputation, un apologiste passionné de la charte britannique ne pouvait guère rappeler qu'elle fut aussi l'objet du culte de l'homme d'état, qu'il venait de signaler comme un dangereux novateur. Cette fois du moins M. de Montgaillard a eu de la mémoire, et il a préféré l'inexactitude à l'inconséquence.

Vous parlerai-je à présent, Monsieur, de ses réflexions sur le *veto suspensif* et le *veto absolu*? Elles sont éminemment monarchiques, et toujours appuyées de l'autorité de Malouet, de Lalli, de Mounier, etc.. Je crois même que M. de Montgaillard préfère avec Mirabeau (1) le régime de Constantinople à celui de la France constitutionnelle sans *veto*, ce qui indique toute la force de sa conviction à l'égard de l'infaillibilité temporelle des chefs du peuple, et le classe honorablement parmi les plus inflexibles champions de la prérogative royale. Cependant, sans révoquer en doute la sincérité de cette sollicitude édifiante pour les intérêts du trône, de cette foi vive dans la sagesse originelle des princes, je vous rappellerai cette phrase remarquable de la page 415 du premier volume, où l'avocat du *veto absolu* déclare que *la couronne, semblable à la robe du centaure, égare la tête qui la porte*, et que *les souverains ne sauraient être retenus dans leurs usurpations que par de fortes institutions*. Cette comparaison est faite, Monsieur, pour ébranler le partisan le plus décidé des priviléges de la royauté, aussi suis-je porté à croire que M. de Montgaillard en avait perdu le souvenir, lorsqu'il se prononçait si énergiquement pour le *veto définitif*. Que ses habiles interprètes, seuls autorisés à le faire parler du

---

(1) On assure que l'opinion de Mirabeau, en cette circonstance, fut déterminée par l'ascendant que Clavières exerçait sur son esprit. S'il est vrai qu'un républicain aussi prononcé l'ait poussé à se constituer le défenseur de la prérogative royale, dans des vues qu'il est difficile d'expliquer, comment pourrait-on attribuer en même temps son vote monarchique à l'influence du *Livre rouge* signalée par l'abbé de Montgaillard?

fond de la tombe, veuillent bien nous tirer d'embarras, et lui faire dire, dans une nouvelle édition, si c'est le Montgaillard du premier, ou du second volume, qui a droit à notre confiance.

Quant à ses longs commentaires sur les dangers de la *déclaration des droits* (page 141 tome II), je vous ferai remarquer, Monsieur, que le défaut essentiel de ce préambule constitutionnel, aux yeux de l'abbé de Montgaillard, se trouve dans le nom du député qu'il considère comme l'auteur des fameux articles, proposés le 4 août, et décrétés le 1er octobre. Oubliant, en effet, que M. le vicomte Mathieu de Montmorency ne fit qu'appuyer la rédaction que le général Lafayette avait présentée, dès le 11 juillet, il blâme à la fois cette rédaction et le décret en lui-même, en haine d'un homme qu'il poursuit partout avec un acharnement ridicule, et qu'il se plaît à appeler le disciple de Sieyes. Si les peuples ne devaient pas retirer un avantage positif de cette *énonciation métaphysique,* il valait mieux s'attacher à le démontrer, en citant à propos les réflexions judicieuses de Bentham, que de chercher exclusivement dans un acte dicté par les plus louables intentions, l'occasion d'une diatribe contre les généreux citoyens qui le conçurent ou l'appuyèrent. Si M. de Montmorency a depuis avoué humblement, et avec l'accent de la contrition, qu'il avait failli en cette circonstance, il était important de lui prouver qu'il n'y avait peut-être de regrettable, en lui, que son repentir.

Au reste, les hommes que M. de Montgaillard traite le plus durement sont précisément ceux avec lesquels il conserva long-temps d'intimes relations, avant qu'il eût passé sous les bannières de l'empire; et c'est parmi les compagnons de sa captivité du Temple (1), qu'il choisit ses principales victimes. Je ne veux point expliquer cette singularité; je dirai seulement au sujet de Rivarol, qu'il ne fut point un misérable libelliste, à la solde des factions, comme le prétend notre historien, et je citerai en preuve ce passage du n° 6 de son *Journal politique* (1789) : « Quelques personnes ne voulant pas entendre que » l'impartialité paraît criminelle, dans les temps de

---

(1) Toutes les biographies et les histoires du temps font mention de l'emprisonnement des trois frères Montgaillard, sous le consulat, comme impliqués dans les complots des royalistes, et l'abbé n'en dit mot dans son livre. Comment, lui, qui parle si souvent de sa présence en des lieux où il n'a jamais été, s'abstient-il de nous révéler ce qu'il a vu et entendu réellement? Peut-être ces révélations ont-elles eu lieu ailleurs que dans son *Histoire*; quoiqu'il en soit, il est bon de suppléer au silence de M. de Montgaillard et des auteurs de la notice biographique qui est en tête de son livre, en rappelant qu'il fut mis au Temple, comme conspirateur royaliste, et qu'il en sortit avant que le gouvernement eût prononcé sur le sort de ses coaccusés, pour être employé plus tard en Westphalie par Napoléon.

» crise et de fanatisme, ont osé avancer que nous
» étions vendus au ministère; si cela est, nous
» sommes vendus et non payés. Il est clair que
» nous tombons également sur les sottises du gou-
» vernement et sur la démagogie de l'assemblée;
» on n'a qu'à nous lire. A la vérité, les cours se
» recommandent quelquefois aux gens de lettres,
» comme les impies invoquent les saints dans le
» péril, mais toujours aussi inutilement; la sottise
» mérite toujours ses malheurs. » Quoique plus éloigné que M. de Montgaillard des opinions politiques de Rivarol, je ne saurais méconnaître l'esprit d'indépendance qui perce dans ce langage. Il ne faut pas qu'en 1827, lorsque nous nous félicitons de pouvoir juger les hommes de la révolution, de toute la hauteur de l'histoire, nous conservions encore les préjugés et les passions de parti, au point de nous rendre injustes envers les adversaires honorables de la cause que nous avons cru la meilleure. C'est une position avantageuse que celle qui permet de rendre hommage au caractère de ses ennemis, sans devenir suspect aux yeux de ses amis : sachons nous montrer dignes de l'occuper.

J'ai l'honneur, etc.

SEPTIÈME LETTRE.

Paris, 15 août 1827.

Monsieur,

Il y a bien long-temps que je vous entretiens de l'assemblée constituante, et nous n'en sommes encore qu'aux premiers mois de son existence : la faute en est à l'abbé de Montgaillard, qui, en accumulant les erreurs, les faussetés et les jugements iniques sur les hommes et les événements de cette époque, ne m'a pas permis d'abréger; autant que je l'aurais voulu, mes observations critiques sur cette partie importante de son histoire. Nous arrivons pourtant au 6 *octobre*, journée de deuil pour la patrie, puisque le sang français y fut versé par des Français. M. de Montgaillard convient que cette seconde bataille de la population parisienne, contre les défenseurs de la cour, fut amenée par les trames et les provocations des ennemis de la révolution. Après s'être demandé s'il faut voir une conjuration liberticide, dans des folies, des chants, des concerts d'instruments, dans un repas bruyant et splendide, que de jeunes militaires donnent aux officiers d'un régiment ; si l'on peut espérer de faire ou de détruire une révolution avec ces moyens de mélodrame ; si l'on conspire dans une orgie ; il répond hardiment : « Oui, à la cour de France, où, » comme l'a dit Mirabeau, des fêtes couvraient les » préparatifs de la Saint-Barthélemy, » et il décrit ensuite le repas des gardes-du-corps, où la cocarde nationale fut insultée ; ajoutant que ce festin se termina par des bravades insensées, et qu'on vit ainsi, à chaque circonstance, le parti et les stipendiés de la cour irriter la fureur de ses ennemis, sans savoir jamais les combattre. (De 143 à 147, tom. II.)

En mettant à part l'accusation de lâcheté qu'un homme, du nom de Montgaillard, devait porter moins que tout autre contre les royalistes, je partage tout-à-fait l'opinion de l'historien quant à l'existence d'une conspiration contre l'assemblée nationale (1), et aux imprudences des serviteurs ardents de la famille royale ; je crois seulement que cette conspiration, ne s'offrant que comme l'accomplissement d'un devoir sacré, aux partisans de la

(1) L'abbé de Montgaillard prétend (155, t. II) que, Chanderlos-Laclos fut chargé du commandement d'une compagnie d'artillerie, destinée à agir contre l'assemblée nationale. Laclos était alors secrétaire du duc d'Orléans, et Montgaillard le présente partout comme un Séïde de ce prince : comment croire que la cour lui eût confié ses secrets et l'exécution de ses projets contre-révolutionnaires.

monarchie, et devenant sainte à leurs yeux, il n'est ni juste ni raisonnable d'en faire un acte d'immoralité politique, et d'y chercher l'occasion d'une apostrophe insolente contre des vaincus. Mais si j'éprouve de la répugnance pour les formes injurieuses qu'emploie M. de Montgaillard en rappelant les provocations et les complots des champions de l'aristocratie et de la couronne, je n'oublie pas aussi vite que lui ces complots et ces provocations, quand il s'agit d'expliquer une nouvelle éruption du volcan révolutionnaire, et de qualifier les malheurs qui en dérivèrent. Malgré tout ce qu'on a dit du rassemblement populaire qui se porta sur Versailles dans la journée du 5 octobre, je ne puis me persuader en effet qu'il ne fût composé que de gens sans aveu et de véritables brigands. Si les libéraux d'un *certain quartier* sont d'accord, sur ce point, comme en plusieurs autres peut-être, avec les écrivains monarchiques, je ne suis point ébranlé par cette heureuse concordance, et je persiste à croire que *l'annonce des fêtes et des préparatifs du château, les retards mis à l'acceptation des décrets constitutionnels du 1ᵉʳ, la rumeur d'un prochain enlèvement du roi, les bravades emportées et les tentatives des partisans de l'ancien régime,* toutes choses constatées par M. de Montgaillard lui-même (149 et 150, tom. II.), purent irriter assez vivement des honnêtes gens, dans les classes inférieures, qui d'ailleurs manquaient de pain, pour les entraîner à Versailles, où on leur signalait la cause de la disette et la source des obstacles qui arrêtaient la marche de la révolution. S'il en eût été autrement, pense-t-on que *cette abjecte populace*, lorsque le roi parut au balcon pour annoncer sa résolution d'aller fixer sa résidence à Paris, eût fait retentir les airs de ses acclamations, ainsi que l'affirment tous les historiens de cette funeste journée, sans en excepter celui même que je combats ? Est-il vraisemblable ensuite que la reine eût été accueillie par des *vivat* (1), de la part des furieux qui, un instant auparavant, menaçaient sa vie, si l'attroupement dont les dispositions homicides devinrent si subitement inoffensives et même bienveillantes, ne s'était recruté, comme l'assure l'abbé de Montgaillard, que *de ce qu'il y avait de plus impur, de plus vil, de plus crapuleux dans les boues des faubourgs Saint-*

---

(1) Walter Scott n'a point omis cette circonstance échappée à tant d'autres historiens : il faut lui savoir gré de cette exactitude, dans un livre rempli d'ailleurs de tant de mensonges et de calomnies. L'écrivain anglais dit au reste au sujet du soulèvement du 5 octobre : « Il ne paraît pas que le roi, ni les ministres, aient eu
» le moindre avis de ces mouvements insurrectionnels; il faut
» bien qu'il ne se soit pas trouvé, à Paris, un seul royaliste qui
» voulût risquer un cheval ou un domestique pour en porter la
» nouvelle à Versailles où il était si nécessaire qu'elle arrivât. »
Les mémoires de Mme Campan démentent cette accusation. Lors-

Antoine et Saint-Marceau, dans les galetas et les égoûts des quartiers voisins de la Grève? Si cette cohue dégoûtante avait été aux ordres de quelques brigands? Il y avait des scélérats sans doute parmi ces citoyens exaspérés, que la faim et l'irritation politique avaient fait accourir en foule à Versailles ; il s'en trouve dans toutes les réunions d'hommes tant soit peu nombreuses; comment ne s'en serait-il pas rencontré dans un soulèvement des classes pauvres, où le défaut d'éducation et la grossièreté des mœurs rendent les excitations au crime plus fréquentes et plus dangereuses? Mais pourquoi conclure toujours du particulier au général, quand cette logique conduit à outrager une portion intéressante du peuple, à souiller la gloire d'une nation, et à calomnier l'espèce humaine, en supposant que les masses peuvent devenir sciemment criminelles, et n'être mues que par des intentions perverses? Ce qui se passa, le 6 octobre au matin,

que M. de Saint-Priest écrivit à la reine qui se trouvait à Trianon, de rentrer à Versailles, lorsque M. de Cubière partit pour aller avertir le roi à Meudon, et l'inviter à quitter sa chasse au tir, il fallait bien que des avis fussent arrivés de Paris. Walter Scott, après ce reproche injurieux aux royalistes, trahit encore la vérité à l'égard des patriotes, en plaçant au 6 octobre les félicitations que Bailly adressa à Louis XVI, le 17 juillet, à l'occasion du retour de Necker, et de l'entrée du roi dans sa capitale, après la prise de la Bastille.

sous le balcon du château de Versailles, prouve que les brigands n'y étaient pas en majorité, et que les excès de la veille, ou de la nuit, loin d'appartenir à une poignée de bandits, ne doivent être encore attribués qu'à l'exaltation des têtes et à l'exaspération réciproque des partis. D'ailleurs il est constant, d'après le récit même de M. de Montgaillard, que les gens de la cour, le duc de Guiche, par exemple, et M. Savonnière donnèrent le signal du combat, dont l'issue fut si funeste aux gardes-du-corps ; et il n'est point vrai ensuite, ainsi que le prétend cet écrivain, que dix ou douze de ces militaires eussent été massacrés dans la journée du 5.

Félicitons néanmoins, Monsieur, l'abbé de Montgaillard, lui qui trouve tant de plaisir à médire, d'avoir voulu rendre justice à la garde nationale de Paris et à son digne chef, dans une circonstance où ils avaient été en butte à tant d'outrages et de calomnies. Il est à regretter seulement qu'il n'ait pas énoncé, d'une manière plus positive, qu'on refusa au général Lafayette la garde de postes importants, pour ne lui confier que ceux des anciens gardes françaises, ce qui facilita l'envahissement du château, du côté du parc, où la garde nationale n'avait pu obtenir d'être placée.

L'abbé de Montgaillard regarde, du reste, le duc d'Orléans et Mirabeau comme les instigateurs de ces tristes journées, c'est à dire qu'il répète ce que tant d'autres ont répété avant lui, et sans fournir de nouvelles preuves. Seulement il mêle à cette accusation banale quelques unes de ces grossières invectives, dont il recèle une mine inépuisable, ce qui ne suffirait guère pour infirmer la décision de l'assemblée nationale (1), ni pour rendre suspecte la

(1) « Lorsqu'après autant de recherches, dit l'auteur de la ré-
» ponse à M. Lacretelle, après un examen aussi approfondi,
» l'assemblée constituante a proclamé l'innocence du duc d'Or-
» léans et du comte de Mirabeau, de quel droit et sur quelles preu-
» ves plus authentiques vient-on présenter ce jugement comme
» un *grand scandale*? A quel autre empire pourrait-on donc
» prétendre que cette assemblée eût cédé, si ce n'est à celui d'une
» intime conviction? Selon Bertrand de Molleville, Louis XVI
» déclara lui-même, en 1791 que le duc d'Orléans n'avait pas
» autant de torts qu'on l'avait cru. A-t-elle jamais témoigné le
» désir de favoriser les vues ambitieuses que l'on supposait au
» duc d'Orléans? N'a-t-elle pas au contraire poussé jusqu'au plus
» haut degré la crainte de la partialité en sa faveur, et de donner
» à son égard le moindre ombrage à la cour; soit par exemple,
» dans la discussion relative à la branche des Bourbons d'Espa-
» gne, soit dans la question des apanages? Nous demanderons
» enfin, quel parti, quels hommes ont jamais fait aucune tenta-
» tive pour porter le duc d'Orléans, soit au trône, soit même à
» la régence? Nous demanderons quelles étaient ces *chances in-
» cessamment ouvertes à son usurpation?* S'il en fut question
» lors du mouvement du 14 juillet 1789? Si son nom fut seule-
» ment prononcé lors de l'arrestation du roi à Varennes, en
» juin 1791? »

procédure du Châtelet, si l'histoire n'avait pas d'autres éléments de conviction à nous offrir.

Mais que veut donc insinuer l'abbé de Montgaillard, Monsieur, lorsqu'il affecte de rappeler que le comte de Provence (Louis XVIII) resta complétement ignoré pendant les événements des 5 et 6 octobre? « Personne, dit-il, ne fait connaître où il
» se trouvait pendant que des forcenés boulever-
» saient le château. Dès huit heures du matin, il
» avait achevé sa toilette; il était coiffé, poudré,
» habillé avec sa recherche ordinaire, et revêtu de
» ses ordres. La plus grande tranquillité paraissait
» régner sur sa physionomie; il sortit de son ap-
» partement sans que les brigands qui avaient dé-
» vasté le chateau eussent troublé son sommeil et
» se fussent même informés de sa personne. Ce
» prince se rendit à huit heures et demie auprès du
» roi (163, t. II). » Si l'on pouvait se méprendre sur les intentions de l'historien, dans le soin qu'il prend ici de constater *le respect que les brigands montrèrent pour le sommeil de* Monsieur, tout en remplissant le château de dévastation; si la perfidie de la dernière phrase que j'ai citée paraissait encore douteuse, toute incertitude cesserait en lisant ce passage de la page 181, au sujet du procès de Favras. « Nous ne dirons pas jusqu'à quel point Monsieur
» put donner son assentiment aux projets contre-
» révolutionnaires de Favras; mais l'on crut fer-

» mement dans ce temps-là, et l'opinion publique
» est encore persuadée, depuis la restauration de la
» maison de Bourbon, que le système de contre-révo-
» lution et le projet d'enlèvement du roi entraient
» dans les vues politiques de Monsieur. *Il est certain
» que ce prince désirait depuis long-temps de se faire
» TOUT AU MOINS nommer RÉGENT du royaume.* » Le
but de l'abbé de Montgaillard, en nous parlant du
calme, de la sérénité et de la toilette du comte de
Provence, de l'espèce d'inviolabilité dont les dévas-
tateurs du château l'entourèrent, est à présent
dévoilé. Le projet d'enlèvement du roi entrait dès
lors dans les vues de Monsieur; il voulait *tout au
moins* se faire nommer régent du royaume (1), et
la populace, qui mit en danger le trône et la vie de
son frère, admise à la confidence du premier prince
du sang, ne l'oublia dans les excès qu'elle commit
envers les autres membres de la famille royale, qu'en

---

(1) « Ce prince, dit plus loin l'abbé de Montgaillard, apprit
» le 22 octobre, à Ham, états du roi de Prusse, la nouvelle de
» l'éxécution de la reine. Lorsqu'on la lui annonça, il était de-
» bout devant la cheminée de son appartement; il en frappa du
» poing le manteau avec force, et se tournant vers les personnes
» qui se trouvaient dans l'appartement, il dit : *Me voilà mainte-
» nant dans une belle position! Nous verrons si la cour de
» Vienne me refusera encore la régence.* Cette anecdote a été
» donnée par le baron de Breteuil : le duc d'Avaray l'a confir-
» mée, en 1796. » (page 460, t. III.)

considération de ses pensées ambitieuses, dont elle venait même hâter l'accomplissement. Voilà ce qu'indique clairement notre historien. Je laisse aux écrivains de la cour, plus instruits que moi de tout ce qui concerne la vie intérieure des princes, le soin de repousser les conclusions que l'abbé de Montgaillard cherche à tirer ici des détails d'antichambre qu'il nous donne, de la *coiffure* et de la *physionomie* de Monsieur; j'observerai toutefois qu'il serait assez surprenant de voir l'accusateur véhément du duc d'Orléans, relativement au 6 octobre, désigner insidieusement, à la même page, un autre prétendant, comme initié au secret de cette journée, si l'on ne savait que l'abbé de Montgaillard est habitué à ne reculer devant aucune inconséquence, pour si odieuse qu'elle puisse être, lorsqu'il s'agit de multiplier les victimes de sa malignité, et d'assouvir son immense besoin de nuire. Mais sans me constituer l'apologiste du comte de Provence, ce qui ne m'appartient pas, comme vous savez, je vous parlerai d'une lettre manuscrite, qu'on m'assure avoir été adressée par ce prince à l'un de ses favoris, à la fin de 1789, et de laquelle il résulterait que Monsieur, profondément convaincu de l'incapacité des conseillers de la couronne, mécontent de la marche incertaine de Louis XVI, et se sentant capable de saisir et de diriger le timon de l'état, n'osa jamais néanmoins

concevoir rien de semblable à ce que lui prête
M. de Montgaillard, et se charger d'opérer, en son
nom, le salut de la monarchie et de sa famille. « Il
» y aurait peut-être un moyen, dit-il, qui serait de
» me montrer tout-à-fait sans m'embarrasser d'eux,
» de me mettre assez en avant pour me rendre même
» à craindre si je pouvais avoir de mauvaises inten-
» tions, et ensuite de leur tendre une main qu'ils
» seraient bien obligés de prendre; mais jamais je
» ne jouerai un pareil rôle; j'aimerais mieux périr
» ici avec eux, ou, comme d'autres, aller en pays
» étranger manger le pain de la pitié, que de man-
» quer à ce point, quoique à bonne intention, aux
» principes que j'ai sucés avec le lait. (B.) » N'ayant
pas eu communication de l'original de cette lettre,
je ne saurais vous offrir la garantie de son authenticité, qu'on a cru pouvoir me donner à moi-même;
mais la phrase que je transcris ici me semble se
rapporter parfaitement à la conduite du prince,
qui, après s'être déclaré pour la cause populaire,
dans l'assemblée des notables, s'arrêta tout à coup
au milieu de sa carrière libérale, et se renferma
dans la plus stricte neutralité jusques au moment
de son émigration, en 1791; car le discours patriotique, prononcé le 26 décembre à l'Hôtel-de-Ville,
ne doit être considéré que comme un acte purement défensif, dicté par la nécessité de détruire les
impressions fâcheuses répandues dans le public

contre Monsieur, à l'occasion des plans et de l'arrestation du marquis de Favras.

Aussi mauvais peintre du 6 octobre que du 14 juillet, tour à tour détracteur inique et ridicule de l'assemblée constituante, ou panégyriste déclamateur, l'abbé de Montgaillard, après avoir attribué seulement à un *reste de pudeur* l'instruction que la majorité de la représentation nationale permit de faire contre deux de ses membres, veut bien considérer comme une amélioration importante dans notre législation le décret du 9 octobre, relatif à la jurisprudence criminelle, et reconnaître que la réformation des lois sur cette matière doit être mise au premier rang des plus grands bienfaits qu'ait reçus la France (165, t. II). Mais pourquoi oublie-t-il de dire que ce décret salutaire fut provoqué par la commune de Paris, qui, sur la demande de Lafayette, interprète de la garde nationale, fit parvenir le vœu des amis de l'humanité à l'assemblée constituante par une députation (1).

On trouve, Monsieur, dans le même chapitre, de graves inexactitudes sur le fameux *Livre rouge*. Il n'est point vrai que les noms de Maury et de Mirabeau aient figuré publiquement, en 1790, sur la liste officielle des pensionnaires secrets du trésor royal. Tout ce qui concerne l'orateur du côté droit

---

(1) Voir le *Journal de Bailly*.

est d'abord démenti, d'une manière absolue, dans une édition récente de ses œuvres (1); quant à Mirabeau, il n'est pas possible de présumer que son acceptation des largesses de la cour ait été aussi solennellement divulguée à une époque où elle n'existait peut-être pas encore; et, en supposant qu'il fût réellement alors le pensionnaire du roi, on ne peut pas admettre que ce fait ait reçu, en 1790, la publication dont parle M. de Montgaillard, parce que, dans ce cas, le nouvel auxiliaire du trône, perdant aussitôt toute influence et tout crédit dans l'assemblée et la nation, n'aurait pas laissé à ses amis la faculté de contester cette alliance, et ne serait pas descendu enfin dans la tombe avec les regrets universels des patriotes les plus austères et les plus exigeants (2). Mais que dire, Monsieur, du négociateur de Louis XVI, qui, chargé d'entretenir les relations de son maître avec le plus redoutable des tribuns du peuple, se laisse accompagner dans cette délicate mission par le premier curieux qui lui témoigne le désir de voir un homme célèbre (294, t. II)? Que penser surtout de l'inconsidération et de la légèreté de ce ministre, lorsqu'on sait que ce curieux, qui n'était autre que M. l'abbé de Mont-

(1) *Essai sur l'éloquence de la chaire et panégyriques*, 1827.
(2) La translation des cendres de Mirabeau au Panthéon fut décrétée sur la proposition de Robespierre.

gaillard, n'avait alors que dix-huit ou dix-neuf ans? Par égard pour la mémoire de M. Delaporte, je suis obligé de soupçonner encore une fois la véracité de notre historien, à moins de supposer, avec un assez grand nombre de personnes, que l'intendant de la liste civile pût conduire effectivement chez Mirabeau un M. de Montgaillard, dès lors assez âgé pour chercher à se glisser et pour être admis dans des négociations de ce genre, et que l'abbé, dans sa trop grande préoccupation, a pris sans doute l'histoire de son homonyme pour la sienne; mais j'aimerais autant alors la version de ceux qui prétendent que c'est l'homonyme qui a fait l'histoire de l'abbé; et, dans tous les cas, ma raison se refuse à croire qu'un des fonctionnaires les plus éminents de la cour ait compromis le secret du roi et de Mirabeau, secret dont la conservation était si nécessaire à tous deux, par complaisance pour un curieux ou un intrigant. Avez-vous remarqué, du reste, Monsieur, avec quelle assurance le Montgaillard, quel qu'il soit, qui parle dans le volumineux pamphlet dont nous nous occupons, dit avoir vu, entendu, connu presque intimement les hommes du rang le plus élevé, et les personnages historiques de notre époque? Fox l'a entretenu familièrement; Sieyes lui a confié qu'il n'avait plus rien à apprendre des hommes; Champion de Cicé lui a rapporté que Louis XVI disait, avec un accent de douleur et en élevant les mains, au sujet de son frère Monsieur : « Il sera toujours le même ! » le chancelier du duc d'Orléans, M. de Latouche, lui a raconté que Mirabeau avait renoncé à intriguer pour son maître en disant *que c'était un misérable qui n'était bon qu'à être prince, et qu'il l'abandonnait à ses vices;* M. d'Ormesson lui a révélé qu'ayant voulu avertir Lafayette du projet de départ de Louis XVI, le commandant de la garde nationale lui avait montré l'échantillon de l'habit que le roi se faisait faire pour partir (1); madame Campan s'est confessée à lui, à Saint-Germain, d'avoir trahi la reine en fournissant l'échantillon de la robe que cette princesse devait porter dans le voyage (2); le

---

(1) On assure que M. Lafayette regarde ce conte comme tellement ridicule, qu'il n'en parle qu'avec le sourire qui exprime encore plus l'indifférence que le mépris.

(1) Est-il raisonnable de croire qu'une femme du caractère de madame Campan se soit rendue coupable d'une aussi lâche trahison, et qu'elle ait poussé le cynisme et la perversité jusqu'à se vanter de son crime ? Sa famille et ses amis peuvent opposer aux allégations invraisemblables de l'abbé de Montgaillard, le témoignage des personnes les plus recommandables de la cour de Louis XVI (C.). On sait d'ailleurs que madame Campan était depuis quelque temps aux eaux du Mont-d'Or, avec son beau-père mourant, lors de la fuite du roi. Il n'est pas vrai non plus que ses *Mémoires manuscrits* renfermassent des passages scandaleux sur Marie-Antoinette, que l'abbé de Montgaillard prétend avoir été supprimés par l'abbé Giraut. On peut se convaincre de la fausseté de cette

comte de Lille (Louis XVIII) a daigné l'admettre dans sa société à Blankembourg (1), et lui communiquer les choses les plus importantes; enfin il n'est pas un événement politique à raison duquel il n'affirme qu'il tient de l'un des principaux acteurs les détails souvent invraisemblables, qui paraissent destinés à faire, de moitié avec les injures, la fortune de son livre. Je ne veux point qualifier, Monsieur, le métier que suppose cet empressement auprès des hommes influents de tous les partis, ni contester à l'abbé de Montgaillard le privilége de l'*ubiquité;* j'observe seulement que si sa grande jeunesse ne le rendit point indigne des nombreuses et augustes confidences dont il nous fait part, c'est qu'il sut prouver de bonne heure sans doute qu'il en est de l'aptitude, pour certaines fonctions, comme de la valeur, qui, dans les races héroïques, n'attend pas le nombre des années.

Nous approchons cependant, Monsieur, du 2 novembre, que le clergé français a inscrit parmi

allégation chez les éditeurs qui ont reçu communication complète des papiers de madame Campan.

(1) Un M. de Montgaillard vit en effet le comte de Lille à Blankembourg, ce dont ce prince n'eut pas, dit-on, à se féliciter; mais ce n'était pas l'abbé sous le nom duquel l'*Histoire de France* a été publiée. Il faut croire encore que ce dernier a pris ici la carrière de son homonyme pour la sienne, ou que son livre est bien le fait de l'homonyme.

les jours les plus funestes de la révolution. Vous savez, en effet, que ce jour-là les biens ecclésiastiques furent déclarés propriétés nationales, et mis en conséquence à la disposition de l'état, par un décret rendu sur la proposition même d'un prêtre, l'évêque d'Autun, Talleyrand Périgord. Que trouverons-nous, dans M. l'abbé de Montgaillard, sur cette aliénation du patrimoine sacerdotal? Si nous nous reportons à ce qu'il a dit de la suppression des dîmes, et de l'opposition vive de Sieyes, dont le discours, *fort de justice* et *d'une vigoureuse dialectique*, lui fait oublier un instant la haine qu'il nourrit d'ailleurs contre ce métaphysicien; si nous avons gravé dans notre mémoire la censure amère, dont les représentans de la nation ont été l'objet, à l'occasion du décret du 12 août, et pris acte surtout de la phrase suivante: « Ainsi les premiers pas de
» l'assemblée nationale dans la route de la liberté
» sont des *injustices perdues pour la nation*, et *con-*
» *tagieuses pour l'avenir* (124 tom. II); » il est naturel de nous attendre à voir la résolution du 2 novembre, relative à la vente des biens du clergé, considérée comme le résultat de la *contagion* que l'auteur vient de signaler, et comme le complément de la spoliation des gens d'église. Nous risquerions fort néanmoins, Monsieur, d'éprouver quelque désappointement, si nous comptions trop sur une nouvelle boutade édifiante de l'abbé de Mont-

gaillard, contre l'assemblée constituante, et en faveur de l'ordre ecclésiastique. Satisfait sur ce point envers la représentation, par les reproches qu'il lui a adressés au sujet des dîmes; il veut à présent donner son tour au sacerdoce, et il choisit généreusement le moment de sa ruine. La dîme, dont la suppression, sans clause de rachat, lui causait, aux pages 123 et 124, une indignation si profonde, n'est plus, à la page 171, qu'un *grand vol fait par le clergé aux laboureurs et propriétaires de terres;* il invoque à ce sujet l'ombre de Charles Martel et de Charlemagne, cite un capitulaire du synode de de Francfort, en 794, et se livre ensuite aux déclamations les plus injurieuses contre la papauté. « La maxime: *abime tout plutôt, c'est l'esprit de*
» *l'église,* si hardiment énoncée par Boileau, dans
» le Lutrin, devient, dit-il, le code politique de la
» cour de Rome; et à force de superstitions, de
» fraudes, de violences, d'empoisonnements, d'as-
» sassinats et de dépositions d'empereurs et de
» rois, les papes réussirent à établir leur double
» droit de souveraineté temporelle et de souve-
» raineté spirituelle. Le clergé se servit à peu près
» des mêmes moyens pour établir le droit de la
» dîme qu'il prélevait..... Les faits avancés par
» Thouret sont hors de toute contestation fondée;
» les capitulaires, chartes, chroniques et tous les
» monuments écrits du moyen âge prouvent l'au-

» thenticité de ces faits..... Il en résulte, de l'aveu
» même du clergé, que l'état, en cas de besoin,
» avait le droit de disposer des biens enlevés par
» les nobles aux ecclésiastiques, que les biens du
clergé n'étaient ni sacrés, ni inaliénables; il en
» résulte que l'assemblée nationale étant l'état,
» la nation assemblée pouvait légalement abolir
» la dîme, prendre les biens du clergé et les ap-
» pliquer aux besoins de la chose publique (171,
172, 175, tom. II). » Cette logique est pressante,
Monsieur, il est seulement à regretter qu'on ne
puisse la concilier avec *la dialectique vigoureuse* de
Sieyes, dans le discours, *fort de justice,* qu'il prononça en faveur des dîmes.

Puisque nous en sommes aux matières ecclésiastique, abordons, Monsieur, la question de la constitution civile du clergé. L'abbé de Montgaillard
veut bien accorder à la nation le droit de modifier
le matériel du culte, de changer l'état temporel des
ministres de la religion, d'altérer les formes extérieures suivant lesquelles ces ministres doivent propager la doctrine et administrer les sacrements. « Il
» n'y a, dit-il, que les intérêts particuliers des pré-
» lats et l'ambition des cardinaux qui méconnais-
» sent ce droit....... cette loi si fameuse, ajoute-t-il,
» et si mal à propos intitulée *Constitution civile du*
» *clergé,* eût été convenablement exprimée: *Décret*
» *sur la police intérieure du clergé.* Ne touchant

» nullement au dogme, les changements de disci-
» pline qu'elle apporte, n'étant ni plus importants,
» *ni moins convenables* que ceux que l'autorité sé-
» culière avait, à differentes époques, établis en
» France, le clergé de ce pays n'avait aucun motif
» réel et légitime de les rejeter (249, tome II). »
Malgré la convenance de ses dispositions, et l'illé-
gitimité de l'opposition qu'elle rencontra, la constitution civile du clergé, selon M. de Montgaillard,
fut réprouvée par la philosophie comme par la
discipline ecclésiastique alors en vigueur, et même
par le véritable esprit religieux. Cet écrivain pense
au reste que l'assemblée nationale tomba dans une
étrange contradiction lorsque, d'une main, elle
détruisit la noblesse, et que, de l'autre, elle voulut
constituer l'état civil du clergé. Il ne comprend pas
que la société pouvait se passer plus long-temps
d'aristocratie héréditaire que de religion ; que la
première avait été attaquée dans son principe, et la
seconde seulement dans ses abus ; qu'il était possible de reconstituer l'état sans y faire entrer une
noblesse qui, de son aveu, n'avait plus aucune
racine dans l'opinion, et non sans y donner une organisation quelconque aux ministres chargés de
subvenir aux besoins religieux des peuples. Prétendre en effet que les régénérateurs de la France
devaient s'abstenir de relever l'édifice sacerdotal
sur de nouvelles bases, parce qu'ils laissaient le pa-

triciat féodal se débattre et périr pour toujours au milieu de ses ruines, n'est-ce pas établir une parité d'importance entre des institutions qui prennent la vie à des sources diverses, et qui ne sont point soumises aux mêmes conditions d'existence? La noblesse héréditaire, née de certaines nécessités temporaires et locales, n'avait qu'une cause accidentelle : celle du sacerdoce (1) au contraire était essentielle; elle résidait dans ce sentiment universel et indestructible, que jusqu'ici on a appelé religieux, et qui porte l'homme à s'interroger sur son origine et sa destinée, sur la nature et son auteur. De nombreuses générations ont pu goûter les bienfaits de l'ordre social, sans connaître les priviléges du sang; aucune n'a vécu encore sous l'empire des lois, sans donner une expression commune et publique (2) à la pensée religieuse des individus.

(1) Cette permanence absolue du sentiment sur lequel est fondée dans le passé l'utilité du sacerdoce, ne soustrait pas le pouvoir religieux à l'influence de la civilisation, par conséquent à la nécessité de se modifier selon les progrès de l'esprit humain : c'est ce qu'avait senti l'assemblée constituante.

(2) Ce que je dis ici de la communauté et de la publicité de l'expression donnée au sentiment religieux, est du moins incontestable en ce qui concerne le passé : quant à l'avenir, quelque convaincu que l'on puisse être de l'indestructibilité de ce sentiment, il est bien difficile de prévoir comment il s'exprimera dans les siècles éloignés.

Cette différence fondamentale ne s'est-elle pas fait sentir dans tous les essais de réorganisation qui ont suivi la crise révolutionnaire? Bonaparte et Louis XVIII se sont occupés successivement, l'un, de faire, et l'autre, de rétablir une noblesse; mais ni l'un ni l'autre n'ont tenté d'en faire un corps dans l'état, et de lui donner ses anciennes attributions; tandis que le clergé, privé seulement de certains avantages temporels, a conservé sa hiérarchie, sa discipline et son gouvernail apostolique. Et qu'on n'attribue pas cette différence au caprice des législateurs. Napoléon aurait certes bien préféré ses nouveaux nobles aux anciens prêtres; et Louis XVIII ne s'intéressait pas moins vivement sans doute aux compagnons de son exil, aux gentilshommes dont le dévouement à sa cause avait été sans bornes, qu'aux obscurs ecclésiastiques qui avaient entonné plus d'une fois peut-être le *Te Deum* en faveur de ses ennemis. Mais ces deux chefs de la nation française cédèrent l'un et l'autre à la force des choses, et reconnurent l'exigence des faits : or, c'était un fait incontestable que la survivance du sentiment religieux d'où dérivait l'intervention du prêtre; et le prestige de la naissance, qui faisait seul le crédit du descendant d'un grand homme ou d'un citoyen utile, n'était plus qu'une illusion. L'assemblée constituante, qui essaya de réédifier l'ordre politique avant Louis XVIII et Napoléon, eut donc raison de tenir compte du *fait*, et de ne pas s'arrêter à *l'illusion* (1); comme elle fit bien aussi de réorganiser la magistrature judiciaire, après avoir renversé les parlements, sans se croire obligée ensuite de refaire des majorats, parce

(1) M. le comte de Montlosier, tant prôné par les *amis de l'égalité, de la rue Montmartre*, pense bien différemment. Selon lui, la noblesse héréditaire à conservé toute son importance primitive, et la société ne peut pas plus s'en passer que des professions les plus utiles; d'où il arrive à conclure qu'une abolition légale ne pourrait jamais exister en fait. « Si la révolution, dit-il,
» avait jugé à propos de supprimer les notaires, les médecins,
» les pharmaciens, comme elle supprimait autre chose, ces offices
» se seraient bientôt rétablis en fait, ne l'étant pas en droit : il
» en est de même de la noblesse..... Est-ce l'hérédité qui s'effa-
» cera? Mais si vous conservez au fils l'hérédité des biens de son
» père, comment ferez-vous pour mettre la noblesse à part de
» ces biens? Vous ne le pouvez pas. Ce qui se passe en ce moment
» dans le parti libéral, par rapport aux enfants de M. le général
» Foy, est une preuve que l'hérédité de la noblesse est reconnue
» comme la plus sacrée de toutes les hérédités. » (*Mém. à cons.* pag. 179.) Il me semble que le noble publiciste se méprend ici gravement sur le caractère de la reconnaissance nationale qui a doté les enfants d'un illustre orateur et d'un grand citoyen. La souscription à laquelle il fait allusion est si peu un hommage rendu au principe de l'hérédité nobiliaire, qu'elle a eu pour but d'honorer la mémoire d'un éloquent défenseur de l'égalité et d'encourager ses successeurs politiques à la chambre élective, et non de donner une supériorité quelconque à ses héritiers naturels. Si la postérité du général Foy ne se rend pas recommandable par ses propres services, elle s'apercevra que la considé-

qu'elle avait détruit la noblesse. La justice et la religion ont une vie commune avec la société ; l'aristocratie héréditaire peut mourir sans elle.

La constitution civile du clergé et l'aliénation des biens ecclésiastiques me mènent à vous parler,

ration n'est plus autant transmissible par héritage que le suppose M. de Montlosier, et elle sentira décroître sa gloire patrimoniale, de génération en génération, jusqu'à complète et très prochaine extinction. Quoiqu'en dise l'éloquent et courageux dénonciateur des jésuites, je ne crois pas que l'utilité de la noblesse soit aujourd'hui aussi généralement admise que celle des médecins et des pharmaciens, et je préfère, sur ce point, l'opinion de Walter Scott, et surtout celle de l'abbé Coyer, qui, à l'aspect des progrès sociaux par lesquels l'esprit de paix et de travail se substituait de plus en plus à l'esprit de guerre, prévoyait que la noblesse, instituée pour rendre des services qui allaient devenir superflus, devrait abandonner son existence oisive, et se rendre capable des nouveaux services qu'exigerait et apprécierait dorénavant la société, pour ne pas tomber des sommités aux rangs infimes de l'ordre politique. Dans *la noblesse commerçante*, cet écrivain attaque ainsi le préjugé qui entachait la profession du commerce. « Eh quoi, dit-on, nous verrions donc des gentils-
» hommes peser, mesurer dans une boutique! Vaut-il mieux les
» voir ramper sur un petit fief, dans une végétation obscure,
» dans une oisiveté méprisable, dans une léthargie aussi funeste
» à leur famille qu'à l'état? Le préjugé est déjà vaincu dans nos
» colonies, où des gentilshommes d'ancienne race se sont enri-
» chis et élevés par le commerce. » Il a succombé depuis dans la mère patrie, où la noblesse s'associe aux entreprises industrielles, comme elle accepte tous les jours des emplois de finance qui entraînaient autrefois la dérogeance attachée au négoce.

Monsieur, du prélat qui provoqua la ruine de son ordre, et fut considéré comme le patriarche constitutionnel de la France. L'abbé de Montgaillard, qui n'est indulgent que par méprise ou distraction, a conservé entièrement, à son égard, sa présence d'esprit; et, cette fois, on peut du moins l'en féliciter hautement. « L'évêque d'Autun, dit-il, est ce
» personnage fameux qu'on retrouve dans les prin-
» cipales phases de la révolution, croissant et dé-
» croissant comme elles, et célèbre enfin à force de
» variations politiques. » Il cite ensuite une lettre de Mirabeau au comte d'Entraigues, dans laquelle ce génie bouillant caractérise ainsi l'homme qui devait recueillir ses dernières pensées : « Pour de l'ar-
» gent, il a vendu son honneur et son ami. Pour
» de l'argent, il vendrait son ame, et il aurait rai-
» son, car il troquerait son fumier contre de l'or. »
Mais si l'abbé de Montgaillard n'a pas cru pouvoir se départir de sa sévérité ordinaire, en faveur du diplomate, que Napoléon disait être toujours en état de trahison, de complicité avec la fortune, l'éditeur s'est empressé de faire acte de courtoisie à l'égard de ce somptueux révolutionnaire-restaurateur, qui officia pontificalement, dans la solennité du Champ-de-Mars, à l'autel de la patrie, célébra l'anniversaire du 21 janvier sous la république, et servit tour à tour, avec une égale fidélité, Bonaparte et les Bourbons. Oui, Monsieur, au bas de la

page (194, tom. II) qui contient la phrase que je viens d'extraire de la lettre du comte d'Entraigues, on trouve une note ainsi conçue : « Mirabeau ca-
» lomniait évidemment l'abbé de Périgord. Au
» reste, les injures et les calomnies d'un homme
» tel que Mirabeau, ne sauraient porter atteinte,
» dans l'histoire, à la réputation de M. l'évêque
» d'Autun, Talleyrand-Périgord. Elle est fixée en
» Europe sous les rapports d'*homme d'état*, de
» *bon citoyen* et de *royaliste fidèle*. » On ne pouvait raisonnablement mettre un pareil langage dans la bouche de l'abbé de Montgaillard, qui, après avoir attribué les rapports, les discours, les compositions diplomatiques, et jusqu'aux simples lettres de M. de Talleyrand, à l'abbé Desrenaudes et à l'abbé Laubry, et avoir déclaré que l'ex-évêque d'Autun a beaucoup d'esprit, mais peu d'instruction et de connaissances positives, et qu'il ne saurait passer pour un grand homme d'état qu'aux yeux des hommes qui prennent la souplesse de l'esprit pour le génie et la représentation pour le talent (303 et 304, tom. II), rappelle, avec une espèce de satisfaction maligne, la lettre que ce *royaliste fidèle* adressa, le 12 décembre 1792, à la convention, pour se justifier, comme d'un crime capital, du zèle qu'on lui supposait pour Louis XVI, alors en jugement (308). Il était donc indispensable que l'éditeur prît ici, pour son propre compte, le nouvel acte de bien-

veillance, dont on ne pouvait faire honneur à l'écrivain, et il s'est proclamé hardiment l'auteur de la note apologétique qui concerne M. de Talleyrand. Du moins si, pour bien mériter de ce dernier, il n'avait pas cru nécessaire d'outrager la mémoire de Mirabeau et de parler de ce flambeau de la tribune française, avec l'accent du dédain...... Ignorait-il par hasard que son magnifique protégé était loin de regarder comme méprisable l'autorité du célèbre orateur ; qu'il se fit, au contraire, une gloire d'avoir assisté à ses derniers moments, et qu'il se prévalut même de l'amitié dont il disait avoir été honoré par cet homme prodigieux, comme on peut le voir dans la dénonciation de Briot, qui accusait le *bon citoyen* de l'*éditeur Montgaillard* d'être la cause de tous les maux de la patrie ? Il était permis certainement à l'annotateur, qui reste témoin impassible des plus graves insultes envers les hommes les plus irréprochables, de s'indigner soudainement, à ses périls et risques, au sujet d'une attaque contre le prince de Bénévent ; mais ce mouvement de générosité devait être contenu dans de certaines limites, et ne pas nous arracher le cri de lord Liverpool : *This is too bad* (1).

Ne soyons pourtant pas trop surpris, Monsieur,

---

(1) Nous disons en français : *c'est trop fort* ; mais l'expression anglaise est encore plus énergique.

que l'abbé de Périgord puisse rencontrer des écrivains tellement convaincus de ses vertus publiques et privées, qu'ils ne craignent pas de violenter sa modestie pour lui faire agréer l'éloge de son civisme et de sa fidélité monarchique. La conduite des hommes d'état est toujours diversement interprétée; l'un exprime la louange, là où l'autre croit devoir blâmer; et les favoris de la fortune ne peuvent jamais, d'ailleurs, manquer d'apologistes. La peste, dont les ravages sont bien autrement effrayants que les maux dont une administration inhabile ou déloyale peut accabler un état; la peste en trouverait, a dit un grand homme, si elle avait des bénéfices à donner. J'aime à croire que, même dans ce cas, nous n'aurions rien à signaler d'*obligeant*, pour elle, dans le livre de l'abbé de Montgaillard : mais je ne serais pas étonné d'y voir attester un jour la candeur de Fouché, la loyauté politique de M....., le patriotisme du général Sor..., le désintéressement de D....., la continence de Mingrat, la mansuétude de Carrier et la philanthropie de Trestaillons.

J'ai l'honneur, etc.

HUITIÈME LETTRE.

Paris, le 20 août 1827.

Monsieur,

Voici pourtant ma dernière lettre sur l'histoire de la *constituante*. Je m'y occuperai d'abord de quelques assertions, plus qu'étranges, sur le rôle que cet écrivain veut faire jouer à l'ami de Washington dans les commencements de la révolution; je passerai ensuite aux appréciations générales et contradictoires qui terminent l'analyse des travaux de l'assemblée nationale.

J'ai déjà appelé votre attention, Monsieur, sur les insinuations perfides dont l'abbé de Montgaillard, tout en protestant de sa vénération pour l'homme des deux mondes, avait accompagné son récit du meurtre de Berthier. Je vous recommande aujourd'hui les pages 361, 362, etc., du second volume. Si l'auteur, pressé par l'opinion universelle, reconnaît que *la droiture des intentions et la pureté du patriotisme de M. de Lafayette ne sauraient être révoquées en doute, et que cet illustre citoyen aura, dans l'histoire, des droits à l'estime, à la reconnaissance et au respect de tous les hommes de bien* (363), remarquez aussi que cette déclaration, loin de se présenter comme la conséquence naturelle des faits qui précèdent, arrive à la suite d'une foule d'erreurs inconcevables, qui seraient outrageantes pour *le plus beau caractère de France,* selon l'expression du général Foy, si ce caractère pouvait être atteint par les mensonges et la malveillance d'un historien tel que l'abbé de Montgaillard. Où a-t-il pris, en effet, cet homme, que Lafayette ne se déclara, pour la révolution, qu'après le 14 juillet; que, dès l'ouverture des états-généraux, il signa une protestation secrète contre la réunion des ordres; qu'il n'accepta le commandement général de la milice parisienne qu'avec l'agrément de Louis XVI; qu'il favorisa, même avant le 6 octobre, le projet de conduire le roi à Metz, et qu'il participa, plus tard, à son évasion? Il est constant, au contraire, que ce magnanime citoyen, nourri des idées généreuses d'une république que son héroïsme avait contribué à fonder, fut le premier à demander, lors de la réunion des notables en 1787, une partie des réformes qui ont été faites depuis, et notamment la convocation d'une assemblée nationale (1); qu'il se prononça fortement, à la seconde

(1) « Est-ce les états-généraux que vous demandez? lui dit

assemblée des notables, en 1788, pour le doublement du tiers et la réunion des ordres, et qu'il fut connu, à l'assemblée électorale d'Auvergne, pour professer cette opinion. Il n'est pas moins certain ensuite que ce fut lui qui, le 11 juillet, c'est à dire trois jours avant l'époque mémorable, à laquelle M. de Montgaillard fait remonter seulement son adhésion à la révolution, présenta la première *déclaration des droits*, que le vicomte Mathieu de Montmorency reproduisit à la séance du matin du 4 août, et qui fut définitivement adoptée, avec quelques amendements, le 1er octobre suivant. Que l'on daigne consulter les journaux du temps, et l'on y verra que l'assemblée nationale, s'étant déclarée en permanence et sentant le besoin d'appeler au fauteuil un patriote zélé, nomma Lafayette vice-président, pour remplacer le respectable archevêque de Vienne, Lefranc de Pompignan, que son grand âge empêchait de présider pendant la nuit. Lafayette se fit aussi remarquer, parmi les premiers partisans de la révolution, en appuyant la motion de Mirabeau pour l'éloignement des troupes, et en proposant, le 13 juillet, le décret de responsabilité des ministres et de tous les autres conseillers du roi. Et comment l'abbé de Montgaillard explique-t-il donc les

---

» le président, monseigneur le comte d'Artois. » — « Oui, mon-
» seigneur, répondit-il, et même mieux que cela. »

acclamations unanimes du peuple parisien et l'enthousiasme universel des amis de la liberté, au milieu desquels Lafayette fut nommé, le 14 juillet, commandant-général de la garde nationale qui venait de naître sur les décombres de la Bastille, si ce député était resté jusque-là étranger à la révolution, s'il avait même protesté contre elle? Mais pourquoi chercher à combattre des allégations qui blessent l'évidence, et tombent sous le poids du ridicule? Pourquoi donner de l'importance au témoignage d'un homme, habitué à se démentir lui-même, comme il est facile de l'établir ici sur une nouvelle preuve, non moins frappante que toutes celles que je vous ai déjà fournies? Oui, Monsieur, l'abbé de Montgaillard a dit, à la page 361 de son premier volume, au sujet de Lafayette, précisément le contraire de ce qu'il avance, à la page 361 du second, lorsqu'il prétend que ce général ne se déclara pour la révolution qu'après le 14 juillet. « L'assem-
» blée des notables se sépare, dit-il; le marquis
» de Lafayette, lieutenant-général, s'est élevé, le
» premier, contre les actes arbitraires et les excès
» de l'autorité supérieure. Le comte d'Artois, frère
» du roi, l'invitait au silence sur cet objet; La-
» fayette exprime que les notables étant rassem-
» blés pour faire connaître la vérité à sa majesté,
» il est de son devoir d'énoncer sa pensée. Les dé-
» veloppements qu'il ajoute font une vive impres-

» sion dans tous les bureaux. Il propose, comme
» mesures générales, la suppression des lettres de
» cachet et des prisons d'état, la réhabilitation de
» l'état civil des protestants, la convocation d'une
» assemblée des députés de la nation. Revenu de-
» puis peu de l'Amérique-Septentrionale, où il avait
» fait preuve des plus généreux sentiments en fa-
» veur de l'indépendance nationale de cette con-
» trée, ce jeune officier-général mérita de la nation
» française et de l'humanité, en élevant une cou-
» rageuse voix contre les lettres de cachet et les
» prisons d'état, en invoquant la justice royale en
» faveur d'une classe nombreuse de citoyens privés
» de leur état civil, proscrits sous le règne de
» Louis XIV, et reproscrits sous le règne de Louis XV.
» Ce député fut plus loin : il sonna le tocsin des
» libertés nationales, et demanda formellement que
» les députés de la nation fussent convoqués par
» le roi (360 et 361, t. Ier). » Conciliez à présent,
s'il est possible, ces deux assertions de notre historien, dont l'une accuse Lafayette d'avoir protesté
secrétement contre la réunion des ordres, et de ne
s'être déclaré pour la révolution qu'après le 14 juillet, et l'autre lui attribue les premières réclamations
révolutionnaires de 1787 et 1788, et lui fait sonner
le tocsin des libertés nationales en 1789. Il n'est
pas plus exact, Monsieur, que Lafayette n'ait voulu
répondre à la confiance du peuple qu'après avoir

pris les ordres de la cour. Les vainqueurs de la Bastille l'ayant proclamé commandant de la garde bourgeoise, dans la journée du 14, et les électeurs assemblés, le 15, à l'Hôtel-de-Ville, ayant accueilli et ratifié ce choix avec enthousiasme, pendant que Bailly était appelé aux fonctions de maire, tous deux acceptèrent sur-le-champ. Ce ne fut que le 17, après que Bailly eut complimenté Louis XVI aux portes de Paris, et qu'il lui eût offert la cocarde aux couleurs de la ville; après que Lafayette, en sa qualité de commandant-général, eût reçu ce prince, à la tête de deux cent mille citoyens armés; après le serment des gardes françaises et de cinq à six mille hommes de différents pays, accourus sous l'étendard de l'insurrection; ce ne fut qu'après toutes ces circonstances, que le roi dit, ou sortir de l'Hôtel-de-Ville: « Je confirme la nomination de M. Bailly » pour maire, et de M. Lafayette pour comman- » dant-général. »

C'est à tort encore, Monsieur, que l'abbé de Montgaillard attribue au général Lafayette d'avoir opiné pour faire investir le roi du droit de paix et de guerre. Cet avis ne fut soutenu, dans l'assemblée constituante, que par le côté droit: Lafayette vota seulement, comme Mirabeau, pour que l'initiative de la proposition de paix et de guerre restât à la couronne.

Il est très vrai que Lafayette se montra, dans les

émeutes, le défenseur des lois et de l'ordre public, au risque de perdre sa popularité ; qu'il soutint la cause de la discipline militaire dans l'affaire de Nancy, et qu'il favorisa le projet de départ du roi pour Saint-Cloud, afin de prouver que ce monarque était libre. Mais sa conduite en ces diverses circonstances ne fut point, comme le prétend M. de Montgaillard, le résultat d'une nouvelle conversion politique, amenée par sa nomination au poste de major-général de la fédération (253, tome II); elle ne fit qu'exprimer, au contraire, l'égale répugnance qu'il n'a cessé de professer pour le pouvoir absolu et la licence. Tout le monde sait, et les procès-verbaux du temps constatent, qu'à la fédération de 1790, quatorze mille députés de trois millions de gardes nationales étaient venus à Paris avec le projet de nommer Lafayette commandant-général ; et que, peu avant leur arrivée, il avait prévenu leur intention, en obtenant, de l'assemblée constituante, qu'on ne pourrait commander la garde nationale de plus d'un département. Sa nomination à la place de major-général de la fédération était une nécessité tellement reconnue, qu'elle ne put rien ajouter à son dévouement pour la cause royale (1). Il eût été

---

(1) « Louis XVI avait nommé Lafayette major-général de la
» fédération, dit Montgaillard : le dévouement de Lafayette à
» la cause royale date de cette époque. »

plus exact de dire que, les événements du 6 octobre ayant placé le roi et sa famille sous la protection immédiate de la garde nationale de Paris, il en était résulté de nouveaux devoirs pour son chef; et que le dévouement de celui-ci au trône constitutionnel, émané de la souveraineté nationale, n'avait pu qu'être augmenté, s'il était possible, par l'adhésion de la France armée, dans cette grande solennité, aux décrets de ses représentants.

Quant à la prétendue participation de Lafayette à l'évasion de Louis XVI, elle est tout-à-fait invraisemblable. Je ne veux plus revenir à l'échantillon de l'habit du roi, montré à M. d'Ormesson, ni à celui de la robe de la reine, fourni par madame Campan; ces puériles inventions, qui figureraient très bien dans Perrault, ne s'adressent qu'aux bonnes femmes. Il est constant néanmoins que, peu de temps avant le départ du roi, Lafayette parla sérieusement au monarque des bruits qui couraient sur ce projet, et que le roi lui donna des assurances si positives, des paroles si solennelles, qu'il se crut autorisé à promettre sur sa tête que le roi ne partirait pas. C'est ce qui amena le dilemme de Danton, rapporté par M. de Montgaillard.

Des accusateurs se sont élevés cependant contre le général Lafayette, du sein de tous les partis, à l'occasion de la fuite du roi. Les écrivains royalistes ont prétendu qu'averti des desseins de ce prince, il avait feint de les ignorer, pour le faire arrêter ensuite, et compléter le système démocratique. Les républicains, au contraire, lui ont reproché d'avoir été le complice de la cour, et d'avoir favorisé le départ du monarque, dans une intention contre-révolutionnaire. Toutes ces assertions contradictoires sont également fausses et ridicules. Dans le premier cas, Lafayette n'aurait pas concouru ensuite au rétablissement du trône constitutionnel; dans le second, il n'aurait pas pris sur lui de donner l'ordre d'arrêter le prince, avant la réunion de l'assemblée nationale (1). Si le caractère de cet inébranlable défenseur des principes populaires ne le plaçait au-dessus de toute justification, j'ajouterais que le marquis de Bouillé, dont le témoignage ne peut être suspect de partialité en faveur de Lafayette, atteste, dans ses mémoires, combien on s'était caché de lui, pour préparer l'évasion de la famille royale; et que la reine, interrogée au tribunal révolutionnaire sur la complicité du commandant-général de la garde nationale, répondit qu'il était le dernier homme auquel on eût voulu confier ce secret.

(1) Quelques personnes, imaginant une troisième version, ont prétendu que Lafayette, persuadé que le projet d'évasion n'avait été conçu que pour le compromettre et pour le perdre lui-même dans l'esprit des patriotes, avait fait semblant de l'ignorer, afin de s'en faire ensuite un moyen de vengeance. Mais le caractère du général suffirait pour démentir une telle supposition.

Pour achever de détruire, Monsieur, les suppositions et les faussetés de l'abbé de Montgaillard relativement à l'hôte des *États-Unis*, et afin de vous mettre à portée d'apprécier surtout l'inconcevable reproche adressé à Lafayette de s'être opposé secrétement à la réunion des ordres, et de n'avoir embrassé la cause de la révolution qu'après le 14 juillet, pour se dévouer exclusivement ensuite à la cour, je rappellerai le discours solennel, dans lequel le président de la chambre des représentants de la première république transatlantique, déclara, il y a deux ans à peine, au nom du peuple américain, et en présence de cette chambre et du sénat, que l'homme, à qui Washington légua son épée, n'avait jamais dévié, dans aucune circonstance des événements d'Europe, des principes libéraux qu'il avait adoptés, dès sa première jeunesse, sur la terre de Penn. Voilà de quoi consoler, je pense, M. Lafayette, des bévues ou de la malveillance d'un abbé de Montgaillard.

Cependant les dernières mesures législatives adoptées par l'assemblée constituante n'inspirent pas, Monsieur, à cet écrivain, des phrases moins acerbes, ni des déclamations moins odieuses que toutes celles dont nous avons enduré jusqu'ici la violence et la longueur. Le décret du 15 mai 1791, relatif à l'état politique des gens de couleur dans les colonies, lui fournit l'occasion d'invectiver contre Pétion, Grégoire, Rewbell et Robespierre. Il accuse ce dernier de s'être écrié, dans la discussion: « Périssent les colonies, plutôt que *les principes* qui font votre gloire, votre bonheur, votre liberté! » Peu disposé à prendre parti, comme vous savez, pour la politique abstraite, je n'essaierais pas de défendre le champion des gens de couleur, si je pouvais croire qu'il eût réellement préferé le salut *d'un principe* à celui de l'état. Mais ayant rapproché la version de l'historien Montgaillard, de celle du *Moniteur*, je me suis convaincu que Robespierre, loin de plaider pour des abstractions, au risque d'amener des calamités positives, n'avait point parlé, dans son discours, des *principes* auxquels on veut lui faire sacrifier les colonies : c'est une légère altération, que l'abbé de Montgaillard a jugée sans doute au-dessous de ses scrupules. « Périssent les colonies, dit en effet le député d'Arras, *s'il doit vous en coûter votre gloire, votre bonheur, votre liberté.* » Ce n'est pas, vous le voyez, Monsieur, l'application d'un vain dogme, d'un *principe inflexible*, qui fait ici sa sollicitude; ce sont au contraire des intérêts réels, la gloire, le bonheur, la liberté du pays, dont il est le mandataire. S'il se trompe, ce n'est point comme métaphysicien trop absolu, mais comme homme d'état qui n'apprécie pas avec justesse les faits auxquels sont attachés les avantages sociaux qu'il cherche à garantir. Que faut-il entendre ensuite par ces mots : « Périssent » les colonies! » Pense-t-on que Robespierre voulût accepter par là une destruction complète, l'anéantissement total des sociétés coloniales, en échange de ce qu'il croyait être le bien de sa patrie? Ce serait une grave erreur. Périssent les colonies! Mais pour la France seulement, si sa gloire, son bonheur, sa liberté l'exigent. Périssent les colonies! Mais relativement à la métropole; c'est à dire périssent la souveraineté métropolitaine, le code colonial et tous ces droits, dérivés de la conquête, sur lesquels la vieille Europe fonde l'empire qu'elle exerce si cruellement en Amérique! périsse enfin un système qui fait opprimer la moitié du globe par l'autre, si sa prolongation, inique et barbare quant aux victimes, doit compromettre encore les intérêts les plus chers des oppresseurs! Et les colonies n'ont-elles pas péri en effet sous ce rapport? N'ont-elles pas brisé définitivement les liens qui les enchaînaient au char de la politique européenne? Eh bien! peut-on dire que cet événement ait livré l'Amérique au génie de la mort et de la destruction; que les sources de la prospérité y soient taries, et que ses anciens maîtres aient vu décroître aussi leurs richesses et leur bonheur, en perdant le privilége de faire exploiter exclusivement son sol à leur profit (1). J'en appelle au congrès de Panama, et à l'ombre de M. Canning.

L'abbé de Montgaillard s'est pourtant imaginé, Monsieur, d'invoquer à l'appui de son opinion, l'autorité d'un célèbre improbateur de l'esclavage, dont il cite même un passage ainsi conçu : « Je ne veux
» pas grossir la liste ignominieuse des écrivains qui

---

(1) Condorcet, dans ses *Réflexions sur l'esclavage des nègres*, qu'il publia sous le nom de *Schwartz*, pasteur du saint évangile à Bienne, s'attacha surtout à démontrer que l'émancipation des noirs était commandée, non seulement par la philanthropie, mais encore par l'intérêt des colons. Voyant que, malgré les justes anathèmes des amis de l'humanité, la traite se perpétuait parce qu'elle était toujours considérée comme utile en pratique par ceux-là même qui la réprouvaient en théorie, il entreprit de déraciner ce préjugé barbare, et parvint à dépouiller l'esclavage de ses prétendus avantages économiques et commerciaux. Je trouve dans un *livre*, ou *Journal philosophique*, dont j'ai parlé déjà plus d'une fois, un passage qui se rapporte entièrement aux calculs philanthropiques de Condorcet. « Les intérêts bien
» entendus, dit l'auteur, viennent encore s'accorder avec les in-
» térêts moraux ; car, enfin, s'il était vrai que les noirs, par
» leur constitution propre, pussent seuls exploiter convenable-
» ment la terre de la zone torride, bornons-nous à les éclairer
» sur les avantages de cette exploitation ; associons-les à une en-
» treprise industrielle commune, et bientôt nous les verrons
» libres cultivateurs de ces plaines arrosées de leurs larmes et
» de leur sang, nous offrir, en échange de nos produits, le sucre
» et le café qui font nos délices. » (*Le Producteur*, tome III, page 197.)

» consacrent leurs talents à justifier par la politique
» ce que repousse la morale; mais en accordant à
» ces malheureux la liberté, que ce soit successi-
» vement comme une récompense de leur économie,
» de leur conduite, de leur travail (1); ayez soin
» de les asservir à vos lois, à vos mœurs; donnez-
» leur une patrie, des intérêts à combiner, des pro-
» ductions à faire naître.» — «Ces considérations
» d'une haute prudence, ajoute l'historien, seront
» repoussées par Grégoire, prêtre à systèmes ex-
» clusifs, controversiste opiniâtre, fanatique d'une
» liberté chimérique, mais homme vertueux et
» profondément désintéressé (321, II). » Ne di-

---

(1) « On s'étonne, dit l'écrivain que j'ai cité dans la note précédente, à propos de l'ouvrage de Condorcet *sur l'esclavage des
nègres* ; on s'étonne que l'esclave nouvellement affranchi tombe
dans l'indolence et néglige la culture. Étonnement ridicule! quoi,
pendant trois siècles, l'idée du travail aura été associée dans son
esprit à celle de la servitude, et l'on est surpris que, devenu
libre, il s'adonne à un repos qu'il a toujours vu le partage de
ses oppresseurs, lorsque, au milieu de nous-mêmes, Européens
civilisés, le travail commence à peine à être considéré, et que
l'homme puissant croyait naguère déroger en entrant dans la
carrière industrielle! Les nègres retournent déjà à la culture;
réconciliés avec les blancs, ils ne tarderont pas à sentir le prix
de la vie industrielle, et comme toutes les races admises successivement dans l'association humaine, ils se livreront au genre
d'industrie le plus adapté à leur organisation spéciale; ils accom-
pliront leur tâche dans l'immense atelier. »

rait-on pas, Monsieur, en voyant l'abbé de Montgaillard opposer ici Raynal aux orateurs qui emportèrent la décision de l'assemblée constituante, ne dirait-on pas que le décret, obtenu par la philanthropie et l'éloquence, appela soudainement et indistinctement tous les gens de couleur, non seulement à la liberté, mais à l'exercice des droits politiques? Rien n'est pourtant plus contraire à la vérité; et la simple lecture du décret, rapporté textuellement (318, II) par l'écrivain même qui l'attaque, suffit pour démontrer la fausseté des allégations de ce dernier, et l'inconvenance des réflexions critiques auxquelles il s'abandonne, avec autant de complaisance que d'amertume, contre les députés qui entraînèrent la majorité de leurs collègues à une résolution conforme à la fois à la prudence politique et aux lois de l'humanité. « Le corps lé-
» gislatif, porte en effet ce décret, ne délibé-
» rera jamais sur l'état politique des gens de
» couleur, qui ne sont pas nés de père et de mère
» libres, sans le vœu préalable, libre et spontané
» des colonies. Les assemblées coloniales actuel-
» lement existantes subsisteront; mais les gens de
» couleur, *nés de père et mère libres*, seront admis
» dans toutes les assemblées paroissiales et coloniales
» futures, *s'ils ont, d'ailleurs, les qualités requises.* »
Les prolétaires et les esclaves sont donc exceptés des dispositions libérales de cette grande mesure!

Ce n'est que l'homme de couleur, déjà libre par sa naissance, et qui, ayant reçu une éducation analogue, remplit d'ailleurs les *qualités requises* pour être citoyen actif, ce n'est que cet homme que l'assemblée nationale appelle à l'exercice des droits politiques; et l'abbé de Montgaillard lui reproche néanmoins *d'avoir précipité brusquement et sans gradation l'émancipation politique des gens de couleur!* et il lui oppose Raynal, dont l'éloquent chapitre contre l'esclavage des noirs renferme des pages bien autrement véhémentes que les discours des orateurs constituants! Raynal, qui, dans le passage cité, ne s'occupe que de l'affranchissement des esclaves nègres, et non point de l'admission des nègres libres aux droits de citoyen! Raynal enfin, qui, offrant la liberté à l'esclave économe et laborieux en récompense de sa bonne conduite et de son travail, aurait, à plus forte raison, accordé l'émancipation civile aux gens de couleur, dont la naissance, l'éducation domestique, et la position sociale que supposaient la contribution et les autres qualités requises pour devenir citoyen, auraient suffisamment attesté, à ses yeux, l'aptitude à exercer des droits politiques! Mais il fallait à M. de Montgaillard une autorité imposante, dont il pût s'étayer contre *l'homme vertueux*, qu'il n'a pas craint d'outrager, en signalant ses doctrines philanthropiques, comme des *dogmes qu'enfanta l'hypocrisie ou le fanatisme recouverts du manteau de l'humanité* (319, II); et son choix est tombé sur l'auteur de *l'Histoire philosophique*, au risque de ne pas le comprendre, et de le citer à contre-temps.

La question de la déchéance et de l'inviolabilité du roi, discutée par l'assemblée nationale après les événements du mois de juin 1791, est considérée encore par l'abbé de Montgaillard, du point de vue des *monarchiens*, Malouet, Dandré, etc. Il oublie que le monarque avait abdiqué le trône constitutionnel, par sa fuite et ses protestations, et que, pour le côté gauche de l'assemblée, il n'y avait plus de roi, jusqu'à ce qu'il eût été rétabli. « Les députés » Robespierre, Pétion, *Alexandre Lameth*, Thou- » ret, Rœderer se font remarquer, dit-il, parmi » les ennemis du pouvoir royal (376, II). » Et dix pages après, l'un de ces mêmes orateurs est désigné avec plusieurs autres membres comme le défenseur de la royauté. « Quelques factieux, dit-il, » proposent une république ; les députés Laroche- » foucauld-Liancourt, *Alexandre* et Charles *La-* » *meth*, Dandré, Duport, Goupilh de Préfeln, » Salles, Barnave, défendent le pouvoir royal » (387, II). » Il est faux ensuite que la république ait été proposée dans l'assemblée nationale ; et si dès lors elle était réellement l'objet des vœux de quelques députés, la plupart d'entre eux ne méritaient pas d'être flétris du titre de factieux.

Walter Scott, dont le livre a été universellement repoussé, à cause des erreurs innombrables qu'il renferme, et des préventions injustes qui l'ont dicté; Walter Scott, si enclin à diffamer tout ce qui appartient à la France, et surtout les hommes attachés au parti populaire; Walter Scott a rendu plus de justice que M. de Montgaillard aux démocrates qui rêvaient déjà la république sur les bancs de l'assemblée constituante.

» Ces théoriciens hardis, dit-il, faisaient valoir
» l'inconséquence et le danger de placer à la tête
» du gouvernement régénéré, un prince accoutumé
» à se considérer, par droit d'héritage, comme le
» possesseur légitime du pouvoir absolu. Il était
» impossible, selon eux, comme dans la fable du
» *paysan et la couleuvre*, que le monarque et ses
» conseillers démocratiques oubliassent, l'un, la
» perte de sa puissance, les autres le désir constant
» que devrait éprouver le roi de la ressaisir. Plus
» conséquents en cela que les constitutionnels, ils
» se firent républicains décidés, et résolurent d'ef-
» facer de la nouvelle constitution tout vestige et
» jusqu'au nom de monarchie. Les hommes de
» lettres qui faisaient partie de l'assemblée parta-
» geaient en général cette opinion. Plusieurs d'en-
» tre eux étaient doués de talents remarquables;
» leur caractère les portait à l'honneur et à la
» vertu. Mais dans les grandes révolutions, qui

» peut se garantir des erreurs de l'enthousiasme
» et de l'entraînement des passions? Dans l'excès
» de leur zèle pour la liberté de leur pays, ils
» adoptèrent trop souvent cette maxime, qu'un
» but si glorieux légitimait, pour ainsi dire, tous
» les moyens employés pour l'atteindre. » Il y a
loin, Monsieur, de ces hommes *portés naturellement à l'honneur et à la vertu, et dupes seulement de leur enthousiasme pour la liberté*, aux *factieux* de l'abbé de Montgaillard.

Tout le monde a gémi, Monsieur, des résultats déplorables qu'avaient eu les rassemblements du Champ-de-Mars, dirigés contre l'assemblée pour la contraindre à révoquer le décret qu'elle avait rendu en faveur de Louis XVI. M. de Montgaillard, qui exagère d'ailleurs le nombre des personnes tuées en cette circonstance, semble regretter au contraire que le sang du peuple n'ait pas été versé en plus grande abondance, et que les constitutionnels aient voulu en arrêter l'effusion, au lieu de profiter de leur triomphe pour le faire couler jusqu'à satiété. « Ce mouvement de résolution des auto-
» rités, dit-il, a frappé d'épouvante les chefs des
» factieux; mais n'étant pas suivi d'autres mesures
» *assez déterminées*, il n'arrêtera que momentané-
» ment leurs complots de licence et de désorgani-
» sation..... Pour juger l'importance de la conjonc-
» ture, *Lafayette craint de continuer ce qu'il a si bien*

» *entamé* (391, II). » Et l'homme qui n'a pas reculé devant cet affreux reproche, si honorable pour celui qui en est l'objet, déblatère à chaque instant contre la politique sanguinaire des jacobins ! Le sang plébéien serait-il donc sans prix à ses yeux; et le magistrat qui le répandrait impitoyablement au-delà des bornes prescrites par la nécessité, ne ferait-il qu'un acte de fermeté, tandis que le tribun, réduit à frapper un conspirateur illustre, ne serait qu'un monstre exécrable? Telle est en effet la manière dont notre historien apprécie les scènes sanglantes de la révolution. On peut promener impunément et à souhait la faux de la mort dans les rangs d'une vile populace; la tête d'un misérable clubiste est sans valeur; celle d'un prince, d'un général, est prisée davantage.....? Oui, quand il s'agit de la vendre à un riche acheteur : demandez plutôt à Montgaillard....

L'écrivain qui se montre ainsi sans indulgence et sans humanité pour le peuple parisien, poussé à l'insurrection par le sentiment des dangers de la liberté, est pourtant le même, Monsieur, qui prend soin de constater, de page en page, l'existence de ces dangers, en rappelant les efforts inutiles des constitutionnels pour réconcilier la cour, l'aristocratie et le sacerdoce à la cause d'une sage réforme. « La fatalité, dit-il, veut qu'au moment où les » constitutionnels désirent remédier aux excès

» qu'amena leur conduite quelquefois inconsi-
» dérée, les aristocrates, par un aveuglement d'obs-
» tination à peine croyable, refusent de les ap-
» puyer; en conséquence les premiers, désespérant
» de ramener les nobles et les prêtres à des idées
» conciliatrices, si bien recommandées par les cir-
» constances, prennent la résolution de traiter sans
» ménagement des hommes si peu raisonna-
» bles (380, II). » Ce passage est relatif aux protestations du côté droit ; l'abbé de Montgaillard
trouve bizarre, inconcevable, une obstination toute
naturelle : bien plus, il y voit une raison suffisante pour les constitutionnels de *traiter les prêtres
et les nobles sans ménagement* ; et il exige d'une
abjecte populace, dont les mœurs n'ont pas été
polies par l'éducation, dont les lumières sont bor-
nées ; il exige d'elle la résignation à des excès
contre-révolutionnaires, que les constitutionnels
eux-mêmes ne peuvent plus endurer; et s'étonne
que des hommes, tels que le brasseur Santerre
et le boucher Legendre, ne conservent pas une héroïque modération, en présence des résistances
opiniâtres qui poussent les ducs et les comtes du
parti constitutionnel à *traiter sans ménagement*
leurs amis et leurs proches! Au reste, les constitutionnels ne sont pas moins en butte que les républicains et les aristocrates aux invectives de M. de
Montgaillard. Comme ils formaient la majorité de

l'assemblée nationale, c'est sur eux que tombe surtout la condamnation rigoureuse portée contre l'ensemble de ses travaux, à la fin du second volume. « Cette assemblée, dit l'historien, si étrangement
» surnommée constituante, a désorganisé la monar-
» chie avec une inconcevable célérité. Elle a lancé la
» France dans l'abîme; elle fuit, et la constitution,
» qu'elle a si péniblement mise au jour, aura le sort
» des testaments des rois absolus (451). La majo-
» rité de cette assemblée, ajoute-t-il, semblable à
» la plupart des assemblées délibérantes en tout
» pays, n'est qu'un troupeau docile par défaut de
» lumières ou d'expérience, par faiblesse d'ame, et
» aussi par vénalité ou cupidité (357). »

Comment accorder cela, Monsieur, avec les remercîmens votés à cette assemblée au nom de l'univers entier, à moins de supposer que l'univers ne se trouvât intéressé à ce que *la France fût lancée dans l'abîme?* Mais ces remercîments, direz-vous, datent du commencement du premier volume, des premières pages du discours préliminaire, et l'abbé de Montgaillard ne se souvient pas de si loin. Je ne le conteste point; il ne faut pas trop exiger de sa mémoire, après ce que nous avons eu occasion de remarquer si souvent en fait de contradiction. Mais la réfutation des passages injurieux que vous venez de lire ne se trouve pas seulement dans le discours préliminaire; je puis la prendre aussi à côté de ces

mêmes passages. « Cependant, dit notre auteur, si
» les passions du parti dominant dans cette fameuse
» assemblée ont amené un si grand nombre de
» funestes événements ; si, dès les premiers jours,
» ce parti conduisit la révolution dans des routes
» sanglantes (1), il serait injuste de ne pas convenir
» que cette assemblée a proclamé les vrais prin-
» cipes d'un gouvernement libre : elle n'en a pas
» fait l'application, mais elle les a reconnus. Ces
» principes d'éternelle vérité, semés dans les es-
» prits, doivent y germer, et se faire jour à travers
» les sophismes dont on les recouvre ; sous ce rap-
» port, l'assemblée nationale a produit un bien
» inappréciable, et le genre humain lui doit des
» remercîments. On peut assurer qu'avant un demi-
» siècle, les droits de l'homme et du citoyen,
» proclamés par l'assemblée nationale de France,

---

(1) M. de Montgaillard, à la page 468 du même volume, place, au contraire, les principales fautes de l'assemblée constituante, et les excès qui accompagnèrent ses réformes, après les commencements orageux de la session. « Depuis le 6 octobre
» 1789, dit-il, ses erreurs furent si graves, ses torts si nom-
» breux, elle amena sans nécessité de si grands maux, etc. » Il croit aussi qu'à cette époque l'assemblée nationale put maîtriser la révolution et la diriger à son gré (446, II) ; oubliant ainsi tout ce qu'il dit ailleurs de la double impuissance de la majorité constitutionnelle, vis-à-vis des royalistes et des républicains. Déjà il avait prétendu (414) qu'il était possible d'éviter une rénovation complète, et de s'arrêter aux modifications les plus

» formeront, dans les deux mondes, le premier
» chapitre d'une nouvelle organisation sociale
» qu'aucun despote, qu'aucun gouvernement ne
» peuvent plus, sans d'extrêmes dangers, refuser
» aux nations (460, 461) !!! »

Je ne veux point m'arrêter, Monsieur, à vous faire remarquer avec quelle force l'abbé de Montgaillard détruit dans ces dernières phrases tout ce qu'il a dit contre les auteurs de *la déclaration des droits*, contre cette *divulgation de principes abstraits*, contre Mathieu de Montmorency, élève de Sieyes, et tous les partisans de cette *énonciation métaphysique* (140 et 141, tom. II). Je suis trop pressé de vous exprimer mon contentement d'être si vite sorti de *l'abîme* où nous avait entraînés l'assemblée constituante, et de pouvoir ainsi espérer de lire un jour *le premier chapitre de l'organisation*

---

urgentes que pouvaient exiger les anciennes institutions. Walter Scott, qui partage d'abord cette opinion, reconnaît ensuite les difficultés dont son application était entourée; elles se trouvent dans la résistance opiniâtre que les privilégiés devaient opposer aux moindres réformes, et dans l'irritation que cette persévérance ne pouvait manquer de faire naître dans les masses populaires. M. de Montgaillard insiste pourtant en vingt endroits différents du second et du troisième volumes, sur la violence des passions qui mirent aux prises le patriciat et l'ochlocratie; sur l'impossibilité d'amener les nobles à une transaction quelconque, et d'arrêter, par conséquent, la fureur de la multitude et les envahissements de la démocratie.

sociale qu'aucun despote ne pourra, sans d'extrêmes dangers, refuser aux nations. J'oublirai alors que ce chapitre ne fut d'abord qu'une *énonciation métaphysique sans avantage positif pour les peuples*; j'oublirai que ses auteurs, *dépourvus de lumières et de courage, et dominés par la cupidité nous précipitèrent dans l'abime ;* je ne me souviendrai que des remercîments que leur aura votés M. l'abbé de Montgaillard, au nom du genre humain, au commencement et à la fin de l'histoire de leurs travaux.

Dans ma prochaine lettre, je vous entretiendrai de l'assemblée législative.

J'ai l'honneur, etc.

NEUVIÈME LETTRE.

Paris, 30 août 1827.

Monsieur

L'assemblée constituante, que nous avons laissée sous le double poids des anathèmes et des bénédictions de l'abbé de Montgaillard, a rempli la tâche dont elle avait été chargée, non par des cahiers, ou mandats écrits, mais par le génie des siècles, par la marche progressive de l'esprit humain, par le cours inévitable des choses. Une grande révolution s'était opérée lentement et graduellement, dans les mœurs et les idées du peuple français; les institutions qui avaient servi de garantie à l'ordre social du moyen âge; qui avaient fait la force et la gloire de l'état (1), alors qu'elles étaient appro-

(1) Il a été long-temps de mode, dans le monde philosophique, de considérer les institutions du moyen âge comme absolument pernicieuses et oppressives. Ce préjugé, qui produisit, en 1789, une exaltation utile contre un système social, devenu abusif, n'est pas même tout-à-fait déraciné encore; nous voyons, au contraire, de temps à autre, les *invalides* de l'école critique, soutenus de quelques *jeunes vétérans*, s'efforcer de le raviver, en lui prêtant la chaleur généreuse de leur libéralisme et de leur talent. On dirait que l'amour-propre, aux prises avec la

priées à ses besoins et à ses lumières, avaient perdu depuis long-temps cette vertu de relation. Restées en arrière, au lieu de suivre le mouvement ascendant de la civilisation, elles n'existaient plus que

raison, les empêche de convenir que l'organisation sociale qu'ils ont décriée à bon droit dans sa vieillesse, put avoir aussi ses jours d'utilité et de bonté relatives. Ils aiment mieux supposer des effets sans causes, que d'accorder la moindre influence salutaire au patriciat et au sacerdoce sur l'éducation progressive de l'espèce humaine ; et, s'obstinant à refuser au système théologique-féodal toute puissance capable de produire les améliorations qui se sont manifestées pendant la durée ou à la suite de son empire, ils expliquent les progrès dont ils s'enorgueillissent, par une impulsion constamment rétrograde, et font ainsi, du développement continu du principe de la perfectibilité, un miracle perpétuel. Les écrivains précurseurs de la révolution ont commis, il est vrai, la même erreur et la même injustice ; mais, en cela, ils ne firent, eux, que subir la loi de leur temps, et leur méprise seconda même l'accomplissement de la mission qu'ils avaient à remplir. Il était, en effet, dans l'ordre des progrès de la civilisation, qu'au moment où l'incompatibilité des vieilles institutions, avec des idées et des besoins nouveaux, aurait produit un malaise universel, les plus hautes capacités intellectuelles se trouvassent amenées à appliquer passagèrement et spécialement leurs efforts à la démolition complète d'un édifice ruiné de toutes parts, sans songer que d'autres générations purent y jouir des avantages sociaux proportionnés aux lumières alors acquises. Mais le philosophe qui, après l'achèvement de cette œuvre immense et terrible, peut étudier l'histoire du moyen âge dans le silence des passions, en dépit des cris d'alarme que la peur des revenants arrache à quelques esprits forts, et malgré les folles

comme traditions surannées, condamnées irrévocablement par l'opinion, dont les arrêts obtiennent tôt ou tard leur *exequatur* dans le domaine politique. La mission de l'assemblée constituante

menaces que font entendre des légions de fantômes qui essaient vainement de ressaisir des armes brisées à jamais : le philosophe du 19ᵉ siècle doit juger un ordre social irrévocablement détruit, avec cette générosité qu'inspire une victoire décisive, et cette justice éclairée qui ne pouvait se faire entendre au milieu des hostilités. C'est ce qu'a fait Saint-Simon, lorsque s'élevant au-dessus des préjugés de la révolution et de l'école, il a démontré la supériorité du système théologique-féodal sur l'ordre politique des Grecs et des Romains, après avoir établi, comme point de comparaison, que la meilleure organisation sociale serait celle, 1° qui rendrait la condition des hommes composant la majorité de la société la plus heureuse possible, en lui procurant le plus de moyens et de facilités pour satisfaire ses premiers besoins; 2° dans laquelle les hommes qui posséderaient le plus de mérite, et dont la valeur intrinsèque serait la plus grande, auraient le plus de facilité à parvenir au premier rang, quelle que fût la position où les aurait placés le hasard de la naissance; 3° qui réunirait dans une même société la population la plus nombreuse, et qui lui procurerait les plus grands moyens de résistance contre l'étranger; 4° qui donnerait pour résultat des travaux qu'elle protégerait, les découvertes les plus importantes et les plus grands progrès en civilisation et en lumières. Sous ces divers aspects, le moyen âge l'emporte, en effet, de beaucoup sur l'antiquité ; les masses actives, chargées de la production matérielle, n'y subissent plus, comme à Sparte, à Athènes et à Rome, le joug d'un maître, à qui la législation accordait le terrible droit de vie et de mort sur ses esclaves, sans que la loi religieuse vînt atténuer, par quelques

fut précisément de proclamer solennellement et de revêtir, du sceau de la loi, la sentence de mort que la raison, ce suprême juri des peuples, avait prononcée contre l'ancien régime. Vous savez inspirations philanthropiques, les rigueurs de la loi civile. Si elles sont attachées à la glèbe, ce n'est plus qu'une sujétion indirecte qui pèse sur elles, et leur servage les met moins à la discrétion que sous la protection de leurs seigneurs, dans un temps ou l'esprit de compétition hostile fait d'un voisin un ennemi, et réduit la faiblesse laborieuse à accepter la tutelle de la force armée. Chez les anciens, la hiérachie politique condamnait l'homme d'esprit ou de génie, qui avait eu le malheur de naître dans les conditions infimes, à rester dans un état perpétuel d'infériorité. L'ingénieux Phrygien, à qui nous devons l'invention de l'apologue, ne cessa d'être l'esclave d'un philosophe, que pour porter de ville en ville et de cour en cour, la tache de son origine, et pour devenir, sous le titre humiliant d'affranchi, le devin ou le bouffon des aristocrates et des rois. Épictète fut obligé de tenir constamment son ame dans une situation extrà-normale, de se donner l'exaltation ou la fièvre du Portique, pour supporter sans accablement le poids de la servitude. Sous le régime théologique-féodal, au contraire, le préjugé de la naissance n'interdisant point aux plébéiens l'exercice des fonctions sacerdotales, la roture lettrée prima bientôt la noblesse ignorante, par l'ascendant de la religion et de la science, et parvint à composer le premier corps de l'état. Esope, si abreuvé de dégoûts et d'amertume par son maître Xanthus, aurait pu s'élever à la dignité de prince de l'église, là où Spiridion fut revêtu de l'épiscopat, où le pâtre de Montalte, héritier d'un pêcheur de la Judée, orna son front d'une triple couronne.

Envisagées sous le rapport de la population, de l'étendue

comment elle s'acquitta de cet acte rigoureux, quoique juste, et combien elle sut comprendre la haute magistrature nationale, que l'ordre des temps lui avait réservée.

Tant que renfermée dans le cercle de sa destination spéciale, elle s'était livrée à la destruction des priviléges et des abus, ses décrets avaient été

territoriale et de la puissance défensive, les sociétés de l'antiquité le plus fortement constituées et les plus avancées en civilisation, ne le cèdent pas moins à la société européenne du moyen âge : pour elles, tout ce qui était au-delà des quelques lieues carrées qui formaient le domaine républicain, se confondait dans une même dénomination, celle de *barbares*, et ces barbares, soumis un instant à la domination de la Grèce et de Rome, ont fini par triompher de Rome et de la Grèce; tandis que l'Europe chrétienne et féodale a rejeté les Maures sur les côtes d'Afrique, forcé les hommes du nord à adopter sa religion et ses lois, et rendu à peu près impossible toute nouvelle irruption des Tartares *.

* Ces races asiatiques, loin d'être aujourd'hui redoutables pour la civilisation de l'Occident, comme a semblé le penser l'abbé de Montgaillard, quand il nous a menacés du barbare joug de la Russie, ne se maintiennent dans un coin de l'Europe que par les intrigues de quelques cabinets, qui leur imposent même l'obligation de se discipliner, si elles veulent être tolérées plus long-temps parmi les nations policées. L'alliance que la cour de Pétersbourg vient de contracter avec celles de Paris et de Londres en faveur de la Grèce chrétienne, annonce, en outre, que les hommes d'état de la Russie ont compris qu'il leur importait plus de s'entendre avec les peuples civilisés contre la barbarie, que d'armer leurs cosaques, baskirs et calmouks contre la civilisation : ce mouvement est dans une direction inverse de celle qu'a indiquée et redoutée M. de Montgaillard.

accueillis universellement comme l'expression des vœux publics; et nul écrivain impartial n'avait songé à ternir l'éclat de cette première période de la révolution. Mais à peine eût-elle entrepris de réédifier sur les ruines dont elle s'était environnée, que des réclamations s'élevèrent de tout côté. Connaissant mieux ce qui avait cessé d'être applicable à la France, que ce qui pourrait lui convenir désormais, elle devait exceller en effet dans la démolition, et s'égarer en cherchant à reconstruire. Ses instruments de subversion, ses moyens d'attaque contre la monarchie absolue et l'aristocratie avaient été des principes abstraits, tels que la souveraineté du peuple et l'égalité primitive des hommes; elle fut d'autant plus portée à croire que ces dogmes, si efficaces comme agents corrosifs, pourraient aussi servir de base à une réorganisation, que les éléments du nouvel ordre social ne s'étaient pas encore suffisamment révélés. De là sa constitution métaphysique, ses erreurs, ses hésitations et la tentative rétrograde des réviseurs.

Cependant comme il s'agissait moins alors de trouver la nouvelle forme politique qui, en définitif, s'adapterait le mieux aux faits sociaux de notre âge, que de maintenir la proscription des formes anciennes, et de faire triompher les réformes opérées par l'assemblée nationale, des efforts et de l'obstination des ennemis soulevés contre elles, au-dedans et au-dehors de la France; il importait peu que la constitution correspondît plus ou moins au futur état normal de la société. Sa perfection, toute passagère, ne pouvait consister que dans la plus grande somme de ressources défensives qu'elle offrirait à la révolution contre ses opiniâtres et puissants adversaires. Aussi, lorsqu'en 1792, l'œuvre des constituants se trouva déshéritée du respect et de l'amour des peuples, ce ne fut point à cause de son caratère ontologique, mais plutôt pour son insuffisance à repousser les attaques des partisans de l'ancien régime. Ce délaissement à peu près universel, qui succéda au plus vif enthousiasme, ne frappa nullement de stérilité d'ailleurs, comme on a coutume de le dire, les travaux de l'assemblée nationale. Si l'utopie qu'elle avait conçue disparut au milieu de la crise révolutionnaire, pour n'avoir pas reçu une puissance vitale, capable de résister aux tempêtes que la cour, le clergé, l'aristocratie, Coblentz, Pilnitz et les passions populaires firent éclater sur la France; si la constitution de 1791 périt, pour avoir gêné, et non facilité le développement du principe démocratique qu'elle avait reconnu, et dont la coalition des rois, l'émigration et les résistances intérieures nécessitèrent une application complète en 1792; les décrets de 1789 restèrent, les souvenirs du jeu de paume et du 14 juillet continuèrent d'enflammer les ames, et les résultats de la nuit du 4 août et de tant d'autres séances mémorables consacrées à l'abolition des abus survécurent, pour attester que les états-généraux remplirent la véritable mission que leur avait confiée le peuple français, non de faire une constitution, mais de le débarrasser d'institutions onéreuses. D'autres viendront après eux qui sauront ou pourront mieux défendre la révolution due aux efforts de leurs devanciers, pour laisser, à leur tour, à des successeurs placés dans une situation moins orageuse et moins critique, le soin de chercher une organisation conforme aux intérêts matériels et moraux des nouvelles générations.

Une opinion, assez généralement répandue et reproduite par l'abbé de Montgaillard, attribue pourtant les malheurs qui suivirent la clôture de l'assemblée constituante, à la résolution qu'elle prit de déclarer ses membres non éligibles à la législature suivante (1), et de laisser ainsi à des mains inexpérimentées, la direction de la machine politique qu'elle avait péniblement organisée. Il me semble, Monsieur, que cette opinion est tout aussi erronée que celle des *anglomanes*, et qu'il n'est ni plus juste ni plus raisonnable de faire peser une telle

(1) M. Mignet a partagé cette opinion. « Malheureusement, dit-il, les membres de l'assemblée actuelle (la constituante), ne pouvaient pas faire partie de la suivante; on l'avait ainsi décidé avant le départ de Varennes. » (Tome I, pag. 261.)

responsabilité sur l'assemblée nationale, pour s'être exclue elle-même du droit de réélection, que pour avoir rejeté les deux chambres. En supposant que le décret, dont on dit les résultats si funestes, n'eût pas été rendu, et que les *constitutionnels* qui avaient formé la majorité dans les états-généraux, fussent parvenus à se rendre maîtres des délibérations de l'assemblée législative, qu'aurait en effet gagné la France à ce qu'ils se perpétuassent ainsi dans la représentation nationale ? Leur réélection n'aurait pas empêché les émigrés de se rassembler en armes sur les frontieres, les prêtres de semer la haine du nouvel ordre de choses dans les consciences, la cour de correspondre avec les conspirateurs et les étrangers, le peuple de s'irriter à l'aspect de tant de machinations, et les deux partis d'en venir enfin à un combat décisif. Se seraient-ils déclarés contre les républicains ? Mais cette détermination aurait facilité le triomphe des royalistes purs, en repoussant l'intervention de la multitude, dans une guerre où son appui pouvait seul balancer l'assistance donnée par les rois à la contre-révolution ; et les législateurs, dupes de leurs scrupules constitutionnels, auraient, comme depuis le parlement napolitain et les cortès d'Espagne, laissé périr la constitution dans le sang de ses défenseurs, par respect pour ses formes. Ou bien, la nation voulant sauver, à tout prix, son indépendance et sa liberté, en dépit même de ses représentants, aurait refusé de se soumettre à la direction timide et funeste qu'ils auraient essayé de lui imprimer; et des soldats moins faciles à battre que ceux de la Bidassoa et des Abruzzes, des généraux plus forts contre la séduction que les O'Donnel, les Morillo et les Ballesteros, surgissant alors de son sein, l'explosion du volcan populaire serait devenue d'autant plus terrible qu'elle aurait été contrariée par ceux-là mêmes qui auraient dû placer en elle leur plus grand moyen de salut public, sauf à préserver de ses laves dévorantes le plus de victimes possible, sans nuire au succès de la cause nationale. Dans le premier cas, la France, n'évitant la terreur de la démocratie, que pour tomber dans une réaction monarchique non moins sanglante, aurait eu à gémir à la fois et sur les excès que les révolutions entraînent, et sur la perte des améliorations qui les accompagnent: en d'autres termes, nous n'aurions pas à déplorer aujourd'hui un moins grand nombre d'actes de cruauté, sans glorieuse compensation, et nous serions privés des bienfaits immenses que nous avons recueillis à la suite des efforts et des malheurs de nos pères (1).

(1) Je suis loin de prétendre que la révolution, née des progrès de l'esprit humain, pût être définitivement étouffée par les décrets d'une assemblée ou la défection de quelques individus: tous mes raisonnements tendent, au contraire, à prouver que

Dans le second cas, l'opposition de l'assemblée législative aux mesures indiquées par l'opinion publique, comme seules applicables aux circonstances, n'aurait fait qu'ajouter à l'exaspération universelle, et la démagogie triomphante y aurait trouvé l'occasion d'étendre le cercle de ses vengeances et de multiplier les supplices.

nulle combinaison politique, que nuls efforts individuels ne pouvaient empêcher des réformes indispensables de s'opérer, un peu plus tôt ou un peu plus tard. Mais dans l'hypothèse où j'ai consenti à me placer, pour combattre les adversaires de mon opinion dans leurs derniers retranchements, ces réformes auraient été retardées par une sanglante réaction; et les générations, aujourd'hui émancipées, se débattraient encore dans leurs chaînes, comme le peuple espagnol, ou la nation napolitaine, laissant à d'autres générations la tâche de renouveler des tentatives d'affranchissement, et d'accomplir la régénération exigée par l'esprit et les besoins du siècle, au prix de nouveaux sacrifices et d'inévitables catastrophes. Heureusement la nation française s'est trouvée assez avancée pour ne pouvoir reculer, ou même s'arrêter, avant d'avoir terminé la destruction des abus qui pesaient sur elle. Les efforts de 1789 à 1800, nous ont fait jouir immédiatement et irrévocablement du fruit de nos malheurs et de nos succès. Notre révolution n'est plus à faire, et toute amélioration sociale, désirée comme développement de cette grande réformation, pourra s'obtenir désormais sans remuer encore une fois la société dans ses entrailles, sans recourir aux mêmes moyens qui, dans le passage d'un ordre social suranné à une organisation meilleure, firent triompher les réformateurs, des partisans de l'ancien régime.

Pense-t-on, au contraire, que les constitutionnels, las de cette opiniâtreté nobiliaire et sacerdotale qui a poussé M. l'abbé de Montgaillard à s'écrier : « Oui, et l'on ne saurait trop le répéter, la noblesse » et le clergé ont perdu Louis XVI (392, tom. II), » eussent cherché à déjouer les manœuvres des contre-révolutionnaires, par des décrets ou des mesures extrà-légales, selon la gravité des conjonctures et l'imminence des dangers publics ? Mais c'est précisément ce que fit l'assemblée législative, qui se déclara impuissante à sauver la patrie, dès que ses périls dépassèrent la force et l'étendue des moyens constitutionnels, et la forcèrent à convoquer une convention investie de la plénitude du pouvoir souverain. La réélection des constituants n'aurait donc encore rien changé aux événements ultérieurs de la révolution.

Mais non, Monsieur, la majorité de l'assemblée constituante aurait eu beau se déclarer rééligible, et ne pas signaler les derniers mois de sa session par un acte d'abnégation et de désintéressement, qu'elle n'eût jamais obtenu sa translation compacte dans l'assemblée législative. Ses destinées étaient accomplies : placée au timon du char révolutionaire, en 1789, elle l'avait conduit d'une main ferme et vigoureuse à travers les décombres de l'édifice féodal : mais depuis elle avait tenté de le faire marcher à reculons, et la popularité, acquise *au jeu de paume* se trouvait gravement compromise par les décrets qui firent ensanglanter *le Champ-de-Mars*. Si donc les électeurs de 1791 avaient pu choisir les députés parmi les membres des états-généraux, cette latitude laissée à leurs suffrages n'aurait servi qu'à ramener un an plus tôt sur les bancs de la représentation nationale, les démocrates de la première assemblée, ces orateurs de l'extrême gauche que M. de Montgaillard poursuit incessamment de ses injures, Buzot, Barrère, Lanjuinais, Rewbell, Grégoire, Pétion, Robespierre, etc., etc.; car les constitutionnels, vu la disposition générale des esprits, n'auraient pas été traités plus favorablement dans la nomination des représentants que dans le choix des administrateurs; et l'on sait qu'ils rentrèrent presque tous dans la vie privée, à la fin de leur mission législative (1), tandis que ceux de leurs collègues, considérés dès lors comme républicains, furent partout appelés à des fonctions publiques.

Mais quels hommes succédèrent donc à l'assemblée constituante, pour qu'on ait cru devoir re-

(1) Lafayette et Bailly, que leur juste célébrité et leur popularité immense semblaient devoir préserver du discrédit qui atteignit les *constitutionnels*, se voyant dépassés par le torrent démocratique, et ne voulant pas céder à son impétuosité, donnèrent leur démission. Cette démarche de leur part confirme ce que je dis ici de la direction des esprits et de l'état de l'opinion.

gretter si vivement qu'elle n'eût pas rouvert immédiatement le temple des lois à ses membres? Demandez-le à l'abbé de Montgaillard, il vous dira que *l'assemblée législative se composait de quatre cents avocats ou légistes sans considération, exerçant près des tribunaux inférieurs, de soixante-dix prêtres constitutionnels, et d'autant de littérateurs ou poëtes sans renommée, soudainement transformés en Licurgues, anciens valets des courtisans de Versailles, aujourd'hui courtisans du peuple ou de la commune de Paris* (1 et 2, tom. III). Ce tableau ne le cède en rien à celui des états-généraux : l'ordre des avocats est toujours la pépinière des *nullités* qui décident des destinées de la France. En vain il s'enorgueillit de Vergniaud, de Guadet et de Gensonné; l'historien semble ignorer qu'ils portèrent, du barreau à la tribune, le vaste talent oratoire et les profondes connaissances qui ont rendu leur nom immortel, comme il oublia que Thouret, Barnave et Lechapelier s'étaient formés à cette école. Ainsi, Monsieur, ne nous lassons pas d'admirer les desseins de la providence, qui, pour donner un caractère sacré à la révolution, dont le but est d'introduire dans le code politique des nations, les maximes de l'évangile sur l'égalité, et d'humilier les superbes, aux termes de l'écriture, si heureusement rappelés par M. Alexandre Lameth (1), permet que cette révolution triomphe, en se laissant conduire par des mains de plus en plus inhabiles.

M. de Montgaillard, satisfait au reste d'avoir témoigné son dédain pour les avocats, les prêtres et les littérateurs de l'assemblée législative, revient à sa prédilection pour les *propriétaires*, « entrés, dit-il, » en si petit nombre, dans le congrès national, que » le premier des intérêts en tout pays fut bien loin » d'être représenté. » Le comte de Boulainvillers ne met pas plus de zèle et d'obstination à défendre la cause de l'antique noblesse, que notre abbé n'en apporte à faire prévaloir exclusivement les intérêts territoriaux. Mais la persistance du champion féodal me rappelle une définition de Beaumarchais, dont j'ai quelque envie de vous parler à propos des gens d'élite de M. de Montgaillard. L'auteur du *mariage de Figaro* se demanda un jour : « qu'est-» ce qu'un noble ? » et son esprit original lui fournit cette réponse : « Un homme qui s'est donné la peine de » naître. » Ne pourrait-on pas en dire autant aujourd'hui du propriétaire par droit d'héritage, de l'homme qui, s'autorisant des travaux ou des services des générations éteintes, absorbe les produits des générations présentes, sans donner en

---

(1) Voir le discours de ce célèbre *constituant*, sur la proposition de déclarer la religion catholique, *religion de l'état*.

échange aucun service ni aucun travail (1). C'est pourtant cet homme que tant de publicistes ont voulu placer aux sommités de l'ordre politique, comme si la société était constituée pour l'oisiveté, comme si elle distribuait l'influence et le crédit entre ses membres, en raison inverse de leur utilité! Gardons-nous sans doute de dépouiller les riches oisifs, et n'allons pas, *voltigeurs de l'ancienne Rome*, réclamer la loi agraire; loin de nous de telles pensées. Mais sans remuer la cendre des Gracques, sans troubler en rien la douce quiétude des propriétaires improductifs, sans ôter une obole du capital sacré qu'ils possèdent, ne sera-t-il jamais permis de désirer qu'on cesse de les considérer comme les citoyens les plus utiles, les plus sages, les plus moraux, les plus instruits et les seuls capables d'assurer quelque stabilité à l'ordre social? J'aurais des exemples frappants à opposer à la présomption légale de sagesse et de capacité, admise exclusivement dans tant de pays en faveur de la propriété territoriale, que Napoléon prisait aussi

(1) Il ne faut pas confondre le repos d'un homme fatigué par un long travail, quand bien même cet homme charmerait ses dernières années par le choix heureux de nombreuses et délicates jouissances, avec l'indolente oisiveté d'un jeune homme qui se figure que le peuple est trop heureux de travailler pour le délivrer de l'ennui, en inventant chaque jour, pour lui, de nouveaux plaisirs. (*Producteur*, tom. IV, pag. 216.)

pardessus tout, dans l'intérêt de son pouvoir. « En-
» tourons-nous des grands propriétaires, disait-il,
» ils craignent de voir trembler le sol, et redou-
» tent par conséquent les révolutions. » Le sol cependant résiste mieux aux orages politiques que
le commerce, l'industrie et toutes les professions
dont l'exercice n'est possible ou prospère qu'au
milieu des relations pacifiques des citoyens entre eux; le négociant, le manufacturier, l'artiste,
le médecin, l'avocat, tous les hommes laborieux
enfin qui travaillent pour la société dans la carrière des sciences, des beaux arts ou de l'industrie, ne sont donc pas moins intéressés que les
propriétaires au maintien de l'ordre, puisque la
proposition contraire serait plus raisonnable et
plus vraie? Napoléon a rétracté d'ailleurs, dans
l'exil, lorsque les illusions du pouvoir s'étaient dis-
sipées, les erreurs qu'il avait émises sur le trône.
« Jadis on ne connaissait qu'une espèce de pro-
» priété, dit-il, (Mémorial de Sainte-Hélène) celle
» du terrain; il en est survenu une nouvelle, celle
» de l'industrie, aux prises en ce moment avec la
» première. C'est la guerre des champs contre les
» comptoirs, celle des créneaux contre les métiers.
» C'est pourant pour n'avoir pas voulu recon-
» naître cette grande révolution dans la propriété,
» pour s'obstiner à fermer les yeux sur de telles
» vérités, qu'on fait tant de sottises aujourd'hui, et

» que l'on s'expose à tant de bouleversements. »
Malgré cette conversion du génie, M. de Saint-Chamans, qui n'a rien de commun avec lui, s'est imaginé, cette année, de nous ramener à l'économie politique de Quesnay (quant à la question des propriétaires seulement, car le médecin de Louis XV, quoique déjà un peu ancien, est encore trop avancé d'ailleurs, pour le noble vicomte) et de venger l'opulence oisive, des criailleries des travailleurs, qui osent prétendre qu'elle n'est pas l'unique source de la prospérité publique, et qu'elle ne doit pas être ainsi la gardienne privilégiée des lois. Un écrivain, sorti des rangs où la dérogeance est inconnue, s'est chargé de réfuter l'honorable député dans une brochure pleine de sel et de raison, intitulée *Lettre d'un plébéien à M. le vicomte de Saint-Chamans, par un ami du commerce:* vous ne serez pas fâché d'en trouver ici quelques citations. « Vous
» le savez, Monsieur le vicomte, dit l'audacieux
» roturier, l'oisiveté est le fléau de la société, la
» mère du vice. Celui qui vit dans l'inaction, sans
» emploi, sans profession, peut-il par cela seul
» qu'il est propriétaire, se dire *doublement utile*....?
» Tout ce que je puis vous accorder est que le pro-
» priétaire qui ne fait que consommer est utile, pas
» autrement utile que le Lazaroni de Naples, le men-
» diant d'Espagne, à la seule différence qu'il con-
» somme davantage; cette utilité est seulement

» passive et obscure; sa consommation est impro-
» ductive, et alors qu'il laisse dans l'inactivité ses
» facultés intellectuelles et corporelles, la patrie
» ne lui doit pas plus de reconnaissance qu'au men-
» diant. » Ce raisonnement, pour être de bonne
logique, ne séduira pas le noble économiste auquel
il s'adresse; mais si l'autorité d'un homme titré
devait avoir plus de poids auprès de M. le vicomte
de Saint-Chamans, que celle d'un dialecticien qui
n'est pas de *qualité*, on pourrait lui opposer l'opinion de M. le comte d'Hauterive, qui, dans ses
Considérations sur la théorie de l'impôt et des dettes,
pousse l'irrévérence envers les propriétaires oisifs,
jusqu'à déclarer, page 4, *que la société existe par
l'association des travaux, et qu'elle n'existe que
pour cette association.* Je vous renvoie, au reste,
Monsieur, sur cette grave question, au chap. XI
des *Nouveaux principes d'économie politique* de
M. de Sismondi (1).

---

(1) « Des législateurs tirés eux-mêmes des classes qui ont
» fait fortune, dit M. de Sismondi, ont cru que ce n'était pas
» assez d'assurer aux riches la jouissance de leurs richesses,
» qu'il fallait faire en sorte que ces richesses fussent toujours à
» eux et à leurs enfants. Ce qui avait été acquis par l'activité,
» ils ont voulu qu'on pût le garder dans le repos, sans que l'ac-
» tivité des autres pût faire ce qu'ils avaient fait eux-mêmes, et
» ils ont érigé en maxime d'état que l'ordre social tenait à la
» conservation des anciennes fortunes dans les anciennes fa-

En mettant à part la sollicitude opiniâtre que les propriétaires inspirent, je ne sais trop pourquoi, à l'abbé de Montgaillard, son histoire de l'assemblée législative n'est d'ailleurs, Monsieur, qu'un nouveau tissu de calomnies atroces et de déclamations furibondes contre tous les partis. De longues pages y sont consacrées à flétrir l'émigration, dont il affecte de ne pouvoir comprendre les motifs plausibles,

» milles. C'est une question d'économie politique que d'examiner
» quelle influence ont pu avoir, sur le développement de l'agri-
» culture et de l'industrie, les garanties données à l'orgueil des
» familles par toutes les précautions qui ont été prises pour
» empêcher les riches de se ruiner et de vendre leurs biens. »
(*Nouv princ. d'écon. pol.*, tom. I, pag. 254 et suiv.)

« En arrêtant sa pensée sur la société et sur ses rapports, on
» est frappé, dit Necker, d'une idée générale qui mérite bien
» d'être approfondie : c'est que presque toutes les institutions
» civiles ont été faites pour les propriétaires. On est effrayé, en
» ouvrant le code des lois, de n'y découvrir partout que le
» témoignage de cette vérité. On dirait qu'un petit nombre
» d'hommes, après s'être partagé la terre, ont fait des lois
» d'union et de garantie contre la multitude, comme ils auraient
» mis des abris dans les bois pour se défendre des bêtes sauva-
» ges. Cependant on ose le dire, après avoir établi les lois de
» propriété, de justice, de liberté, on n'a presque rien fait encore
» pour la classe la plus nombreuse de citoyens : Que nous im-
» portent vos lois de propriété, pourraient-ils dire? nous ne
» possédons rien. Vos lois de justice? nous n'avons rien à dé-
» fendre. Vos lois de liberté? si nous ne travaillons pas demain,
» nous mourrons. » (*Mém. de Sully*, pag. 170.)

quoiqu'il ait lui-même émigré. A son avis, la noblesse des provinces, noblesse agricole et militaire, n'était point froissée par la révolution. « Il est aisé
» de prouver, dit-il, que ses pertes étaient d'opinion,
» et qu'elle obtenait des avantages positifs. La féo-
» dalité était abolie ; mais la noblesse par la sup-
» pression des dîmes ecclésiastiques, gagnait, comme
» propriétaire des terres, plus qu'elle ne perdait
» par l'extinction des droits féodaux. Les distinc-
» tions, les droits honorifiques étaient supprimés,
» la vanité perdait; mais la noblesse des provinces,
» cette classe nombreuse désignée sous le nom de
» *petite noblesse*, prenait sa part de l'égalité civile
» attribuée à toutes les fonctions publiques (6,
» tom. III). » Si la noblesse n'avait éprouvé dans la nuit du 4 août 1789, que des pertes nominales, plus que compensées par des bénéfices réels, pourquoi l'avoir donc présentée, à cette époque, comme injustement spoliée? pourquoi ces pertes vous ont-elles fait accuser l'assemblée constituante d'avoir violé le droit de propriété, et méconnu l'autorité du jurisconsulte Domat sur la prescription? pourquoi, sous votre plume, les faits changent-ils incessamment de nature selon que vous vous occupez de leurs auteurs ou de ceux qui en furent l'objet? Mais ces *pertes d'opinion* ne suffisaient-elles pas d'ailleurs pour expliquer la répugnance des gentilshommes pour le nouvel ordre de choses? Les dis-

tinctions, les droits honorifiques formaient la portion la plus précieuse du patrimoine des nobles, qui, nourris, dès le berceau, des illusions de l'orgueil aristocratique, devaient mettre plus d'importance au nombre de leurs quartiers qu'à l'étendue de leurs terres. Qu'on appelle tant qu'on voudra, du nom de *vanité* ou de *préjugé*, le sentiment qui les entraîna hors des frontières: ce sentiment, transmis héréditairement et fortifié par l'éducation, n'en était ni moins naturel, ni moins irrésistible. Ne pouvant plus s'opposer efficacement, dans leur propre pays, aux progrès d'une révolution qui blessait au moins leurs intérêts moraux, ils tournèrent les yeux vers l'étranger, triste et dernière ressource qui leur fut offerte, pour défendre tout ce qu'ils avaient au monde, de cher et de sacré. S'ils compromirent ainsi leurs biens matériels, et méconnurent, selon l'abbé de Montgaillard, les avantages positifs que leur présentait l'abolition des dîmes, c'est une raison de ne pas les juger aussi sévèrement que le fait cet écrivain, et de ne voir, dans leur détermination, que le résultat d'une inspiration généreuse et d'un accès d'exaltation chevaleresque. Mais vous, M. de Montgaillard, qui ne concevez pas, qui n'avez pas éprouvé par conséquent la puissance de ce sentiment lorsque vous abandonnâtes votre patrie, pourriez-vous faire expliquer par les truchements que vous avez laissés en ce monde, pour communiquer avec les vivants du fond de la tombe ; pourriez-vous faire expliquer les motifs de votre émigration, et préciser la nature des *intérêts réels* qui vous entraînèrent à prendre une résolution si coupable à vos yeux, au mépris des bienfaits du décret sur les dîmes, pour la caste à laquelle vous avez la prétention d'appartenir, tout en ne cessant de déclamer contre elle? Il se pourrait qu'une réponse franche à cette interpellation, s'il était permis de l'obtenir sans indiscrétion et sans scandale, ne rendît pas votre présence à Hambourg, à Rastadt, etc., aussi excusable que la réunion à Worms et à Coblentz (1) des hommes qui cherchaient à réparer

(1) M. de Montgaillard s'exprime ainsi sur le cabinet de Coblentz : « Tous les grands intérêts de l'état sont discutés à la
» toilette d'une nouvelle Pompadour, d'une nouvelle Dubarry,
» qui distribue les honneurs et les places : la politique, c'est à
» dire la contre-révolution, est dans les boudoirs. » (11 et 12,
III.) Il est juste d'ajouter que l'annotateur intervient en cette occasion pour démentir l'historien, et déclarer qu'il n'y avait certainement ni Pompadour, ni Dubarry à Coblentz. Voici, au reste, ce qu'on lit dans le *Mémorial de Sainte-Hélène* sur la cour des princes émigrés : « Les princes, dit M. de Las-Cases, passaient,
» en général, leurs soirées dans leurs intimités particulières :
» l'un était la plupart du temps chez madame de Polastron,
» à laquelle il portait des soins que la constance et ses formes
» ont rendus respectables. Les intrigants trouvaient peu leur
» compte avec madame de Polastron, qui, douce, bonne, ex-
» cellente, tout-à-fait désintéressée, tenait à demeurer absolu-

leurs *pertes d'opinion*, tandis que vous courriez après des *avantages positifs*.

Mais j'entends crier de tout côté : à *l'hérésie! au paradoxe!* Quoi! me dit-on, vous excuseriez *les hommes vraiment coupables qui passèrent la frontière avec le dessein de reparaître en ennemis armés* (57, tom. III). Votre indulgence est un attentat à la morale publique; elle viole les premiers principes de l'ordre social, et blesse les notions fondamentales regardées comme sacrées par les honnêtes gens de tous les partis, par l'abbé de Montgaillard et Walter Scott, comme par les écrivains anonymes qui se sont empressés de réfuter le romancier anglais! Je me souviens, en effet, d'avoir lu dans *l'histoire de la révolution et de Napoléon Bonaparte*, certaines phrases qui ont mérité l'approbation de ses adversaires (1); je n'ai point oublié non plus qu'un illustre émigré, M. le vicomte de Châteaubriand, a fait dire lui-même à un paysan étranger,

» ment étrangère aux affaires..... MONSIEUR passait ses soirées
» chez madame Balbi, vive, spirituelle, amie chaude, ennemie
» décidée. MONSIEUR y demeurait parfois assez tard, et quand
» la foule était écoulée, le cercle rétréci, il lui arrivait de ra-
» conter, et il faut avouer qu'il nous était aussi supérieur par
» les grâces de sa conversation que par son rang et sa dignité. »

(1) « Il faut se souvenir, dit Walter Scott, que du moment
» où les émigrés passèrent la frontière, ils perdirent tous les
» avantages de leur naissance et de leur éducation, et qu'ils
» abandonnaient un pays que c'était leur devoir de défendre. »

dans son *Essai sur les révolutions*, que l'on ne doit jamais abandonner sa patrie ; et malgré ces imposantes autorités, j'ose croire encore que le sol n'est pas la patrie ; que l'homme, né sur ce sol, peut être conduit à le quitter pour y reparaître en conquérant, sans devenir criminel ; et que tout citoyen, mu par des intentions pures, persuadé que la cause qu'il défend est celle de son pays, a le droit de s'appliquer le vers que Corneille a placé dans la bouche de Sertorius. Si cette conviction est le résultat d'un faux jugement, d'une appréciation erronée, les événements l'ébranlent tôt ou tard, surtout chez les esprits supérieurs, comme cela est arrivé à MM. de Châteaubriand, Hyde de Neuville, etc., et la force des choses finit par indiquer, d'une manière certaine, dans quel camp se trouve réellement la patrie, ou le drapeau du bien public et des intérêts généraux de la société ; mais il suffit que cette conviction ait existé, pour que les actes qui

---

On dirait que le tory anglais veut se réconcilier ici avec les libéraux français, aux dépens des émigrés : mais l'auteur des *Lettres de Paul* s'est trompé dans ses calculs ; il n'a fait que blesser les uns, sans apaiser les ressentiments des autres, et qu'étendre le cercle de ses injustices et de ses préventions nationales contre tout ce qui porte un nom français. Cependant il a obtenu de l'un de ses réfutateurs cette phrase élogieuse : « Toute la partie du 4e cha-
» pitre, qui traite de l'émigration est bien sentie : les justes re-
» proches adressés aux émigrés sont motivés sans aigreur et
» n'admettent point de réplique. »

en ont été la suite ne puissent pas être imputés à crime à leurs auteurs, ainsi qu'on a coutume de le faire au sujet de l'émigration royaliste (1). Je vous prêche là, Monsieur, je le sais, une doctrine qui fera jeter les hauts cris à plus d'un patriote. Cependant puisqu'elle me paraît conforme à la raison et à l'équité, pourquoi craindrai-je d'en faire solennellement profession ? Que les libéraux qui seraient tentés de me dénoncer au *comité directeur*, si toutefois il a survécu à M. de Marchangy, réfléchissent d'ailleurs qu'ils ont été amenés à leur tour, par certaines circonstances, à *mobiliser la patrie*, pour la transporter aussi hors des frontières de France; qu'ils se rappellent qu'en 1823, lorsque la crainte de la contagion fit place à la peur de la fièvre constitutionnelle, et que le drapeau de la révolution fut déployé dans la Catalogne ou sur les bords de la Bidassoa, nos plus ardents patriotes furent les premiers à lier leur cause à celle des cortès, et à ne voir que de généreux défenseurs de leurs droits, dans les soldats français que nos tribunaux condamnaient comme transfuges. Pour moi, j'avouerai sans hésitation, quoiqu'il puisse arriver, que la légion libérale organisée sous les auspices

(1) « Je fus entraîné à cette démarche, a dit M. de Las-Cases,
» par des opinions fausses, sans doute, mais pures et honnêtes;
» et personne n'a, excepté moi-même, le droit de me les re-
» procher. »

de Rotten, n'offusquait pas plus mon patriotisme, que les rassemblements de Worms, sous le prince de Condé, n'alarmaient celui des partisans de l'ancien régime; et bien que je n'éprouve nulle sympathie politique pour ces derniers, je ne cesserai d'invoquer, en faveur de leur exaltation et de leur bonne foi monarchique, ce que j'aimerais de voir accorder à la sincérité et à l'enthousiasme des hommes avec lesquels j'ai pu avoir une communauté de sentiments, d'opinions et d'intérêts.

Revenons, Monsieur, à l'assemblée législative. L'abbé de Montgaillard qui nous a fait jeter dans l'abîme par la *constituante*, pour nous en retirer aussitôt avec éclat, nous y replonge maintenant (232, III), sans nous laisser entrevoir cette fois une main secourable qui puisse devenir libératrice. « L'assemblée constituante avait été perfide, dit-il,
» mais courageuse, du moins à son début. Celle
» qui l'a remplacée a, du premier au dernier jour,
» réuni la lâcheté à la perfidie. Arrivée avec la fièvre
» révolutionnaire, elle s'est acharnée à renverser ce
» qui restait encore de l'ancien état monarchique.
» *Elle plonge la France dans l'abîme, et fuit avec*
» *précipitation*. Mais ses chefs se sont réservé de
» reparaître avec des attributions plus malfaisantes;
» on va les retrouver à la convention, où soutenus
» des auxiliaires infernaux qu'ils auront évoqués,
» ils combleront la mesure du crime. » C'est ainsi,

Monsieur, que notre historien caractérise les orateurs influents de la seconde législature. En vain la postérité, qui a commencé pour eux, environne-t-elle de son admiration et de son respect, les noms de Vergniaud, de Brissot et de Condorcet, l'abbé de Montgaillard, peu touché des hommages unanimes rendus à leur mémoire, oppose hardiment ses arrêts à ceux de l'opinion publique. Les *grands hommes de la faction des girondins*, comme il les appelle, ne furent que des *avocats ambitieux, des sophistes du crime, des plébéiens dévorés du désir de la célébrité* (156, III). Et ces grossières injures ont été précédées des plus lâches insinuations, pour donner quelque consistance aux diffamations de Bertrand de Molleville. « S'il fallait en
» croire ce ministre, dit-il, M. Delessart, vers la fin
» de novembre 1791, aurait fait faire des proposi-
» tions pécuniaires, à Brissot, Isnard, Vergniaud,
» Guadet, à l'abbé Fauchet, etc. : ces députés au-
» raient tous consenti à vendre au ministère leur
» voix et leur influence dans l'assemblée, à raison
» de six mille livres par mois pour chacun d'eux;
» mais M. Delessart aurait trouvé que c'était les
» payer trop cher. » Et l'écrivain qui invoque complaisamment le témoignage d'un imposteur systématique, pour faire planer d'odieux soupçons sur des têtes illustres, ne dit pas un mot dont on puisse induire qu'il doute de la véracité du ministre! et

l'éditeur qui s'est cru obligé de faire une note pour démentir Mirabeau, et attester le civisme de l'abbé de Périgord, laisse insulter ici aux mânes des illustres victimes du 31 mai, sans daigner prévenir le lecteur de se tenir en garde contre les assertions mensongères d'un infatigable artisan d'intrigues liberticides ! Comment lire sans indignation toutes ces pages diffamatoires, où les ennemis de la révolution, désespérés de n'avoir pu en arrêter les progrès, s'efforcent d'en souiller les triomphes, en dégradant les grands caractères qui conduisirent le peuple à la victoire ; en prétendant qu'ils purent dompter en secret, avec de l'or, ceux qu'ils trouvèrent invincibles sur la place publique, et sous les coups desquels ils finirent par succomber ? La cour a acheté Pétion ! ose dire l'abbé de Montgaillard (24, tom. III), et selon lui, Pétion fut pourtant l'un des auteurs de la journée du 10 août (162, III). Qui pourrait s'étonner après une telle imputation (que je craindrais de qualifier trop faiblement en ne l'appelant qu'infâme) contre le magistrat vertueux, à qui Paganel a rendu une si éclatante justice, et que madame Roland se plaît à signaler comme un *véritable homme de bien* (1) et

---

(1) « Pétion, disait la reine, est jacobin, républicain. » Et c'est le prétendu corrupteur du maire de Paris ; c'est Bertrand de Molleville qui rapporte ces paroles !

homme bon; qui pourrait s'étonner de trouver dans le même ouvrage une semblable accusation de vénalité contre Danton et Marat (171, III)? Certes, je suis loin de placer ces deux hommes, dont l'un, cruel par système, parut l'être aussi par tempérament, et l'autre ne craignit pas de se montrer impitoyable toutes les fois que sa politique l'exigea : je suis loin de les placer à côté de Pétion et des autres girondins calomniés par Bertrand de Molleville, sous le rapport des mœurs et des qualités personnelles, indépendantes du caractère public : mais je ne crois pas plus qu'ils aient été aux gages de la cour que ne le furent les amis de Condorcet et de Roland; et je n'hésite pas à vous citer comme l'expression de ma propre pensée, le jugement qu'un nouveau biographe vient de porter sur la corruption dont on a accusé le ministre de la justice au 2 septembre. « Qu'on flétrisse, tant qu'on
» voudra, dit-il, la mémoire de Danton, pour ses
» excès démagogiques, sans lui tenir compte des
» circonstances ni des provocations; mais qu'on ne
» lui prête pas toutefois un caractère vil, qui l'au-
» rait rendu incapable des mêmes excès qu'on lui
» reproche; car ses torts ou ses crimes politiques,
» comme on voudra les appeler, appartiennent
» tous à une exaltation révolutionnaire telle que,
» si elle fut quelque fois voisine de la férocité, elle

» fut du moins incompatible avec la lâcheté et la
» bassesse (1). »

Il est vrai, Monsieur, que l'abbé de Montgaillard, rencontrant incessamment les prétendus pensionnaires de la cour à la tête des ennemis du trône,

(1) *La Biographie universelle*, rédigée sous l'influence des frères Michaud, par des écrivains éminemment monarchiques, avoue que Danton refusa les offres de la cour, en ajoutant, toutefois, que la tentative de corruption n'échoua auprès de lui qu'à cause de la modicité du prix mis à sa conscience. Cette supposition me paraît peu vraisemblable; les conseillers de Louis XVI devaient trop sentir l'importance d'une telle acquisition, pour marchander misérablement le *roi des halles*, s'il avait été réellement à vendre : l'or n'eût pas manqué pour le payer. On a cité pourtant des reçus montrés par M. de Montmorin, et signés de la main même de Danton; mais M. de Montmorin ne disait pas les tenir de l'audacieux tribun lui-même; la personne tierce, qui prétendait leur servir d'intermédiaire, put donc tromper le ministre, et s'approprier les sommes destinées à Danton, en contrefaisant sa signature. Je dirai plus, si Danton eût accepté l'argent du roi, il n'aurait pas fait la sottise d'attester sa honte par écrit, et ne se serait pas exposé aux menaces de divulgation que lui firent les ministres abusés, et qu'il ne dédaigna, comme l'avoue M. de Montgaillard lui-même, que parce qu'il savait bien qu'elles ne pouvaient l'atteindre. M. Mignet, dont le jugement fait aujourd'hui autorité sur les hommes et les événements de cette époque, a cependant admis lui-même, comme prouvée, l'accusation qui veut faire du Mirabeau de la populace, un stipendié de la couronne. « Ce puissant démagogue, dit-il, offrait un mélange
» de vices et de qualités contraires. *Quoiqu'il fût vendu à la*
» *cour, il n'était pourtant pas vil; car il est des caractères qui*

est obligé de supposer qu'ils volaient l'argent du roi (171, III): mais, de quelque cécité que fussent frappés les conseillers de ce prince, est-il vraisemblable qu'ils eussent poussé l'aveuglement et la stupidité jusqu'à se méprendre sur les résultats

» relèvent jusqu'à la bassesse. » (*Histoire de la révol. franç.*, tom. I, pag. 382.) Cette dernière proposition peut séduire certains esprits par son étrangeté, charmer l'oreille de plus d'un lecteur par l'antithèse qui l'exprime; mais je n'en crois pas moins qu'elle manque de justesse et de vérité. Si Danton, républicain par principes, né pour servir la démagogie, se mit aux gages de la royauté conspirant contre le nouvel ordre de choses, la vigueur de son caractère, loin de relever la bassesse de sa conduite, ne put qu'ajouter à sa dégradation morale, en l'aidant à donner effrontément les apparences de l'enthousiasme et de l'énergie civiques à la plus profonde perversité. Dans ce cas, on ne pourrait pas lui appliquer ce que j'ai dit de Mirabeau, qui n'accepta les secours du trésor royal que pour défendre la royauté constitutionnelle telle qu'il jugeait nécessaire de l'établir et de la conserver; qui se fit, par conséquent, le pensionnaire du roi, sans abandonner d'intention, au moins, la cause du peuple; sans renoncer à ses doctrines antérieures, sans feindre des opinions démenties par sa conscience, et sans être obligé de cacher d'odieux et secrets engagements avec le pouvoir, par les démonstrations démagogiques les plus violentes. Mais non, l'homme qui, la veille du 10 août, glaçait d'effroi les démocrates les plus austères par son audace et son exaltation révolutionnaires; qui s'écria, dans les journées de septembre : *Périsse ma mémoire, et que la France soit sauvée !* Non, cet homme ne souilla jamais son fanatisme républicain, par de honteux marchés avec les ennemis de la liberté publique.

de l'influence exercée par le maire Pétion, par le ministre Danton et par le journaliste Marat, aux approches des journées de juin, d'août ou de septembre 1792? que dans l'éloignement du danger, sous les tentes d'outre Rhin, quelques ardents contre-révolutionnaires aient pu désirer des catastrophes capables de produire le bien, dans leur système, par l'excès même du mal, et de sauver la monarchie, en mettant en péril les jours du monarque, cela se conçoit; qu'ils aient compté sur quelques misérables, soudoyés par l'étranger, pour intriguer dans les rangs subalternes, et provoquer des mesures odieuses dans les clubs, nous pouvons l'admettre encore : mais que les royalistes qui entouraient Louis XVI, et dont la première pensée s'appliquait sans doute au salut de la famille royale, aient payé les moteurs des soulevements populaires au milieu desquels le roi, sa femme, ses enfants et eux-mêmes semblaient devoir perdre inévitablement la vie; que ces moteurs salariés ne fussent autres que les principaux révolutionnaires, ceux-là mêmes dont l'exaltation démagogique ne pouvait provenir que d'une conviction profonde et d'un zèle fanatique pour la cause de la liberté, c'est ce que l'autorité de M. de Montgaillard, soutenue de l'assentiment des esprits crédules, dupes des mensonges de Bertrand de Molleville, ou des visions de M. Dulaure, ne pourra jamais m'empêcher de repousser comme calomnieux et ridicule.

Cependant ni Pétion, ni Danton, ni Marat n'étaient membres de l'assemblée législative, et c'est d'elle que je dois vous entretenir spécialement. En la taxant de lâcheté et de perfidie, M. de Montgaillard semble d'abord s'être réservé d'excepter quelques orateurs du côté droit de cette accusation infamante : on le voit en effet transporter, dès les premières pages du troisième volume, sur MM. Becquey, Hua, Bigot, etc., la prédilection qu'il a manifestée pour Mounier, Malouet et Lalli, dans son histoire de l'assemblée constituante. Mais ces nouveaux favoris éprouvent bientôt, comme leurs devanciers, que l'humeur de leur apologiste n'est pas moins capricieuse ni moins changeante que celle du potentat le plus façonné à l'inconstance par son éducation princière. A la suite de quelques phrases, où leurs talents, leur courage et leur fidélité au trône constitutionnel sont opposés aux *opinions anarchiques des brissotins, girondins et fédéralistes* : « Que faisaient donc à l'assemblée nationale, » s'écrie tout à coup l'abbé de Montgaillard, les » Lacépède, les Pastoret(1), les Viennot Vaublanc, » les Lacuée-Cessac, les Lemontey, les Beugnot,

(1) M. de Montgaillard en veut surtout à M. Pastoret ; il lui a reproché, dans son premier volume, de s'être marié, le 14 juillet 1789, et lui a fait dire, à cette occasion, *qu'un homme habile s'occupe de sa fortune en tout temps* ; depuis il n'a cessé

» les Bigot Préameneu, les Quatremère-Quincy,
» les Mathieu Dumas, etc., etc., et cette foule de
» députés se disant royalistes constitutionnels?
» ont-ils défendu le roi, la patrie, la liberté? Se
» sont-ils exposés pour faire respecter les lois? ont-
» ils seulement blâmé, désapprouvé les assassins?...
» Non. Ces députés (tous couverts des grâces, des
» bienfaits, des faveurs de la restauration) lais-
» sent en 1792, froidement, tranquillement em-
» prisonner et assassiner la famille royale; ils insul-
» tent à l'humiliation du roi, et délibèrent contre lui
» et devant lui!...... L'extrême lâcheté des députés
» se disant constitutionnels enhardit les députés
» démagogues. » Voilà comment M. de Montgaillard juge et qualifie, aux pages 154 et 155 de son
troisième volume, les hommes que quelques
feuilles auparavant il signale comme des citoyens
recommandables, et dont il ose vanter encore
les principes et la conduite politiques, après ces
dégoûtantes injures, dès qu'il croit trouver dans
leur modération un contraste accusateur à établir
contre les républicains, devenus, à leur tour, l'objet de ses brutales apostrophes. « Les démagogues
» les plus ardents de cette assemblée, dit-il, furent

de le harceler et de le poursuivre à outrance. Il faut que M. le marquis, dont je suis loin d'ailleurs de vouloir me constituer le champion, ait donné quelque sujet d'aigreur et de haine à M. l'abbé, à ses proches, ou à ses annotateurs!

» Bazire, Brissot, Cambon, Carnot, Condorcet,
» Gensonné, Guadet, Isnard, Vergniaud, etc. Que
» pouvaient contre cette horde de forcenés quel-
» ques défenseurs de la justice, de l'humanité,
» Becquey, Bigot de Préameneu, Daverhoult, Ma-
» thieu Dumas, Stanislas Girardin (1), Hua, Jau-
» court, Ramond? Cette minorité n'avait à son
» usage que le langage de la raison (235, tom. III). »
Les députés se disant constitutionnels étaient donc
les défenseurs de la justice, de l'humanité, alors
même *qu'ils laissaient froidement, tranquillement
emprisonner et assassiner la famille royale ; qu'ils
insultaient à l'humiliation du roi!* Ils luttaient
malgré leur *impuissance*, et avec *la seule arme de
la raison*, contre une horde de *forcenés*, et cependant, *ce fut leur inertie qui encouragea ces forcenés*,
et qui les fait accuser aujourd'hui de n'avoir défendu ni le roi, ni la patrie, ni la liberté ; de ne
s'être jamais exposés pour faire respecter les lois ;
de n'avoir pas seulement blâmé, désapprouvé les

(1) M. de Girardin, dont la perte récente a excité de si justes regrets dans le camp des constitutionnels, siégea à l'extrême gauche de l'assemblée législative, dans les premiers jours de la session. Depuis il se rapprocha du centre, et finit par se trouver à l'extrême droite à l'époque du 10 août. Ce digne élève de Rousseau, que nous avons vu si brillant, si spirituel, doué de tant de facilité, à la tribune de notre chambre des députés, semblait alors tout-à-fait dépourvu de talents oratoires.

assassins ! Toutes ces incohérences, ces antimonies ne déparent point, Monsieur, l'histoire de l'abbé de Montgaillard : elles en forment, au contraire, les éléments indispensables, et recèlent peut-être le secret de ses succès; car, selon la remarque du *Constitutionnel* même, chacun passe rapidement sur sa part d'injures, pour s'arrêter complaisamment, soit aux louanges dont il est l'objet, soit aux invectives dirigées contre tout ce qui n'est pas lui. Mais puisque nous en sommes aux *démagogues ardents* de l'assemblée législative, à Carnot, Condorcet et Vergniaud, *flatteurs du peuple, patriotes prétendus inébranlables* (235, III), voyons si l'abbé de Montgaillard ne nous indiquera pas lui-même comment ces *fanatiques ambitieux* furent conduits inévitablement à républicaniser leurs opinions, par l'opiniâtreté naturelle des ennemis de la révolution; par l'impossibilité de rattacher sincèrement à la constitution, un prince qui avait hérité du pouvoir absolu, et les ordres privilégiés, dont une disposition législative ne pouvait soudainement anéantir les habitudes et les prétentions aristocratiques. Pour trouver cette explication apologétique de la conduite des démocrates, dans le livre de leur accusateur, nous n'aurons pas à chercher longtemps; il ne faudra que se reporter à la page 36 du même volume, et nous y lirons : « Oui, ce sont
» les préjugés des aristocrates, l'obstination du

» clergé, les intrigues de la cour, et le système des
» conseillers secrets, pendant les trois années pré-
» cédentes qui firent germer et fomentèrent les idées
» de démocratie, et qui poussent aujourd'hui vers
» la république. Comme ils sont privés de bon
» sens ceux qui disent: Point d'accommodements,
» tout ou rien! en proférant ce cri de guerre, ils
» le font répéter à leurs ennemis; ils se donnent
» encore pour ennemis ceux qui désiraient ne l'être
» plus, ceux qui ont cessé de l'être, et auxquels on
» montre d'implacables représailles. Aussi, suffira-
» t-il aux écrivains et aux harangueurs révolution-
» naires, pour nourrir les craintes et l'animosité
» générales, de redire les phrases des écrivains de
» l'émigration (1). » La résistance aveugle des

(1) On lit, dans la *Réfutation de la vie de Napoléon Bonaparte de sir* Walter Scott, par M. ***, le passage suivant : « La
» plupart des hommes de l'ancien régime qui occupaient de
» grands emplois, émigrant, tous ceux qui voulurent rester
» furent promus aux nouvelles charges créées par la constitu-
» tion. Malheureusement un trop petit nombre prit ce parti;
» c'est bien ici qu'on peut, par une hypothèse plus que pro-
» bable, assurer que, si au lieu d'aller chercher des secours sur
» la terre étrangère, les magistrats et les chefs de l'armée fussent
» restés à leur poste, la révolution eût été ce qu'elle devait être
» par son irrésistible nature, complète sous tous les rapports;
» mais son histoire ne contiendrait pas les pages sanglantes qui
» la souillent (Page 26 et 27, tome I). » — « Sans l'émigration
» qui amena la guerre, dit M. Mignet, sans le schisme qui

absolutistes étant ainsi proclamée la cause première de la tendance républicaine qui s'était emparée des esprits, et les démocrates se trouvant constitués

» amena les troubles, le roi se serait probablement fait à la
» constitution, et les révolutionnaires n'auraient pas pu songer
» à la république (Page 401, tome I). » Il est très vrai que l'émigration provoqua l'explosion démagogique de 1792 et 1793; mais il ne faut pas oublier qu'elle fut provoquée elle-même par les mouvements révolutionnaires de 1789, dont les émigrants ne pouvaient comprendre la justice et la nécessité. L'émigration et le jacobinisme étaient les conditions indispensables d'une crise régénératrice, où les sentiments et les intérêts les plus contraires devaient se trouver aux prises. Sans doute, si les royalistes eussent pensé comme les patriotes; si ceux que la révolution dépouillait eussent agi comme ceux qu'elle favorisait; si MM. de Breteuil, d'Avaray, de Bouillé, etc., eussent voulu s'entendre avec Barnave, Pétion ou Robespierre, notre grande réforme politique n'aurait pas été ensanglantée. Mais cette heureuse concordance aurait supposé l'absence d'intérêts et de passions ennemis, et alors il n'y aurait pas eu de révolution à faire. Si celle-ci fut inévitable, comme l'a très bien prouvé M. Mignet, c'est qu'elle ne devait qu'exprimer l'incompatibilité désormais absolue des priviléges politiques de la noblesse et du clergé, avec les lumières et l'importance réelle du tiers-état; et cette opposition d'état et de sentiments, entre les diverses classes de la nation, ne pouvant s'éteindre précisément au moment où elle amenait une lutte décisive, devait produire, inévitablement aussi, les grands incidents, par lesquels se manifesta l'obstination réciproque et naturelle de deux partis, inconciliables jusqu'à la victoire complète de celui qui représentait les véritables besoins nationaux et les idées du siècle.

en état de simple défense, il semblerait que l'historien a regardé comme nécessaires au salut de la révolution, les mesures violentes adoptées par les républicains; et qu'il va par conséquent traiter ces derniers avec plus d'indulgence qu'ils n'ont coutume d'en obtenir de leurs héritiers bénéficiaires eux-mêmes, les écrivains libéraux. Mais l'abbé de Montgaillard, vous le savez, Monsieur, dédaigne trop l'enchaînement logique des idées, pour condescendre à raisonner froidement et à mettre un syllogisme à la place d'une calomnie ou d'une injure : aussi, n'avez-vous pas été sans doute plus étonné que moi, en le voyant reprocher à Lafayette de n'avoir pas exterminé ces démocrates, issus des torts et des perfidies combinés de l'aristocratie et de la cour, lorsqu'il vint fermer leur club, et menacer le jacobinisme au milieu de ses envahissements et de sa puissance. Il convenait à l'historien qui n'a pas craint de blâmer cet illustre patriote de sa trop grande modération au Champ-de-Mars, de ses efforts pour épargner, le plus possible, la vie de ses concitoyens; il lui convenait d'exprimer le regret que Paris n'eût pas été enseveli dans les flammes ou noyé dans le sang, par le général même que cette immense capitale avait appellé naguère à la tête de ses phalanges civiques : car, il faut le dire, il ne tient pas à M. de Montgaillard que l'un des noms les plus purs de la France n'en soit devenu l'un des plus odieux, et que tous les souvenirs de gloire (1), de vertu et d'héroïsme, dont

(1) L'abbé de Montgaillard cherche même à atténuer la gloire, moissonnée dans les champs américains, par Lafayette et Rochambeau. « Luckner, dit-il, a pour seul titre au comman-
» dement de l'armée d'Alsace, les ravages qu'il a exercés, et le
» mal que, dans la guerre de sept ans, il a, comme chef de par-
» tisans, fait aux troupes françaises. Les deux autres ont leurs
» services aux États-Unis : cependant la guerre d'Amérique n'a
» produit qu'un seul exploit digne de mémoire dont on puisse
» faire honneur à l'armée française, savoir : la capitulation
» d'York-Town, résultat des manœuvres de l'amiral de Grasse,
» dans le Chesapeak, et de l'active intrépidité du maréchal-de-
» camp Saint-Simon (83, III). » Il est vrai que le siège d'York-Town est la seule expédition à laquelle la division française ait pris part ; mais son digne chef, Rochambeau, avait fait la guerre de Flandre et la guerre de sept ans, où il s'était particulièrement distingué, notamment à la bataille de Clauster-Camp, où il commandait une brigade sous les ordres du maréchal de Castries. Quant à Lafayette, il était à la tête d'une division américaine, et l'on sait que ce fut par ses habiles manœuvres que lord Cornwallis fut conduit à la position d'York-Town. L'arrivée de M. de Grasse dans la baie de Chesapeak ne fit que fermer aux Anglais leur retraite du côté de la mer. Le maréchal-de-camp Saint-Simon, amené des îles par l'amiral, avec une division de trois mille hommes, fut d'abord placé sous la direction du général Lafayette, qu'il joignit à sa dernière position de la campagne ; il passa ensuite sous les ordres de Rochambeau, lorsque Washington eut amené, du nord, le corps d'armée de la division française et une division américaine. Il fit bien, sans doute, mais rien de plus que les autres maréchaux-de-camp français.

se compose la longue carrière de Lafayette, n'aient été souillés par des actes de carnage et de dévastation. « Avec plus de fermeté, dit-il, en se por-
» tant sans le moindre retard à des mesures déci-
» dément et *brutalement agressives* envers les anar-
» chistes, Lafayette aurait incontestablement rendu
» de la vigueur à la majorité du corps législatif.....
» Il aurait indubitablement suffi de *deux ou trois*
» *mesures énergiques et promptes*, telles que la
» *destruction ou l'incendie* des bâtiments où se réu-
» nissaient la société mère des jacobins et le club
» des cordeliers, pour neutraliser leurs premiers
» efforts, et leur ôter les moyens de correspondre
» avec les départements, pour *déconcerter*, c'est à
» dire *écraser* les girondins (104 et 105, III). »
Quel bizarre homme d'état, Monsieur, que l'abbé de Montgaillard ! Il veut, sans contredit, le triomphe de la révolution, à laquelle il prédit de si salutaires et si vastes résultats, en vingt endroits divers de son livre; il s'attache à prouver que la cour, les prêtres et l'émigration provoquèrent, par des manœuvres et des attaques insensées, le déchaînement des passions démagogiques et l'emploi des moyens extrêmes; il affecte néanmoins de se séparer du parti révolutionnaire, et déclame, avec plus d'emphase et de brutalité que jamais, contre les jacobins, parce qu'ils acceptèrent toutes les conséquences de leur position, et qu'ils osèrent ne pas reculer devant les

mesures défensives, nécessitées par les machinations et les hostilités imprudentes qu'il s'est appliqué lui-même à constater; il dit enfin anathème aux défenseurs de la cause qu'il prétend être la sienne, dès qu'ils sont réduits à ensanglanter les autels de la liberté; à opposer le *système de la terreur* au *traité de Pilnitz*, au *manifeste* de *Brunswick* aux notes insolentes de l'Autriche (1), à la défection des généraux, aux complots, aux soulèvements et aux assassinats de l'intérieur; et tout à coup cette philanthropie, qui l'a rendu infidèle à ses drapeaux, qui lui a fait préférer l'humanité à la révolution d'où le bonheur du genre humain doit sortir un jour; cette philanthropie l'abandonne, et il regrette que la politique homicide, incendiaire, dévastatrice, pour laquelle il manifeste tant d'horreur quand elle est invoquée par les démocrates, n'ait pas été largement employée contre eux;

(1) L'abbé de Montgaillard ne craint pas d'affirmer, pag. 61, tom. III, que la note du cabinet autrichien, si injurieuse pour la nation française, et l'une des pièces les plus hostiles à la révolution, fut rédigée par Barnave et Adrien Duport, et que la reine en fit passer le modèle à Bruxelles. Cette assertion est évidemment calomnieuse; Duport et Barnave purent servir le roi constitutionnel, mais jamais le roi de la contre-révolution; et ce n'était pas, par l'intermédiaire des plus illustres patriotes de 1789, que Louis XVI pouvait correspondre avec les monarques absolus, qui allaient tenter de lui rendre son antique pouvoir sur les ruines de la constitution.

alors même qu'ils ne faisaient, selon ses propres expressions, que répéter le cri de guerre de leurs ennemis, et qu'assurer la victoire aux principes qui doivent affranchir le monde! Le glaive exterminateur, objet d'épouvante et d'effroi, lorsqu'un peuple irrité l'agite violemment sur des têtes orgueilleuses et long-temps oppressives, ne serait-il donc qu'une arme loyale et bénigne entre les mains du gouvernement, de l'aristocratie, ou des *gens comme il faut*, qui s'en serviraient impitoyablement contre la multitude exaspérée, qu'ils auraient poussée à l'insurrection par leurs excès ou par leurs fautes? Et les victimes plébéiennes perdraient-elles leurs droits à l'intérêt et à la pitié des cœurs généreux, parce que de superbes sacrificateurs auraient essayé de les flétrir, comme dans les Pays-Bas, dans la Suisse et en France, du titre de *gueux*, de *pâtres* et de *sans-culottes* (1)? Mais l'abbé

(1) « Plus habiles que nous, disait Mirabeau à la tribune de
» l'assemblée constituante, les héros bataves qui fondèrent la
» liberté de leur pays prirent le nom de *gueux;* ils ne voulurent
» que ce titre, parce que le mépris de leurs tyrans avait prétendu
» les en flétrir, et ce titre, en leur attachant cette classe immense
» que l'aristocratie et le despotisme avilissaient, fut à la fois
» leur force, leur gloire et le gage de leurs succès. Les amis de
» la liberté choisissent le nom qui les sert le mieux, et non celui
» qui les flatte le plus; ils s'appelleront les *remontrants*, en
» Amérique; les *pâtres*, en Suisse; les *gueux*, dans les Pays-Bas.
» Ils se pareront des injures de leurs ennemis; ils leur ôteront

de Montgaillard pensait-il réellement, Monsieur, que la démagogie, née, selon lui, de la violence de l'opposition royaliste, eût cédé sans combat aux violences des constitutionnels? L'artillerie est impuissante contre les idées, nous a-t-il dit lui-même; on ne peut pas sabrer, fusiller, mitrailler une opinion, et le républicanisme n'était pas autre chose. Entièrement de son avis sur ce point, j'ajouterai qu'il était tout aussi impossible de brûler cette opinion que de la tuer, et que les torches, dont ce chaleureux ami de l'humanité déplore ici la non intervention, n'étaient propres qu'à raviver la fièvre démocratique, au lieu de l'éteindre, et qu'à la rendre plus meurtrière, en irritant de plus en plus la nation, non seulement contre les partisans de l'ancien régime, mais encore contre les patriotes de 1789 (1),

» le pouvoir de les humilier avec des expressions dont ils auront
» su s'honorer. »

(1) L'abbé de Montgaillard attribue à Lafayette, à Rochambeau et à Narbonne, un projet de contre-révolution qu'ils auraient conçu et arrêté à Metz, pendant le séjour du ministre dans cette ville. « Il était question, dit-il, de faire évader
» Louis XVI par Pontoise et Dieppe, où il se serait embarqué pour
» Ostende, et de cette dernière ville il devait se rendre à Metz.
» Le département de Paris, ayant Talleyrand Périgord à sa tête,
» se serait alors emparé de l'autorité dans la capitale, et aurait
» réuni les membres de l'assemblée législative et de l'assemblée
» constituante sur lesquels on pouvait compter; cette nouvelle
» assemblée eût déclaré Paris en insurrection contre la constitu-

qui, faisant ainsi une guerre d'extermination aux républicains, dont le système n'était que le produit des circonstances, et s'opposant au développement de la puissance populaire, seule capable de vaincre l'obstination des anciens privilégiés, n'auraient pu être considérés, dès lors, que comme les plus odieux d'entre tous les fauteurs de tyrannie et de contre-révolution.

Il est maintenant inutile, Monsieur, que j'entreprenne de discuter en détail les assertions et les appréciations de l'abbé de Montgaillard, sur les événements du 20 juin, du 10 août et du 2 septembre 1792 (1) : comme il ne cesse d'attribuer les

» tion et la loi, et Lafayette aurait marché à fortes journées sur
» la capitale à la tête de son armée. Ce projet de contre-révolution,
» pour si insensé qu'il fût, paraît avoir été réellement tenté. »
(Page 91, tome III.) Je crois pouvoir affirmer, au contraire, que ce projet n'a jamais eu d'autre existence que celle que lui donne ici l'imagination bizarre de l'abbé de Montgaillard. Narbonne, l'un des meilleurs ministres qu'ait eus la France, passa effectivement à Metz en allant visiter les frontières. Il trouva dans cette ville Luckner et Rochambeau, qui y reçurent de sa main le bâton de maréchal de France, et Lafayette, commandant l'armée du centre, dont le quartier général était à Metz. Les trois généraux furent ensuite mandés à Paris pour déterminer le plan de campagne contre les ennemis; mais il ne fut jamais question, entre eux, de projets qui eussent le moindre rapport avec la fable de M. de Montgaillard.

(1) MM. Thiers et Mignet ont fait un tableau des *massacres*

malheurs de la France à ceux qui subirent la révolution et à ceux qui la firent; comme il répète, à chaque page, que Louis XVI, sa famille, la noblesse et le clergé furent les propres artisans de leurs infortunes, et qu'il déblatère cependant contre les girondins et les jacobins, pour avoir, sans utilité, sans motifs et sans excuse, appelé ces mêmes calamités sur leurs opiniâtres ennemis; il me faudrait revenir incessamment sur ce que j'ai déjà dit tant de fois, et vous finiriez par vous fatiguer de me voir péniblement attaché à relever de trop nombreuses et trop choquantes contradictions. Qu'il vous suffise de remarquer que les ministres de cette époque, royalistes, feuillants (1), ou girondins, ne

de septembre, tel qu'on devait l'attendre de leur impartialité et de la supériorité de leurs vues. Ils ont eu le courage d'expliquer ces affreuses journées, comme le firent Garat et Danton, comme l'a fait Napoléon, dont je crois utile de citer ici les paroles mémorables: « Ce fut bien plutôt l'acte du fanatisme, dit-il,
» que celui de la pure scélératesse; on a vu les massacreurs
» de septembre massacrer l'un d'entre eux pour avoir volé
» durant leurs exécutions. Ce terrible événement était dans la
» force des choses et dans l'esprit des hommes. Point de bouleversement politique sans fureur populaire, point de danger
» pour le peuple déchaîné, sans désordre et sans victimes? Les
» Prussiens entraient; avant de courir à eux, on a voulu faire
» main basse sur leurs auxiliaires dans Paris. Peut-être cet
» événement influa-t-il, dans le temps, sur le salut de la France.»
(*Esprit du Mém.*, page 474, tome II.)

(1) M. de Narbonne est surtout maltraité par l'abbé de Mont-

sont pas mieux traités que les législateurs d'opinions diverses ; que Bertrand-Molleville, Narbonne, Roland et Dumourier (1) se présentent comme également inhabiles ou factieux, et que cette partie de l'ouvrage, publié sous le nom de l'abbé de Montgaillard, est en tout digne des premiers volumes où

gaillard ; ce ministre, selon lui, présentait encore moins de garanties à Louis XVI que Talleyrand Périgord. « Il entretenait,
» dit-il, des relations intimes avec madame de Stael, qui con-
» naissait ainsi tout ce qui se passait dans le conseil de Louis XVI;
» elle exigea de Narbonne qu'il dénonçât le roi, comme formant
» au-dedans et au dehors des projets de contre-révolution. Nar-
» bonne (il lui rend pourtant cette justice) refusa de se prêter à
» une telle infamie; mais madame de Stael s'en chargea elle-
» même, et envoya au *Journal de Paris* une lettre outrageante
» contre le roi, signée *Narbonne*. Le ministre n'osa pas la désa-
» vouer; mais à peine cette lettre eût-elle été publiée, que
» Louis XVI chassa Narbonne du ministère. » (Page 91 et 92,
tome III.) Cette prétendue lettre outrageante contre le roi, rédigée par madame de Stael, est encore de l'invention de M. de Montgaillard; il y eut seulement des lettres adressées par les généraux à Narbonne, pour lui témoigner combien sa présence au ministère leur paraissait nécessaire; elles furent insérées, à l'insu de ce ministre, dans le *Journal de Paris*, et cette publication motiva son renvoi.

(1) Le portrait de Dumourier me paraît admirablement tracé par M. Mignet : « La première partie de sa vie politique, dit-il,
» se passa à chercher par qui il pourrait parvenir, et la seconde,
» par qui il pourrait se conserver. Courtisan avant 1789, consti-
» tutionnel sous la première assemblée, girondin sous la seconde,
» jacobin sous la république, c'était éminemment un personnage

nous avons eu si souvent l'occasion de surprendre, en flagrant délit, le génie malfaisant de l'historien.

Il me reste à vous parler, Monsieur, des diamants de la couronne, égarés dans le pillage du garde-meuble et remis à un employé subalterne, nommé Charlot, par un sans-culotte de ses

» de position. Mais il avait toutes les ressources des grands
» hommes; un caractère entreprenant, une activité infatigable,
» un coup d'œil prompt, sûr, étendu; une impétuosité d'action
» et une confiance dans le succès extraordinaire; et, en outre,
» il était ouvert, facile, spirituel, hardi, propre aux factions et
» aux armes, plein d'expédients, étonnant d'à-propos, et, dans
» une position, sachant s'y soumettre pour la changer. Il est
» vrai que ses grandes qualités se trouvaient affaiblies par
» quelques défauts. Il était hasardeux, léger et d'une grande
» inconstance de pensées et de moyens, à cause de son besoin
» continuel d'action. Mais le grand défaut de Dumourier était
» l'absence de toute conviction politique. » (Page 308 et 309, tome I.) Il était, en effet, tellement démoralisé sur ce point, qu'il ne pouvait croire à la probité politique des autres, et qu'il dit un jour à Carnot, au sortir d'une réunion où l'on avait arrêté des mesures terribles que les républicains croyaient être commandées par le salut public : « Il faut avouer que nous sommes
» de grands scélérats ! » — « Gardez cela pour vous, général, » lui répondit le sincère patriote, et ils se séparèrent. Carnot a pensé, du reste, que Dumourier n'avait pas eu d'abord l'intention de trahir la république, et qu'il ne fut conduit à la défection que par ses revers; essayant ainsi de donner à sa défaite l'apparence d'une connivence criminelle avec l'étranger, et aimant mieux passer pour traître à la France révolutionnaire que pour guerrier inhabile.

amis (223, III). C'est dans le chapitre consacré aux travaux de l'assemblée législative que se trouvent les détails de ce fait, présentés d'ailleurs d'une manière tout-à-fait inexacte par M. de Montgaillard. Cet écrivain prétend en effet que « Charlot, retiré à Abbeville, sa patrie, et sentant sa fin très prochaine, dit à M. Delattre-Dumontville, qui l'avait secouru dans sa détresse : « Ouvre le tiroir de » cette petite table; il y a dedans une petite boîte; » prends-là, et, si je meurs, fais-en l'usage que tu » voudras : j'exige seulement que tu ne regardes » pas ce qu'il y a dedans; jure-le moi. » Dumontville, ajoute-t-il, sortit avec la boîte qui était fermée par un papier cacheté. Il fut le lendemain savoir des nouvelles de l'état de Charlot, on lui apprit qu'il venait d'expirer. Rentré chez lui, Dumontville ouvrit la boîte, et y trouva des diamants pour une somme d'environ six millions..... Dumontville conserva ces diamants jusqu'à l'époque de la restauration..... La restauration effectuée, il vint à Paris, et écrivit aussitôt à M. le comte Blacas-d'Aulps; M. de Blacas lui répondit, le jour même, de se rendre chez lui; Dumontville y vint, et expliqua, au ministre de la liste civile, la cause de son voyage..... M. de Blacas traita Dumontville avec une grande distinction... Lui dit de revenir le lendemain avec le dépôt en question, et l'assura qu'il le conduirait aussitôt chez le roi. Ponctuellement exact au quart-d'heure indiqué, Dumontville fut introduit chez M. de Blacas aussitôt qu'il se présenta; le ministre lui demanda à voir les diamants, les examina beaucoup, prodigua de nouveaux éloges à Dumontville, et finit par lui dire que des affaires d'état empêchaient sa majesté de le recevoir, mais qu'il revint le lendemain, et qu'il jouirait du bonheur d'entendre, de la bouche même du roi, toute la satisfaction qu'éprouvait sa majesté d'un si beau trait d'honneur et de fidélité. M. de Blacas garda la boîte de diamants.... Dumontville se présenta le lendemain chez le ministre qui ne fut pas visible; il eut beau s'y présenter pendant huit jours consécutifs, la porte demeura fermée..... Dumontville revint à Abbeville, et ne cessa, pendant plus de quatre mois, d'écrire à M. de Blacas, qui, fatigué sans doute de ses importunités, lui fit envoyer un brevet de chevalier de la légion d'honneur, en novembre 1814. » Ce récit était fait, Monsieur, pour laisser, dans l'esprit des lecteurs, des soupçons peu honorables pour le ministre de la maison du roi, aussi s'empressa-t-il de réclamer, à l'apparition du livre de M. de Montgaillard, pour indiquer la destination toute naturelle qu'il avait donnée au dépôt de M. Dumontville : mais voilà que les héritiers d'une dame Cordonnier viennent de démentir, à leur tour et judiciairement, le conte ingénieux et malin de notre historien; ils ont établi, devant le tribunal

d'Abbeville: « 1° Qu'un sieur Duchesne, ayant trouvé
» six diamants sous les décombres d'un vieux bâ-
» timent, les vendit à la veuve Cordonnier, orfévre
» en cette ville ; 2° que cette dame, ayant appris
» que les diamants de la couronne avaient été sous-
» traits en 1793, engagea un de ses amis, M. Delat-
» tre-Dumontville, à vouloir bien remettre ces ob-
» jets au roi; 3° que trois de ces diamants furent
» reconnus appartenir en effet à la couronne, et
» que les trois autres furent rendus à la veuve Cor-
» donnier, qui les vendit, à son profit, 4,000 fr. ;
» 4° que le roi, pour récompenser la fidélité dont
» il recevait une preuve si éclatante, accorda, sur
» la liste civile, à M. Dumontville, une pension de
» 6,000 fr. qui lui fut payée pendant cinq ans, avec
» la croix de la légion d'honneur ; 5° que la veuve
» Cordonnier, n'entendant point parler de ses dia-
» mants, crut devoir rappeler la remise qu'elle
» avait fait faire par M. Delattre, et que, par suite
» de ses réclamations, la pension fut retirée. » Les
magistrats d'Abbeville, tenant pour constants les
faits allégués par les héritiers de la veuve Cordonnier, faits indiqués par une note trouvée dans les
papiers de cette dame, et sur lesquels ils se fondaient pour démontrer qu'elle avait été trompée,
ont condamné le héros de M. de Montgaillard à la
restitution de 29,000 francs et aux frais.

J'ai l'honneur, etc.

DIXIÈME LETTRE.

Paris, le 15 septembre 1827.

Monsieur,

Tant que l'abbé de Montgaillard faisait l'histoire spéciale de la *législative*, il était naturel qu'il ne vît rien de si criminel qu'elle dans nos fastes révolutionnaires; vous savez qu'avec sa résolution de peindre tous les objets sous les plus noires couleurs, celui dont il s'occupe actuellement est toujours présenté comme le plus hideux, sauf à lui donner ailleurs une teinte moins sombre pour faire ressortir davantage la laideur d'une nouvelle victime; aussi avez-vous lu, sans doute, comme moi, sans étonnement, cette phrase du chapitre que j'ai analysé dans ma précédente lettre : « Assemblée » nationale, dite législative, oui, tu fus cent fois, » mille fois plus coupable que la convention! Tu » détrônas Louis XVI, tu le livras aux bourreaux, » tu bouleversas la France de fond en comble. » Assemblée nationale, tu donnas le signal des » crimes; la convention ne fit que les exécuter! » (Pag. 155, III.) Mais nous arrivons maintenant à l'histoire de la convention elle-même, Monsieur, et il faut bien s'attendre à la voir dépasser à son tour la *législative* dans la carrière du crime, et s'offrir au lecteur, encore effrayé du tableau de cette dernière assemblée, sous un aspect plus horrible que tout ce qui précède et tout ce qui suit. On pressent déjà le sort que l'abbé de Montgaillard réserve aux nouveaux dépositaires de la souveraineté nationale, en lisant en tête du livre qu'il a consacré au gouvernement républicain, ces deux vers de Voltaire:

Exterminez, grands dieux, de la terre où nous sommes,
Quiconque avec plaisir répand le sang des hommes!

Ces imprécations philanthropiques sont édifiantes, Monsieur, surtout chez l'écrivain qui refusait naguère à Lafayette la qualité d'homme d'état, parce qu'il ne voulut pas exterminer les jacobins à la suite des tristes événements du *Champ-de-Mars*, ou les brûler dans leurs clubs, après le 20 juin, au risque d'incendier la moitié de Paris. Mais l'abbé de Montgaillard, qui ne saurait ainsi se défendre d'avoir lui-même encouru l'anathème qu'il a sans doute l'intention d'invoquer ici contre la convention, en commençant fastueusement l'histoire de cette assemblée par les vers que je viens de transcrire; l'abbé de Montgaillard a-t-il pensé réellement que les implacables du parti républicain eussent répandu *avec plaisir* le sang des hommes? Croit-il qu'à une époque déterminée, les mères du pays le plus civilisé de l'univers se soient donné le mot pour n'enfanter tout à coup que des êtres féroces, sur un sol renommé pour les mœurs douces de ses habitants! et qu'entre les vieilles générations, qui firent considérer la France comme une terre amie de l'humanité, et les générations qui justifient chaque jour davantage cette antique réputation, il se soit rencontré une génération de barbares, sans ressemblance aucune avec celles qui la précédaient, ni avec celles qui devaient la suivre, et portée par ses dispositions natives à trouver d'horribles jouissances dans les immolations! S'il était vrai que la représentation nationale, choisie sur tous les points de l'empire, parmi les citoyens jugés les plus capables d'exprimer les idées et les passions alors dominantes, eût en effet frappé ses victimes *avec plaisir*, et tressailli d'allégresse sur des monceaux de cadavres, il faudrait bien admettre l'existence de cette race monstrueuse dans la généalogie de notre nation. Heureusement il n'en est point ainsi : les tigres qui, tels que Carrier, Dumas, Fouché et quelques autres, s'abreuvèrent complaisamment de sang humain, ne forment qu'un groupe isolé dans le vaste tableau des excès révolutionnaires, où l'acharnement inévitable des deux partis pousse réciproquement, et malgré eux, à la cruauté, les hommes que leur penchant naturel aurait conduits à la philanthropie en des temps ordinaires. En veut-on un exemple frappant? Marat, l'homme type des politiques sanguinaires; Marat, dont le nom, entouré de souvenirs atroces, n'inspire aujourd'hui que l'exécration et le dégoût; Marat lui-même n'était pas cruel par nature, et cherchait moins à satisfaire les besoins de son cœur qu'à réaliser les affreux calculs de sa tête, quand il appelait incessamment la faux de la mort sur les ennemis de la révolution. Avant 1789, alors que son caractère primitif n'avait pas été altéré par la fièvre démagogique; que la plupart des esprits spéculatifs se flattaient de réformer l'état sans secousse, par la seule application de leurs théories, et que la dissidence d'opinion ne semblait pas devoir jamais entraîner les Français dans une arène meurtrière pour s'y entr'égorger; il professa hautement les doctrines généreuses autour desquelles se ralliaient les écrivains philosophes du temps, et plaida énergiquement, dans un mémoire, pour l'abolition de la peine de mort. Plus tard, lorsqu'en présence des obstacles naturels que rencontrait la régénération de la France, il ne sut concevoir la victoire du parti qu'il avait embrassé, que par l'extermination de quiconque pourrait contrarier l'exécution de son effroyable système; lorsqu'il sembla demander au nom de la liberté, ce que Caligula avait souhaité pour la tyrannie; en 1793, au milieu même des accès les plus violents de sa rage homicide, on le vit disputer chaleureusement des victimes au bourreau, toutes les fois qu'il ne les jugea pas coupables des *crimes de circonstance*, qu'il avait imaginés dans son code particulier; c'est ainsi qu'à la fameuse séance du 2 juin, il insista pour faire rétrécir le cercle de la proscription, et qu'il parvint à sauver Dussaulx, Lanthenas et Ducos (1). Et l'exemple de Marat n'est point une exception! Les démocrates, considérés communément comme les plus ardents terroristes, après lui, et qui, plus que lui, eurent de l'influence sur l'établissement et la marche du gouvernement révolutionnaire; Danton, *le patron des septembriseurs*, Robespierre, *l'idole des jacobins*, et Barrère, surnommé, *l'Anacréon de la guillotine*, s'étaient faits aussi les avocats de l'humanité, en demandant que la peine capitale fût rayée de notre législation, tandis que, dociles encore à l'impulsion naturelle de leur ame, ils n'avaient pas subi l'empire des passions politiques. A plus forte raison, les conventionnels à qui leurs ennemis eux-mêmes n'ont jamais contesté un caractère honorable, des vues désintéressées et des vertus privées ; Carnot, Chénier, Grégoire, Brissot, Condorcet (2) etc., ne sauraient être considérés comme ayant associé leur

(1) Ducos ne fut sauvé que momentanément. Sa généreuse constance à défendre ses illustres amis, finit par lui en faire partager le sort.

(2) M. de Montgaillard ne veut point faire de distinction en faveur de ces hommes célèbres. « Robespierre, Marat, Saint-Just,

nom, *avec plaisir*, à des actes terribles, qu'à leurs yeux la nécessité n'aurait pas commandés. Quand l'organisateur de la victoire, appelé à prononcer sur le sort de Louis XVI, et prêt à émettre le vote funeste qui l'a fait mourir lui-même sur une terre étrangère, s'écria : « Jamais, je l'avoue, devoir ne pesa » davantage sur mon cœur ; » il exprima la pensée et peignit la situation morale de cette assemblée, qu'un ministre de Louis XVIII (M. de Serre) n'a pas craint, en 1819, de placer sous la protection de son éloquence, en déclarant à la tribune de la chambre des députés, que la majorité de la convention était *saine*. Cependant un écrivain qui partage, avec M. Mignet, l'honneur d'avoir arraché les personnages et les faits de la révolution à la fureur aveugle des partis, pour les transporter dans le domaine de l'impartialité historique, M. Thiers a semblé croire que les hommes d'état de 1793 contemplaient, sinon *avec plaisir*, comme l'insinue l'abbé de Montgaillard, du moins sans émotion et avec indifférence, les sacrifices humains que leur imposa trop souvent leur politique sanguinaire et transitoire. Après avoir fort bien démontré, selon moi, que les girondins n'osaient pas concevoir des moyens de salut public

» ne sont pas plus atroces, dit-il, et ne présentent pas leurs sen-
» timents sous des expressions plus furibondes que leurs obscurs
» collègues Robert, etc., *ou que les disciples des muses, Con-*
» *dorcet, Chénier.* » (Page 281, tome III.)

proportionnés aux dangers de la patrie, et que le triomphe de la *Montagne* sauva ainsi la république, il déclare en effet que, s'il eût vécu dans ce temps-là, il aurait suivi les bannières de la *Gironde*, quoiqu'elle dût compromettre, à son avis, les plus chers intérêts de la France (1); et il motive cette

---

(1) « Leur opposition (celle des girondins) a été dangereuse, » dit M. Thiers, leur indignation impolitique; ils ont compromis » la révolution, la liberté et la France : ils ont compromis même » la modération, en la défendant avec aigreur, et en mourant, » ils ont entraîné dans leur chute ce qu'il y avait de plus généreux » et de plus éclairé en France. *Cependant j'aurais voulu être* » *impolitique comme eux, compromettre tout ce qu'ils avaient* » *compromis, et mourir, comme eux encore, parce qu'il n'est* » *pas possible de laisser couler le sang sans résistance et sans* » *indignation.* » (Page 301, tome IV.) M. Thiers écrivait ceci au sein d'une paix profonde, et loin des circonstances qui entraînèrent des hommes, non moins sensibles que lui, à suivre un drapeau ensanglanté, qu'ils regardaient comme celui de l'indépendance et de la liberté de leur pays. S'il eût vécu au milieu de ces circonstances, et s'il eût compris aussi bien qu'aujourd'hui quel devait être le parti libérateur, pour la révolution, il est présumable que son ame, ouverte inévitablement aux impressions de l'atmosphère de ces temps orageux, se serait mise au niveau de sa tête. Et où en serions-nous, si les politiques de la *Montagne* avaient pu reculer en 1793, comme les historiens en 1822, devant les conséquences du système qui renfermait, à leurs yeux, les seuls moyens de salut public? La révolution, la liberté, la France auraient été compromises! Mais non, les hommes ne manquent jamais aux circonstances. « Si Pompée et César, dit » Montesquieu, eussent pensé comme Brutus et Caton, d'autres

grave inconséquence, sur la répugnance invincible d'un cœur généreux, à laisser couler le sang sans résistance et sans indignation. Mais la plupart des hommes qui se prononcèrent pour Robespierre et Danton contre Vergniaud et Guadet, parce qu'ils pensèrent comme M. Thiers, comme M. de Maistre (1), que le jacobinisme pouvait seul résister avec succès à la coalition des aristocrates, des prêtres et des rois, n'étaient pas naturellement plus disposés, que M. Thiers lui-même, à devenir spectateurs ou acteurs impassibles dans nos sanglants débats. S'ils eurent le courage de remplir une tâche pénible, odieuse, repoussée par leurs inclinations premières autant que par les habitudes contractées sous l'influence d'une éducation libérale et distinguée (2); s'ils aimèrent mieux faire violence à leurs

» auraient pensé comme comme Pompée et César. » Nous pouvons dire aujourd'hui : « Si Robespierre et Danton eussent agi comme » Guadet et Vergniaud, d'autres auraient agi comme Robes- » pierre et Danton. »

(1) Voyez *Considérations sur la France*.

(2) Peut-on croire, par exemple, que des hommes tels que Lepelletier Saint-Fargeau, Hérault de Séchelles et Condorcet, dont les principes, les mœurs et la position dans le monde étaient si peu conciliables avec le *sans-culotisme*, se prêtassent de bon cœur à tout ce qu'il exigeait d'eux? Non, sans doute; mais ils voulaient, avant tout, sauver la révolution, et ils sentaient que l'appui des passions populaires leur était indispensable; ils durent l'accepter avec toutes ses conséquences. C'est pour

sentiments personnels, que de refuser leur coopération à des mesures dont ils attendaient la défaite complète et définitive des contre-révolutionnaires, ce n'est pas une raison de leur supposer moins d'aversion, que n'en témoignent les historiens, pour l'horrible spectacle que dut offrir inévitablement l'application du système auquel ils crurent devoir se résigner dans l'intérêt de la république. Il résulte seulement de leur détermination, que le salut du peuple, tel qu'ils l'entendaient, l'emporta chez eux sur leurs propres inspirations, et qu'ils furent plus puissants sur eux-mêmes que ne l'aurait été M. Thiers, quand ils étouffèrent toute considération privée, et se condamnèrent à des tourments intérieurs, pour suivre le parti qui devait faire triompher, selon eux, la cause nationale. Et peut-

---

n'avoir pu, dans l'éloignement de la scène, comprendre exactement la situation forcée des acteurs, que tant de libéraux étrangers, Fox, Shéridan, etc., cessèrent d'unir ostensiblement leurs vœux aux efforts des révolutionnaires français. Je tiens d'un membre du comité de salut public l'anecdote suivante : « Pendant
» une séance de ce comité, Hérault de Séchelles reçut une lettre
» qu'il se hâta de parcourir, et qu'il remit ensuite, en souriant,
» à celui de ses collègues qui se trouvait le plus près de lui; la
» lettre était de Lavater; le républicain suisse témoignait à
» Hérault son étonnement, de ce qu'un homme, *placé si haut*
» *par sa naissance, son éducation, ses talents et ses mœurs*
» *douces et polies*, avait pu, disait-il, s'associer à des *vandales*
» *grossiers, ignorants et féroces.* »

on penser que la conquête de la liberté, par les seules armes de la raison, ne leur eût pas semblé préférable aussi, s'ils l'eussent jugée possible? étaient-ils eux-mêmes *sur des roses*, tandis que leurs ennemis gémissaient dans les cachots ou marchaient au supplice? Ce n'est jamais de plein gré que l'on s'entoure de cadavres et de ruines, et que l'on se place dans la cruelle alternative de recevoir ou de donner la mort. Ah! que ces hommes tant maudits, dont les belles années s'écoulèrent à travers le sang et les larmes, durent trouver la vie amère et mettre peu de prix à sa conservation (1), en se voyant réduits à vieillir au sein des tempêtes, sans pouvoir s'abandonner aux douces affections qui font le charme et le bonheur de l'existence humaine! sans qu'il leur fût même permis d'espérer d'autre récompense qu'une inévitable réprobation, à la suite du sacrifice immense que leur arrachait l'exigeance de la politique! Eh! c'est nous, fils ingrats de ces inflexibles démocrates, qui s'immolèrent tout entiers au triomphe de la révolution, sans qu'un reste d'égoïsme les fît au moins songer à leur mé-

(1) « C'est quitter peu de chose qu'une vie malheureuse, dans
» laquelle on est condamné à végéter le complice ou le témoin
» impuissant du crime..... » Saint-Just traça ces lignes peu de
jours avant le 9 thermidor, dans un petit écrit imprimé après
sa mort, et intitulé : *Fragments sur les institutions républicaines.*

moire (1); c'est nous qui venons aujourd'hui, parés des dépouilles du privilége abattu, insulter aux mânes de ses vainqueurs, et appeler la flétrissure sur la tombe de ceux, qui vécurent dans les alarmes, et périrent misérablement, pour nous assurer la jouissance des avantages sociaux dont nous sommes si fiers! Quand sera donc assouvie la haine des partis? quand cesseront les préventions des contemporains, pour faire place à la justice de la postérité (2)?

Cependant l'abbé de Montgaillard, après avoir donné une expression poétique à sa répugnance pour la convention, aborde l'histoire de cette assemblée; et s'arrêtant dès la première séance, où la royauté fut abolie et la démocratie fondée, il s'écrie: « La » France devenir une république : quel contre- » sens! » (240, III.) Je ne veux point examiner jusqu'à quel point cette exclamation peut-être justifiée par les considérations que notre publiciste

(1) On connaît le mot de Danton : « Périsse ma mémoire, et » que la France soit sauvée. »

(2) « Le mouvement révolutionnaire une fois établi, dit M. de » Maistre, la France et la monarchie ne pouvaient être sauvées » que par le jacobinisme..... Nos neveux, qui s'embarrasseront » très peu de nos souffrances, et qui danseront sur nos tom- » beaux, riront de notre ignorance actuelle; ils se consoleront » aisément des excès que nous aurons vus, et qui auront con- » servé l'intégrité du plus beau royaume. » (*Considérations sur la France.*)

a tirées de l'état de nos mœurs; il me suffira de vous faire observer qu'il n'a nullement compris la cause, le caractère et le but du système politique adopté en France le 21 septembre 1792.

Lorsqu'après la chute du trône constitutionnel, et l'invasion des Prussiens en Champagne, les représentants de la nation proclamèrent la république, cette détermination ne fut point, ainsi que l'ont pensé tant d'écrivains, le résultat d'une préférence spontanée, accordée aux institutions démocratiques par des sectaires, ayant dès long-temps médité l'application de leurs théories à la France, et libres de choisir entre diverses formes de gouvernement. La plupart des hommes qui, au-dedans et au-dehors de l'assemblée, applaudirent avec enthousiasme à la motion de Collot d'Herbois, n'avaient pas osé porter leurs vues au-delà de la monarchie constitutionnelle, pendant les premières années de la révolution : les événements ultérieurs, c'est à dire les manœuvres de la cour, des prêtres et des émigrés, et la révélation progressive des sentiments inconstitutionnels du monarque (1) les poussèrent seuls au républicanisme, de l'aveu même de l'abbé de Montgaillard. Ce furent donc les circonstances

(1) Il ne faut pas oublier que, loin d'incriminer cette répugnance invincible pour l'ordre constitutionnel, je la regarde comme naturelle chez un roi élevé dans les maximes du pouvoir absolu.

qui leur indiquèrent et commandèrent même l'organisation gouvernementale, dans laquelle le parti patriote devait trouver les ressources défensives réclamées par sa situation périlleuse, en donnant aux classes inférieures assez d'influence politique pour leur permettre de s'occuper de leur propre salut, et de repousser, dans une guerre d'extermination, au milieu même des désordres et des excès de l'anarchie, l'agression opiniâtre d'un ennemi puissant, qui ne pouvait être définitivement vaincu que par la colère du peuple (1), et l'appui de la multitude. Si les fondateurs de la république ne reconnurent pas eux-mêmes la main de la nécessité, sous le poids de laquelle ils rendirent le fameux décret du 21 septembre; s'ils crurent constituer la France

(1) « Règle générale, dit Napoléon, jamais de révolution sociale, sans terreur. Toute révolution de cette nature n'est et ne peut être dans le principe qu'une révolte. Le temps et le succès seuls parviennent à l'ennoblir, à la rendre légitime; mais encore une fois, on n'a pu y parvenir que par la terreur. Comment dire à tous ceux qui remplissent toutes les administrations, possèdent toutes les charges, jouissent de toutes les fortunes, allez vous-en? Il est clair qu'ils se défendraient. Il faut donc les frapper de terreur, les mettre en fuite, et c'est ce qu'ont fait la lanterne et les exécutions populaires. La terreur, en France, a commencé le 4 août, lorsqu'on a aboli la noblesse, les dîmes, les féodalités, et qu'on a jeté tous ces débris au peuple. Il se les partagea, ne voulut plus les perdre, et tua. » (*Esprit du Mémorial de Sainte-Hélène*, page 475, tom. II.)

pour l'état de paix et un long avenir, quand ils ne faisaient que subvenir aux besoins du moment, qu'enrégimenter provisoirement la nation révolutionnaire, en la distribuant dans divers corps militants, sous le nom de districts, municipalités, sections, clubs, etc., etc.; cette méprise, fruit inévitable de l'exaltation des uns et de la profonde préoccupation des autres, ne change pas, dans l'histoire, la nature de leur résolution, et ne saurait en faire une bévue politique, comme l'a pensé M. de Montgaillard, après qu'elle a obtenu les résultats passagers et salutaires qu'il lui était réservé de produire, indépendamment des intentions et des vues des hommes d'état qui l'avaient conçue. L'établissement du régime républicain ne fut pas non plus une nouvelle révolution, comme le prétend M. Mignet, lorsqu'il dit en parlant de la multitude : « Alors elle fit sa révolution, comme la classe » moyenne avait fait la sienne (271, tom. I). » Les réformes de 1789 s'étaient opérées en effet au profit et par le concours de toutes les classes de la nation, autre que celle des privilégiés; la multitude avait combattu au 14 juillet, comme au 10 août, parce qu'elle avait compris dès lors qu'elle n'était pas moins favorisée que la classe moyenne par l'extinction des abus; et les chefs qu'elle suivit, en 1793, sortaient des mêmes rangs que ses guides dans l'assemblée constituante (1). L'extension donnée à son importance politique, par la fondation de l'ère républicaine, ne fit que l'appeler à une défense plus active et plus régulière de la cause qu'elle n'avait pu servir directement jusque-là que par des soulévements instantanés ou des *journées*. Ainsi, en prenant dans l'exercice de la souveraineté une part d'autant plus grande que la permanence de son intervention devenait plus nécessaire et plus urgente; en se revêtant de l'omnipotence nationale, parce que selon la judicieuse remarque de M. Mignet, *pour défendre la patrie, il lui fallut la gouverner*, elle ne fit point une seconde révolution, ainsi que l'a cru cet écrivain, mais se chargea seulement de veiller plus spécialement, et se consacra en effet d'une manière plus absolue, au triomphe de la première, dont les résultats avantageux pour toutes les classes intéressées à l'abolition du privilége légal, étaient incessamment remis en question par des efforts contre-révolutionnaires, à l'égard desquels la haute et moyenne bourgeoisie se trouvaient également frappées d'impuissance (2). Cela est tellement vrai, qu'après la cessation du danger qui provoqua l'é-

(1) Saint-Just, Robespierre, Danton, Camille Desmoulins, etc., n'appartenaient pas à une classe moins élevée que celle d'où sortirent Barnave, Monnier, Duport, Thouret, etc.

(2) « Quand on a tant fait dans une révolution, dit Durand-
» Maillane, que d'y faire entrer le peuple comme partie, non

rection du *gouvernement de la multitude*, ce gouvernement disparut, sans qu'il s'opérât réellement une contre-révolution au préjudice de la classe populaire, ainsi détrônée ; sans que celle-ci fût privée des améliorations sociales, antérieures à son avénement au timon de l'état ; sans qu'elle fût déshéritée du bienfait de la grande réformation de 1789, effectuée à son profit, comme à celui des classes élevées et mitoyennes, avec lesquelles elle n'a cessé de partager depuis les fruits de cette révolution primitive, la seule qui doive conserver ce nom, parce que, seule, elle a produit les innovations que réclamaient les intérêts généraux de la société, et qui pouvaient survivre à toutes les formes politiques, passagèrement et successivement employées pour maintenir ces indispensables changements, et pour conjurer la rétrogradation.

Cependant le procès du roi devient à son tour, ainsi qu'on devait s'y attendre, un texte fécond pour l'abbé de Montgaillard de plus en plus disposé à faire d'odieuses amplifications, non seulement contre la convention, mais encore contre la nation tout entière, sans en excepter les royalistes

» seulement légale, mais nécessaire, peut-on le congédier brus-
» quement et contre son gré ? Eh le devait-on après ses longs
» et importants services ? Car, sans lui, disons-le, nos orateurs,
» avec leurs belles phrases cadencées, qu'auraient-ils fait ? »
(*Histoire de la convention nationale*, 1ʳᵉ part., chap. 1ᵉʳ, p. 19.)

eux-mêmes (1). « Les anarchistes, dit-il, ont dé-
» ployé leurs derniers efforts pour amener la mise
» en accusation du roi..... Dufriche-Valazé, organe
» de la commission extraordinaire des vingt-quatre,
» fait à la convention nationale un rapport expo-
» sitif des pièces trouvées dans les papiers recueillis
» par le comité de surveillance de la commune
» de Paris. Ce rapport est une accusation remplie
» d'expressions outrageantes, étayée de sophismes
» absurdes (2), empreinte d'une rage sanguinaire

(1) « Dans la seconde moitié du 18e siècle, dit cet écrivain,
» la noblesse de France, comme la noblesse espagnole, sous le
» débile Charles IV, ne présente plus que des caractères décom-
» posés; tous les hommes investis du pouvoir, ou placés près du
» monarque, sont sans vertus, sans principes de morale, sans
» talents, sans mérite, sans expérience, et presque sans honneur;
» ce sont des courtisans du bas empire. Or, voilà ce qui fait
» crouler les trônes, et non cet accident d'un prince faible, qui
» ne saurait jamais être qu'une circonstance au milieu de plu-
» sieurs autres. » Plus loin il ajoute : « La cour et ce qu'il y
» avait d'éminent en France, cardinaux, prélats, grands seigneurs
» et hauts financiers, et quelques magistrats aussi, étaient plon-
» gés dans des abîmes de corruption, d'immoralité, d'avarice,
» et, osons même le dire, de fripponneries..... Qu'on ne dise
» point que les partisans de la révolution, les jacobins, les anar-
» chistes ont calomnié la cour, le clergé, la noblesse, en parlant
» de la corruption qui régnait dans les classes élevées avant 1789! »
(Pag. 428 et 429, tome III.)

(2) Valazé, dans son rapport, accusa Louis XVI d'accapare-
ment de blé, de sucre et de café. M. de Montgaillard, qui lui

» (256 et 259, III). » M. de Montgaillard passe ensuite en revue les divers orateurs qui prirent part à ces tristes débats, et, s'arrêtant aux noms de Condorcet, de Chénier, et de Camus, il semble surtout jaloux de déchirer ces grandes réputations, de porter sur elles sa dent envenimée, au risque de ne mordre que sur du granit, selon l'expression du prisonnier de Sainte-Hélène. Tant que durera l'histoire de ce procès funeste, il rejettera avec indignation les griefs imputés à l'infortuné monarque, après les avoir lui-même énumérés complaisamment jusqu'ici et les avoir même exagérés : il se constituera d'office le défenseur du prince qu'il accusait naguère, pour avoir l'occasion de déblatérer contre ses accusateurs actuels ; il établira une comparaison entre le jugement de Charles Ier et celui de Louis XVI (441, III); il s'attachera à démontrer

reproche ici des sophismes absurdes, a reproduit pourtant la même inculpation dans son histoire : « L'ex-constituant Dandré
» (directeur général de la police, sous Louis XVIII, en 1814)
» avait fait, dit-il, des accaparements considérables de sucre et
» de café; il s'était associé avec la maison Cinot et Charlemagne,
» faisant la grande épicerie, et en couvrant, sous des motifs
» commerciaux, son séjour à Paris, il y était sans danger un des
» agents secrets de Louis XVI, et correspondait avec ce monar-
» que par l'intermédiaire de Bertrand de Molleville. La plus
» grande partie des marchandises de Dandré fut pillée et vendue
» dans les deux journées des 23 et 24 janvier 1792. Louis XVI
» y perdit, dit on, plus d'un million. » (Page 52, tome III.)

que les régicides français ne peuvent pas, comme ceux d'Angleterre, excuser leur conduite par le fanatisme religieux, et les actes inconstitutionnels de la couronne (452, III); il absoudra la nation britannique de toute participation au meurtre de son roi, tandis qu'il attestera la complicité du peuple français dans la condamnation du petit-fils de Louis XIV; et il finira par conclure de ce parallèle, que nous fûmes féroces ou lâches, dans les mêmes circonstances où nos anciens rivaux manifestèrent une courageuse désapprobation des excès qui ensanglantaient leur révolution.

Reprenons cette comparaison, Monsieur, afin de répondre à tout ce qu'elle renferme d'inexact et d'injurieux pour notre nation. Ce n'est pas que la gloire d'un peuple, qui marche depuis long-temps à la tête de la civilisation, puisse être compromise par les assertions de l'abbé de Montgaillard; mais quand la malveillance et la légèreté du libelliste ont usurpé les formes imposantes de l'histoire, et peuvent ainsi tromper la foule des lecteurs trop confiants sur les événements et leurs résultats, il me paraît indispensable de rendre aux faits historiques leur véritable caractère, et de repousser, autrement que par le dédain, les attaques du plus mince pamphlétaire.

Sans doute, aux yeux du moraliste et de l'historien, Louis XVI ne se présente point comme un roi criminel, pour n'avoir pu adhérer de bonne foi à des innovations, qui, dans l'atmosphère politique où il était placé, devaient elles-mêmes lui sembler criminelles. Mais si la postérité, dont les arrêts à l'égard des individus se fondent sur la moralité des intentions, ne voit rien qui ait pu altérer les vertus d'un prince dans les actes qui le firent accuser de dissimulation et de parjure, parce qu'il ne pouvait les considérer lui-même que comme des moyens légitimes de défendre ses antiques droits, et d'échapper aux envahissements de la démocratie, il n'en est pas moins vrai que ses torts politiques vis-à-vis des patriotes français dépassèrent ceux de Charles Ier envers les presbytériens d'Angleterre, et qu'il suffit pour s'en convaincre de lire les mémoires des écrivains de la cour, du marquis de Ferrière, de Bouillé, de madame Campan, etc., dont les aveux ont été si soigneusement recueillis par M. de Montgaillard (1). Après avoir

(1) L'acte d'accusation de Louis XVI se trouve résumé dans la table analytique de l'abbé de Montgaillard, avec l'indication des pages où sont développés les griefs énoncés contre ce prince; je vais en donner un extrait :

« Louis XVI tient un lit de justice à Versailles pour ordonner l'enregistrement de nouveaux impôts (tome I, page 366); n'a de volonté que celle de son ministre; tient un lit justice pour faire enregistrer un édit d'emprunt montant à 440 millions; il exile les opposants (page 374 et suivantes); casse un arrêt du parlement contre les lettres de cachet (379); le coup d'état contre

constamment traité la révolution en ennemie, soit en secret, soit ouvertement, Louis XVI, ne pouvait plus être à son tour qu'un *ennemi* pour elle. La pureté de sa conscience, sa foi vive en la justice de sa cause, si universellement appréciées aujourd'hui, n'étaient pas propres alors à désarmer des

les parlements lui aliène l'affection du peuple (404); tient un lit de justice pour l'établissement d'une cour plénière qui périt dans son germe (405); tient la mémorable séance ou lit de justice du 23 juin 1789 (tome II, page 40); renvoie Necker (66); refuse l'éloignement des troupes et l'établissement des gardes bourgeoises (69); approuve la garde nationale, et défend aux personnes de son service d'en revêtir l'uniforme (99); regarde comme un crime le vœu pour la constitution anglaise (126); projette son départ et paraît au repas des gardes-du-corps, où la cocarde nationale fut foulée aux pieds (146, 154); il accepte solennellement les décrets constitutionnels (196); prête serment à la première fédération (253); est décidé à protester en secret contre les décrets de l'assemblée (261); répond au département qu'il ne songe pas à son départ, et il avait commandé les relais; fait écrire à ses ambassadeurs qu'il accepte la constitution, et envoie des agents secrets pour démentir cette lettre (308); son évasion; arrêté à Varennes (347); prête serment à la constitution (421); adresse une proclamation aux émigrés, pour qu'ils se rallient à la constitution, et met son *veto* sur un décret contre les émigrés (tome III, pages 5, 22, 23); met son *veto* sur un décret contre les prêtres insermentés (29); sa conduite timide et contre-révolutionnaire; intéressé dans les opérations mercantiles de Dandré (38, 43 et suivantes); met son *veto* sur la formation d'un camp près Paris; prépare un nouveau projet d'évasion (84); pleins pouvoirs donnés à Breteuil pour agir à l'é-

réformateurs non moins persuadés qu'ils étaient eux-mêmes les défenseurs exclusifs du bon droit. De ce conflit de prétentions et de sentiments inconciliables, soutenus, de part et d'autre, avec une obstination égale à la sincérité de chacun des com-

tranger (250); etc., etc. « On peut ajouter à cette longue série de preuves contre la constitutionnalité des sentiments de Louis XVI, preuves sur lesquelles la plupart de ses juges motivèrent leur vote; on peut ajouter le grief capital, mis en avant par l'abbé de Montgaillard, d'avoir dicté ou provoqué la déclaration de Pilnitz, le manifeste de Brunswick et les notes diplomatiques de l'Autriche. Certes, Charles Stuart, puisque nous n'examinons la question que sous le rapport politique, ne fut pas plus coupable vis-à-vis des révolutionnaires anglais. « Mais, dit M. de » Montgaillard, les auteurs de la mort de Charles étaient pour » la plupart des fanatiques de bonne foi, des chrétiens zélés qui » abusant du texte sacré, tuèrent leur souverain en conscience: » après avoir répandu le sang royal, ils ne répandirent pas le » sang de leurs concitoyens. » (Page 451, tome III.) J'observerai d'abord que le fanatisme philosophique et politique des régicides français ne fut pas moins sincère et entraînant que le fanatisme religieux des presbytériens d'Angleterre. Si ces derniers, favorisés par leur position topographique et une foule d'autres circonstances, n'eurent point ensuite à redouter les coalitions étrangères et la fréquence des soulèvements intérieurs; s'ils furent ainsi dispensés d'ajouter de nouveaux supplices à celui de leur roi, il faut les féliciter de l'heureux concours de circonstances qui leur permit de s'arrêter bientôt dans la voie des immolations, et plaindre les républicains de notre pays de s'être vus réduits, par les résistances ou agressions intérieures et extérieures, à ne pouvoir déposer le glaive aussi vite que les juges de Charles Ier.

battants, résulta une guerre d'extermination, où la terrible application du *væ victis* était réservée au parti qui succomberait.

Malheureusement pour le prince, les intérêts qu'il défendait n'étaient pas ceux qu'en définitif la force des choses devait faire prévaloir. Il s'opposait, avec toute la persévérance qu'inspire une conviction profonde, à l'accomplissement d'une rénovation que nul effort humain ne pouvait plus retarder : ce fut sur lui que s'appesantit la main de l'implacable destin. Ses ennemis, maîtrisés par le fanatisme politique, comme ceux de Charles Ier le furent par le fanatisme religieux, ne le jugèrent pas dans le vrai sens du mot ; ils le tuèrent, selon l'expression de l'un d'eux (Danton), sur le champ de bataille de la révolution, en se servant de l'échafaud comme d'une *machine de guerre*. Déplorons cette grande catastrophe ; plaignons le monarque, ainsi jeté, par le hasard de la naissance, dans un siècle orageux, où les nobles qualités de son ame, qui en d'autres temps auraient fait le bonheur de ses sujets, furent frappées de stérilité par les circonstances, et ne purent le préserver ni de l'accusation de tyrannie, ni du sort des tyrans. Mais il faut s'en prendre surtout aux imperfections de notre nature (1), si de semblables excès accom-

---

(1) « La même ardeur qui produit l'héroïsme patriotique et » législatif, dit Mackintosh, devient la source de représailles

pagnent toujours les crises les plus salutaires. Il n'a pas été donné aux nations d'extirper des abus profondément enracinés sans éprouver une commotion violente : toutes ont payé plus ou moins cher leur régénération. Aucune, il est vrai, n'a peut-être égalé la nôtre en sacrifices; aucune aussi ne rencontra autant d'obstacles, et n'obtint de ses malheurs de plus vastes résultats.

L'abbé de Montgaillard, à qui la mort de Louis XVI arrache d'hypocrites lamentations au moment même où il vient d'outrager la mémoire de ce prince, en citant des faits qui puissent atténuer tout ce qu'il a dit de la résignation de cette grande victime (1);

» barbares, de nouveautés chimériques et de changements préci-
» pités. On tenterait inutilement d'augmenter la fertilité du sol,
» sans en favoriser en même temps les excroissances nuisibles.
» Il en est de même de l'esprit humain; et c'est aux convulsions
» fréquentes que les anciennes républiques doivent les exemples
» de désordres sanguinaires et d'héroïsme vertueux qui distin-
» guent leur histoire de cette tranquillité monotone des états mo-
» dernes. Les passions d'une nation ne sont pas montées au point
» d'être susceptibles d'actions d'éclat, sans courir les risques de
» commettre des violences et des crimes..... *Telles sont les lois*
» *immuables, qui sont plutôt des libelles contre la nature hu-*
» *maine, que des accusations contre la révolution française.* »
(*Apol. de la révol. franç. et de ses admirateurs anglais*, p. 183.)

(1) M. de Montgaillard aurait été fâché qu'on eût cru à la sincérité de l'hommage qu'il s'était cru obligé de rendre, en plusieurs endroits, à la résignation héroïque de Louis XVI; aussi,

l'abbé de Montgaillard invoque l'autorité de Fox, pour prouver que la convention ne commit pas seulement un crime, mais fit une faute immense, en attentant aux jours du roi. S'il était dans mon caractère de subir aveuglement le joug des autorités, celle de l'illustre Anglais serait sans contredit l'une de celles qui me trouveraient le plus docile. Mais habitué à raisonner avant de croire, j'ose porter

pour atténuer l'effet de ses paroles, a-t-il cité complaisamment un passage du *procès des Bourbons*, et une anecdote relative à Cambacérès (pages 408, 413 et 414, tom. III), desquels on pourrait induire que le monarque infortuné ne fut rien moins que résigné, tant dans sa prison du Temple qu'aux pieds de l'échafaud.

L'abbé de Montgaillard a voulu se servir aussi du nom de Cléry, pour inculper Louis XVI, pour faire dire à ce prince *qu'il avait renié jusqu'à son écriture* (page 294, tome III). « On
» lit, dit-il, dans les *Mémoires de M. Cléry*, édition originale,
» seule avouée par l'auteur, Londres, 1800, page 93 : A minuit,
» pendant que je déshabillais Louis XVI, il me dit : « J'étais bien
» loin de penser à toutes les questions qui m'ont été faites ; et,
» dans mon embarras, j'ai été obligé de renier jusqu'à mon
» écriture. » Il lui eût été facile de prévoir ces questions, s'il
» n'eût pas tenu avec opiniâtreté à la résolution que sa femme
» lui avait fait prendre de ne point lire les journaux. » M. de Montgaillard et ses éditeurs auraient dû savoir cependant que les prétendus *Mémoires de M. Cléry*, imprimés à Londres en 1800, et sur lesquels on fonde l'authenticité des paroles attribuées ici à Louis XVI, furent publiés à l'insu du valet de chambre du roi, dont le journal fut indignement altéré dans cette contrefaçon; ils n'auraient pas dû ignorer non plus que cette

l'examen sur la proposition de Fox, et il me semble que ce n'est pas ainsi que doit être envisagée la question. Que sert en effet de peser péniblement les avantages et les conséquences funestes d'un acte politique quelconque, pour apprécier la moralité et la capacité de ses auteurs, avant d'avoir recherché s'ils ne furent pas entraînés par un enchaînement de circonstances tel, que l'acte fut lui-même inévitable? Or, c'est avec ce dernier carac-

édition originale, seule avouée par l'auteur, fut désavouée par lui solennellement et avec la plus vive indignation, dans une lettre au *Spectateur du Nord,* datée de Schierensée en Holstein le 30 janvier 1801, et à la suite de laquelle le journaliste allemand inséra la note suivante : « J'ai publié cette réclamation pour sa-
» tisfaire M. Cléry ; car, d'ailleurs, après avoir parcouru le
» libelle dont il se plaint, je suis persuadé qu'il n'est pas un
» homme doué de quelque sens, qui ne rejette avec horreur une
» imposture également maladroite et révoltante. » Le désaveu de Cléry a été reproduit dans une *Notice sur sa vie et son journal,* publiée en 1825, par l'auteur des *Mémoires historiques sur Louis XVII.* M. Beuchot, dans le n° 43 du *Journal de la Librairie,* année 1818, avait déjà fait observer la différence des titres entre les *Mémoires* imprimés à Londres, et le véritable *Journal de Cléry.* Après tant d'explications, il serait difficile de concevoir comment l'abbé de Montgaillard a osé donner encore en 1825, pour une *édition originale, seule avouée par l'auteur,* ce que l'auteur a démontré n'être que l'œuvre du mensonge et de la fraude; si l'on ne savait que les droits de la justice et de la vérité sont d'impuissantes barrières contre son infatigable malveillance.

tère que se présente l'attentat du 21 janvier 1793, après tous les événements qui le précédèrent depuis la fameuse séance royale du 23 juin 1789. Louis XVI, destiné au trône dès le berceau, nourri des maximes du droit divin, ayant été surpris par la révolution armée de la déclaration des droits de l'homme et du principe de la souveraineté du peuple, n'avait pu en effet que la combattre avec opiniâtreté: mais la révolution étant un véritable besoin national, ne devait pas céder non plus aux efforts de ce puissant adversaire. Elle suivit dans ses attaques une progression proportionnée à la résistance qu'elle eut à briser. Le monarque fut vaincu, et sa défaite devint le signal de sa mort. On le frappa sans lui tenir compte de sa probité, de sa bienfaisance, de toutes ses vertus, parce que les vertus d'un ennemi ne peuvent pas être comprises, senties, reconnues, au milieu des hostilités, et dans la chaleur du combat. S'il eût été vainqueur, sa position ne lui aurait pas permis aussi d'apprécier la bonne foi des révolutionnaires les plus désintéressés: la raison d'état, et des conseillers moins accessibles que lui à l'indulgence n'eussent pas manqué d'enchaîner la bonté naturelle de son cœur. On aurait vu la réaction contester à ses victimes, aussi injustement que la révolution, toute qualité honorable, tout titre à la clémence ; et les girondins les plus recommandables, comme ceux des montagnards dont on n'a jamais soupçonné la pureté civique, n'auraient pas été mieux traités que ne le furent autrefois, par la restauration anglaise, Russel et Sydney; que ne l'ont été de nos jours, par la restauration espagnole, l'Empecinado et Riégo; que... Je m'arrête, Monsieur! C'est à nous, étrangers aux passions qui ensanglantèrent notre beau pays; à nous qui appelons de tous nos vœux l'instant d'une réconciliation universelle, et qui proclamons incessamment la nécessité pour les diverses classes de la nation de ne plus se considérer comme ennemies, afin de jouir en paix du fruit de tant de malheurs, et de pouvoir travailler en commun au bien général; c'est à nous surtout qu'il appartient de donner l'exemple de l'oubli, et d'abjurer la récrimination.

J'ai l'honneur, etc.

ONZIÈME LETTRE.

Paris, 20 septembre 1827.

Monsieur,

Je n'entreprendrai point de discuter en détail le quatrième volume de M. de Montgaillard. De la première à la dernière page, on n'y trouve que des lamentations usées sur les malheurs de la révolution, des phrases banales et déclamatoires contre le jacobinisme et l'émigration (1), et de nouvelles diatribes, en style souvent **burlesque** (2), contre

---

(1) « Jamais, dit l'abbé de Montgaillard, on ne vit l'honnête
» citoyen aussi pusillanime, on ne vit une aussi permanente
» lâcheté dans une nation civilisée et qui possède un grand
» nombre d'hommes éclairés. Émigrés, pourquoi ne pas rester au
» sein de vos foyers?..... En fuyant votre patrie, vous avez mon-
» tré que vous ne compreniez ni l'importance ni l'utilité de vous
» faire citoyen. » (Page 28, tome IV.) Plus loin il cite ce passage de Mallet Dupan : « La révolution doit aux sophismes de
» l'esprit de parti l'horrible caractère qu'elle a pris depuis un an ;
» elle le doit à cette émigration systématique qui sépare le mo-
» narque de ses défenseurs, le royaume des royalistes, etc. »
(Page 69, tome IV.)

(2) Les lecteurs de M. de Montgaillard ont remarqué, sans

les mêmes hommes qu'il n'a cessé d'injurier jusqu'ici. Ma cinquième et ma dixième lettres, auxquelles je vous renvoie, répondront suffisamment, je crois, à toutes ces fastidieuses répétitions. Je vous ferai observer seulement qu'il n'a pas mieux compris la situation morale, l'héroïsme ou la résignation des victimes, qu'il n'a su apprécier l'exaltation, ou l'état fébrile des sacrificateurs. D'un côté, il se demande, comment Barrère, *naturellement doux, de mœurs polies, avec un cœur bon, la passion des lettres et des beaux arts, le goût de la simplicité et de l'étude, sans cupidité, sans avarice, sans ambition; profondément désintéressé, dans cette longue politique qu'il parcourt les pieds dans le sang; susceptible des plus nobles résolutions, des actes les plus généreux; recelant des proscrits et s'exposant personnellement à de grands dangers;*

doute comme moi, combien le style de cet écrivain, malgré l'âpreté qui le distingue le plus souvent, varie néanmoins quelquefois, d'une page à l'autre. Ici, en effet, ses formes sont grossières, brutales, rebutantes; là, au contraire, elles respirent l'urbanité et l'atticisme. On dirait qu'une main académique s'est soumise à alterner avec le cynique abbé, dans la composition de son livre. Comment croire, par exemple, que l'historien, qui outre la rudesse républicaine, quand il s'agit des anoblis de l'empire, et qui affecte de nous rappeler leurs noms roturiers, accompagnés le plus souvent d'épithètes offensantes, soit le même qui nous parle avec tant de grâce et de politesse de *monsieur le duc de Bassano?*

sauvant les jours de plusieurs de ses compatriotes, d'une foule de royalistes; couvrant de sa protection tous les nobles, tous les suspects qui invoquent sa générosité; rendant à une foule d'individus les services les plus signalés, les plus désintéressés (pages 284 et 285, tom. IV); il se demande *comment le même homme put devenir le complice, l'admirateur, l'ami de Robespierre, se faire l'apologiste des plus horribles forfaits, proposer, faire adopter ou justifier des décrets sanguinaires.* D'autre part, il ne voit, dans la patience et la résignation des nombreux captifs destinés à la mort, qu'une insouciance et une sorte d'anéantissement moral impossible à concevoir (218, IV). « Dans ces enceintes obstruées et
» fétides, dit-il, dans ces sombres demeures, les
» jeux et la dissipation semblent leurs seules conso-
» lations et les seuls objets de leurs soins: tant les
» ressources qu'ils puiseraient en eux-mêmes sont
» faibles, et tant ils ont besoin de se fuir. Croira-
» t-on le fait suivant? il est cependant de la plus
» exacte vérité. Au Luxembourg, les dames des
» ci-devant nobles faisaient journellement des ré-
» pétitions de guillotine. Voici ce qu'elles avaient
» imaginé: on plaçait trois chaises dans un bout
» de la salle, l'une au milieu et les deux autres sur
» les côtés; chaque dame, penchant à son tour sur
» le dos de la chaise du milieu, arrangeait son col
» sur la traverse d'en haut; elle s'inclinait ensuite

» pour imiter la bascule que le patient fait sur
» le plancher de la guillotine; les deux chaises de
» droite et de gauche s'abattaient alors, et la dame
» se laissant cheoir, tombait sur le carreau. Quand
» l'expérience était bien faite, c'est à dire quand
» la dame tombait avec souplesse et avec grâce,
» les spectateurs, formant cercle derrière les chaises,
» battaient des mains, et prodiguaient les *bravo!*
» *bravo!* si la pudeur en souffrait quelquefois, les
» ris des spectateurs en étaient plus bruyants. C'est
» ainsi que des dames titrées s'exerçaient à monter
» sur l'échafaud. Au reste, les détenus de cette classe
» dépensaient en frais de table les sommes qu'ils
» purent encore recueillir, jusqu'à ce que les geoliers
» de plusieurs prisons eussent imaginé de rassem-
» bler tout le monde à des tables communes, qui ne
» se chargent plus que d'aliments grossiers et de mau-
» vaise qualité. Alors les détenus de toutes classes
» faisant assaut d'abnégation ou plutôt de frivolité,
» croient se dérober à leur position s'ils en dé-
» tournent les yeux : c'est le fatalisme des Musul-
» mans; *mais, attendu qu'il n'émane d'aucun sen-*
» *timent d'exaltation, et qu'il ne s'y rattache au-*
» *cune espérance, ne doit-on pas en conclure que*
» *les Français étaient parvenus, en* 1788, *au der-*
» *nier état de décomposition?* » (218 et 219, t. IV.)

Ainsi, les passions fortes, énergiques, violentes, qui se développèrent sur le théâtre de la révolu-

tion, et qui donnèrent aux hommes des divers partis assez d'empire sur eux-mêmes pour ne point rester au-dessous des cruelles nécessités du temps ; le fanatisme, qui métamorphosa le philanthrope en terroriste, et le courtisan en héros ; l'exaltation du républicain et le sublime courage du royaliste qui les familiarisèrent l'un et l'autre avec la mort, soit qu'ils dussent l'infliger ou la subir ; toutes les résolutions généreuses ou terribles, au sein desquelles s'opéra la régénération de la France, d'où sortira un jour celle de l'univers, de l'aveu même de M. de Montgaillard, ne doivent être attribués, selon cet écrivain, qu'à la *décomposition, dont les Français avaient atteint le dernier terme en* 1788 ! Misérable pamphlétaire ! détracteur monomane ! qui, pour trouver un aliment durable à son insatiable malveillance, s'obstine à tout salir avec sa plume empoisonnée ! « Nulle part, a-t-
» il déjà dit, à la page 75 du même volume, on
» ne trouvera quelque étincelle de courage civil,
» tant est forte la dépression exercée durant les
» derniers règnes, pendant près de deux siècles,
» sur le moral des Français, de ces Français qui ne
» sont plus, à la fin du 18e siècle, que des scories
» privées également de chaleur et de cohésion ! »
Représentants du *jeu de paume*, vainqueurs de la Bastille, soldats de Jemmapes et de Watignies, victimes héroïques fournies à l'échafaud par toutes

les opinions, martyrs du royalisme, de la Gironde ou de la Montagne, braves de Lescure et de Kléber, magistrats inflexibles, ou conspirateurs infatigables, inviolablement dévoués à la cause qui vous semblait la meilleure, serait-il vrai que des ames glacées et corrompues eussent seules produit tout ce que nous admirons de grand et de prodigieux dans votre orageuse carrière ? Ne fûtes-vous réellement que des *scories sans chaleur et sans cohésion*, lorsque vous communiquâtes au monde entier l'ébranlement qui remuait votre patrie dans ses plus profondes entrailles; lorsque du choc des intérêts et des sentiments qui, sous des bannières différentes, vous inspirèrent un égal enthousiasme, et vous commandèrent tant d'efforts et de sacrifices, vous fîtes jaillir l'étincelle électrique qui devait embraser l'universalité des peuples du désir d'accélérer, le plus possible, l'amélioration de leur sort, et de briser, sur toute la surface du globe, les dernières chaînes du genre humain ? C'est bien là, en effet, ce qu'affirme l'abbé de Montgaillard; mais c'est là aussi ce que la raison, la justice et la vérité nous font un devoir de démentir et de repousser.

Je m'attendais, Monsieur, à trouver dans l'histoire de la convention, une explication plus ou moins satisfaisante de la chute successive des divers partis démocratiques jusqu'au 9 thermidor; mon espoir a été complétement déçu. Le livre de l'abbé

de Montgaillard ne jette guère plus de clarté sur les causes éloignées ou prochaines du supplice des *girondins*, des *hébertistes*, et de Danton, que ne pourrait le faire une simple table chronologique, ou l'affiche de l'arrêt qui les frappa. L'historien se borne ici à constater la date du jugement, et ne se distingue d'ailleurs du greffier, qu'en ce qu'il ajoute au nom des condamnés, quelques épithètes outrageantes. C'est ainsi, par exemple, qu'il s'exprime à l'égard des républicains de *la Gironde:* « Les plus
» distingués, dit-il, sont Brissot, Vergniaud, ré-
» gardés comme les chefs, esprits systématiques,
» excessivement ambitieux de renommée et de pou-
» voir; Carra, Fauchet (abbé), pamphlétaires et
» journalistes incendiaires; Condorcet, académicien,
» dont la conduite politique prouve que la culture
» de la haute philosophie est un bouclier aussi faible
» contre les passions de la domination et du des-
» potisme, que les croyances religieuses qu'ont
» professées tant de princes absolus, depuis Phi-
» lippe II d'Espagne, jusqu'à Louis XIV. » (93 et 94, tom. IV.) Condorcet avide de domination et de despotisme! Condorcet émule, en tyrannie, du prince sanguinaire qui décima la population des Pays-Bas! Voilà une révélation, qui a dû vous surprendre, Monsieur, et dont les possesseurs du manuscrit de l'abbé de Montgaillard avaient sans doute fait part, confidentiellement, à M. le baron

d'Eickstein, lorsqu'il y a environ un an, il ne craignit pas d'appliquer, dans son *Catholique*, l'épithète *d'aride* et *d'abominable* au grand homme qui traça, en face de la mort, le tableau des progrès de l'esprit humain. Quoiqu'il en soit, j'appellerai maintenant votre attention sur la manière dont M. de Montgaillard rend compte des mesures employées par le comité de salut public pour arrêter les envahissements de la faction ochlocratique. Sans nous indiquer la source, les progrès et le but définitif de cette faction; sans faire un précis de son histoire, qui puisse servir à la classer dans l'histoire générale de cette époque, autrement que par la date de sa défaite, il passe brusquement du récit de la conquête de la Martinique par les Anglais, au supplice d'Hébert et de ses complices. « On exécute » plusieurs cordeliers, dit-il : Ronsin, l'un des com- » mandants de l'armée révolutionnaire; Hébert, » autrefois garçon de théâtre, laquais, aujourd'hui » substitut, procureur syndic de la commune, etc. » (183, tom. IV.) Il présente d'ailleurs leur supplice comme le résultat des craintes que leur influence inspire maintenant à Robespierre, dont ils furent autrefois les ardents auxiliaires. Quant à Danton, il périt *pour n'avoir pas compris l'hypocrisie de son rival en scélératesse; et sa mort laisse dominer sans opposition le parti de Robespierre, c'est à dire ce qui aura paru de plus inique et de plus atroce*. (190, tom. IV.) Il y a, Monsieur, dans ce dernier membre de phrase, de quoi faire crier merci à l'ombre d'Hébert. Les sans-culottes de Chaumette et de Ronsin, les propagateurs des doctrines immorales et désorganisatrices, les révolutionnaires, dans le sens du crime, selon l'expression de Saint-Just, les véritables anarchistes, en un mot, ont trouvé grâce auprès de notre historien, qui, loin de les considérer comme les plus hideux apôtres de la terreur, ne voit au contraire rien *de plus inique* et *de plus atroce* que le parti qui mit un terme à leurs abominables excès, et qui prévint, par leur supplice, l'exécution des plus exécrables desseins (1). Il appartenait au reste à l'écrivain, qui diffame, avec une affreuse persévé-

(1) Les *hébertistes* avaient conçu le projet d'une Saint-Barthélemy contre les suspects qui gémissaient dans les cachots. L'ordre allait être donné dans les départements de faire un choix parmi les détenus, et de transférer ceux qui seraient réputés les plus dangereux dans les prisons du chef-lieu, où, à la même heure, ils auraient été exterminés par des colonnes mobiles, placées sous le commandement des lieutenants de Ronsin, général de l'armée révolutionnaire. Celui-ci confia cet horrible secret à un juré du tribunal extraordinaire, en lui disant : « Les exécutions journalières sont trop lentes et finissent » par exciter la pitié publique en faveur des victimes ; il faut en » finir d'un seul coup. » — « Robespierre connaît-il ce projet, » observa alors le juré. » — « Bah ! répliqua Ronsin, il n'est pas » d'une trempe assez forte. » Le citoyen ***, à peine échappé aux

rance, les caractères les plus respectables parmi les royalistes et les républicains de toutes les nuances ; il lui appartenait d'atténuer ainsi la réprobation qui pèse à si juste titre sur la mémoire du pamphlétaire, dont la bouche impure vomit, contre la reine Marie-Antoinette, le plus dégoûtant et le plus horrible des mensonges (1). Mais ne nous arrêtons pas davantage, Monsieur, aux motifs qui ont engagé l'abbé de Montgaillard à ne placer la monstruosité d'Hébert qu'après *l'iniquité* et *l'atrocité de* Robespierre; laissons se complaire, dans cette préférence inouie, l'homme dont le cynisme et la brutalité rappellent souvent la *grande colère* du journaliste de la populace, et qui aurait bien plus de ressemblance encore avec *le père Duchéne*, si des inspirations *minerviennes* ne venaient parfois

---

affreuses confidences du général révolutionnaire, courut chez Robespierre pour l'instruire de ce qui se passait. « Quoi ! s'écria » celui-ci, encore du sang ! et toujours du sang ! » Quelques jours après, les conspirateurs homicides furent arrêtés et envoyés eux-mêmes à la mort. Je tiens ce fait du juré même, dont les révélations prévinrent ainsi un renouvellement des massacres de septembre.

(1) Robespierre, en apprenant les infâmes détails de la déposition d'Hébert contre la reine, ne put s'empêcher de dire : « Le » misérable ! non content de la présenter comme une Messaline, » il a voulu en faire une Agrippine ! » M. de Montgaillard a dénaturé ainsi cette exclamation : « *Je lui avais dit* d'en faire une » Messaline, et il en a fait une Agrippine. »

adoucir l'amertume et corriger l'âpreté de son style. Il est un point plus essentiel sur lequel nous devons fixer nos regards : je veux parler du procès de Robespierre, qui, comme l'observa très bien Cambacérès (1) à Napoléon, a été *jugé et non plaidé*.

Les coryphées des nombreuses factions qui se combattirent et se succédèrent dans l'arène de la révolution, s'ils furent anathématisés et flétris par leurs adversaires, trouvèrent au moins, sous leurs propres drapeaux, des apologistes, qui se chargèrent de défendre leur réputation ou leur mémoire : tel n'a point été le sort de Maximilien Robespierre.

(1) Cambacérès fut, sous le consulat et l'empire, l'avocat des préjugés et des abus; Napoléon nous l'a révélé lui-même : il trahit secrètement la république, dans la convention, et fit parade de son apostasie politique, après la restauration ; tout cela est aujourd'hui incontestable. Mais ces diverses circonstances ne servent qu'à rendre son témoignage plus désintéressé à l'égard de Robespierre. Ce n'est pas ici le patriote sincère qui rend hommage à l'austérité du franc républicain ; c'est l'homme doué d'une grande perspicacité, et qui, fort de son impassibilité, a observé froidement ce qui se passait autour de lui; c'est l'homme clairvoyant qui juge l'homme d'état. Au reste, l'acharnement de l'abbé de Montgaillard contre Cambacérès est poussé jusqu'au ridicule. La moitié du quatrième volume de l'*Histoire de France* semble n'être qu'une satire contre l'ex-archichancelier, dont le nom revient à chaque page. Il est pourtant une foule d'autres personnages qui n'ont pas mieux que lui gardé leur foi à la cause qu'ils embrassèrent en 1789, et qui ne sont pas poursuivis avec la même persévérance par l'abbé de Montgaillard.

Parvenu au sommet de la popularité, sans avoir pu, comme César, gagner le peuple par des largesses ou l'éblouir par des victoires ; sans avoir caressé, comme Danton, les passions démagogiques, ou favorisé les goûts licencieux de la multitude ; sans avoir montré, dans ses vêtements ou son langage, la moindre condescendance pour les travers ou les folies du temps ; sans posséder enfin ces dehors séduisants, ces qualités brillantes, qui commandent le dévouement et l'admiration, il tomba sous les coups de quelques misérables, dont il s'apprêtait à punir les déprédations ; et l'on vit aussitôt tous les partis s'élever à la fois pour l'accuser des crimes qu'ils avaient provoqués ou commis eux-mêmes, pour lui imputer les forfaits qui avaient épouvanté et désolé la France. On eût dit qu'après tant de calamités et de scènes révoltantes, dans lesquelles avaient inévitablement trempé les amis et les ennemis de la révolution, chacun attendit impatiemment la victime expiatoire qui devait accumuler sur elle le courroux du ciel et l'animadversion des hommes. Robespierre fut en effet, selon l'expression de Napoléon (1), le vrai bouc émissaire de la révolution, immolé au moment même où il voulait en arrêter les désordres. Les cordeliers du comité de sûreté générale, réunis aux jacobins du

(1) *Esprit du mém. de Sainte-Hélène*, tome I, page 213.

comité de salut public, et soutenus par tout ce qu'il y eut de vil sur la *Montagne*, donnèrent le signal du sacrifice ; ils firent sortir de leur longue torpeur les lâches du *Marais* et les circonspects de *la Plaine* ; ils ranimèrent les débris de la *Gironde*, réveillèrent *les feuillants, les monarchiens,* les *royalistes purs*, et tous ensemble s'écrièrent que le mandataire du peuple, dont le crédit avait dominé toutes les influences révolutionnaires, tandis que la terreur régnait, et que le sang coulait sur toute la surface de la république, devait répondre de ce sang au génie des vengeances. Ils oublièrent passagèrement alors leurs dissentiments, pour maudire cet homme, d'une voix unanime ; pour déclarer qu'il avait été le plus inepte, le plus pervers et le plus atroce des tyrans. Les historiens (1) et les libellistes n'ont su que répéter depuis ces accents de malédiction. Les uns ont accusé Robespierre d'avoir voulu s'élever au suprême pouvoir, en se faisant, des cadavres de ses rivaux, autant de degrés pour monter au trône ; les autres l'ont signalé comme un agent de l'étranger, comme un émissaire de Coblentz : tous se sont accordés à lui refuser talents et vertus. L'abbé de Montgaillard, comme l'on devait s'y attendre, Monsieur, accueille toutes

(1) Il est juste d'excepter MM. Mignet et Thiers, ainsi que l'éditeur du *Choix des rapports et discours prononcés à la tribune nationale depuis* 1789.

ces imputations, quoique contradictoires, parce qu'elles sont toutes mensongères et infamantes. Robespierre, selon lui, aspirait certainement à la couronne, puisqu'il acheta le pistolet, avec lequel il essaya de se tuer, chez un marchand dont l'enseigne portrait : *au grand monarque :* « mots repré-
» sentant à ses yeux, dit-il, le but auquel se flat-
» tait de parvenir son ambitieuse démence. » (257, tom. IV.) Cependant, quelques pages plus loin (262), cette soif de royauté semble disparaître, et le nom de Pitt intervient pour faire attribuer la conduite de Robespierre à un tout autre mobile; comme on trouve, en d'autres endroits du même volume, certaines insinuations (1) pour nous faire

(1) Robespierre empêcha la destruction des maisons royales : donc il était royaliste ; telle est la manière de raisonner de l'abbé de Montgaillard, qui ne craint pas d'ailleurs d'affirmer que Napoléon n'aurait jamais osé aspirer à la couronne s'il n'eût trouvé les Tuileries debout. Robespierre a donc été aussi *bonapartiste* par anticipation ! Ajoutez à l'appui de l'imputation de royalisme, la pension fournie à sa sœur par le trésor royal, les lettres sans signature saisies dans son domicile, et les emblèmes monarchiques découverts à l'Hôtel-de-Ville, et vous aurez le complément des griefs mensongers sur lesquels on a fondé jusqu'ici, depuis Courtois jusqu'à MM. Dulaure et Montgaillard, la plus absurde des inculpations. D'abord, la pension, dont on a fait tant de bruit, fut accordée à mademoiselle Robespierre par Napoléon, qui l'avait connue à Nice auprès de son frère, et non par le gouvernement royal, qui cessa, au contraire, de la payer,

croire que le plus austère des républicains favorisait secrétement les vues de l'émigration, et préparait le triomphe du royalisme.

Robespierre royaliste ! Robespierre agent de l'étranger! Permis à M. Dulaure (1) et à l'abbé de Montgaillard, Monsieur, de ne pas sentir le ridicule de cette double imputation : pour moi, je croi-

---

dès que certains écrivains voulurent s'en prévaloir pour faire des rapprochements doublement calomnieux. On sait, ensuite, que la *correspondance anonyme* et le *sceau neuf à fleur de lis* furent glissés, soit chez Robespierre, soit sur le bureau de la commune, par les agents des principaux thermidoriens. Un membre du comité de sûreté générale, et l'un des plus actifs adversaires de Robespierre, en a fait depuis l'aveu à Cambon, qui avait été dupe de cette fourberie. Je pourrais signaler l'homme qui osa se vanter ainsi d'une infernale machination, renouvelée plus tard par la police de M. Decazes contre le général Canuel ; mais il est proscrit et plus qu'octogénaire : cette double considération me fait un devoir de taire son nom.

(1) M. Dulaure, qui, pour rejeter sur les ennemis de la liberté les attentats qui en souillèrent le triomphe, s'est appliqué à signaler partout la main dorée de l'étranger, dans nos mouvements révolutionnaires, sans s'apercevoir qu'il réduisait ainsi notre grand drame national à une misérable intrigue; M. Dulaure est l'auteur de l'article qui fut inséré, en 1815, dans le *Censeur*, sur la prétendue correspondance de Robespierre avec les chefs de l'émigration. Comme cette publication, quoique faite dans un but libéral, a eu pour résultat d'accréditer les impostures de Courtois, et de propager un odieux mensonge, sous les auspices de deux hommes qui n'ont cessé de grandir depuis dans l'estime

rais vous faire injure que de chercher ici à la combattre. Il me souvient d'avoir entendu, en 1815, de bien braves gens accuser aussi Napoléon d'avoir été de connivence avec Louis XVIII, pour rétablir la maison de Bourbon sur le trône de France ; et les raisons ne leur manquaient pas non plus à l'appui de cette étrange supposition. N'était-ce pas en effet

publique, il est bon de dire que MM. Comte et Dunoyer furent étrangers à l'insertion de l'article fourni par M. Dulaure. Je n'ai pas besoin d'ajouter que je n'attribue qu'à une déplorable crédulité, entretenue par des réminiscences et des préventions de parti, la démarche de l'auteur de l'*Histoire de Paris :* un écrivain aussi recommandable a dû nécessairement être lui-même abusé, avant d'entraîner les autres dans l'erreur.

L'abbé de Montgaillard insinue cependant que Courtois, qui supposa tant de pièces calomnieuses pour faire croire au royalisme de Robespierre, eut la maladresse de supprimer précisément un grand nombre de lettres, écrites de l'étranger à ce dernier, et qui auraient pu confirmer les soupçons invraisemblables qu'il cherchait à faire planer sur la victime des thermidoriens. (Page 161, tome IV.) Cet historien ajoute, dans son neuvième volume, que M. Decazes réussit à mettre ces lettres entre les mains du roi, Louis XVIII, et qu'elles renfermaient, d'après certains bruits, la correspondance de différents personnages de l'étranger avec Robespierre. (Page 199, tome IX.) Mais à qui parviendra-t-on à faire croire que les hommes qui glissèrent le sceau à fleur de lis sur les bureaux de la commune, et qui firent tant d'efforts pour représenter Robespierre comme un agent de l'émigration, eussent soustrait eux-mêmes les pièces qui auraient assuré le triomphe de cette accusation et justifié leur conduite ?

Bonaparte qui avait facilité la restauration de 1814, en fatigant le peuple français avec ses interminables expéditions militaires et son insatiable ambition ? Sans lui, sans les vexations de son administration despotique, sans les fautes et les excès de son gouvernement, sans l'appauvrissement continu et la perpétuelle décimation des familles par la guerre et la fiscalité, les descendants du Béarnais, que la révolution semblait avoir séparés pour toujours de la nouvelle France, n'auraient pu espérer de rentrer paisiblement dans le palais de leurs ancêtres, et de ne rencontrer que des acclamations sur leur passage, en se présentant, à leur tour, comme les réparateurs des maux du pays, les restaurateurs de la liberté, et en promettant l'abolition de la conscription et des droits-réunis. Bonaparte avait donc conspiré pour le retour de l'ancienne dynastie, et l'on devait s'attendre à voir publier un jour sa correspondance avec Mittau et Hartwell. Vous riez, Monsieur! et cependant cette logique valait au moins celle de l'abbé de Montgaillard et de M. Dulaure.

Je passe à l'accusation *d'atrocité, d'ineptie* et *d'ambition*, et je n'hésite pas à dire : Non, Robespierre ne fut pas le plus cruel des révolutionnaires ; non, sa médiocrité n'est point incontestable ; non, la dictature, la royauté, le suprême pouvoir ne fut point le but secret de toutes ses actions.

Il ne fut pas le plus cruel des révolutionnaires! Car c'est lui qui prévint une épouvantable répétition des *massacres de septembre*, par l'arrestation et le supplice des *hébertistes*; car il voulut dénoncer à la vindicte nationale les Bourdon, les Fréron, les Tallien, les Fouché, et tous les proconsuls couverts, comme eux, de sang et de rapines. Ne sait-on pas que *ces héros du 9 thermidor* ne se soulevèrent contre lui que parce qu'ils se sentirent menacés, dans son discours du 8, d'une prochaine répression de leurs crimes? Ignore-t-on qu'ils ne l'immolèrent que pour perpétuer les excès révolutionnaires dont il voulait arrêter le cours (1); qu'ils ne lui deman-

---

(1) M. de Montgaillard, lui-même, n'a pas osé contester cette intention à Robespierre, tant elle ressortait des faits, reconnus aujourd'hui pour authentiques. « Cet homme, dit-il, aussi fourbe » qu'atroce, avait conçu le dessein d'être le réparateur des excès » qu'il avait fait commettre. » (Page 197, tome IV.) La *Biographie universelle*, publiée sous la direction de MM. Michaud, dont le royalisme n'est pas douteux, rend encore plus de justice à Robespierre; elle ne se borne pas, en effet, à constater qu'il voulut ramener la révolution à la modération et à la clémence; elle fait remarquer aussi qu'il fut étranger à la plupart des crimes dont on lui a laissé la responsabilité. « Il ne faut pas croire, » disent les collaborateurs de MM. Michaud, que Robespierre » fut l'auteur de tous les crimes dont on a chargé sa mémoire. » Parmi ses collègues des comités, et surtout parmi ceux qui » furent envoyés dans les départements et aux armées, plusieurs » portèrent la cruauté bien au-delà des instructions et des ordres » qu'il leur avait donnés; et, dans ce nombre, il en est qui,

dèrent compte que de la mort de Danton (1), et lui reprochèrent sa répugnance pour Marat? Au-

» près avoir contribué à le renverser, se sont présentés, encore
» tout couverts de sang et de dépouilles, comme les défenseurs de
» la justice et de l'humanité..... Robespierre a été accusé, après
» sa chute, de tous les crimes de ses complices, et même de ceux
» de ses ennemis. *Il est constant que ce fut pendant qu'il s'éloi-*
» *gna des comités, quelques semaines avant sa mort, que la*
» *terreur fut portée au plus haut degré, et que les exécutions*
» *se multiplièrent avec une épouvantable rapidité ; il est égale-*
» *ment sûr que son intention était alors d'y mettre fin.....* S'il
» n'osa pas l'annoncer hautement, c'est parce qu'il craignit
» l'opposition de ceux qui le renversèrent, et qui s'apprêtaient
» à l'accuser de *modérantisme*, s'il leur en avait fourni l'occasion.
» Ce furent les mêmes hommes qui l'accusèrent de leurs crimes
» lorsqu'ils l'eurent renversé.» M. Las-Cases et le docteur O'Méara rapportent que Napoléon leur déclara avoir vu, à l'armée de Nice, des lettres de Robespierre à son frère, dans lesquelles il blâmait les horreurs des commissaires conventionnels qui perdaient, disait-il, la révolution par leur tyrannie et leurs atrocités. Le prisonnier de Sainte-Hélène ajouta ensuite, à cette confidence, que Robespierre, d'après l'opinion de Cambacérès, dont la sagacité était rarement en défaut quand il s'agissait de juger les hommes, *avait plus de suite et de conception qu'on ne pensait; et qu'après avoir renversé les factions effrénées qu'il avait eues à combattre, son intention avait été le retour à l'ordre et à la modération.* « Quelque temps avant sa chute, avait dit l'archi-
» chancelier à l'empereur, il prononça un discours, à ce sujet,
» plein des plus grandes beautés : on ne l'a point laissé insérer
» au *Moniteur*, et toutes les traces nous en ont été enlevées. »
(*Esprit du Mém.*, tome I, page 215.)

(1) Garnier de l'Aube, voyant tous les partis de la convention

rait-on oublié enfin que son absence des comités fut marquée par un redoublement de terreur, et que la révolution ne fut jamais plus meurtrière que lorsqu'il en abandonna les rênes aux hommes qui l'avaient accusé de tyrannie (1)?

La médiocrité de Robespierre n'est point incontestable! car ses discours sont là, quoiqu'on en dise, pour attester le contraire; car, Saint-Just excepté, il est peut-être le seul des fondateurs du gouvernement révolutionnaire qui soit resté supérieur aux passions désordonnées, dont il crut devoir accepter provisoirement l'assistance pour vaincre les opiniâtres et redoutables ennemis de la république. En vérité, les meneurs de toutes les factions se sont montrés bien modestes en se réunissant pour proclamer unanimement la nullité de celui qui, sans autre ressource que l'austérité de ses mœurs et de ses principes, parvint à les dompter tous, et ne succomba ensuite que pour avoir tenté de régula-

---

réunis contre Robespierre, lui adressa cette apostrophe : « Le » sang de Danton t'étouffe! »

(1) Billaud-Varennes, dans une séance du comité de salut public, ayant accusé Robespierre d'aspirer à la tyrannie, celui-ci lui répondit avec l'accent de la surprise et de l'indignation : « Moi, votre tyran! ah! tranquillisez-vous; puisqu'il en est » ainsi, je vous laisserai gouverner à votre aise! » et il se retira pour ne plus reparaître que le 8 thermidor à la tribune de la convention.

riser l'action révolutionnaire, dans un temps où elle ne pouvait céder encore à la prudence des hommes. Dès les premiers orages de l'assemblée constituante, Robespierre comprend l'impossibilité de rattacher sincèrement au nouvel ordre de choses l'héritier du pouvoir absolu de soixante rois ; il prévoit l'opposition de la cour, ses manœuvres au dedans et au dehors de la France, l'irritation populaire qui doit résulter inévitablement de ces machinations, et il place le terme définitif de la révolution, la paix et l'ordre pour la société régénérée, dans des institutions démocratiques, telles qu'il les a conçues dans ses méditations sur le *contrat social* de Rousseau, ou dans son admiration pour les républiques de l'antiquité (1). Cette idée, qui le domine et le poursuit sans cesse, perce dans tous ses discours à la première assemblée nationale; il est républicain par anticipation, il se croit déjà au sein de sa nou-

(1) La monarchie féodale une fois renversée, sous l'influence des théories démocratiques, il était naturel que les destructeurs, qui voudraient fonder un ordre nouveau, cherchassent à lui donner une base républicaine, et qu'ils portassent des regards d'envie sur les constitutions d'Athènes et de Rome. Cependant Robespierre, tout en admirant les *anciens,* sut comprendre l'incompatibilité de leurs institutions avec nos mœurs actuelles, et ne craignit pas d'attester la supériorité des *modernes,* fruit nécessaire de la marche progressive de l'esprit humain. Le littérateur Mercier avait dit, dans une discussion importante : « A » peine avez-vous des idées justes sur la liberté, et déjà vous

velle Sparte, et plein de Montesquieu, il invoque la vertu pour en faire le principe vital du gouvernement qui doit, à son avis, régir désormais la France. Cependant, tandis qu'il se jette ainsi dans l'avenir, qu'il se complaît dans ses prévisions et ses calculs, les partis se heurtent violemment à côté de lui; les classes privilégiées s'obstinent à repousser le niveau de l'égalité; elles ont couru aux armes et soulevé l'Europe, en faveur de leur cause : la révolution est en danger; Robespierre s'en aperçoit; il abandonne momentanément ses spéculations abstraites; il sent que pour parvenir à les appliquer un jour, il faut d'abord empêcher le retour de l'ancien régime; et comme cette rétrogradation est à ses yeux la conséquence immédiate du triomphe des rois coalisés; comme ce triomphe lui paraît imminent s'il n'est conjuré par le déchaînement de la colère nationale et des fureurs de la multitude, il s'appuie sur le jacobi-

» osez vous placer au niveau des Romains! » — « Où a-t-il vu
» cet homme, répondit Robespierre, que nous fussions inférieurs
» aux Romains? Où a-t-il vu, cet homme, que la constitution
» que nous allons terminer fut au-dessous de ce sénat despotique
» qui ne connut jamais la déclaration des droits de l'homme? »
Il y avait loin, en effet, de la civilisation du pays où la diffusion progressive des lumières avait amené cette déclaration, à l'état social d'un peuple où quelques familles souveraines tenaient dans l'avilissement la masse de la population, cruellement exploitée comme esclave, ou opprimée comme plébéienne.

nisme, sans en adopter les travers (1); sans lui donner qu'une importance temporaire; et quand

(1) Robespierre, tout en acceptant les secours du sans-culotisme, refusa constamment de lui payer son tribut personnel; ce qui prouve qu'il était supérieur aux passions démagogiques, et qu'il n'avait fait avec elles qu'une alliance passagère. Non seulement il conserva le costume de l'ancien régime, et se fit remarquer par sa propreté au milieu des jacobins qui affectaient le désordre dans leurs vêtements; mais il se préserva soigneusement encore, dans ses discours, de la contagion du cynisme, mis en honneur par la rhétorique de cette époque, et ne tutoya jamais que ses amis, comme il ne fut tutoyé que par eux. Lorsque Dumourier, le bonnet rouge sur la tête, vint recevoir l'accolade fraternelle aux Jacobins, et promettre à cette société de n'agir que d'après la direction qu'elle lui imprimerait, Robespierre s'éleva courageusement contre cette basse flagornerie, rappela à la société qu'elle n'était point un corps constitué, et déclara que l'anarchie la plus complète régnerait en France le jour où les dépositaires de l'autorité reconnaîtraient une autre puissance que celle de la loi, et se soumettraient à l'exigence d'un certain nombre d'individus, sans mission légale, réunis seulement pour s'éclairer mutuellement sur leurs droits et leurs devoirs de citoyens. Tandis qu'il opposait ce langage sévère aux flatteries de Dumourier, un membre de la société prit le bonnet rouge du général et le plaça sur la tête de l'orateur, qui, plein de dégoût pour les démonstrations théâtrales, s'interrompit aussitôt pour jeter violemment à terre le *bonnet sacré*, qui servait alors d'emblème au civisme; et telle était la réputation de patriotisme et d'intégrité dont jouissait Robespierre, que cet acte d'indépendance, véritable profanation aux yeux des jacobins, ne nuisit point à sa popularité.

ce puissant auxiliaire, dans sa tendance anarchique, menace de démoraliser la nation, et de déraciner les principes, sur lesquels il se propose de fonder plus tard la réorganisation de la société française; quand l'ochlocratisme, subversif de toute morale et de tout ordre social, semble vouloir se constituer d'une manière définitive et ajouter de plus grands excès à ceux qu'il a déjà commis, Robespierre le frappe sans indulgence, sans égard pour les services rendus contre l'ennemi commun, et rappelle ensuite le peuple aux notions primordiales sur lesquelles doit reposer son bonheur futur. On le voit combattre alors les extravagances des *apôtres de la raison* (1); s'opposer au scandale des abjurations imposées aux prêtres catholiques (2); s'indigner des tracasseries dont sont l'objet les citoyens qui vont entendre la

(1) Robespierre s'exprimait ainsi, au sujet de Chaumette et d'Hébert, les pontifes suprêmes du *culte de la Raison* : « Ils ont » érigé l'immoralité, non seulement en système, mais en reli- » ligion ; ils ont cherché à éteindre tous les sentiments généreux » de la nature par leurs exemples autant que par leurs préceptes. » (*Discours prononcé le 7 mai 1794.*)

(2) « Les abjurations à la tribune, dit Montgaillard, à la » barre ou par écrit, se succéderont en si grand nombre pendant » plusieurs jours, que Robespierre et Danton, s'élevant contre » cet autre genre de momeries, feront décréter qu'elles ne seront » plus reçues qu'au comité d'instruction publique. » (158, IV.)

messe en secret, ou les ministres qui la disent (1); proposer enfin un nouveau culte, destiné à servir de lien religieux aux chefs et aux membres de la nation, qui auront abandonné les anciennes croyances. Il sait qu'en excluant la religion de l'organisation sociale, il laisserait un vide immense dans son système, et fournirait aux ennemis des institutions républicaines l'occasion de s'emparer exclusivement d'un sentiment indestructible chez l'homme, pour le diriger contre elles; mais il sait aussi que les représentants de la France, élevés sous l'influence des doctrines philosophiques du siècle, sont portés à n'admettre que ce qui leur sera démontré vrai par leur propre raison, sans examiner si ce *rationalisme* pourra devenir une religion pour la masse du peuple, et il s'efforce de les arracher à cette dangereuse irréflexion. « Eh! que vous im-
» portent à vous, législateurs, s'écrie-t-il, les hypo-

(1) Courtois, dans son *fameux* rapport (pag. 42 et 43), fait un crime à Robespierre d'*avoir déclamé contre ceux qui renversaient le culte, et s'opposaient à ce qu'on dît la messe, ou qu'on allât l'entendre.* Voici les *déclamations* de Robespierre : « On a
» dénoncé des prêtres pour avoir dit la messe; ils la diront plus
» long-temps, si on les empêche de la dire. Celui qui veut les
» empêcher est plus fanatique que celui qui dit la messe..... On
» dira peut-être que je suis un esprit étroit, un homme à préju-
» gés; que sais-je? un fanatique! J'ai déjà dit que je ne parlais
» ni comme individu, ni comme un philosophe systématique,
» mais comme un représentant du peuple. »

» thèses diverses par lesquelles certains philosophes
» expliquent les phénomènes de la nature? Vous
» pouvez abandonner tous ces objets à leurs dis-
» putes éternelles; ce n'est ni comme métaphysi-
» ciens, ni comme théologiens, que vous devez les
» envisager : aux yeux du législateur, tout ce qui
» est utile au monde et bon dans la pratique est
» la vérité (1). » Quelque sagesse et quelque pro-
fondeur qu'il y ait dans ce langage, il ne peut être
goûté par les hommes auxquels Robespierre l'a-
dresse. Ils appartiennent presque tous à cette école
philosophique, dont l'intervention fut indispensable pour renverser l'échafaudage de l'ancienne
organisation, et qui fait de la politique une science
abstraite, fondée sur *l'invariable* et *l'absolu*, bien
que ses élémens se modifient selon les temps et les
lieux, et qu'elle ne puisse devenir applicable qu'en
se soumettant à l'exigence de ces perpétuelles
variations. Ce n'est pas d'ailleurs au milieu de la
crise révolutionnaire, c'est à dire au moment
même où les partisans des vieilles idées religieuses,
apportent les plus grands obstacles à l'accomplis-

(1) Dans le même discours, Robespierre attaque les encyclopédistes, parce que leurs doctrines purement critiques forment
un obstacle à ses essais de reconstruction, et il oublie ainsi que
ces hommes, chargés surtout de déraciner de vieux préjugés,
remplirent merveilleusement leur tâche : son erreur fut, au reste,
le résultat de sa position.

sement de la réformation politique; provoquent ou entretiennent par leur persévérance le débordement du scepticisme et de l'incrédulité; ce n'est pas dans un tel état de choses qu'un appel au sentiment religieux peut être accueilli (1) favorablement par les réformateurs. Les meilleurs patriotes de la convention, dupes de l'exaltation philosophique qu'ils tirent des circonstances, croient

(1) Non seulement la conception de Robespierre devait échouer devant la violence des passions révolutionnaires, soulevées contre le sentiment religieux, mais, en supposant même le calme rétabli, elle ne pouvait pas avoir un meilleur sort que la théophilantropie de la Réveillère-Lepeaux. Le théisme était trop pour les disciples des encyclopédistes, et n'était pas assez pour ceux qui allaient entendre la messe dans des greniers, ou s'apprêtaient à saluer Bonaparte du titre de *restaurateur des autels*. Cependant l'homme d'état qui sut se garantir du criticisme délirant qui maîtrisait la plupart de ses collègues, et qui conçut le projet de fonder un nouvel ordre moral sur une base religieuse, tant pour se conformer aux besoins des masses populaires, que pour ramener la nation française à l'unité sociale, non seulement par la centralisation matérielle du gouvernement, mais encore par la communauté d'affections et d'idées : cet homme a fait preuve d'une grande supériorité de vues. On peut, du reste, en juger par le passage suivant de son discours *sur les rapports des idées religieuses et morales avec les principes républicains* :
« Vous vous garderez bien de briser le lien sacré qui unit les
» hommes à l'auteur de leur être : il suffit même que cette opi-
» nion ait régné chez un peuple, pour qu'il soit dangereux de
» la détruire, car les motifs des devoirs et les bases de la mora-

apercevoir la superstition derrière le théisme de Robespierre, et s'imaginent que leur collègue cherche à réveiller d'antiques préjugés pour s'en faire un moyen d'asservir le peuple. Ils n'osent pas d'abord s'opposer hautement à la fête de l'être suprême ; mais ils la désapprouvent dans leurs entretiens particuliers, et même dans les comités (1). Le mécon-

» lité s'étant nécessairement liés à cette idée, l'effacer c'est dé-
» moraliser le peuple. Il résulte du même principe qu'on ne doit
» jamais attaquer un culte établi qu'avec prudence et avec une
» certaine délicatesse, de peur qu'un changement subit et violent
» ne paraisse une atteinte portée à la morale, et une dispense de
» la probité même. Au reste, celui qui peut remplacer la divinité,
» dans le système de la vie sociale, est à mes yeux un prodige de
» génie; celui qui, sans l'avoir remplacée, ne songe qu'à la
» bannir de l'esprit des hommes, me paraît un prodige de stu-
» pidité ou de perversité. »

(1) Le comité de salut public avait fait acheter un exemplaire des *OEuvres complètes de Mably*, pour servir de délassement à ses membres, dans les courts instants de loisir que leur laissaient leurs nombreuses occupations. Un jour, l'un d'entre eux s'étonna de trouver, dans les écrits de ce philosophe, un passage où l'auteur des *Entretiens de Phocion* se prononçait pour l'intervention des idées religieuses et de la sanction divine dans toute organisation sociale. Il fit part de sa surprise à l'un de ses collègues, qui la partagea. Saint-Just, qui était présent, demanda à voir le livre, le lut attentivement, et l'emporta, après avoir laissé entrevoir qu'il n'était pas éloigné de se ranger à l'opinion de Mably. Ce fut quelques jours après que Robespierre présenta son projet de *fête à l'Être suprême*. Le membre du comité

tentement de ces républicains sincères fait tressaillir les factieux, échappés au naufrage des cordeliers et de la commune. Une coalition monstrueuse se forme : les révolutionnaires *dans le sens du crime* circonviennent les démocrates les plus désintéressés; et les Bourdon, Rovère, Tallien, etc., vont entraîner les Prieur, Cambon (1) et Lindet contre celui qu'ils ne désignent plus désormais que par l'épithète de *tyran*, ou d'*ennemi commun*. Carnot, qui osa, le premier, manifester ses craintes à Robespierre lui-même sur ses vues ultérieures (2), Carnot hésite cependant aujourd'hui ; il n'est pas encore

de salut public qui m'a rapporté ce fait, et qui est précisément celui qui montra tant de surprise de la religiosité de Mably, croit que cette circonstance seule amena la proposition de Robespierre. Il me semble plus naturel de penser que Saint-Just ne s'empara du volume, dont quelques phrases avaient offusqué ses deux collègues, que parce qu'il trouva dans Mably une autorité de plus en faveur des plans qu'il méditait alors, sans doute, avec Robespierre.

(1) Cambon ne tarda pas à reconnaître qu'il avait été trompé. Un de ses amis m'a assuré l'avoir entendu s'écrier, au moment où le consul Bonaparte exerçait de fait la dictature : « Nous » avons tué la république, au 9 thermidor, en croyant ne tuer » que Robespierre ! Je servis à mon insu les passions de quel» ques scélérats : que n'ai-je péri ce jour là avec eux ! la liberté » vivrait encore ! »

(2) Carnot fut jusqu'à menacer Robespierre de le poignarder s'il tentait jamais d'accomplir les projets tyranniques qu'on lui supposait.

entièrement convaincu que son collègue nourrisse des desseins funestes à la république, qu'il aspire à la dictature. Il voudrait qu'on se bornât à lui faire une guerre défensive, jusqu'à ce que ses projets liberticides fussent devenus évidents et incontestables. Mais la plupart des conspirateurs ont besoin de hâter leurs coups. Ils sont instruits que Robespierre insiste sur la nécessité du purifier le parti républicain; et ils veulent, à tout prix, prévenir l'épuration qui doit les atteindre. Robespierre se croit en effet près d'arriver au terme marqué pour régulariser le mouvement révolutionnaire; il songe à réaliser bientôt ses plans de réorganisation, à fonder sur une base démocratique, les nouvelles institutions qui lui paraissent renfermer toutes les garanties de paix, de bonheur et de liberté qu'un homme d'état, républicain, puisse désirer pour l'avenir de son pays. Et comme il sent le besoin de faire servir au rétablissement de l'ordre d'autres instruments que ceux dont l'emploi fut inévitable dans la confusion produite par l'acharnement réciproque des partis et par les dangers de la république; comme il est jaloux d'ouvrir l'ère nouvelle avec des auxiliaires dont les antécédents ne soient pas un obstacle à la confiance de leurs concitoyens (1); comme

(1) Peu de temps avant le 9 thermidor, Robespierre eut un entretien avec le citoyen Aignan, alors commissaire du gouvernement à Orléans, depuis membre de l'Institut. Il lui annonça

il pressent la répugnance des hommes qui se sont fait une existence exclusivement révolutionnaire, à rentrer sous l'empire de la modération et de la justice ordinaire; comme il tient à préserver la société, rendue à l'état normal, de l'influence des agents de la terreur, qui dépassèrent même les instructions des comités dans leurs sanglantes missions; comme il ne veut pas que des noms auxquels sont attachés des souvenirs de férocité, de pillage et de débauche, se mêlent à la fondation d'un ordre de choses qu'il se flatte de pouvoir appuyer sur la morale austère et les vertus des anciennes républiques (1): il laisse entrevoir le désir d'une nouvelle épuration, et ceux qui trouvent, dans leur con-

---

ses projets de réorganisation, et lui demanda une liste des républicains sages, étrangers aux excès de la *terreur*, qui pourraient entrer dans la nouvelle composition des autorités de son département. Couthon, au nom de Robespierre, fit, à peu près vers le même temps, une semblable demande à Cambacérès, pour le département de l'Hérault.

(1) Robespierre pouvait se tromper, sans doute, sur la nature des institutions qui convenaient à la France, comme il s'abusait lorsqu'il pensait que son nom, après avoir dominé tous ceux que le régime de la *terreur* avait fait sortir de l'obscurité, pourrait encore présider au retour de l'ordre et à la constitution définitive du pays : mais le mérite de sa conception *organique* lui reste toujours, indépendamment des formes inapplicables qu'il avait adoptées, et des obstacles qu'il devait trouver dans sa position personnelle, pour mettre lui-même ses théories en pratique.

science, des motifs de la redouter, accélèrent aussitôt la marche de la conjuration. Ils ont envahi le comité de sûreté générale, surpris le patriotisme de plusieurs membres du comité de salut public, et enhardi Billaud à accuser Robespierre de tyrannie, dans une séance même de ce comité. Robespierre n'a répondu qu'avec une indignation mêlée de mépris à cette inculpation, et s'est abstenu pendant plus d'un mois de prendre part à la direction des affaires. Enfin le 8 thermidor, voyant le désordre et les malheurs de la patrie s'accroître, il quitte sa retraite pour venir dénoncer à la représentation nationale, les hommes qu'il regarde comme les auteurs de la prolongation des troubles et de l'anarchie. « La garantie du
» patriotisme, dit-il, n'est pas dans la lenteur ni
» dans la faiblesse de la justice nationale, mais dans
» les principes et dans l'intégrité de ceux à qui elle
» est confiée, dans la bonne foi du gouvernement,
» dans l'esprit public, dans certaines institutions
» morales et politiques qui, sans entraver la mar-
» che de la justice offrent une sauve-garde aux
» bons citoyens, et compriment la multitude par
» leur influence sur l'opinion publique, et sur la
» direction de la marche révolutionnaire; *ce sont*
» *ces institutions qui nous manquent encore* et qui
» vous seront proposées quand les conspirations
» les plus voisines permettront aux amis de la li-
» berté de respirer. Guidons l'action révolution-

» naire par des maximes sages et constamment
» maintenues; punissons sévèrement ceux qui abu-
» sent des principes révolutionnaires pour vexer
» les citoyens (1). Qu'on soit bien convaincu que
» tous ceux qui sont chargés de la surveillance na-
» tionale, dégagée de tout esprit de parti, veulent

(1) Les vexations en matière religieuse se multiplièrent à l'infini, et contribuèrent à faire haïr la république, surtout dans les classes inférieures et dans les campagnes. Le respectable M. Grégoire a recueilli une foule innombrable de faits qui attestent les funestes résultats du fanatisme philosophique sur l'opinion publique. Robespierre les avait pressentis, lorsqu'il s'opposait aux abjurations des prêtres et aux tracasseries dont on entourait ceux qui disaient ou qui entendaient la messe. Dans son discours sur la faction de Fabre d'Églantine, discours trouvé dans ses papiers, et publié à la suite du rapport de Courtois, on lit le paragraphe suivant : « Le moment, sans doute, était favorable pour prêcher
» une doctrine lâche et pusillanime, même à des hommes bien
» intentionnés, lorsque tous les ennemis de la liberté poussaient
» de toutes leurs forces à un excès contraire; lorsqu'on confon-
» dait la cause du culte avec celle du despotisme; les catholiques
» avec les conspirateurs, et qu'on voulait forcer le peuple à voir
» dans la révolution, non le triomphe de la vertu, mais celui de
» l'athéisme, non la source de son bonheur, mais la destruction
» de toutes ses idées morales et religieuses; dans ces jours où
» l'aristocratie, affectant de délirer de sang-froid, croyait
» forcer le peuple à partager sa haine pour l'égalité, en atta-
» quant les objets de sa vénération et de ses habitudes; où le
» crime de conspirer contre l'état, se réduisait au crime d'aller
» à la messe, et où dire la messe, était la même chose que con-
» spirer contre la république. »

» fortement le triomphe du patriotisme, et la puni-
» tion des coupables; tout rentre dans l'ordre..... Le
» gouvernement révolutionnaire a sauvé la patrie; il
» faut le sauver lui-même de tous les écueils..... »
Robespierre signale ensuite ces écueils, qu'il place
surtout dans la corruption et l'immoralité de quelques dépositaires de l'autorité publique, et il se
demande en finissant: « Quel est le remède à ce
» mal? punir les traîtres, répond-il, renouveler
» les bureaux du comité de sûreté générale, épurer
» ce comité lui-même, et le subordonner au comité
» de salut public; épurer le comité de salut public
» lui-même, constituer l'unité du gouvernement
» sous l'autorité suprême de la convention na-
» tionale qui est le centre et le juge, et écraser
» ainsi toutes les factions du poids de l'autorité na-
» tionale, pour élever sur leurs ruines la puissance
» de la justice et de la liberté: tels sont les prin-
» cipes. » Dans ce même discours, Robespierre
s'est appliqué à réfuter tous les bruits calomnieux,
répandus sur les desseins secrets et les vues ambitieuses que lui prêtent ses ennemis. « Les infâmes
» disciples d'Hébert, a-t-il dit, m'ont déclaré con-
» vaincu de modérantisme: c'est encore la même
» espèce de contre-révolutionnaires, qui persécute le
» patriotisme. Jusques à quand l'honneur des
» citoyens et la dignité de la convention nationale
» seront-ils à la merci de ces hommes-là?... Ils ont

» dit aux nobles. *C'est lui seul qui vous a proscrits;* —
» aux patriotes: *il veut sauver les nobles* (1); — aux
» prêtres: *c'est lui seul qui vous poursuit; sans lui*
» *vous seriez paisibles et triomphants;*— aux fanati-
» ques: *c'est lui qui détruit la religion;* — aux pa-
» triotes persécutés: *c'est lui qui l'a ordonné* ou *qui*

(1) La société des jacobins retentissait d'accusations violentes contre le comité de salut public, parce qu'il conservait dans l'armée des officiers *nobles*. B***, cédant à ces clameurs, proposa de les exclure; Carnot s'y opposa de toutes ses forces, en déclarant que cette mesure porterait la désorganisation dans les rangs de nos soldats, et priverait la patrie d'une foule de défenseurs également braves et expérimentés. Ces sages et courageuses observations de l'homme qui dirigeait exclusivement les opérations militaires firent ajourner la mesure; mais les jacobins l'ayant réclamée avec une fureur toujours croissante, la majorité du comité ne crut pas devoir résister plus long-temps, et l'arrêté fut dressé par B***, et signé par les membres présents. Robespierre entra sur ces entrefaites; on lui fit part de la résolution qu'on venait de prendre, et lui, de s'écrier aussitôt : « Mais vous êtes
» fous! vous voulez donc désorganiser l'armée?» — « Les jaco-
» bins nous pressent, lui répond-on. » — « Les jacobins! est-ce
» que des hommes d'état doivent recevoir leur impulsion d'une
» société populaire? Les jacobins nous sont utiles, sans doute,
» pour entretenir l'exaltation patriotique dont nous avons besoin
» pour sauver la révolution; mais nous devons en faire nos auxi-
» liaires, et non pas nos directeurs. Vous feriez vraiment de
» belles choses, si vous vouliez vous soumettre à toute leur exi-
» gence! » Ce fut pour s'être montré ainsi supérieur à l'exagération et aux préjugés révolutionnaires, que Robespierre se vit accuser de favoriser les nobles!

» *ne veut pas l'empêcher.* Ils m'ont renvoyé toutes
» les plaintes dont je ne pouvais faire cesser les
» causes, en disant : Votre sort dépend de lui seul...
» Ils m'ont appelé tyran..... Si je l'étais, ils rampe-
» raient à mes pieds, je les gorgerais d'or, je leur
» assurerais le droit de commettre tous les crimes,
» et ils seraient reconnaissants!» Robespierre a dit
vrai, et cependant cette déclaration apologétique,
hostile seulement aux députés et aux fonctionnaires qui ont profané le caractère républicain, ne
fera que hâter sa chute. Si la majorité vote d'abord
l'impression de son discours, on la verra bientôt,
sur la demande même des membres inculpés, s'em-
presser de révoquer sa décision. Ce triomphe
enhardit les meneurs des comités, ainsi que les proconsuls qui comptèrent sur une plus longue im-
punité du crime, quand ils agravèrent les dispositions rigoureuses des lois révolutionnaires par des
mesures atroces, et qu'ils exploitèrent la *terreur* au
profit des plus viles passions. Ces hommes passent
la nuit à aiguiser leurs poignards, à concerter une
attaque décisive pour le lendemain. Les rôles sont
distribués : Amar et Bourdon, Billaud-Varennes
et Legendre, Collot-d'Herbois et Tallien, Thirion
et Rovère, Pâris et Fréron, naguère ennemis acharnés, viennent de cimenter par un dernier serment
leur impure alliance. Ils assiègent le domicile des
patriotes irréprochables, qu'ils sont jaloux d'avoir

pour auxiliaires, et auxquels ils ont déjà inspiré quelques préventions contre les triumvirs (1). Ils profitent de ce que Robespierre n'a pas précisé son accusation et désigné suffisamment les députés coupables, pour faire croire à un grand nombre de leurs collègues qu'ils sont tous menacés. Ces manœuvres leur réussissent. A l'ouverture de la séance du 9, Saint-Just, qui est arrivé la veille de l'armée, où il a donné aux soldats l'exemple de l'intrépidité et du courage (2); Saint-Just qui est pénétré aussi du besoin de ralentir l'action révolutionnaire, de

(1) C'est ainsi que furent désignés Robespierre, Saint-Just et Couthon. Selon M. Paganel, dont la pureté civique est incontestable, mais qui n'a pas toujours secoué le joug des préventions qui l'attachèrent à la *Gironde*, Robespierre était le *tigre*, Saint-Just le *lion*, et Couthon la *panthère* de ce triumvirat. Le romancier Walter Scott nous a parlé aussi d'une association politique entre Marat, Danton et Robespierre, et les figures de rhétorique ne sont pas oubliées non plus dans le portrait qu'il nous en fait.

(2) « Si Saint-Just s'exprimait avec tant d'audace à la tribune,
» dit l'abbé de Montgaillard, il ne déployait pas moins de cou-
» rage sur le champ de bataille. Envoyé aux armées en qualité
» de représentant du peuple, il se mit à la tête d'une colonne
» chargée d'enlever une redoute extrêmement forte; après l'ac-
» tion, les grenadiers lui disent : F....., nous sommes contents
» de toi, citoyen représentant, ton plumet n'a pas remué un
» brin, nous avions l'œil sur lui; tu es un bon B......, mais
» avoue qu'il faisait diablement chaud à cette redoute. Tous les
» représentants du peuple envoyés aux armées firent, au reste,

faire cesser le désordre, le plus tôt possible, de constituer l'unité sociale (1) sur les ruines des factions anarchiques, et d'assurer enfin la stabilité du système républicain par des institutions (2); Saint-Just, austère démocrate, comme Robespierre, veut soutenir la sortie victorieuse de son ami contre les membres gangrenés des divers comités; stigmatiser, à son tour, les indignes représentants du peuple qui souillent l'étendard de la liberté en cherchant à en faire le *Palladium* du vice, et qui déshonorent le titre de patriote en l'invoquant pour couvrir leurs turpitudes et leurs rapines. « Je ne
» suis d'aucune faction, dit-il; je les combattrai
» toutes. Elles ne s'éteindront jamais que par les

» preuve de courage. » (100, IV.) Cet aveu est précieux dans le livre de M. de Montgaillard.

(1) Saint-Just avait compris, comme Robespierre, que l'unité gouvernementale serait impuissante contre l'anarchie, et n'aurait qu'une existence précaire, si elle ne s'appuyait sur l'unité morale, c'est à dire sur la convergence des sentiments et des idées vers le but commun, indiqué seulement par les formules politiques. Voici comment il s'exprime, à ce sujet, dans ses *Fragments sur les institutions républicaines* : « La patrie n'est point le sol, elle
» est la communauté des affections, qui fait que, chacun com-
» battant pour le salut ou la liberté de ce qui lui est cher, la pa-
» trie se trouve défendue. Si chacun sort de sa chaumière, son
» fusil à la main, la patrie est bientôt sauvée. Chacun combat
» pour ce qu'il aime : voilà ce qui s'appelle parler de bonne foi;
» combattre pour tous n'est que la conséquence. » (Page 23.)

(2) « La terreur, dit Saint-Just, peut nous débarrasser de la

» institutions qui produiront les garanties, qui
» poseront la borne de l'autorité, et feront ployer
» sans retour l'orgueil humain sous le joug de la li-
» berté publique. Le cours des choses a voulu que
» cette tribune aux harangues fût peut-être la
» roche Tarpéienne pour celui qui viendrait vous
» dire que des membres du gouvernement ont
» quitté la route de la sagesse... » A ces mots, les conspirateurs se sentent pressés d'éclater ; ils interrompent vivement l'orateur, et Tallien, tout dégoûtant encore du sang des Bordelais, s'élance à la tribune pour y faire entendre des gémissements hypocrites sur le sort malheureux auquel la chose publique est abandonnée. Il n'est d'aucune faction,

---

» monarchie et de l'aristocratie ; mais qui nous délivrera de la
» corruption ?..... DES INSTITUTIONS. On ne s'en doute pas; *on
» croit avoir tout fait quand on a une machine à gouvernement.* »
(*Fragment sur les institutions républicaines*, page 19.) Celui qui traça cette dernière phrase mérite d'être distingué, ainsi que Robespierre, des autres fondateurs du gouvernement révolutionnaire, qui donnaient un caractère définitif à un système essentiellement transitoire, et croyaient avoir tout fait parce qu'ils avaient organisé *une machine à gouvernement.* C'est cette distinction, que M. Mignet n'a point admise, puisqu'il a confondu, au contraire, Robespierre et Saint-Just, avec Billaud-Varennes, Collot-d'Herbois, etc., dans une même secte démocratique; c'est cette distinction que j'essaierai d'établir sur une plus ample démonstration, dans une *Histoire du comité de salut public*, que je me prépare à publier incessamment.

lui aussi! il n'appartient qu'à lui-même! c'est à dire qu'à ses passions et à ses vices. Il propose *de déchirer entièrement le rideau!* Non pas celui, sans doute, qui couvre ses infâmes débauches et la perversité de ses complices; mais plutôt celui qui a voilé jusqu'ici leurs machinations souterraines contre les vengeurs de la morale publique qu'ils ont outragée. Billaud appuie la motion de Tallien, et parle de la proposition faite aux jacobins *de chasser de la convention tous les hommes impurs.* A l'aspect d'un danger aussi imminent, ces hommes redoublent de fureur et d'impatience; et lorsque Robespierre réclame la parole pour répondre à Billaud et à Tallien, ils se lèvent en masse pour étouffer sa voix sous les cris: *à bas le tyran! à bas le tyran!* Robespierre, détournant les yeux du côté où s'agitent ses accusateurs intéressés, s'adresse alors aux membres de *la Plaine*, dont il avait défendu, plus d'une fois, la modération contre l'exagération de *la Montagne*, et qui, hier encore, votait l'impression du discours qu'on attaque si violemment aujourd'hui: mais la Plaine, où siègent ces députés immobiles et silencieux qui, selon l'expression de Lanjuinais, semblent étrangers à ce qui se passe autour d'eux, et qui interrogés par Legendre et Tallien, s'ils voudront les seconder dans leur attaque, ont répondu: *Oui, si vous êtes les plus forts; non, si vous êtes les plus faibles;* la Plaine, qui renferme les esprits timides, prudents ou ambitieux, dont la politique, purement expectative, tant que durera la lutte des partis, leur permettra de n'embrasser jamais que la cause victorieuse ; *la Plaine*, cette pépinière des grands seigneurs de l'empire (1), au sein de laquelle se forme déjà le fœtus du sénat de Bonaparte; la *Plaine*, où la résignation apparente aux formes de la démocratie ne sert qu'à cacher des dispositions aristocratiques ; où le simple titre de citoyen pèse à plus d'un comte futur, *la Plaine* est à présent persuadée que Tallien et Legendre sont définitivement *les plus forts*, et elle n'hésite plus à se prononcer contre Robespierre. Celui-ci essaie en vain de se faire entendre : on ne veut plus l'écouter : le président n'accorde la parole qu'à ses accusateurs, et tout à coup, une voix jusque-là inconnue à l'assemblée, demande l'arrestation du *tyran*. C'est Louchet, l'obscur Louchet, qui a voulu réaliser ainsi une des plus ingénieuses fables du *républicain* Lafontaine. La proposition de Louchet, appuyée par un autre approbateur muet (2)

(1) Là siégeaient les comtes Sieyès, Boissy d'Anglas, Dubois-Dubais, etc.

(1) Je me trompe, Lozeau avait parlé une fois pour faire traduire au tribunal révolutionnaire le procureur syndic et les administrateurs du département de la Moselle, qui furent condamnés à mort pour avoir signé une pétition contre les auteurs de la *journée du 20 juin* 1792.

du régime de la terreur, par Lozeau qui se révèle pour la première fois à ses collègues en bravant l'homme qui *fut* dominateur, et qu'à présent tout le monde abandonne; la proposition de Louchet est adoptée au cris de *vive la république!* Et Robespierre de répondre: « La république! elle est per-
» due, car les brigands triomphent! »

Oui, les brigands triomphent! Car c'est vous, Amar, c'est vous, Tallien, c'est vous Fréron, Dumont, Rovère, Bourdon, Fouché etc.; ignobles débris de la faction d'Hébert, ou du club des Cordeliers, qui dominez aujourd'hui la convention! *Oui, les brigands triomphent!* Car c'est vous, indignes organes de la *Montagne*, vous qui n'entourâtes Danton que parce que ce puissant démagogue, pour s'aider de vos fureurs dans ses travaux révolutionnaires, ne crut pouvoir vous attacher à la cause de la patrie qu'en laissant un libre cours à vos passions effrénées; c'est vous qui commandez les délibérations! *Oui, les brigands triomphent!* car c'est vous, misérables inquisiteurs du comité de sûreté générale, vous qui jurâtes de venger les ochlocrates de Chaumette et de Ronsin, parce que leur système d'immoralité et de désorganisation s'accordait mieux avec vos doctrines anarchiques, ou convenait mieux à la noirceur de vos ames, que les principes de vertu et d'unité invoqués par Robespierre; c'est vous qui avez réussi à séduire les bons citoyens, et qui avez abusé les députés étrangers à vos infernales intrigues, jusqu'à les faire lever, avec vous, contre celui qui avait compté sur eux pour mettre enfin un terme à vos excès et à vos crimes! *Oui, les brigands triomphent!* car ceux qui viennent de faire décréter l'arrestation des triumvirs pour avoir conçu le projet de réconcilier la révolution avec la clémence et la justice, vont attester eux-mêmes que c'est au nom de l'anarchie qu'ils les ont attaqués et mis *hors la loi!* et pour qu'on ne puisse pas se tromper à cet égard, ce sera le motionnaire même qui réclama le premier le décret d'arrestation contre Robespierre, ce sera Louchet qui proposera de maintenir *la terreur à l'ordre du jour* (1)!

Mais les brigands du 9 thermidor ne triompheront pas long-temps! Tandis qu'ils outraient le système révolutionnaire, et que des mesures révoltantes signalaient, sur tous les points de la république, le régime de sang auquel les circonstances l'avaient condamnée, le nom de Robespierre avait

---

(1) Cette motion fut faite par Louchet, à la séance du 19 août. Voici ce qu'on lit sur ce conventionnel dans une *Biographie* publiée en 1815: « Louchet, ancien professeur au collège de
» Rhodez, traita Louis XVI de brigand, d'assassin, etc. Il était
» toujours sur la hauteur de la Montagne. En 1793, il fut envoyé
» dans le département de la Seine-Inférieure. Il n'y vit que la
» canaille, et fit arrêter Desprémenil. Il tirait ses sentences des
» paroles et des écrits de Marat, qu'il appelait le *judicieux* et
» *profond* Marat. Le 17 octobre 1795, il proposa des mesures

été le plus apparent; et tous les actes odieux, toutes les iniquités, tous les forfaits étaient censés commis sous ses auspices et par ses ordres. Il résulta de cette responsabilité exclusive, triste conséquence de sa popularité, que sa chute fut regardée comme la fin du règne de la terreur, et qu'un mouvement réactionnaire se déclara aussitôt dans la capitale et les départements contre les *terroristes*, bien qu'ils eussent fait le 9 thermidor, sans que le parti contre-révolutionnaire, ainsi réveillé, pût s'occuper des véritables intentions des hommes qui l'avaient involontairement servi. La plupart des thermidoriens furent emportés par la rapidité de ce mouvement rétrograde, et tombèrent sous les coups des factions qu'ils avaient déchaînées; les autres ne trouvèrent grâce auprès des nouveaux dominateurs, qu'en ajoutant l'apostasie à la liste de leurs crimes; qu'en prêchant ou protégeant l'assassinat des patriotes, au nom de la réaction, comme ils avaient activé l'immolation des royalistes, des aristo-

» sanguinaires contre les prêtres, les émigrés et leurs parents
» qu'il signala comme causes du délabrement des finances. En
» vendémiaire, il fit prononcer la mise en jugement de Menou,
» et fut envoyé, après la session, dans le département de la
» Somme, en qualité de commissaire du directoire. Il destitua
» presque tous les fonctionnaires comme n'étant pas à la hauteur.
» Il n'oublia pas le receveur général du département, dont il a
» pris la place. Devenu fou, il s'est suicidé en 1814. Le *pauvre*
» *homme* a laissé 500,000 francs de fortune. »

crates et des modérés, au nom du gouvernement révolutionnaire.

J'espère, Monsieur, que ce coup d'œil impartial sur l'histoire des événements qui précédèrent et suivirent le 9 thermidor, suffira pour vous convaincre, en dépit de l'abbé de Montgaillard, et de tous les écrivains dont il s'est fait ici le copiste, que Robespierre ne fut ni un homme médiocre, ni un ambitieux (1), impatient de s'élever au rang su-

---

(1) On a dit aussi de Robespierre qu'il avait un cœur sec et accessible à l'envie. De toutes les accusations dont il a été l'objet, c'est la seule qui ait été soutenue avec quelque fondement. Cependant toutes nos *Biographies*, quoique écrites sous l'influence de ses ennemis de diverses couleurs, s'accordent à rappeler des faits qui décelaient en lui une ame bienfaisante, et qui lui méritèrent, avant la révolution, l'estime universelle de ses concitoyens. On a beaucoup parlé de sa brouillerie avec sa sœur : mais cette mésintelligence est tout-à-fait de l'invention de Courtois, qui ne craignit pas de présenter, comme adressée à Robespierre l'aîné, une lettre écrite à Robespierre jeune, à Nice, et dans laquelle sa sœur lui faisait des reproches au sujet de ses liaisons avec quelques dames de cette ville. Quant à la jalousie de Robespierre, qui aurait seul provoqué le supplice de Danton, elle n'est guère conciliable avec ces mots de Billaud-Varennes au 8 thermidor : « La première fois que je dénonçai Danton au » comité, Robespierre se leva comme un furieux, en disant qu'il » voyait mes intentions, que je voulais perdre les meilleurs pa- » triotes. » Si plus tard Robespierre laissa frapper son vieil ami par le comité de salut public, ce ne fut qu'après avoir tenté plusieurs fois de faire renoncer Danton à l'alliance des hommes

prême. Ceux qui aspirent à la dictature ne négligent pas d'ordinaire d'amasser des richesses pour se faire des créatures, et Maximilien ne laissa à sa mort qu'un assignat de cinquante francs avec des mandats de l'assemblée constituante, qu'il avait dédaigné de se faire payer. Mais il parlait incessamment, dit-on, de la nécessité d'une volonté unique ! oui, sans doute : mais cette unité ne s'appliquait qu'à l'action sociale elle-même, et non point aux personnes chargées de la diriger : son

impurs, et à l'espèce de patronage qu'il exerçait sur les révolutionnaires, soupçonnés ou convaincus de dilapidation. Danton regardait comme une niaiserie l'austérité de Robespierre ; il croyait que les républicains ne pourraient se maintenir à la direction du gouvernement et faire dominer leurs doctrines, qu'en s'entourant de la considération que l'on attache communément à la richesse, et il pensait qu'il fallait, par conséquent, fermer les yeux sur la fortune soudaine de quelques patriotes. Robespierre, au contraire, voulait fonder la démocratie sur la vertu, et quand il fut bien persuadé que Danton était un obstacle à ce système, il l'abandonna à Billaud.

Madame Roland, dans sa prison, éprouvant le besoin de répondre aux calomnies dont son époux était l'objet, ne songea qu'à Robespierre, lorsqu'elle conçut l'espoir de ramener les accusateurs de l'intègre ministre à des idées de modération et de justice que les circonstances ne comportaient pas. « Robespierre ! » dit-elle, je l'ai beaucoup connu, et beaucoup estimé ; je l'ai » cru un sincère et ardent ami de la liberté. » Elle voulait lui écrire ; mais ses préventions actuelles triomphèrent de ses souvenirs, et elle n'envoya pas sa lettre.

idée, à cet égard, est clairement expliquée dans le discours que je vous ai cité, ainsi que dans une des notes produites contre lui par Courtois. « Il » faut, y est-il dit, une volonté, une, républicaine » ou monarchique. » C'est à dire que le pays soit gouverné par plusieurs magistrats, ou par un seul individu, l'action de l'autorité doit être uniforme, s'appuyer sur de communes affections (1), et faire aboutir les efforts individuels, ceux des simples citoyens, comme ceux des fonctionnaires, à un but identique. C'était en présence de la rivalité des comités, et des funestes conséquences de l'anarchie, que Robespierre réclamait ainsi l'unité de volonté. Mais il croyait, lui, que cette unité pouvait s'établir en France, sous la forme républicaine, comme on peut s'en convaincre, non seulement dans ses propres écrits, mais dans les lettres des hommes qui avaient reçu la confidence de ses pensées et qui partageaient ses opinions. Dans le cas

---

(1) Je trouve, dans la *Quotidienne* du 10 novembre 1827, quelques phrases qui peuvent servir à expliquer la pensée de Robespierre, sur l'unité, autrement que par des vues monarchiques. « Rien, dit cette *feuille*, ne subsiste que par la loi uni- » verselle de l'ordre qui est l'unité. Ne parlons ici que de la » monarchie; ce n'est pas seulement parce qu'elle ne connaît que » la voix d'un seul souverain que nous disons que sa force est » dans l'unité. *Cela est même vrai de la république, où plusieurs* » *commandent et représentent le souverain.* »

contraire, *l'or ne lui eût pas fait tant de peur* (1), et il n'aurait pas témoigné une si grande répugnance pour les députés immoraux et cupides, qui seraient devenus, moyennant salaire, les complices les plus empressés de son usurpation, et dont les vices auraient dû former les éléments indispensables de sa nouvelle cour. L'ambitieux qui convoite la royauté a soin d'ailleurs de s'entourer d'auxiliaires assez inférieurs à lui-même en capacité, pour ne pouvoir jamais se soustraire à son influence et se constituer ses concurrents. Quand Bonaparte médite la dictature consulaire, ou porte ses vues sur la couronne impériale, il ne livre pas le secret de ses desseins à ceux de ces compagnons d'armes en qui il pourrait soupçonner des prétentions rivales, soutenues par des talents transcendants. Après le 18 brumaire, la puissance intellectuelle de Sieyès l'offusque, et il se donne un collègue moins dangereux et plus docile, Cambacérès. Telle ne fut point la conduite de Robespierre; loin de là, il chercha, parmi ses collègues, les hommes capables de planer avec lui, sur le tourbillon révolutionnaire, et de ne le considérer que comme un orage passager, afin de préparer ensemble le gouvernement

(1) Danton disait de Robespierre : « *Il a peur de l'argent.* » La rupture qui éclata entre ces deux hommes naquit, en effet, de leur différente manière de considérer l'argent, et de juger les révolutionnaires qui s'en montraient avides.

régulier que la France exigerait, au retour du calme. Dès qu'il eut rencontré Saint-Just, qui était au moins son égal, comme homme d'état, et qui joignait à ses lumières politiques le courage et peut-être aussi le génie des guerriers, il se l'attacha irrévocablement, pour travailler de concert à ses plans de réorganisation, et ne se sépara plus de lui que sur l'échafaud (1).

(1) Les ennemis de Robespierre ayant parlé seuls pendant trente ans, il n'est pas étonnant qu'on soit parvenu à accréditer les assertions les plus fausses, sur sa vie et sur sa mort. Le gendarme Méda a prétendu, dans ses *Mémoires*, qu'il l'avait blessé à mort d'un coup de pistolet, au moment où il cherchait à se cacher sous des gradins ; et l'opinion publique a cru long-temps à la version du gendarme, comme elle accueillit aussi la fable du grenadier qui disait avoir préservé Bonaparte, au 18 brumaire, du poignard des représentants du peuple. Mais la vérité finit toujours par percer les nuages dont les partis s'efforcent de l'entourer. On sait aujourd'hui que Robespierre se tira lui-même le coup de pistolet dont on a voulu faire honneur au baron Méda (car le gendarme du 9 thermidor est devenu baron sous l'empire). On sait aussi que, n'ayant pu réussir à se tuer, il montra la plus constante impassibilité, au milieu des cruelles souffrances occasionnées par sa blessure, et des insultes, des huées et des mauvais traitements de ses vainqueurs. Coffinhal lui avait conseillé de se mettre à la tête du peuple qui paraissait disposé à défendre sa cause : mais Robespierre objecta que cette démarche serait celle d'un tyran, qu'il ne voulait point s'exposer à répandre le sang des citoyens pour venger sa propre querelle, et que, d'ailleurs, il devait se conformer à la volonté du peuple souverain, dont la convention était l'organe.

Je ne finirai pas cette lettre, Monsieur, sans vous avoir signalé un passage du volume qui nous occupe, dans lequel l'abbé de Montgaillard, démentant les plus belles pages de notre histoire militaire, ne craint pas d'affirmer que, *tant que regnèrent le carnage et la dévastation avec Robespierre, Barrère et le comité de salut public, les armées françaises perdirent leurs avantages, sur tous les points, au Nord, sur les bords du Rhin, et vers les Pyrénées* (43, IV).

Il est inconcevable qu'un écrivain contemporain puisse commettre de pareilles bévues, ou hasarder sciemment de telles impostures. Tout le monde sait en France, et nos anciens ennemis ne l'ont pas oublié non plus, que quatorze armées successivement victorieuses furent créées par ce comité de salut public que l'abbé de Montgaillard présente comme un repaire de brigands, aussi ineptes que féroces. N'est-ce pas en effet du sein de ce comité que Carnot organisa la victoire? N'est-ce pas sous le *règne* de ce décemvirat que furent gagnées les batailles de Turcoing et de Fleurus; qu'Ostende, Mons, Tournay, Gand, Niewport et Bruxelles tombèrent au pouvoir des Français, et que fut effectuée la seconde conquête de la Belgique! J'en appelle à M. de Montgaillard : il nous fera lui-même justice de ses outrages à la vérité; et sa rétractation, quant aux événements militaires de 1793 et 1794 se

trouvera encore dans le même volume où nous lisons la phrase mensongère qui nous a soulevés d'indignation. « Les Français, dit-il, se laissent op-
» primer par les plus vils des hommes, et se bat-
» tent admirablement contre les troupes les mieux
» exercées de l'Europe (225, IV). Cette extraor-
» dinaire valeur des nouveaux combattants im-
» prime sur l'époque actuelle un caractère ineffa-
» çable d'héroïsme militaire, qui recouvrant la flé-
» trissure des crimes politiques, voile les fureurs
» de l'anarchie, et, déguisant la servile soumission
» des citoyens, fera l'éternelle admiration du
» monde. L'éclat du bonnet de grenadier efface
» l'opprobre du bonnet rouge. Tous les noms guer-
» riers de la vieille France ont cessé de paraître : la
» révolution les a dévorés, et de nos rangs à peine
» formés l'Europe voit sortir des noms impéris-
» sables : Bonaparte, Masséna, Bernadotte, Klé-
» ber, Desaix, Championnet, Pérignon, Gouvion-
» Saint-Cyr, Moreau, Macdonald, Lefebvre, Du-
» gommier, Pichegu, Jourdan, Marceau, Joubert,
» Brune : Les voilà ! eût répondu dès l'automne
» de 1794, la Pythonisse à ce prince qui lui de-
» mandait d'évoquer les héros ; les voilà ! Reviens
» bientôt, je t'en montrerai d'autres !!! » (224 et
25, IV.)

Je ne veux point, Monsieur, chicaner l'abbé de Montgaillard sur l'opprobre du *bonnet rouge*, ni rappeler qu'il ne fut pas tout-à-fait sans influence sur les merveilles opérées (1) par le bonnet *de grenadier*: il me suffit d'avoir fait constater avec toute la pompe de la rhétorique les victoires remportées sous le comité de salut public, par le même historien qui venait de les effacer honteusement de nos annales. J'ajouterai qu'à l'époque où ce comité (2) présidait à nos triomphes militaires, et sauvait ainsi l'indépendance de la patrie, Carnot, Prieur et Fourcroy jetaient les fondements de l'école polytechnique, et préparaient, avec d'autres savants, tels que Guyton-Morveau, Grégoire et Lakanal,

---

(1) M. de Châteaubriand, comme M. de Maistre, a mieux apprécié les services des jacobins que la plupart de ces ardents amis de la liberté, qui affectent de déclarer qu'ils ne la veulent que sage, c'est à dire sans trop d'exigence en fait d'efforts et de sacrifices de la part des sectaires qui se passionnent pour elle dans les salons. L'auteur de l'*Essai historique, politique et moral sur les révolutions*, reconnaît, en effet, que *ce sont les jacobins qui ont donné à la France des armées nombreuses, braves et disciplinées ; que ce sont eux qui ont trouvé moyen de les payer, d'approvisionner un grand pays sans ressource et entouré d'ennemis*, etc. (*Essai hist.*, etc., tome I, page 84, Londres, 1797.)

(2) La plupart des membres de ce comité restaient quinze ou dix-huit heures courbés sur leurs bureaux, et quand ils avaient passé la journée avec une caraffe de limonade, ils prenaient une demi-heure, dans la soirée, pour aller dîner, à trente sols, au restaurant le plus voisin. Ces hommes ont vaincu l'Europe !

l'établissement du Conservatoire des arts et métiers, l'uniformité des poids et mesures, du bureau des longitudes, du télégraphe et de l'institut. La postérité en gardera la mémoire!

J'ai l'honneur, etc.

DOUZIÈME LETTRE.

Paris, le 1ᵉʳ octobre 1827.

Monsieur,

Vous craignez donc que l'on ne se méprenne sur l'esprit et le but de ma dernière lettre, et que certaines gens n'en prennent occasion de répondre à tout ce qui pourra leur déplaire dans mes observations sur l'abbé de Montgaillard, par cette exclamation, que les préjugés du public rendront péremptoire : *C'est un démocrate à la Saint-Just! C'est l'apologiste de Robespierre!* Vous me permettrez, Monsieur, d'être moins touché que vous de ce danger. Après ce que je vous ai dit des émigrés et des révolutionnaires, du constitutionnel Mirabeau, et du royaliste Rivarol, des girondins Brissot, Vergniaud, Pétion, Condorcet, et des cordeliers Danton, Hérault et Camille Desmoulins, ainsi que des anti-robespierristes Cambon, Prieur, Carnot (1) et Lin-

(1) Carnot était placé trop haut dans l'estime publique pour que l'abbé de Mongaillard n'en fît pas l'objet d'un acharnement tout particulier. Ainsi, on le voit répéter, en cent endroits de son livre, que cet illustre citoyen attacha son nom aux actes les

det, que j'ai tous défendus également contre la malveillance de notre historien, et dans le seul intérêt de la vérité, il ne saurait s'élever un doute raisonnable sur l'impartialité de mon opinion relativement à Robespierre. Si j'en ai fait un républicain sincère, supérieur aux passions populaires, dont il accepta passagèrement l'appui, jaloux de relever enfin les autels de la justice et de l'humanité après tant d'excès révolutionnaires qu'il avait moins commandés que subis, comme d'affligeantes nécessités, attachées à l'intervention indispensable de la démago-

plus révolutionnaires; et il ne cite jamais les Carrier, les Lebon, etc., sans leur donner pour protecteur, ou pour complice, celui dont l'inébranlable civisme et la haute capacité furent spécialement consacrés, dans le comité de salut public, à l'organisation de la victoire, et qui, le premier, demanda la mise en accusation de Carrier. Il est vrai que certains apôtres de la terreur, avant le 9 thermidor, voulurent, après la chute de Robespierre, faire oublier leurs antécédents en se jetant parmi les réacteurs, et en accusant leurs propres agents ou leurs amis; mais cette infâme conduite ne fut point celle de Carnot, qui, au contraire, repoussa l'amnistie qu'on lui offrait, au moyen d'une distinction entre lui, Prieur et Lindet, et les autres membres de l'ancien comité de salut public, et qui réclama généreusement la solidarité pour les actes mêmes auxquels il avait été moralement étranger. L'abbé de Montgaillard observe, d'ailleurs, lui-même, que ce grand citoyen dédaigna les faveurs de Bonaparte consul, et de Napoléon empereur, et qu'il ne s'affubla point de la toge de sénateur, et de titres nobiliaires, comme Lanjuinais et Boissy d'Anglas. (293, IV.) C'est un aveu précieux dans une histoire de la

gie dans la guerre de la révolution contre l'ancien régime ; si je l'ai peint ennemi de l'ochlocratisme, moins sanguinaire qu'on ne l'a cru communément, austère d'ailleurs et incorruptible, c'est qu'il m'apparaît, avec tous ces attributs, au milieu des déchirements et de la confusion qui accompagnèrent la régénération de la France. Quant à son système organique, sur la conception duquel j'ai établi la supériorité de ses vues, il sera évident, pour quiconque me lira, sans trop de préoccupation, que je n'ai considéré cette conception que d'une manière

révolution, où Boissy d'Anglas et Lanjuinais sont présentés incessamment à notre admiration, comme les seuls et vrais amis de la liberté et de l'égalité, comme les Catons de la république française et les héros du libéralisme. Peut-être l'historien, s'il vivait encore, pourrait-il nous expliquer cette anomalie en revendiquant la phrase dans laquelle la persévérance républicaine de Carnot est opposée à l'élévation des comtes Lanjuinais et Boissy d'Anglas, et en rejetant sur l'influence de quelque *coterie constitutionnelle*, les éloges exclusifs et interminables donnés à des membres de notre aristocratie héréditaire actuelle, qui, pour s'être conduits avec courage au 31 mai, ou au 1er prairial, et avoir fait honorablement partie de l'opposition depuis 1814, ne sauraient néanmoins, sans trop de bienveillance, être proclamés les plus constants champions du parti démocratique. Une fois décidé à faire des révélations, l'abbé de Montgaillard nous dirait aussi, sans doute, à qui nous sommes redevables de lire si souvent dans son livre que le général Bernadotte fut le plus grand capitaine de la république, et le duc de Bassano le premier diplomate de l'empire.

abstraite, sans rien préjuger sur la question et les moyens d'exécution; c'est à dire que je ne l'ai envisagée que comme révélant, chez Robespierre, le désir du retour à l'ordre et le sentiment de l'inanité des formules politiques, privées de l'appui des mœurs et des institutions : car je pense avoir assez indiqué du reste que ses idées de réorganisation, examinées sous le rapport de leur valeur pratique, me semblaient peu susceptibles d'application, tout en convenant qu'elles ne pouvaient guère présenter, à cette époque, un autre caractère.

Je vous ai fait remarquer, Monsieur, comment la chute de Robespierre, quoique due aux plus furieux démagogues, avait imprimé un mouvement rétrograde à l'opinion publique et ravivé les espérances du royalisme. Il nous reste à rechercher maintenant par quels moyens la révolution, après avoir dévoré elle-même tant d'illustres défenseurs de sa cause, et s'être rendue veuve successivement de Vergniaud, de Danton et de Saint-Just, pour se jeter entre les bras de Tallien et de Billaud, put échapper néanmoins au naufrage que présageait cette impure alliance, et tromper l'espoir des partisans de l'ancien régime, sur les résultats, définitifs qu'ils attendaient de la réaction thermidorienne.

Si la crise de 1789 n'avait été amenée que par l'esprit de sédition et de mutinerie, comme le pensaient tant de gens qui depuis se sont ravisés; si le maintien des réformes, consommées par l'assemblée constituante, n'avait dû être attribué qu'à l'audace et à la violence d'une faction qui n'aurait pas puisé sa force dans les sentiments et les intérêts nationaux, on concevrait qu'un échec, comme celui du 9 thermidor, eût détruit irrévocablement l'empire de cette faction et replacé la France dans le même état où elle se serait trouvée la veille de la commotion accidentelle qui l'aurait passagèrement troublée : mais la révolution française ne saurait être ainsi rapetissée; tous ceux de ses anciens ennemis, qui ont quelque valeur intellectuelle, déclarent eux-mêmes qu'ils ne la comprirent pas quand ils s'efforcèrent de l'étouffer dans son berceau, et ils s'accordent avec nous pour ne voir en elle qu'une solennelle manifestation des progrès de l'esprit humain, et que l'expression des besoins particuliers du pays où elle prit naissance. Avec ce caractère d'universalité et de nécessité, il était donc impossible qu'elle fût entraînée dans la ruine des individus ou dans la défaite des partis, et qu'elle ne finît pas par triompher, malgré l'incapacité ou l'immoralité des conventionnels qui devaient être appelés, par les incidents ou les vicissitudes politiques, à se charger de sa direction et de son salut. Que Rovère, Fréron, etc., soient en effet les dominateurs du jour; qu'ils fassent égorger, sous le nom de *ter-*

roristes, les patriotes qu'ils persécutaient naguère comme modérés; que les hommes de boue, selon l'expression d'un rédacteur du *Globe*, dissipent le fruit de l'intégrité et du talent financier (1) des *hommes de sang;* que des sans-culottes apostats, ou des républicains abusés secondent les efforts de l'aristocratie, et que tout conspire, en apparence, pour le rétablissement de l'ancien ordre de choses; au moment décisif, lorsque les contre-révolutionnaires se croiront assez forts pour opérer une réaction complète contre les idées et les intérêts nouveaux, comme ils l'auront accomplie à l'égard des hommes, la révolution manifestera la puissance de son principe vital, en se relevant, plus terrible que jamais, de son agonie passagère, pour écraser ses imprudents adversaires, en retenant la victoire sous le drapeau de la liberté, alors même qu'il sera porté par les plus vils de ses défenseurs. Ramenés à la cause de la patrie par le sentiment de leurs dangers

(1) Sous le *régime de la terreur*, quarante millions avaient été mis à la disposition du comité de salut public, pour servir spécialement à l'approvisionnement régulier de la capitale. Huit millions suffirent pour faciliter l'arrivage des grains et denrées, et la subsistance de Paris se trouva constamment assurée d'avance pour six semaines. Après le 9 thermidor, les trente-deux millions restés dans la caisse nationale, furent dissipés en quelques mois par les réacteurs, et la population parisienne, privée de pain, fut réduite à se venger de sa misère, en appliquant le sobriquet de *famine* aux meneurs de cette époque.

personnels, les thermidoriens invoqueront les passions révolutionnaires et se constitueront les champions de la république ; ils feront le 13 vendémiaire contre les royalistes des sections, et le 18 fructidor contre les conjurés de Clichy; ils frapperont aussi les démocrates, demeurés étrangers à la réaction, dès que le réveil de l'énergie patriotique pourra faire craindre aux faux républicains qu'on ne leur demande compte de leur lâche désertion et de toute l'infamie de leur carrière publique, avant et après le 9 thermidor ; et à travers ces proscriptions alternatives, ces coups d'état, en sens contraire, d'où sortira le système de *bascule*, la révolution, forte de sa concordance avec les besoins nationaux, poursuivra sa marche, triomphera des factions intérieures et des armées étrangères, et quand ce double succès aura pris un caractère décisif, elle se laissera dépouiller, à son tour, des formes politiques qu'elle adopta, dans ses périls, par le plus illustre de ses héros, par un génie extraordinaire, qui, tout en s'efforçant de la détruire, en France, sous le rapport des combinaisons gouvernementales et des formules administratives, ne fera qu'en colporter lui-même les principes dans toute l'Europe, en mêlant, pendant quinze ans, nos générations émancipées avec les populations esclaves des monarchies absolues.

Vous me demanderez, Monsieur, si j'ai pris dans

le livre de l'abbé de Montgaillard, cette appréciation sommaire des principaux événements de notre histoire, depuis le 9 thermidor, jusqu'au règne de Napoléon Bonaparte. Pour répondre à cette question, je pourrais me contenter de vous interroger vous-même sur les résultats de vos méditations, pour savoir si la lecture de cet historien vous a offert quelque chose qui se rapporte en effet à cette espèce de résumé; mais j'aime mieux aller au-devant de vos réflexions, et rapprocher de suite les divers tableaux où M. de Montgaillard a retracé les journées les plus remarquables de cette période de la révolution, afin de vous signaler dès ce moment tout ce qu'ils présentent de mensonger et de défectueux.

L'abbé de Montgaillard nous assure d'abord que l'insurrection du 13 vendémiaire n'avait pas un but monarchique. « On aurait une bien fausse idée des
» temps et des choses, dit-il, si l'on pensait que le
» mouvement contre-révolutionnaire des sections
» eût pour objet la restauration de l'autorité royale.»
(381 et 382, IV.) Cependant quels furent les moteurs de ce nouveau soulèvement populaire? A quel parti appartenaient les hommes qui dirigeaient la section Lepelletier, et qui formaient le comité insurgent? Les Vaublanc, les Laharpe, les Serizi étaient-ils mus seulement par le désir de mettre un terme à la trop longue omnipotence de la con-

vention ? M. le marquis Demoustiers (1), ce diplomate, qui depuis a fait tant de bruit par ses liaisons avec les absolutistes et les apostoliques de Madrid, cédait-il à des inspirations républicaines, lors-

(1) L'extrême différence qui existe entre les opinions politiques de M. le marquis Demoustiers et celles que je professe, ne m'empêchera pas de signaler tout ce que l'abbé de Montgaillard a avancé de faux et d'injuste, vis-à-vis du père de l'ex-ambassadeur. Il le fait, par exemple, intriguer en Suisse, sous le directoire, et le peint comme un *personnage d'une excessive vanité, dépourvu de talents;* ajoutant qu'*il est l'un des émigrés qui ont été le plus funestes à la cause de la maison de Bourbon, tant ses intrigues étaient mal ourdies et bruyamment exécutées* (44, V), bien que M. le marquis Demoustiers n'ait pas quitté un seul instant l'Angleterre ou les états prussiens pendant tout le cours de son émigration, et qu'il résidât à Berlin, dans le moment où on le suppose occupé à ourdir de misérables intrigues en Helvétie. Quant au reproche d'incapacité, j'observerai que Louis XVI offrit le porte-feuille des affaires étrangères (D) à l'homme que l'abbé de Montgaillard proclame dépourvu de talents, et que Louis XVIII en fit son interprète (E) auprès du roi de Prusse. Montgaillard commet ensuite une nouvelle erreur, s'il ne ment encore sciemment, en faisant arriver M. Demoustiers, d'Angleterre sur le continent, avec Dumourier, en 1804 (51, VI), à l'époque du meurtre du duc d'Enghien, pour le faire voyager de Berlin à Francfort et à *Ettenheim*, tandis que cet émigré ne cessa d'habiter Berlin ou Postdam, depuis 1796 jusqu'à la fin de 1806. S'il y eut un Demoustiers parmi les émigrés réunis à Offembourg en 1804, ce fut, sans doute, un des deux frères *Moustier Bermont*, anciens gardes-du-corps du roi, dont Montgaillard aura confondu le nom avec celui du marquis Demoustiers.

que, bien jeune encore, il forçait, le pistolet en main, les tambours de sa section à battre la générale contre les représentants du peuple, au mépris d'un décret de peine de mort ; et qu'il donnait le signal du combat, en tirant sur un piquet de dragons, les premiers coups de fusil de la journée ? Je ne le pense pas, Monsieur ; et quoique le plus grand nombre des sectionnaires n'eût certainement pas l'intention de s'armer contre la république, les chefs de l'insurrection n'auraient pas moins fait servir le dévouement de leurs soldats abusés au rétablissement de la monarchie, s'ils avaient pu vaincre. Les preuves fournies par les accusateurs et les aveux des accusés justifient également cette conjecture, que je pourrais appuyer aussi sur l'autorité de M. de Montgaillard, s'il fallait le réfuter encore une fois par ses propres arguments. « La section Lepelletier, » dit-il en effet, dirigeait le mouvement contre-» révolutionnaire que les intelligences pratiquées » par les émissaires, par les agents secrets de » Louis XVIII et du prince de Condé, étaient par-» venus à organiser à Paris. » Et c'est dans les mêmes pages (380 et 381, IV) où il considère comme une grave erreur *de penser que le mouvement contre-révolutionnaire des sections eut pour objet la restauration de l'autorité royale* ; c'est dans les mêmes pages que *ce mouvement contre-révolutionnaire* est attribué aux machinations des royalistes, aux agents de Louis XVIII et du prince de Condé ! Il est vraiment inconcevable que des lecteurs éclairés se soient laissés séduire par l'esprit de malignité jusqu'à s'engouer d'un ouvrage écrit avec autant de légèreté, et si peu de suite dans les idées ; car c'est trop accorder, ce me semble, à la causticité, que d'en faire ainsi une dispense de raison, de logique et de véracité pour un auteur dont le mérite se réduit à donner à l'histoire les couleurs du pamphlet.

Non content de se démentir ainsi d'une phrase à l'autre, au sujet des intentions qu'il prête aux insurgés, l'abbé de Montgaillard, quoiqu'il ne paraisse pas d'ailleurs très bien disposé pour les meneurs royalistes des sections, n'oublie pas cependant de déclarer ici encore contre leurs adversaires, et d'insulter les défenseurs de la convention. Vous savez qu'à l'époque du 13 vendémiaire, il se trouvait à Paris un grand nombre de patriotes, chassés de leurs départements par la réaction, et qui coururent généreusement aux armes pour combattre les ennemis de la révolution, sous les ordres de leurs propres persécuteurs, dès que la cause des thermidoriens leur parut identifiée avec celle de la république : eh bien ! M. de Montgaillard ne voit dans ces auxiliaires inattendus, que *le rebut de la classe des prolétaires*, que *des sans-culottes déguenillés, des hommes du 10 août, des massacreurs de septembre,*

dont il fait la réserve de la convention, et qu'il confond avec la *populace des faubourgs!* (380, IV.) Quant au général qui conduisit les républicains à la victoire, et qui, dans cette journée, fonda sur l'escalier de Saint-Roch, avec la mitraille, cette immense réputation qui devait s'élever au-dessus de toutes les grandes renommées de l'antiquité et des temps modernes, l'abbé de Montgaillard veut bien lui accorder de la capacité, et convenir qu'il avait fait preuve de courage et d'habileté contre l'armée anglo-espagnole, introduite par la trahison dans le seul port qui pût protéger le pavillon de la république sur la Méditerranée et les côtes de la Provence. « Bona-
» parte, dit-il, qui a montré au siége de Toulon
» beaucoup de résolution et *quelques talents* dans
» l'arme de l'artillerie, offre ses services à Barras,
» et aussitôt ce général de sang et de pillage donne
» au jeune officier le commandement des troupes
» conventionnelles. Bonaparte a figuré dans les
» troubles qui agitèrent la Corse dès les premiers
» jours de la révolution; il est connu de plusieurs
» députés, membres du comité de salut public et
» de sûreté générale, pour l'exaltation de ses prin-
» cipes républicains : et sa conduite politique, de-
» puis le 10 août 1792, a été celle d'un jacobin,
» d'un terroriste. Après la chute de Robespierre, il
» s'est vu rejeté dans les cadres de l'infanterie, et
» paraît destiné à y languir dans une stérile inacti-

» vité, lorsque les événements du 13 vendémiaire
» éclatèrent : Bonaparte a sa fortune à faire, tout à
» espérer et fort peu de chose à risquer, même en
» fait de renommée, en épousant la cause de la
» convention; il s'y dévoue au moment où elle trem-
» ble de tous ses membres, et dès ce jour il ac-
» quiert une importance dont les suites l'étonneront
» lui-même. » (384, IV.) Ce n'est point, Monsieur,
une révélation que nous fait ici l'abbé de Montgaillard, quand il nous dit que Bonaparte suivit,
depuis le 10 août 1792, la fortune du parti démocratique ; aussi me garderai-je de le combattre sur
ce point, quoique, après tout, la conduite républicaine du vainqueur de vendémiaire eût moins été
jusque-là l'expression d'une *exaltation de principes*, que le résultat de ses calculs ou du désir
d'exploiter les circonstances au profit de son ambition ; car l'exaltation de principes suppose toujours
une conviction, qui manquait essentiellement à
Bonaparte, dans ses démonstrations libérales,
comme il l'a prouvé depuis. Mais ce que je releverai
hardiment, dans le jugement de notre historien sur
le guerrier que les sectionnaires vaincus essayèrent
en vain de flétrir en lui appliquant l'épithète de *mi-
trailleur*, c'est l'étonnement qu'on veut lui faire
éprouver à lui-même au sujet de son élévation,
comme si elle avait dépassé ce que son génie lui
permettait d'attendre. Sans doute Napoléon, com-

mandant d'artillerie, ne pouvait pas prévoir qu'il se ferait un jour saluer empereur, dans toutes les capitales du continent, par les vieilles races royales, et qu'un pontife viendrait du fond de l'Italie pour poser la couronne de Charlemagne sur la tête du soldat républicain d'Arcole et de Lodi ; mais sans pressentir ce que le don de prophétie seul aurait pu lui apprendre, il eut d'assez bonne heure le secret de sa supériorité, pour comprendre qu'il était capable de jouer sur la scène politique, ou dans les armes, tel rôle extraordinaire que le cours des événements lui départirait; d'où l'on peut conclure qu'en se voyant porter au faîte des grandeurs humaines par les circonstances, il ne trouva rien dans les faveurs de la fortune, dont le sentiment de sa prodigieuse capacité ne lui eût ôté le droit de s'étonner, et qu'il ne pût expliquer par la force et l'activité de son intelligence, bien plus que par les caprices du sort. Et c'est de cet homme, sur la cendre duquel trois mille ans pourront passer aussi, sans qu'il cesse d'être jeune encore de gloire et d'immortalité (1); c'est de cet homme, dont le début héroïque enleva aux Anglais le fruit d'une épouvantable perfidie ; c'est de cet homme qu'un employé aux fourrages

(1) Trois mille ans ont passé sur la cendre d'Homère,
  Et depuis trois mille ans, Homère respecté,
  Est jeune encor de gloire et d'immortalité.
              CHÉNIER, *Epître à Voltaire.*

dans les armées impériales vient de dire qu'il avait montré *quelques talents* au siége de Toulon ! Quelques talents ! quand il s'agit de Bonaparte révélant son génie au monde ! Où sont donc les anciens admirateurs du magnifique potentat qui fit trembler l'Europe ? Craignent-ils de placer trop haut, après sa mort, celui qu'ils adulèrent sans retenue dans sa toute-puissance, et à l'égard duquel ils épuisèrent toutes les formules de la servilité ? Quoi ! pas un mot pour venger le plus grand capitaine qui fut jamais, de la concession ridicule que l'abbé de Montgaillard daigne lui faire dans sa niaise bénévolence ! Poëtes et prosateurs de l'empire, qu'êtes-vous devenus ? Le soin de la réputation de Talleyrand-Périgord, comme bon citoyen et royaliste fidèle (1) ; de M. Dudon, comme liquidateur irréprochable (2) ; du duc de Raguse, comme libérateur de la capitale (3) ; ce soin vous occupe-

(1) *Voyez* la note de la page 194, tome II.

(2) « M. Dudon a confondu ses ennemis. Le liquidateur de
» 1815 a mis dans tout son jour la loyauté de l'intendant de
» 1814. » J'ai trouvé cette phrase dans une note de la page 179
du septième volume !!!

(3) « Marmont, dit l'abbé de Montgaillard, s'est empressé
» d'entrer en pourparlers..... C'est à cette résolution soudaine du
» maréchal, que Paris doit, sans doute, de ne pas devenir un
» vaste champ de bataille, et l'avantage d'être pris par les souverains
» alliés, qui ne tarderont guère à reconnaitre les droits
» de la maison de Bourbon ! » (Page 397, tome VII.)

24.

t-il si fortement que vous ne puissiez défendre, d'une pitoyable apologie, la mémoire d'un héros dont vous faisiez le rival des dieux, et la merveille des siècles, tandis qu'il pouvait payer, en roi, ces basses flagorneries ? Le duc de Raguse, dites-vous, M. Dudon et l'abbé de Périgord vivent encore ; ils sont en crédit à la cour; et Napoléon ne fait plus de gardes-magasins, de superbes espions, de fastueux censeurs, etc., etc. ; il est descendu au tombeau sous le poids d'une double déchéance..... Je vous entends : l'admiration a dû cesser avec les grâces qui l'alimentaient ; et votre reconnaissance n'est pas de celles qui peuvent s'attacher à la poussière d'un grand homme !

Mais nous nous occuperons plus tard, Monsieur, d'une manière tout-à-fait spéciale de Napoléon Bonaparte ; continuons à présent l'examen du quatrième volume de l'abbé de Montgaillard. Vous y avez remarqué sans doute les deux pages que l'auteur a consacrées à chanter les louanges de la maison d'Orange ; elles sont écrites avec tant de soin et d'élégance, et forment un si éloquent panégyrique, qu'il me paraît difficile de les attribuer à un historien qui se distingue surtout par l'incorrection de son style, par ses formes sauvages et une malveillance invétérée. L'apologiste, quel qu'il soit, a choisi, vous le savez, l'époque de la conquête de la Hollande par Pichegru, pour glisser, dans son récit, les phrases pompeuses des-

tinées peut-être à provoquer quelque mouvement de gratitude à Bruxelles, ou à offrir une occasion de munificence à la cour de La Haye. Je ne puis résister à l'envie de transcrire ici ce passage, qui, abstraction faite des motifs qui peuvent l'avoir dicté, exprime des sentiments que je ne suis pas éloigné de partager. « C'est la maison de Nassau-Orange,
» dit l'admirateur de cette auguste famille, qui a
» arraché les Provinces-Unies à la superstitieuse et
» sanglante tyrannie de l'Espagne. Issus d'une mai-
» son royale qui se perd dans la nuit des temps,
» les princes d'Orange combattirent pendant un
» demi-siècle en faveur de la liberté politique et de
» la tolérance religieuse; ils en furent les héros à
» une époque où le double despotisme royal et
» monacal asservissait l'Europe : ils déployèrent une
» intrépidité et une constance qui pouvaient seules
» triompher des forces de Charles-Quint, et de tout
» le despotisme de son féroce successeur ! La mai-
» son d'Orange éleva dans les marais de la Hollande
» un temple à la liberté politique et religieuse :
» sous leur commandement, les provinces hollan-
» daises furent l'asile des victimes de toutes sortes
» de tyrannies, et devinrent le centre de tous les
» intérêts politiques de l'Europe. Les Provinces-
» Unies s'élevèrent à un degré de prospérité inté-
» rieure et de richesse commerciale auquel nul
» peuple, ancien ou moderne, n'était encore par-

» venu ! A l'exemple de la Hollande, à la vue des
» merveilleux résultats que la liberté y avait en-
» fantés, l'Angleterre secoue ses chaînes, et recon-
» quit ses libertés publiques : c'est encore à un
» prince d'Orange (au grand Guillaume, devant
» lequel trembla et s'abaissa Louis XIV), que les
» Anglais furent redevables de l'expulsion des
» Stuarts et des jésuites, c'est à dire de la révolu-
» tion de 1688 et de la déclaration des droits qui
» consolidèrent la liberté nationale, et rendirent
» plus tard les Anglais maîtres du commerce de
» l'univers. Gloire et reconnaissance éternelle dans
» l'histoire aux princes de Nassau-Orange ! Ils ne
» violent pas leurs serments constitutionnels ; ils
» ne se jouent pas des libertés de la nation ! Intré-
» pides sur les champs de bataille et sages dans les
» conseils, ils combattent en personne lorsqu'il
» s'agit de défendre l'honneur et les intérêts de
» l'état, et ils voient, jugent et gouvernent par
» eux-mêmes, et non par d'indignes favoris ou
» des ministres pervers ! A la chute de l'homme
» qui opprimera, pendant quatorze années, la
» France et l'Europe, les deux mondes verront la
» maison d'Orange établir et maintenir une sage, une
» vraie liberté constitutionnelle dans le royaume
» des Pays-Bas, elle donnera à tous les gouverne-
» ments l'exemple d'une administration vraiment
» paternelle, vraiment royale ! Heureux royaume,

» où la loi protége avec la même force le riche et
» le pauvre, où la liberté et la propriété indivi-
» duelle sont sacrées, où la liberté des cultes est
» établie et protégée ; où l'ultramontanisme ne
» peut franchir les limites assignées par la loi (1);
» où les dépositaires du pouvoir ne sauraient vio-
» ler impunément la loi fondamentale de l'état ; où
» le monarque, accessible au moindre de ses sujets,
» est le père plutôt que le prince du peuple; où le
» trône est défendu par l'amour environné des bé-
» nédictions de la nation entière ! Quel immense
» avenir de force, de prospérité et de gloire n'est
» pas réservé au royaume des Pays-Bas (2) ! » (308
et 309, IV). Acceptons bien vite, Monsieur, cette
heureuse prédiction ! Les brillantes destinées, pro-
mises à la nation belge, ne nous sont pas tout-à-
fait étrangères. Les communications de voisin à
voisin sont fréquentes et rapides aujourd'hui ; le

(1) Le concordat que vient de conclure M. de Celles avec la
cour de Rome, a fait naître des craintes qui démentent cette
partie du panégyrique.

(2) Je ne veux pas mettre en doute le libéralisme des princes
de la maison de Nassau : j'en souhaite, au contraire, d'aussi
bons et d'aussi éclairés à plus d'une nation. Mais tel est l'empire
des préjugés aristocratiques sur les grands, qu'ils démentent
souvent, pour se conformer à l'étiquette, les principes dont ils
font d'ailleurs profession. L'anecdote suivante en fournira une
preuve. Un célèbre poëte français avait en porte-feuille une
tragédie, dont le sujet était pris dans l'histoire des Provinces-

mal ne peut pas durer long-temps en deçà des frontières quand le bien est immédiatement au-delà, et n'est séparé du peuple souffrant que par un ruisseau. D'ailleurs, si un immense avenir de gloire et de prospérité attend le royaume de Pays-Bas, cela peut nous faire espérer que l'Europe ne sera pas dans cinquante ans sous le joug barbare de la Russie, comme nous l'a prédit M. de Montgaillard dans son discours préliminaire.

J'aurais bien envie de vous parler, Monsieur, de la journée du 1er prairial, dans laquelle le parti démocratique, un instant victorieux, succomba sous les efforts de cette faction mitoyenne, qui renfermait plus de lâcheté que de prudence, plus d'ambition que de sagesse : mais ce dernier soulèvement des masses populaires n'ayant échoué que parce que leur triomphe n'était plus nécessaire au salut de la révolution, et que le démocratisme de la Montagne

---

Unies ; il offrit d'en faire lecture chez le prince d'Orange : sa proposition fut acceptée. Talma, ami intime de l'auteur, l'accompagna à la cour de Bruxelles, et fut même chargé de lire la pièce. Comme elle flattait beaucoup l'orgueil national des auditeurs, elle fut assez bien accueillie. Un courtisan dit seulement, à plusieurs reprises, à voix basse, à la princesse d'Orange, *qu'il y avait bien de la république là dedans*. La lecture terminée, on servit du thé à tous les assistants, excepté à l'ingénieux poëte et à l'admirable artiste, qui, en qualité de plébéiens, ne purent appliquer leurs lèvres roturières sur la royale porcelaine de la maison de son altesse.

avait cessé d'être un besoin d'époque, pour n'exister désormais que comme doctrine dans l'esprit de quelques individus (1), je crois inutile de m'arrêter à des faits qui n'occupent qu'un rang secondaire dans l'histoire de notre régénération, et qui devaient être sans influence sur la conservation des réformes, pour lesquelles la nation s'était si violemment ébranlée en 1789. J'opposerai cependant aux insultes dont les vaincus de *prairial* sont l'objet, dans le livre de l'abbé de Montgaillard; je leur opposerai les justes regrets donnés à la mémoire de Romme, de Goujon, de Soubrany, etc., par M. Thiers et par un rédacteur du *Globe*, qui n'a pas craint de placer les noms de ces illustres victimes à côté de ceux de Roland, de Valazé, de Barbaroux et de Camille Desmoulins. « Pour devenir aussi célèbres, a dit en
» effet le courageux journaliste, il ne leur a man-
» qué peut-être que des amis pieux qui recueillis-
» sent leurs cendres et relevassent leur mémoire;
» mais ils appartenaient à un parti extrême, et un

(1) La conspiration de Babeuf fut l'œuvre de quelques uns de ces inflexibles sectaires consciencieusement obstinés à démocratiser la France. L'abbé de Montgaillard les calomnie quand il essaie d'en faire des agents de Fouché : Antonnelle, Buonarotti et Babeuf, lui-même, étaient des républicains de bonne foi, qui croyaient à la possibilité de réorganiser la société française, en faisant une application rigoureuse des principes de la liberté et de l'égalité naturelles, et en admettant dans toutes ses conséquences la doctrine de la souveraineté du peuple.

» tel parti n'a jamais deux règnes dans une même
» révolution : une fois tombé, il ne se relève pas; il
» est maudit; et ceux qui meurent à son service,
» fussent-ils dignes de regrets, ne peuvent espérer,
» pour eux, pitié et réparation, qu'après un long
» temps et auprès de la postérité. » (*Le Globe*,
tom. V, n° II, pag. 59.)

Ce n'est pas, au reste, vous le savez, Monsieur, envers les démocrates seuls que M. de Montgaillard se montre opiniâtrément malveillant et injuste. A peine a-t-il laissé en paix la cendre de Romme et de ses amis, qu'il va remuer celle des héros de la Vendée, pour mêler quelque accusation infamante à des éloges forcés ; Charette et Stofflet surtout y sont peints sous des traits qui inspirent plus souvent l'horreur qu'ils ne commandent l'admiration. (424 et suiv., tom. IV.)

Mais notre abbé revient bientôt à ses fureurs contre le parti révolutionnaire, et c'est le 18 *fructidor* qui lui en fournit l'occasion. On dirait d'abord qu'il va applaudir à la chute des clichiens, à la manière dont il traite les écrivains de ce parti. Selon lui, *il n'y avait pas un pamphlétaire salarié du parti royaliste, comme Richer-Serizy, Fontanes, qui ne se constituât le premier champion, le champion nécessaire de Louis XVIII, et qui ne restât persuadé que ce prince allait lui devoir sa couronne.* Cependant il déclare aussitôt que les députés qui

conduisaient les deux conseils (les meneurs de Clichy), n'avaient en vue que *le retour vers l'ordre et la justice* dans leur marche rétrograde, et il ne leur reproche que de l'avoir imprudemment hâtée (62, V). « S'appuyant trop sur la bonté de leurs
» intentions et de leurs principes, dit-il, ils mi-
» rent de la fougue où la temporisation devait
» produire un effet salutaire..... Ces raisonneurs
» de tribune ne comprennent pas que si, avec le
» temps, l'opinion publique ruine la tyrannie, elle
» n'est rien au moment même du combat. » (62 et 63, V). Les amis de Villot et de Pichegru, agents de la maison de Bourbon, avaient donc pour eux l'opinion publique, à cette époque ? Les hommes qui conspiraient contre la révolution qui doit affranchir le monde, étaient donc les défenseurs de l'ordre, de la justice et des saines doctrines ? S'ils ne triomphèrent pas, c'est que *jamais la force morale ne fit dévier un boulet de canon* (*id.*). Oui, sans doute, la force matérielle peut arrêter, pendant quelque temps, la manifestation de la force morale; mais l'effet du boulet de canon n'est que local et instantané, tandis que la puissance de l'opinion est universelle et permanente. M. de Montgaillard nous a appris lui-même qu'on ne pouvait pas *sabrer les idées, fusiller les opinions*. Si donc les Job-Aimé, les Vaublanc, etc., avaient été réellement les interprètes des vœux publics, le coup

d'état de fructidor n'aurait produit qu'une compression passagère, qui eût bientôt provoqué une explosion violente de sentiments contre-révolutionnaires, et porté à la direction de l'état les proscrits de cette *journée*. Mais il ne pouvait en être ainsi : la rétrogradation n'était ni dans les intérêts ni dans la pensée du peuple qui avait fait tant d'efforts et de sacrifices pour s'assurer la jouissance des conquêtes de 1789. La foule des citoyens éclairés, en montrant de la répugnance pour les moyens (1) employés par le directoire; en blâmant le peu de discernement qu'il avait mis dans ses rigueurs; en conservant, par exemple, plus d'estime pour Carnot, proscrit, que pour le proscripteur Barras; la foule

---

(1) Selon Montgaillard, madame de Staël aurait proposé des mesures plus cruelles encore contre les députés qui furent condamnés à la déportation. « Cette dame, dit-il, l'un des grands
» mobiles de la révolution qui se trame dans l'ombre, la seconde
» de tout son esprit, de toute son activité ; tous les moyens lui
» paraissent bons pour en assurer le succès. Elle a proposé aux
» patriotes du conseil des cinq-cents de tenir une séance de nuit,
» et, avec l'appui de la force armée dont dispose Augereau,
» de faire jeter soixante députés clichiens dans la Seine. Le lendemain, l'assemblée eût témoigné la plus vive indignation,
» ordonné une enquête, etc.; mais la révolution n'en eût pas
» moins été consommée. Nous avons entendu madame de Staël
» rapporter ces choses; elles ont été répétées souvent par Tallien,
» l'un des hommes les plus influents du parti patriote : tels
» étaient, au reste, le besoin et l'esprit d'intrigue de madame de

des citoyens éclairés ne cessa pas en effet de considérer les résultats du 18 fructidor comme utiles à la cause nationale, et d'applaudir à la défaite d'un parti qui poursuivait le rétablissement d'un ordre de choses, alors universellement réprouvé. Ici encore je réfuterai l'abbé de Montgaillard par lui-même, en démontrant, par son propre témoignage, que l'opinion publique, en 1797, n'était rien moins que favorable au système politique des conspirateurs de Clichy. « Il ne faut pas croire, dit-il (les
» événements qui ont eu lieu jusqu'au 1ᵉʳ avril
» 1814 l'ont prouvé), que le rétablissement de la
» royauté fût résulté de la journée du 18 fructidor,
» dans le cas où le succès de cette journée eût été
» décidé en faveur de Pichegru et de ses adhé-

» Stael, qu'on disait d'elle dans ce temps-là : *Pour faire une*
» *révolution, elle ferait jeter tous ses amis dans la rivière,*
» *quitte à les repêcher le lendemain, à la ligne, par bonté*
» *d'ame.* » (30, V.) Quoique personne n'ait réclamé encore contre cette odieuse imputation, je ne puis croire qu'elle soit fondée. Comment admettre, en effet, que madame de Stael, si peu indulgente envers les démagogues qui eurent recours aux moyens homicides quand les circonstances leur en firent une déplorable nécessité, eût conseillé de semblables moyens, lorsque la révolution pouvait repousser les attaques de ses ennemis, sans les immoler, ainsi que les événements le prouvèrent bientôt? Mais, en supposant même le fait vrai, madame de Stael s'en serait-elle vantée à l'abbé de Montgaillard? Ceci rappelle trop madame Campan se glorifiant, devant cet écrivain, d'avoir trahi la reine.

» rents. *Il y avait, dans la masse de la nation, trop*
» *de principes de liberté et d'égalité, trop d'inté-*
» *rêts républicains, et un trop vif enthousiasme de*
» *gloire militaire, pour qu'une aussi grande et aussi*
» *subite transformation, dans la nature du gouver-*
» *nement, put avoir lieu sans des déchirements et*
» *des convulsions incalculables.* » (65, V.) Voilà ce qui contribua, bien plus que la puissance du glaive et du canon, à faire échouer les projets de la majorité des conseils : l'abbé de Montgaillard avait oublié, sans doute, cette prédominance des intérêts et des principes républicains, quand il nous assurait, deux pages auparavant, que la force morale, l'opinion publique, l'ordre, la justice, les bons principes étaient du côté des clichiens.

J'ai l'honneur, etc.

TREIZIÈME LETTRE.

Paris, 15 octobre 1827.

Monsieur

La démocratie avait sauvé la révolution, et s'était perdue elle-même. Introduite en France, en 1792, pour y seconder le développement et le jeu des passions populaires, contre l'Europe monarchique et les royalistes de l'intérieur, elle avait revêtu la multitude exaspérée de la plénitude du pouvoir souverain, subordonné toutes les capacités sociales à la puissance du nombre, et mis à *l'ordre du jour* la terreur et la mort. Un tel système était essentiellement transitoire de sa nature. Conçu au milieu des dangers du pays, il devait disparaître avec les circonstances extraordinaires qui l'avaient fait naître; et comme il n'avait pu sauver l'état sans le tourmenter et le déchirer cruellement, il était même destiné à tomber sous le poids de la réprobation du peuple, qu'il avait préservé de la honte du joug étranger et des horreurs d'une réaction domestique : c'est, en effet, ce qui arriva en 1799. Après avoir péniblement conquis sa sécurité contre les partisans de l'ancien régime, par le glaive et par l'échafaud, la France révolutionnaire retourna sur elle-même sa puissance destructive. Vingt partis, ou plutôt vingt coteries, se formèrent dans le parti vainqueur. La plupart d'entre elles ne s'agitèrent que pour s'arracher mutuellement le pouvoir; d'autres, plus désintéressées, ne s'entendirent pas mieux sur le choix du port, où le vaisseau de la république devait trouver un abri contre de nouvelles tempêtes. La lassitude, le dégoût, l'ambition remplacèrent presque partout l'exaltation civique. Chacun désira un changement, selon ses vues, dans la marche des affaires. Les républicains eurent leurs plans d'organisation démocratique, et cherchèrent à en confier l'exécution à tels ou tels individus; les aristocrates et les monarchiens, de nouvelle ou d'ancienne origine, s'occupèrent aussi de l'application de leurs doctrines et de l'élévation de leurs adhérents; tous souhaitèrent ardemment, quoique dans un but contraire, de pouvoir calmer l'anxiété générale, et de faire cesser le désordre qui régnait, non seulement dans le gouvernement, mais dans l'universalité des esprits. Le mécanisme politique de la convention, dans l'éloignement des périls qui l'avaient fait établir, ne se présenta plus, ainsi que je viens de le dire, que comme la source de la confusion et de l'anarchie dont tout le monde s'efforçait de sortir, et l'on oublia qu'il avait fait triompher la liberté de la coalition des puissances européennes et de toutes les tentatives contre-révolutionnaires du sacerdoce et de l'aristocratie; il en résulta une telle réaction morale contre le régime républicain, qu'en peu d'années l'opinion commune eut posé en principe, et fait considérer comme chose irrévocablement jugée, même pour la foule des anciens démocrates, que ce régime était inapplicable aux grands états et particulièrement à la France (1).

(1) On commence enfin à sentir le vide des discussions sur les diverses formes de gouvernement, considérées seulement dans leurs dénominations ou dans la combinaison abstraite des pouvoirs. Rien n'est si vague, en effet, que les distinctions adoptées par les publicistes, en fait d'organisation politique. Chacune de leurs divisions offre, suivant les temps et les lieux, tous les degrés de liberté ou d'esclavage, de prospérité ou de misère, sans que l'on puisse en rien inférer pour attribuer le bien ou le mal social, à l'une d'elles plutôt qu'aux autres. Sparte, avec ses ilotes; Athènes et Rome, avec leurs esclaves; la Pologne, avec ses serfs; Venise, avec ses inquisiteurs; Alger, avec ses forbans; les états américains, avec leurs nègres, se rangent, d'après le système de nos écrivains classiques, comme la Hollande, l'Helvétie et Saint-Marin, dans une même catégorie, et se confondent dans une qualification commune, celle de *république*. Deux hommes célèbres de notre époque, MM. de Tracy et Daunou ont essayé de bannir, de la science politique, ces distinctions superficielles, et de donner une autre mesure de la bonté ou des vices des diverses formes de gouvernement, pour éclairer les peuples dans leur option. Le premier, dans ses commentaires

Dans cette disposition des esprits, la constitution de l'an 3 se trouvait à la merci du premier ambitieux qui aurait assez de sagacité pour comprendre la situation des choses, et assez de crédit, de talent et de confiance en lui-même, pour tenter de la changer à son profit. Il fallait surtout un ca-

sur Montesquieu, n'a pas craint de rejeter la classification de ce grand homme, et de n'admettre que deux espèces de gouvernement : 1° les *nationaux*, qui donnent l'intérêt général pour but à l'action politique; 2° les *spéciaux*, qui ne s'appliquent qu'à faire tourner les produits sociaux au profit de l'autorité. M. Daunou, sans s'occuper aussi du titre des gouvernements, ne les envisage que sous le rapport des garanties individuelles qu'ils accordent ou refusent aux citoyens. Ce n'est pas ici le lieu d'examiner si cette vue est aussi large et aussi complète qu'on pourrait le désirer : j'observerai, seulement, qu'on n'a pas tout fait, à mon avis, tant qu'on s'est borné à dire que les gouvernements sont *nationaux* ou *spéciaux;* qu'ils accordent ou refusent des garanties, si l'on n'indique ensuite les moyens par lesquels on peut amener les gouvernements à prendre le caractère national, ou à garantir les intérêts que l'on veut placer sous leur sauvegarde; si l'on ne définit, surtout, ce qui constitue la nationalité, ou la concordance avec l'intérêt général, pour chaque gouvernement, et si l'on ne désigne d'une manière tout-à-fait précise et spéciale les intérêts à protéger. Aux diverses phases de la vie du genre humain, les mêmes intérêts n'ont pas été prédominants dans la société; de telle sorte qu'un gouvernement, qui fut national autrefois, parce qu'il subordonnait son action aux sentiments et aux besoins généraux de l'époque, ne le serait plus aujourd'hui en suivant la même direction, quand ces besoins et ces sentiments ont perdu leur caractère d'universalité. Ainsi,

ractère fort, violent peut-être et despotique, pour refaire l'unité sociale, avec tant d'éléments de discorde et d'anarchie; et c'était du milieu des gens de guerre, habitués à courber toutes les volontés individuelles sous les lois d'une rigoureuse discipline, et nourris, dans les camps, de toutes les maximes

tout législateur qui, comme Solon, voudrait donner à ses concitoyens la meilleure organisation politique qui leur fut applicable, devrait connaître et constater d'abord la nature des intérêts actuellement existants, et s'occuper moins, ensuite, de créer des formules et d'arranger une machine à gouvernement, que de chercher les éléments des divers pouvoirs à organiser, parmi les représentants de ces intérêts. S'il trouvait que le travail est de nos jours l'intérêt prédominant des nations européennes, comme la prière et les armes furent celui du moyen âge; s'il pensait, avec M. le comte d'Hauterive, que la société existe pour l'association des travaux, il n'hésiterait pas à fonder son système politique sur la prépondérance des travailleurs, savants, artistes et industriels; et son gouvernement serait alors vraiment national, dans le sens de M. de Tracy, puisque l'action en serait soumise à la direction des hommes dont les intérêts individuels formeraient l'intérêt général, et que la prospérité sociale résulterait ainsi des efforts même que chaque membre de l'état, participant de près ou de loin aux affaires gouvernementales, pourrait faire dans un but tout personnel. Alors aussi les garanties exigées par le savant et respectable M. Daunou, seraient obtenues et consolidées; et la bonté du régime politique cessant de dépendre d'une classification arbitraire, d'une conception ontologique et des caprices de gouvernements étrangers aux intérêts des gouvernés, reposerait sur une base positive, qui rendrait son existence moins précaire que celle de tant de constitutions.

du pouvoir absolu, que devait surgir la main vigoureuse réclamée par les circonstances. Les militaires d'ailleurs avaient eu la position avantageuse, dans la lutte de la France républicaine contre l'ancien régime. Ils avaient triomphé de leurs adversaires par la baïonnette et le canon, dont les coups procurent à celui qui les dirige ou les porte, d'autant plus de gloire, qu'ils sont plus meurtriers; tandis que les révolutionnaires de l'ordre civil, réduits à faire tomber leurs ennemis sous le fer du bourreau, s'étaient chargés de la partie odieuse de la tâche nationale, et n'avaient pu acquérir qu'une célébrité qui rappelait trop les excès dont on voulait tarir la source. Ainsi, sous tous les rapports, l'armée seule pouvait fournir l'homme audacieux qui donnerait le signal d'une réaction de centralisation, devenue inévitable, après que le relâchement des ressorts sociaux était arrivé jusqu'à faire craindre la dissolution du corps politique. Les divers partis comprirent cette nécessité, et chacun d'eux chercha, parmi les généraux qui jouissaient d'une grande renommée, l'instrument de ses desseins. On songea, d'un côté, à Moreau (1), de l'autre à

(1) L'abbé de Montgaillard ne laisse échapper aucune occasion de flétrir le nom de Moreau, au sujet de ses intelligences avec les Bourbons, sous la république, et de ses services dans les rangs des armées étrangères en 1813. Je ne veux point me constituer ici le défenseur du vainqueur de Hohenlinden, devenu le

Bernadotte ou à Jourdan ; mais ce n'était pas assez d'un guerrier habile pour imprimer et conduire le mouvement de réorganisation, dont le besoin se faisait sentir de toutes parts. Pour dompter les passions révolutionnaires qui avaient survécu aux conjonctures difficiles dont elles étaient issues, et qui étaient souvent revêtues du caractère sacré de la bonne foi républicaine ; pour briser les résistances que les habitudes et les principes démagogiques allaient opposer à toute tentative qui aurait l'unité pour but, il fallait une vaste ambition soutenue d'une capacité transcendante ; et, pour mieux dire, le génie de César ou de Cromwel. Ce génie existait en effet sous les tentes de la république ; il

---

conseiller intime de l'empereur Alexandre. Mais je signalerai encore une fois la bizarre justice distributive de l'historien qui impute à crime aux uns ce qu'il loue chez les autres. M. de Montgaillard nous offre, avec une infatigable persévérance, M. le comte Boissy-d'Anglas, comme le modèle des vrais amis de la liberté, et nous parle, néanmoins, d'une manière tout-à-fait élogieuse, des engagements que le noble pair prit avec Louis XVIII, dès les premiers temps du régime républicain, auquel il était lié par un serment solennel. Pourquoi le général aurait-il donc été coupable là où le représentant du peuple excite une si vive admiration ? D'un autre côté, Bernadotte, le héros de l'abbé de Montgaillard, n'a-t-il pas servi plus activement que Moreau les ennemis de la France ?..... Il est des gens qui pourraient nous expliquer ces appréciations contradictoires ; mais ce serait de leur part une confession que nous ne devons pas attendre.

avait chassé les Anglais de Toulon, détruit quatre armées autrichiennes en Italie, et planté le drapeau de la France, au sommet des pyramides. Il n'avait qu'à paraître pour devenir le centre de tous les projets, de toutes les espérances, de toutes les ambitions ; il se montra, le 19 brumaire, à Saint-Cloud, et la période démocratique de la révolution française fut aussitôt irrévocablement fermée.

Napoléon Bonaparte, initié dès l'enfance au secret de sa prodigieuse capacité, avait trouvé, dans les premières relations et dans chaque événement de sa jeunesse, l'occasion de constater la supériorité de son esprit et la force de sa volonté. Cette révélation précoce fit naître en lui un besoin de célébrité, de gloire et d'élévation, qui suivit la progression rapide de son génie. Il embrassa ardemment la cause de la révolution, parce qu'il comprit qu'elle n'était point une émeute passagère, mais une nécessité nationale qui pourrait présenter à son ambition les chances les plus favorables. Traversant donc la crise populaire sous le drapeau qu'il prévoyait devoir fixer définitivement la victoire, il ne cessa, comme Robespierre et Saint-Just, de dominer le mouvement révolutionnaire, alors même qu'il semblait entraîné par lui, et ne vit dans l'organisation démocratique de 1793 ou de l'an 3, qu'une inévitable transition, pour passer de la monarchie féodale à un ordre nouveau.

Mais Robespierre, s'il fut de beaucoup inférieur à Napoléon sous le rapport de l'étendue des vues et de la puissance de volonté, avait eu sur lui l'avantage d'un désintéressement complet : aussi, quand il voulut reconstituer l'unité et substituer un état normal aux désordres de l'ochlocratie, donna-t-il à ses plans la forme républicaine, et se résigna-t-il à devenir victime de ses opinions, dans la journée du 9 thermidor, plutôt que de violer le principe de la souveraineté du peuple, en acceptant les secours de la population parisienne contre la représentation nationale qui venait de le mettre hors la loi ; tandis que Napoléon, planant sur toutes les doctrines et ne s'attachant par conviction à aucune; n'ayant foi qu'à lui-même, et faisant de sa propre fortune le principal objet de ses espérances, ne craignit pas d'accomplir ses projets ambitieux par la violence, et de marcher, au pas de charge, sur les mandataires de la France, pour leur arracher la souveraineté.

Vous savez, Monsieur, ce que j'ai dit ailleurs de la journée de Saint-Cloud : examinant alors, en biographe, la conduite du chef de la conspiration, je dus m'attacher surtout à retracer sa moralité politique, et ne traiter la question du coup d'état que sous le rapport du but et des intentions de son auteur, en y ajoutant quelques considérations sur les moyens dont il avait fait usage contre les élus du peuple, pour s'emparer des rênes de l'empire. Si j'avais à faire encore un portrait particulier du général Bonaparte, je reproduirais sans doute mes premières observations, quelque sévères qu'elles pussent paraître aux hommes passionnés qui professent une admiration exclusive pour le grand homme; mais il s'agit moins ici d'apprécier l'individualité du héros de brumaire, que de caractériser et de classer son avénement au pouvoir, dans l'histoire philosophique de notre régénération, et vous me dispenserez, en conséquence, de rentrer dans le cercle de la personnalité.

Que fait cependant l'abbé de Montgaillard, dans son récit des événements de Saint-Cloud? Fidèle à son système mensonger et diffamatoire, qui, dans chaque débat mémorable, le porte à injurier les vainqueurs et les vaincus, les sacrificateurs et les victimes, il commence par regretter que tous les membres du conseil des cinq-cents n'aient pas eu la fermeté de Bigonnet, au civisme duquel il semble d'abord vouloir rendre hommage. Si la conduite de ce député eût trouvé des imitateurs dans l'assemblée, « Bonaparte, dit-il, n'eût pas » régné sur la France. » Viennent ensuite des détails inexacts (1) sur la fameuse séance du 19

---

(1) Quoiqu'en dise l'abbé de Montgaillard, le héros d'Arcole ne fut point troublé *jusqu'à l'effroi* par l'attitude des représen-

brumaire, et quelques assertions exagérées sur l'hésitation, l'incertitude et le désappointement du général, à l'aspect de la résistance imprévue qu'il rencontra dans le conseil. On dirait que l'historien, qui s'attache d'ailleurs à rabaisser l'usurpateur français au-dessous de Cromwel, a pris décidément parti en faveur des *représentants de l'autorité souveraine* (271, V), qu'il lave, à bon droit, de l'accusation de tentative homicide sur la personne de Bonaparte. (273, *id.*) Mais tout à coup cette bienveillance extraordinaire pour les députés républicains l'abandonne, et il leur reproche, en termes outrageants, de n'avoir pas osé commettre l'assassinat dont il a cru nécessaire de les justifier, quelques lignes auparavant : « Faut-il
» dire que, de tous ces Brutus de clubs, habitués à
» répandre le sang des faibles et des innocents, il ne
» s'en trouve pas un seul assez hardi pour imiter le
» Brutus de Rome, qui prépara, conduisit et con-
» somma le présage annoncé pour les ides de
» mars? Effectivement, ajoute-t-il, si Marat, Ro-

---

tants : il y a loin d'une émotion violente et du défaut de sang-froid à la *peur* et à la démence. Il est juste de dire, ensuite, que la première idée de la fable des poignards appartient à Lucien Bonaparte, qui en fit le texte de l'odieuse proclamation, par laquelle il excita les grenadiers à dissiper, par la puissance du sabre, les magistrats que le peuple avait chargés de la confection des lois.

» bespierre, Pétion, Barrère, Saint-Just, Lebon,
» furent si lâches, pourquoi voudrait-on, dans leurs
» élèves, qui sont aujourd'hui sur l'arène lé-
» gislative, du courage personnel ! » (273 et
274, *id.*) Que penser à présent, Monsieur, des
éloges donnés à Bigonnet, proclamé *excellent citoyen et défenseur zélé de la liberté constitutionnelle*, (271, *id.*) quoiqu'il fût l'un des chefs de cette opposition républicaine, dont les membres sont flétris ici comme *habitués à répandre le sang des faibles et des innocents?* c'est une nouvelle contradiction dont nous ne pouvons guère nous étonner après tant d'autres, et qui figure très bien d'ailleurs à côté de l'amalgame monstrueux où les caractères les plus dissemblables se trouvent confondus, comme également féroces et lâches.

Je ne suivrai point, Monsieur, l'abbé de Montgaillard, dans ses narrations minutieuses sur le règne de Napoléon ; il me suffira de vous en donner un aperçu sommaire, tel qu'il se trouve dans la table analytique de l'ouvrage, et de vous signaler l'incohérence des diverses et principales appréciations qui dominent chaque partie de son histoire de l'empire.

A son avis, Napoléon fut grand jusqu'au traité d'Amiens, héroïque jusqu'à celui de Tilsitt, profond politique jusqu'à celui de Bayonne; depuis lors oppresseur de ses concitoyens, guerrier hasardeux, monarque inconsidéré. (de 461 à 500, tome VII.)

Napoléon fut grand jusqu'au traité d'Amiens! L'historien veut sans doute parler ici de cette grandeur, qui est la source de la véritable gloire, et qui se fonde sur l'importance des services rendus aux nations; car s'il n'accordait à Bonaparte le titre de grand qu'à raison de son génie et des prodiges de toute nature, dont sa carrière fut marquée, il se garderait certainement de le lui contester, même après le traité d'Amiens. Comment donc concilier cette qualification, prise ainsi dans un sens populaire, avec le reproche d'avoir violé les libertés nationales, *le plus grand crime que puisse commettre le chef d'une nation?* (94 et suiv., tom. Ier.) Napoléon avait commis *ce crime* long-temps avant le traité d'Amiens.

Napoléon fut héroïque jusqu'au traité de Tilsitt! Depuis, il aurait donc cessé de l'être? Mais à qui l'abbé de Montgaillard s'est-il flatté de faire croire que l'homme qui, à Essling (1), à Hanau, dans toute la campagne de France, à son retour de

(1) A Essling, Napoléon s'exposa tellement au feu de l'ennemi que ses officiers furent obligés de lui dire qu'ils le feraient enlever par les grenadiers, s'il ne se retirait promptement du poste périlleux qu'il avait choisi. C'est pourtant cette bataille qui altéra, selon l'abbé de Montgaillard, la réputation de l'empereur, comme général et comme homme de résolution. (404 et suiv., VI.)

l'île d'Elbe (1), affronta les plus grands dangers, sans perdre un instant le calme admirable qui le distingua à toutes les époques mémorables de sa vie (la journée de Saint-Cloud exceptée), ne se montra plus héroïque après la paix du Niémen? Cet écrivain nous dit pourtant lui-même, à la page 365 de son septième volume, qu'à *Arcis, Napoléon donna à ses troupes l'exemple du plus haut degré de sang-froid et d'intrépidité.*

Napoléon fut profond politique jusqu'au traité de Bayonne! Et l'historien qui le caractérise ainsi vient de nous dire, à l'occasion du traité de Tilsitt, que si Napoléon avait eu une politique sincère et véritablement grande, qu'il eût moins songé à la fortune de sa famille, à sa prépondérance personnelle et au viager de sa puissance, qu'au repos de la France et à l'avenir de l'Europe, il aurait profité

(2) En 1815, sous les murs de Grenoble, Napoléon prouva que le sang-froid des héros ne l'avait pas abandonné dès 1807. Arrivé à peu de distance de la porte de Bonne, que la garnison tenait fermée, il entendit un bruit d'armes dans la place, et tout le monde crut qu'on y faisait des préparatifs hostiles. « Les ca-» nonniers vont faire feu, s'écria une voix, » et la foule, saisie d'effroi, chercha aussitôt un abri contre la mitraille, derrière les maisons les plus prochaines. Napoléon, inaccessible à la contagion de la peur, resta immobile en face des batteries, et son attitude calme produisit une réaction rapide sur l'esprit de la multitude. En peu d'instants il se vit presser de nouveau par les nombreux citoyens qui étaient accourus à sa rencontre.

de la conjoncture pour demander à la Russie, et pour négocier avec l'Autriche la restitution des territoires polonais échus à ces deux puissances en 1795 ! Et cet historien a ajouté que la politique de Napoléon offrait toujours quelque chose de gigantesque, de hasardeux, d'incohérent, d'inachevé, que n'eurent point les conceptions de Richelieu et de Mazarin (267, VI); que l'arrogance de ce triomphateur, plus cruelle que la blessure de ses armes, ulcéra l'ame du vaincu, et ne cessa de l'exciter aux extrêmes résolutions de la vengeance; qu'après d'aussi grands succès, il aurait été beau de se reposer, de donner le bonheur à la France et la paix au monde; mais que Napoléon s'irritait d'apercevoir au loin des bornes à sa puissance; que sa devise était : *Périsse le monde, et que sur ses décombres s'élève le trône de Napoléon* (271, VI); qu'à peine avait-il terminé la guerre dans le Nord, qu'il dirigea sa politique destructive et porta ses armes au-delà des Pyrénées (272, VI)!!! Pouvons-nous croire maintenant, Monsieur, que le conquérant, dont *la politique destructive* fait ainsi dire à l'abbé de Montgaillard, dès 1807, qu'elle *offrait toujours quelque chose de gigantesque, de hasardeux, d'incohérent et d'inachevé*, fut un politique profond jusqu'en 1808? Il serait difficile d'admettre une telle conclusion, si nous étions réduits à tenir pour fondés les faits et les observations qui lui servent ici de prémisses ; mais la réputation d'un homme de génie ne saurait dépendre de la logique défectueuse de son historien. J'essaierai bientôt moi-même, Monsieur, de caractériser la politique du restaurateur de la monarchie française.

Depuis le traité de Bayonne, Napoléon fut oppresseur de ses concitoyens! Mais n'avons-nous rien lu, dans l'abbé de Montgaillard, qui fasse peser le reproche d'oppression et de tyrannie sur l'empereur, antérieurement à cette époque ? La relation des événements de 1804, résumée dans la table analytique, ne nous apprend-elle pas qu'après avoir été le bienfaiteur de la France, comme consul (1), Napoléon étendit sur elle le bras de fer du despotisme ; et qu'on vit renaître l'étiquette de Versailles,

---

(1) Nouvelle contradiction à signaler ! Le consul Bonaparte fut le bienfaiteur de la France; c'est M. de Montgaillard qui l'assure : et l'histoire de l'ère consulaire, par cet abbé, n'est pourtant qu'une longue diatribe contre le chef du gouvernement. Je prends au hasard divers passages qui suffiront pour attester la vérité de ce que j'avance. « Le gouvernement, dit-il, abusant déjà du ca-
» ractère officiel dont il a revêtu le *Moniteur*, fait altérer dans
» ce journal le texte du discours de Daunou et réprimander le
» ton de ses observations. Son collègue, Ginguené, qui s'est for-
» tement élevé contre le projet de loi (sur l'établissement des cours
» prévôtales), se voit obligé de laisser faire des changements
» dans son discours mis à l'impression..... On ne saurait outrager
» plus fortement la vérité, et se jouer avec plus d'impudeur des
» premières autorités de l'état que ne le fait Bonaparte dans son

les habitudes serviles de l'ancienne cour, etc., etc.; que le nouveau monarque inaugura la légion d'honneur précisément le jour anniversaire de la prise de la Bastille, du renversement du despotisme ministériel et aristocratique, et qu'il s'efforça de reconstruire, à force de titres de comte et de baron, et à force de rubans rouges, bleus, jaunes, et la Bastille, et l'aristocratie, et le despotisme? Oui, Monsieur, nous avons vu tout cela dans de nombreuses pages du commencement du sixième volume (de 75 à 141), et l'abbé de Montgaillard n'en prétend pas moins à la fin du septième, que Napoléon n'opprima la France qu'après le traité de Bayonne, c'est à dire long-temps après tous les actes despotiques dont il n'a cessé de l'accuser,

» *Moniteur* officiel. Mais c'est ainsi que Bonaparte décèle ses
» desseins pour l'établissement du pouvoir absolu. Dans ce pro-
» digieux nombre de lois successivement soumises, depuis son
» avénement, au corps législatif et au tribunat, qui sont tenus
» de les rejeter ou de les admettre en entier, on voit se déve-
» lopper rapidement toutes les combinaisons d'un vigoureux
» despotisme. » (424 et 425, V.) « Le consul, ou plutôt le *dey*
» de la république de Paris, sait accorder et faire correspondre
» les tarifs des levées d'espèces métalliques et les contrôles des
» recrues. Le firman qu'il envoie à ses trois cents muets men-
» tionne le pied de guerre, et le suppose devenu nécessaire : tout
» est remis à la discrétion du général consul par ces trois cents
» législateurs qui semblent ne recevoir un salaire de dix mille
» francs que pour livrer les intérêts des Français. » (473, V.)

en style déclamatoire, depuis son avénement au pouvoir.

Mais c'est trop s'arrêter aux contradictions d'un écrivain qui ne pouvait que reproduire, au sujet de Napoléon, les appréciations incohérentes, ridicules ou iniques, qu'avaient eu à subir de sa part tous les personnages remarquables de la révolution, Necker, Mirabeau, Pétion, Condorcet, Carnot, Chénier, Robespierre. Il est temps, Monsieur, de vous exposer mes propres idées sur le système de réorganisation interne et de politique extérieure, adopté et suivi par le vainqueur de Saint-Cloud, sous le consulat et sous l'empire.

Porté au gouvernement de la France, par la réaction qui s'était déclarée dans les esprits contre l'extension donnée au principe démocratique depuis 1792, Napoléon se trouva ainsi conduit, tant par les circonstances, que par sa soif de domination et par la violence de son caractère, à fonder son système politique sur la haine des idées libérales qu'il avait détrônées. Constitué dès lors en état d'hostilité vis-à-vis la doctrine de la liberté et de l'égalité absolues, à laquelle l'opinion commune, dont il s'était fait l'organe, attribuait les désordres qui avaient nécessité son avénement, il en vint jusqu'à s'irriter du moindre symptôme de républicanisme, et ne songea qu'à effacer de plus en plus, dans ses nouvelles combinaisons politiques, tout vestige du régime populaire. Sous le titre modeste de consul, il exerça réellement la dictature, à la faveur du discrédit où était tombé le système de la diffusion des pouvoirs, et de la tendance réactionnaire qui poussait l'opinion à la centralisation et à l'unité ; mais cette autorité sans bornes, il la tenait d'une disposition passagère des esprits, et de l'appui d'une force matérielle que les chances de la guerre et des événements imprévus pouvaient détruire ou affaiblir. Jaloux par conséquent de donner d'autres garanties à sa puissance, il essaya de créer des institutions qui pussent concourir à l'affermissement de l'ordre, et lier son existence politique et celle de sa famille, aux mœurs, aux sentiments et aux intérêts sociaux. Parce que les législateurs républicains avaient été entraînés par les dangers de la patrie à faire une application rigoureuse de leurs spéculations abstraites sur les droits imprescriptibles de l'homme, et que leurs idées de liberté et d'égalité avaient fini par enfanter des absolutistes démocratiques, il se jeta dans l'excès contraire, et ne crut pouvoir mieux faire que d'opposer des fondations aristocratiques et une concentration violente des forces gouvernementales aux prétentions des niveleurs et au relâchement (1) systématique des ressorts de

---

(1) Sous la république, il y avait eu diffusion de la capacité politique, extension des droits de souveraineté et relâchement

l'administration. Chose bizarre! la première conception de cette puissante intelligence ne fut qu'un essai de rétrogradation, que la reproduction d'une idée du moyen âge, qu'un magnifique plâtrage, en un mot, sous lequel Napoléon tenta de remettre en crédit ce que la révolution avait eu pour but de détruire, ce que repoussait surtout l'esprit d'égalité, qui, de son aveu, formait le trait caractéristique du Français de notre âge! Mais la féodalité, ainsi rajeunie, eut beau se couvrir d'un voile brillant, elle fut reconnue et désavouée par la France régénérée, qui, bien qu'entraînée dans les camps par des nécessités accidentelles, ne se sentait plus faite pour une constitution militaire, et n'attendait que des jours plus heureux pour se livrer ardemment aux travaux pacifiques des scien-

---

des ressorts administratifs, puisque la multitude avait été appelée à concourir, directement ou indirectement, à la puissance législative et exécutive. Mais ce développement du principe démocratique n'avait pu empêcher cependant la réunion des suprêmes pouvoirs dans une assemblée unique, ni une certaine concentration de fait qui s'établit et se perpétua par l'influence du comité de salut public, ou de Robespierre, aussi long-temps qu'elle fut réclamée par les dangers publics. Quand cette centralisation accidentelle disparut, il ne resta plus que des principes et des formules de liberté et d'égalité qui amenèrent le relâchement auquel Bonaparte mit un terme, en concentrant en lui-même, sous le rapport du fait et du droit, en pratique et en théorie, la souveraineté nationale.

ces, des arts et de l'industrie. Les triomphes les plus éclatants ne purent combler le vide des institutions que le vainqueur des rois imposait aux nations domptées ou séduites; et lorsque la force se déplaça, au milieu du mouvement universel et prolongé qui avait jeté alternativement les peuples du nord et du midi de l'Europe, les uns sur les autres, l'homme à qui l'éloquence et la poésie avaient décerné l'apothéose, de son vivant, et dont les courtisans avaient coutume de dire qu'il possédait *la science du pouvoir*, cet homme tomba sans avoir donné à la France, en fait d'organisation sociale et de mœurs, autre chose que l'habitude de l'égoïsme et l'exagération de la manie des places, lui qui, naguère, accusait hautement l'impuissance des hommes d'état de la révolution, dans ses brusques allocutions aux législateurs de l'empire.

Mais prenons-y garde, Monsieur; quand on hasarde une opinion sur les écarts du génie, il faut procéder avec réserve, et s'être bien assuré d'avance qu'on ne jugera pas avec trop d'irréflexion et de légèreté. Voyons donc, si dans le blâme que j'exprime ici, sur le système organique de Napoléon, je n'oublie pas de lui tenir compte des nécessités du temps, et si le caractère rétrograde de son établissement monarchique ne peut pas s'expliquer par l'influence irrésistible des faits contemporains, indépendamment des dispositions personnelles du fondateur.

Elevé au faîte du pouvoir par l'ascendant de sa réputation guerrière, entouré de toutes les illustrations militaires de la révolution, et régnant sur un peuple enivré de la gloire des armes, Napoléon, dans ses essais de réorganisation, pouvait d'autant moins éviter de placer les gens de guerre au sommet de sa nouvelle hiérarchie sociale, que la permanence de l'état d'hostilité envers l'Angleterre ou les autres monarchies européennes, l'obligeait d'appeler incessamment la population française sur les champs de bataille, et d'environner par conséquent le soldat, d'une considération proportionnée à ses services. L'erreur, qui lui fit attribuer une importance fondamentale à des faits accidentels, et envisager comme définitives des supériorités transitoires, fut donc le résultat des circonstances au milieu desquelles il conçut ses constitutions impériales. Peut-être eût-il modifié ses plans, s'il eût pu voir, du haut du trône, le retour et le règne de la paix (1); s'il lui eût été donné de pouvoir enfin appliquer spécialement son génie à d'utiles créations, et de seconder, de toute la puissance de sa volonté et de l'influence magique de son nom, le développement des éléments d'ordre et de prospérité

(1) Le *Mémorial de Sainte-Hélène* atteste qu'il avait aperçu le véritable caractère du siècle, et qu'il s'était proposé de refaire, plus tard, son système politique, dans un sens plus analogue à l'état social actuel.

que renfermait la nouvelle France. Au lieu de chercher alors à replacer la société sur la base qu'elle avait eue au neuvième siècle, et de faire ainsi le Charlemagne à contre-temps; au lieu d'aller demander au passé, avec MM. de Bonald et de Montlosier (1), des institutions appropriées aux lumières et aux besoins actuels; au lieu de ressusciter l'aristocratie militaire, pour récompenser les braves qui en avaient maintenu l'abolition, contre les efforts de tous les potentats, soulevés en faveur de la féodalité; Napoléon aurait senti que l'on pouvait échapper au danger du nivellement, sans rétablir des classifications qui ne répondaient plus à notre état social, et dont l'incompatibilité avec nos idées et

(1) MM. de Bonald et de Montlosier furent en crédit auprès de Napoléon, et ils durent cette faveur à leur persévérance dans les vieilles doctrines féodales. M. de Montlosier, dans sa dénonciation contre le parti prêtre, a prouvé qu'il persistait plus que jamais à regarder la noblesse héréditaire comme indispensable, et il n'a pas ménagé, à cette occasion, les *vanités plébéiennes de la gent libérale* (ce sont ses expressions). Cependant, le discours que cet honorable écrivain a prononcé, cette année, dans une séance publique de l'académie de Clermont-Ferrand, semble indiquer qu'il ne professe plus le même dédain pour la roture laborieuse, et qu'il se laisse emporter, à son tour, par un mouvement d'admiration pour l'activité scientifique et industrielle de notre époque. « En quelque sorte contemporain de
» deux siècles, dit-il, il m'arrive souvent de les comparer, rela-
» tivement à l'esprit et à une certaine élégance de mœurs; je
» puis trouver entre eux des rapports; à beaucoup d'égards,

nos mœurs avait provoqué la grande crise de 1789; il aurait senti que, pour concilier l'exigence de l'esprit d'égalité avec celle de la nature qui fait les individus si inégaux, il fallait graduer aujourd'hui les existences sociales, selon leur utilité réelle et définitive, sans que la différence pût jamais devenir humiliante ou onéreuse, pour aucune des classes qui contribueraient, dans leur sphère respective, au bien général. Mais l'homme qui mérita d'être surnommé *le Dieu Mars*, et dont l'ambition, l'héroïsme et la prodigieuse activité guerrière avaient pu, seuls, remuer assez profondément l'Europe, pour mettre en communication les peuples les plus éloignés, et pour étendre les racines de la révolu-

» qu'elle différence! de toutes parts, c'est aujourd'hui une impé-
» tuosité de mouvements et de richesses que la France du 18ᵉ
» siècle n'a certainement pas connue. Cet avantage (il est grand)
» nous le devons à ce régime de liberté raisonnable qui, par sa
» nature, anime toutes les industries, excite tous les talents,
» échauffe toutes les espérances et tous les esprits. » Je demanderai maintenant à M. de Montlosier s'il est raisonnable que toutes les industries et tous les talents, ainsi réchauffés, subissent, au 19ᵉ siècle, la supériorité héréditaire des hommes qui, sans avoir aucun de ces talents, et sans exercer aucune de ces industries, croiraient être quittes envers la société actuelle et avoir des droits absolus et irrévocables à la prééminence politique, parce que leurs ancêtres furent utiles au moyen âge. Un écrivain libéral, fort distingué, M. Botta, vient de mériter les éloges de la *Gazette de France*, en soutenant l'affirmative.

tion française, de Cadix à Moscou; cet homme devait finir avec le rôle gigantesque que les destins lui avaient réservé, et disparaître de la scène dès qu'il ne pourrait plus l'occuper en conquérant. Il ne lui était pas plus possible de devenir le héros de la paix, après avoir placé toute son existence dans la guerre, qu'il n'avait été permis à Robespierre de se faire le réorganisateur de la société, quand son crédit politique était irrévocablement lié au sort du gouvernement révolutionnaire.

Ce que je viens de dire, Monsieur, du mélange des nations européennes, par la prolongation et les vicissitudes de la guerre, suffit pour vous expliquer toute ma pensée sur la politique extérieure de Napoléon. Les coalitions successives des monarques étrangers, contre la France républicaine, avaient précipité l'élite de la nation dans les camps, et provoqué le développement d'une puissance militaire, qui, après avoir préservé le pays de l'invasion et purgé les frontières, devait s'étendre au loin, et porter la terreur du nom français dans les capitales des rois, dont les phalanges avaient formé, pendant quelques années, autour de nous, une espèce de blocus, et répandu les alarmes jusqu'au sein de Paris. Ce fut le génie de Napoléon qui se chargea de présider à cette réaction glorieuse, et l'histoire dira par quelle série de prodiges il sut accomplir cette grande mission. Quels que puissent être en effet les torts de ce superbe dominateur, dans ses relations avec les divers cabinets, ou dans sa conduite envers les membres de certaines races royales; torts que le biographe seul doit enregistrer, et qui ont été d'ailleurs plus que compensés par les torts de plus d'une race royale envers le prisonnier de Sainte-Hélène; il n'en est pas moins vrai que le chef immortel des armées françaises, en faisant marcher sous un seul drapeau, et sous celui du peuple le plus civilisé, la plus grande partie des nations européennes, aplanit les barrières qui les séparaient, hâta la ruine des préjugés locaux, favorisa la tendance universelle vers une agglomération commune, telle que la souhaite, dans ses beaux vers, le sublime Béranger, laissa le germe d'une amélioration partout où l'esprit français put pénétrer avec nos armes, et contribua ainsi puissamment, tant aux progrès généraux de la raison humaine qu'à la propagation spéciale des doctrines libérales qu'il cherchait à comprimer dans ses propres états.

De cette appréciation sommaire du règne de Napoléon je passe, Monsieur, à l'examen d'un fait militaire, qui agita vivement les esprits à l'époque de sa première abdication, et qui établit une espèce de controverse, à laquelle l'abbé de Montgaillard n'a pris part, ce me semble, que pour accréditer, autant qu'il était en lui, l'opinion la moins raisonnable : je veux parler de la bataille de Toulouse, et de la discussion élevée à ce sujet, sur la conduite des maréchaux Soult et Suchet.

Après ce que je vous ai dit des héros républicains, dont Napoléon forma la haute aristocratie de son établissement monarchique, vous n'attendriez pas de moi que je prisse parti entre le duc d'Albuféra et le duc de Dalmatie, s'il s'agissait d'une contestation politique. Mais la question, que la malveillance de l'abbé de Montgaillard me fait un devoir de soulever, est tout-à-fait étrangère aux doctrines, et n'est relative qu'à des incidents militaires, sur lesquels il importe de rétablir les droits de la vérité historique. Peut-être faudrait-il être plus versé que je ne le suis en tactique et en stratégie, pour se mêler, sans trop de témérité, à un débat de ce genre; c'est ce que j'ai long-temps pensé. Cependant l'écrivain, dont j'ai promis de réfuter les erreurs et les mensonges autant que je le pourrai, n'a pas vécu plus que moi sur les champs de bataille, et il n'a pas craint néanmoins d'opposer son opinion à celle des gens de guerre. Pourquoi hésiterais-je donc à repousser ses assertions hasardées, par le raisonnement lumineux et solide des hommes du métier (1), seuls compétents en cette

(1) Je pourrais citer ici divers passages du livre publié par le

matière; surtout si le bon sens suffit pour m'indiquer, d'une manière certaine, que la justice et la raison s'accordent parfaitement ici avec l'expérience, pour confirmer pleinement la décision des juges naturels du procès? Quand un abbé, tout fier de ses services dans les *vivres*, croit avoir suivi la carrière militaire, et s'arroge le droit de gourmander un maréchal de France sur ses mouvements et ses manœuvres, comme s'il avait appartenu, lui aussi, à l'école des grands capitaines, il doit être permis d'invoquer l'autorité des généraux qui ont travaillé à l'histoire de nos triomphes et de nos revers, voire le témoignage de Napoléon, pour protéger le guerrier ainsi accusé, contre la sottise ou la malveillance d'un ex-garde-magasin. Je dirai donc, sans entrer dans de plus longs détails, que le général en chef de l'armée d'Aragon, retenu en Espagne, jusqu'au 13 avril 1814 (trois jours après la bataille de Toulouse), par la non exécu-

---

général Vaudoncourt; mais un seul me suffira pour répondre à l'abbé de Montgaillard.

« Le parti de manœuvrer dans la direction de Toulouse, » dit le général Vaudoncourt, ne pouvait convenir au duc de » Dalmatie, que dans le cas où l'armée d'Aragon aurait déjà » été prête à se réunir à lui derrière la Garonne; encore entraî- » nait-il toujours avec lui le danger de perdre Bordeaux.... D'ail- » leurs, l'armée d'Aragon n'était pas encore en mesure de quit- » ter ses positions, le duc de Dalmatie ne l'ignorait pas. » (*Hist. des campagnes de* 1814 *et* 1815 *en France*, tome II, page 173.)

tion du traité de Valençai, c'est à dire par la nécessité de conserver les places fortes de la Catalogne et de couvrir le Roussillon et le Bas-Languedoc, ne pouvait se trouver alors inactif à Perpignan depuis trois semaines, comme le prétend M. de Montgaillard, ni accourir par conséquent au secours du maréchal Soult sur les bords de la Garonne, quelque pressantes que pussent être les instances de ce dernier. J'ajouterai que cette impossibilité résultait non seulement de l'obligation, pour le maréchal Suchet, de défendre la frontière dont la garde lui était confiée, et de la difficulté de se transporter en vingt-quatre heures de Figuières à Toulouse, mais encore des lois de la discipline militaire, qui ne lui permettaient pas de changer la destination de son corps d'armée, sans un ordre de l'empereur, du major-général, ou du ministre de la guerre, qui, dirigeant seuls l'ensemble des opérations militaires, pouvaient seuls aussi apprécier l'urgence et l'utilité d'un pareil déplacement, et balancer le danger d'ouvrir les portes orientales de la France aux Espagnols, avec l'avantage de repousser l'invasion des Anglo-Portugais par les côtes occidentales. Si Napoléon n'en eût pas jugé ainsi, il se fût bien gardé, à son retour de l'île d'Elbe, d'appeler Suchet au commandement de l'armée des Alpes, et il n'eût pas dit à Sainte-Hélène, comme l'attestent

Las-Cases et O'Méara, que ce général fut un de ses plus habiles lieutenants.

Mais l'abbé de Montgaillard ne se borne pas à considérer, comme une faute, la conduite du maréchal Suchet, en cette circonstance ; il ose encore l'attribuer à des intelligences criminelles avec les ennemis de la France. Il ne faut pas s'étonner, Monsieur, que l'historien, qui a pris pour héros le soldat français (Bernadotte)(1), dont la coopération fut si utile aux armées étrangères, et qui proclame *libérateurs* de Paris les hommes que l'empereur désigna comme traîtres, dans la proclamation qu'il adressa, du golfe Juan, à ses compagnons d'armes ;

(1) L'abbé de Montgaillard était tellement pénétré d'admiration pour le général Bernadotte, qu'il s'est cru obligé de lui consacrer un panégyrique complet dans chacun de ses volumes (on peut consulter sur ce point la table analytique). Encore, si cet engouement, qui n'est pas de commande sans doute, ne l'eût pas porté à louer son héros aux dépens d'un grand homme et de la vérité. Mais que pouvaient la vérité et le souvenir de Napoléon, sur un historien décidé à tout sacrifier pour faire une apologie qui méritât d'être traduite à Stockholm ? Égaré par une partialité révoltante, M. de Montgaillard ose accuser l'empereur d'avoir voulu renouveler, sur le prince de Ponte-Corvo, alors prince royal de Suède, l'enlèvement du duc d'Enghien (67, VII). Il faudrait avoir sous les yeux des preuves irrécusables pour ajouter foi à une telle imputation, et l'historien ne donne ici que son propre témoignage, que ses allégations toutes nues : on ne s'étonnera donc pas si je m'abstiens d'étendre ma réfutation à ce misérable conte.

il ne faut pas s'étonner, dis-je, que cet historien ait tenté, par une sorte de compensation monstrueuse, de faire planer des soupçons de trahison sur un guerrier dont Napoléon a dit, après les événements de 1814, *que son caractère et son esprit s'étaient accrus à surprendre* (1). (*Mém. de Sainte-Hélène*, tom. II, pag. 19.)

J'ai l'honneur, etc.

(1) Non content d'accuser de trahison un maréchal de France, au caractère duquel Napoléon a rendu un éclatant hommage, l'abbé de Montgaillard impute au général en chef de l'armée d'Aragon *d'avoir montré une soif ardente de richesses, et de s'être fait payer d'avance huit années de revenu de l'immense dotation que l'empereur lui avait adjugée sur l'Espagne* (234, VII). Si cette inculpation avait le moindre fondement, le maréchal Suchet n'aurait pas emporté, dans sa retraite, l'estime et les regrets des peuples conquis, et les Espagnols n'auraient pas joint leur témoignage à celui des soldats français, pour attester qu'il donna l'exemple d'un désintéressement bien rare dans les annales de la guerre : mais peut-être le reproche de cupidité, adressé au conquérant de la Catalogne et de Valence, ne se trouve-t-il ici que pour mettre en lumière la pureté de la gestion de l'intendant de Palencia ou de Léon, et pour faire ressortir davantage la loyauté de M. Dudon, chaleureusement défendu quelques pages auparavant (179, VII) contre les soupçons de Napoléon.

XIVᵉ ET DERNIÈRE LETTRE.

Paris, le 10 décembre 1827.

Monsieur,

Le jugement que je viens de porter sur l'empire, vous l'aviez pressenti, dites-vous, et de plus confirmé par anticipation ; mais vous avez vu avec peine qu'après avoir cherché à m'élever à des considérations qui appartenaient à la philosophie de l'histoire, j'eusse consenti à descendre dans une étroite discussion sur des faits de détail qui ne pouvaient présenter qu'un intérêt tout-à-fait secondaire. Ce reproche, auquel je m'attendais aussi, serait irréfragable, si vous ne m'aviez fourni vous-même les moyens d'y répondre. Habitué, dans vos recherches historiques, à ne fixer votre attention que sur l'enchaînement et l'ensemble des faits généraux du passé, pour en apprécier les résultats et en tirer quelque conclusion pour l'avenir, vous avez trop facilement oublié qu'en profitant de mon autorisation pour annoncer mes lettres, sous le titre de *Réfutation*, vous avez fait un appel aux personnes injustement déchirées par l'abbé de Montgaillard, et promis d'utiliser les renseignements qu'elles vous enverraient pour relever les mensonges et les injures dont elles auraient été l'objet. Laissez-moi donc, Monsieur, remplir la tâche dont vous m'avez chargé, en l'acceptant pour vous; et cessez surtout de vous plaindre de ce que je m'efforce de vous acquitter envers vos concitoyens de toutes les opinions, par l'emploi que je fais des matériaux qu'ils vous ont adressé sur votre propre demande, et dont vous m'avez sommé ensuite de faire usage en m'envoyant votre prospectus. Personne, plus que vous, ne peut savoir combien les digressions, que la nature de vos engagements envers le public m'a imposées, entraient peu dans mes goûts et dans la direction de mes études.

Je reprends, Monsieur, le fil de notre examen, et vais vous signaler, en peu de mots, les causes qui amenèrent, à mon avis, la décadence rapide de la puissance de Napoléon, sa déchéance et son exil, pour m'occuper ensuite de l'opinion de M. de Montgaillard sur ce point important.

Vous pensiez, vous, Monsieur, et j'ai toujours cru aussi que le génie entreprenant du guerrier qui fut chargé de diriger la réaction de la France nouvelle sur la vieille Europe, devait le conduire à abuser des immenses ressources, créées par la république, et lui faire trouver un abîme inévitable au bout d'une carrière marquée par tant d'orages et de merveilles. L'activité et l'ambition, qui avaient été nécessaires au général Bonaparte, pour faire le 18 brumaire; au consul et à l'empereur, pour promener la révolution française sur le continent européen ; si elles avaient contribué à l'élévation et à la gloire de Napoléon, ne pouvaient, selon vous, que lui inspirer des projets de plus en plus vastes, capables d'user les ressorts de sa grandeur, en fatigant les vainqueurs et les vaincus, et de fournir enfin à l'inconstante fortune une occasion favorable pour passer sous les drapeaux des ennemis du *grand peuple*. L'autocratie militaire, après avoir été, à son insu, l'instrument de la révolution débordant sur l'Europe féodale, périt par ses propres excès, comme la démocratie qu'elle avait remplacée, et subit, comme elle, l'ingratitude des nations, à qui elle avait causé des maux passagers pour leur procurer le germe de biens infinis et durables. Le nom du grand homme, dont l'héritier des czars regardait l'amitié comme un présent des dieux, et dans le lit duquel un successeur de Charles-Quint se montra jaloux de placer sa fille ; le nom du potentat, qui avait réduit les rois au rôle de courtisan, essuya, de l'esprit de parti, les mêmes insultes que lui ou les siens n'avaient pas épargnées aux républicains déchus; et ce Napoléon, qui avait jugé si sévèrement, du haut du trône (1), les meneurs ré-

---

(1) **Napoléon laissa sous la pourpre royale ses préventions**

volutionnaires, en les accusant d'impuissance, d'injustice ou de barbarie, put entendre, de Porto-Ferrajo ou de Longwood, qu'on lui reprochait, à son tour, de n'avoir laissé, comme Attila (1), que

contre les hommes d'état de la révolution : on n'a qu'à voir comment il s'exprime, à leur égard, dans le *Mémorial de Sainte-Hélène*.

(1) Plusieurs journaux ont publié, il y a peu de jours, un *Parallèle de Washington et de Bonaparte*, par M. de Châteaubriand ; c'est un des morceaux littéraires les plus remarquables qui soient sortis de la plume de ce grand écrivain : je m'estime heureux d'y avoir trouvé cette phrase sur le caractère de Napoléon et sur ses efforts pour refaire l'ordre monarchique en France avec les débris de l'ancien régime et quelques éléments de création révolutionnaire : « Ce géant démesuré ne liait point complètement ses destinées à celles de ses contemporains ; son génie appartenait à l'âge moderne ; son ambition était des vieux jours : il ne s'aperçut pas que les miracles de sa vie dépassaient de beaucoup la valeur d'un diadème, et que cet *ornement gothique* lui siérait mal. Tantôt il faisait un pas avec le siècle, tantôt il reculait vers le passé. » Il s'en faut cependant que tout soit aussi rigoureusement juste dans ce parallèle ; et puisque le géant littéraire de notre époque nous a appris lui-même qu'on ne devait pas se laisser écraser pour ce que l'on admire, je hasarderai quelques observations sur les paragraphes suivants : « Washington et Bonaparte sortirent du sein d'une république : nés tous deux de la liberté ; le premier lui a été fidèle, le second l'a trahie. Leur sort, d'après leur choix, sera différent dans l'histoire.....

» Washington a été tout entier le représentant des besoins, des idées, des lumières, des opinions de son époque..... Cet

des traces de meurtre et de dévastation sur son passage.

L'abbé de Montgaillard semble d'abord, Monsieur, regarder aussi la chute du fondateur de l'empire français, comme le résultat inévitable de ses entreprises gigantesques et du mécontentement univer-

» homme qui frappe peu parce qu'il est naturel et dans des pro-
» portions justes, a confondu son existence avec celle de son
» pays.

» Bonaparte pouvait enrichir également le domaine public ; il
» agissait sur la nation la plus civilisée, la plus intelligente, la
» plus brave, la plus brillante de la terre..... Mais les hommes
» ne furent à ses yeux qu'un moyen de puissance. Aucune sym-
» pathie ne s'établit entre leur bonheur et le sien..... Les rois
» d'Égypte plaçaient leurs pyramides funèbres, non parmi des
» campagnes florissantes, mais au milieu des sables stériles ; ces
» grands tombeaux s'élèvent comme l'éternité dans la solitude ;
» Bonaparte a bâti à leur image le monument de sa renommée. »

M. de Châteaubriand déploie ici toute la magnificence de son style pour peindre le vide de l'ère impériale, comme jadis M. de Fontanes, son illustre ami, épuisait toutes les ressources de la rhétorique, pour nous persuader que la création du monde policé ne datait que de Bonaparte. Entre le blâme du chantre d'Atala et l'adulation du président du corps législatif, l'impartialité historique pourra trouver place. La postérité ne dira pas avec le poëte courtisan que tout fut merveille dans le règne de Napoléon ; mais elle refusera aussi d'admettre, comme irréfragable, la stérilité dont le premier écrivain du siècle a fait le caractère distinctif du passage de ce génie extraordinaire sur la terre et sur le trône. Les peuples que les triomphes de Bonaparte associèrent, pendant quinze ans, aux destinées de la France, et

sel qu'avait dû produire enfin la perpétuelle agitation de son règne. « Napoléon, dit-il, est parvenu
» à s'aliéner une foule d'intérêts particuliers, et
» même les plus divers. Tout ce qu'il y a d'hommes
» industrieux et éclairés réprouve le système qu'il
» s'obstine à suivre, et quand le trône n'est soutenu

qui puisèrent, dans leurs relations avec nos administrateurs et nos soldats, des mœurs et des idées nouvelles, germes féconds d'améliorations importantes, ne pourront que protester, quand les dernières traces de la guerre seront effacées, contre la sentence rigoureuse et injuste sous le poids de laquelle le plus redoutable des potentats littéraires, fort de l'immensité de sa réputation et de la sublimité d'un talent réconcilié avec les inspirations républicaines, a voulu accabler le conquérant prodigieux, qui, en poursuivant ses vastes desseins contre l'Angleterre et ses projets de domination universelle, ne fit réellement que transporter les principes de la révolution française, sur les ailes de la victoire, d'un bout de l'Europe à l'autre.

Il n'est pas juste, ensuite, de n'attribuer qu'à la différence de caractère le contraste frappant que présentent Washington et Bonaparte dans leur carrière politique; les circonstances diverses, au milieu desquelles ces deux hommes parvinrent à la première magistrature de leur pays, influèrent beaucoup aussi sur leur conduite. Washington, placé à la tête d'une *colonie libérale,* d'une nation formée d'éléments homogènes, et qui n'avait eu qu'à vaincre l'étranger, par des efforts unanimes, pour jouir en paix des institutions qu'elle avait désirées et choisies; Washington pouvait remplir, sans danger, le beau rôle de modération et de sagesse qui a rendu son nom immortel. Mais Napoléon ne saisit pas le timon de l'état dans des conjonctures aussi favorables; il vint après une révolution démocratique, dont les progrès, long-

» ni par les affections de l'élite de la nation, ni par
» les institutions politiques, le jour arrive où la
» force matérielle devient insuffisante! Rien de puis-
» sant, rien de terrible comme la force d'inertie
» d'une nation!!! Lorsqu'une nation ne veut pas

temps contestés au-dedans comme au-dehors de la France, avaient été accompagnés d'excès qui provoquaient une réaction passagère contre les principes de la démocratie. Pour *abattre le géant révolutionnaire*, pour *écraser l'anarchie*, selon l'expression de M. de Châteaubriand, il ne fallait pas moins que le *géant démesuré*, qui, d'une main terrassa les rois, et de l'autre étouffa la liberté. *Un homme qui frappe peu*, comme Washington, *parce qu'il est naturel et dans des proportions justes*, aurait été inhabile à remplir cette tâche. Bonaparte fut donc aussi, à son avénement, le représentant des besoins de l'époque, et son despotisme doit être attribué, à la fois, et à la réaction anti-républicaine, et au caractère violent et ambitieux que devait avoir inévitablement l'instrument de cette réaction.

J'ajouterai un mot sur la manière dont M. de Châteaubriand parle de la prise de la Bastille, à propos de Washington. « Le
» général, dit-il, nous montra une clef de la Bastille : ces clefs
» de la Bastille étaient des jouets assez niais qu'on se distribuait
» alors dans les deux mondes. Si Washington avait vu, comme
» moi, dans les ruisseaux de Paris, *les vainqueurs de la Bas-*
» *tille*, il aurait eu moins de foi dans sa relique. Le sérieux et
» la force de la révolution n'étaient pas dans ces orgies sanglan-
» tes. » L'abbé de Montgaillard a dit à peu près la même chose avec moins d'esprit et d'originalité. Je demande pardon de ce rapprochement au noble pair; mais il m'a frappé à la lecture de la phrase que je viens de transcrire; et j'ai été aussi surpris qu'af-

» défendre son chef, ce chef est perdu. C'est la
» force d'inertie qui a tué l'empire et renversé Na-
» poléon plus encore que les efforts de l'Europe;
» les armées de l'Europe, les souverains alliés n'eus-
» sent trouvé que honte et malheur dans l'invasion

fligé de voir un écrivain, dont la parole est si puissante, prêter secours, à son insu, à un misérable pamphlétaire, pour ternir l'éclat de l'une des plus belles journées de la France régénérée. Non, le sérieux et la force de la révolution n'étaient pas dans *les ruisseaux de Paris*; mais ils se trouvaient dans l'élan et l'enthousiasme universels qui conquirent réellement la Bastille, bien plus que les vainqueurs déguenillés, seuls aperçus par M. de Châteaubriand, au milieu de ce grand mouvement d'exaltation patriotique. Il me semble que c'est descendre à un point de vue bien bas et bien étroit, que d'aller chercher ainsi le côté grossier ou ridicule d'un spectacle magnifique dans son ensemble, pour en faire un objet d'horreur ou de dégoût. Cette appréciation, que j'appellerais mesquine, si elle n'appartenait à un homme dont le style et la pensée portent presque toujours le cachet du sublime, ferait croire que le génie converti peut être dupe des plus fâcheuses réminiscences; et l'on dirait que M. de Châteaubriand, en jugeant *le 14 juillet*, a subi encore l'influence des préventions qu'il signalait naguère, lui-même, à la tribune de la chambre des pairs, et qui firent considérer la révolution comme une simple émeute par le sacerdoce et l'émigration. Nul ne devait mieux, cependant, que l'illustre auteur du *Génie du Christianisme*, éviter l'écueil où tombent tous les jours les hommes qui, selon l'expression de M. de Maistre, écrivent l'histoire en *myopes*, par impuissance de s'élever à une vue d'ensemble et à des considérations générales.

» de la France, si la nation n'eût désiré la fin
» d'un règne despotique, d'un gouvernement qui
» violait toutes les libertés nationales, qui ne pré-
» sentait aux Français, dans l'avenir, ni chance
» de repos, ni chance de liberté! Fatiguée, pour
» ainsi dire, de gloire, épuisée, enchaînée, la France
» abandonna son chef et se résigna à l'invasion : le
» chef et sa race tombèrent du trône! Il en sera de
» même pour tous les chefs, pour tous les gouver-
» nements qui se joueront des droits et des libertés
» constitutionnelles d'une nation; le moment arri-
» vera où cette nation, retranchée dans sa force
» d'inertie, abandonnera ce gouvernement à lui-
» même, et il tombera par la seule force des choses.
» La chute de Napoléon offre une éternelle leçon à
» tous les chefs des gouvernements européens!» (374
et 375, VII). Il y a quelque chose de vrai au fond de
ces déclamations; les avertissements que l'abbé de
Montgaillard veut bien adresser aux rois qui ne se
conforment pas aux besoins et aux vœux de leurs
peuples, me semblent, par exemple, tout-à-fait fondés, bien que je sois loin de croire qu'on puisse
compter beaucoup sur leur efficacité.

Mais quelque profonde et universelle que fût
l'apathie dans laquelle le despotisme impérial avait
plongé la nation, je pense néanmoins que notre
historien tombe ici dans son exagération ordinaire,
lorsqu'il prétend que *la France s'était résignée à*

l'invasion pour voir la fin d'un règne qui ne lui présentait plus ni chance de repos, ni chance de liberté. Si cette assertion est à peu près exacte, relativement à quelques contrées, et surtout à certains départements méridionaux ; elle est incontestablement fausse à l'égard des provinces septentrionales, dont les habitants, loin de se résigner à l'invasion, se disposaient, au contraire, à s'organiser en partisans sur les derrières de l'ennemi, et à lui faire une guerre d'extermination, lorsque Paris et le gouvernement de la France furent livrés au pouvoir discrétionnaire des baïonnettes russes et prussiennes. Je crois donc pouvoir protester hardiment, Monsieur, au nom des patriotes de la Champagne, de la Lorraine, de la Bourgogne, de la Franche-Comté et de l'Alsace, contre la *résignation* dont la France entière est accusée par l'abbé de Montgaillard; car, si la prolongation de la dictature militaire avait frappé toutes les ames d'inertie, dans la plus grande partie de l'empire, il ne faut pas donner à cette inertie un autre caractère que celui qu'elle eut réellement, et la présenter comme ayant conduit le peuple français à préférer les calamités et la honte d'une invasion étrangère au joug domestique. Napoléon, en concentrant tout le mouvement social dans l'administration (1), en faisant

---

(1) On se rappelle que j'ai tâché d'expliquer, dans la lettre

absorber toute la vitalité du corps politique par le pouvoir impérial, avait étouffé, il est vrai, le germe de l'enthousiasme civique, et s'était privé lui-même de la ressource d'un élan national tel que l'auraient exigé les dangers de sa couronne et de la France : mais cette atteinte mortelle portée à l'esprit public, quoiqu'elle eût facilité le triomphe de la coalition en détruisant le lien moral qui aurait pu seul rattacher les Français à la cause de la dynastie nouvelle, et rendre efficaces les efforts héroïques de l'armée et de son chef pendant la campagne de 1814; cette atteinte ne dut jamais produire en France une si grave altération du caractère national, que les habitants de ce beau pays, placés entre la continuation du régime impérial et l'occupation de leur sol par les baskirs et les cosaques, pussent opter en faveur de ces derniers, et se résigner à devenir les hôtes de Platow et de Wellington plutôt que de rester les sujets de Napoléon Bonaparte. Les Français se laissèrent envahir, en effet, non par choix, mais par nécessité; ils ne préférèrent pas l'étranger à un maître superbe et oppresseur, mais ne trouvèrent plus en eux-mêmes l'énergie, l'activité et les inspirations patriotiques qui avaient métamorphosé chaque citoyen en soldat dans les premières guerres

précédente, comment Napoléon avait été amené par les circonstances à cet excès de centralisation.

de la révolution, et qui auraient été nécessaires encore pour résister avec succès aux armées innombrables des puissances européennes conjurées contre nous. Il n'y avait qu'une attaque directe aux intérêts privés, que la mise en péril du foyer domestique, qui fût capable d'arracher le Français à son isolement, à son égoïsme et à sa torpeur, et d'entraîner de nouveau la masse nationale sur les champs de bataille pour la défense du territoire. Un péril semblable se présenta aux habitants de l'est et du nord de la France, et réveilla assez fortement en eux le sentiment de l'amour de la patrie pour les préparer à des efforts que les événements survenus dans la capitale rendirent bientôt inutiles. Si les départements méridionaux, occupés par l'étranger, montrèrent moins de répugnance pour l'invasion, il faut l'attribuer à l'influence des passions politiques, dont les envahisseurs surent se faire de puissants auxiliaires.

Cependant M. de Montgaillard, après avoir considéré la déchéance de l'empereur comme l'inévitable résultat de son despotisme, ne craint pas d'en faire, quelques pages plus loin, l'œuvre d'une poignée de conspirateurs et de traîtres. Voici comment il s'exprime à ce sujet aux pages 384 et 385 du septième volume : « La vérité historique nous force à dire
» que le ministre de la guerre Clarke, et deux ou trois
» généraux de Napoléon, ont contribué à l'entrée

» des alliés dans Paris; et c'est à eux, bien plus » qu'à Talleyrand et Fouché, que la France est re- » devable de la chute de Napoléon. » Cette chute n'aurait donc pas été produite irrésistiblement par l'inertie du peuple français, ainsi que nous l'assurait naguère cet historien; et ce serait moins à l'opinion, reine du monde, qu'aux intrigues de quelques serviteurs infidèles, que devrait être imputé le renversement du gouvernement impérial! Voilà une nouvelle contradiction dont il nous sera peut-être facile de trouver la cause. Vous vous rappelez, Monsieur, la vive sollicitude dont l'abbé de Périgord a été l'objet dans une note du second volume. Ne se pourrait-il pas que la même bienveillance pour S. A. S. l'ex-vice grand-électeur de l'empire, eût inspiré la phrase où on essaie d'atténuer ses torts envers Napoléon pour les reporter sur le ministre Clarke et sur quelques généraux dont on évite de donner le nom? Ne vous souvient-il plus d'avoir vu, en 1823, dans *le Constitutionnel,* un manifeste apologétique qui semblait écrit sous l'influence des royalistes du 31 mars 1814? Des pages entières du livre que nous analysons portent le même cachet, et présentent, dans le style et dans les idées, des traits frappants de ressemblance et d'infaillibles indices de fraternité avec ce manifeste. Nous lisons, par exemple, dans le sixième volume (53 et 54) que le grand maréchal du palais, Du-

roc (1), attribuait à Talleyrand *d'avoir gardé par devers lui une lettre du duc d'Enghien au premier consul pour n'en faire la remise qu'après l'exécution du prince,* et nous trouvons, à la suite de cette prétendue révélation, des réflexions officieuses, évidemment destinées à l'environner d'incertitudes et de doutes, et à la faire même réputer mensongère. « Nous sommes
» persuadés, disent, en effet, ceux qui parlent ici au
» nom de l'abbé de Montgaillard, que M. de Talleyrand aurait fait tous ses efforts pour porter
» Bonaparte à sauver la vie du prince et à lui
» rendre la liberté : le caractère si humain de
» M. de Talleyrand et le dévouement qu'il a toujours eu dans son cœur pour la royauté et la
» maison de Bourbon, et dont il leur a donné de
» si heureux, de si nobles témoignages en 1814,
» ne permettent pas d'en douter. » (54 et 55, VI.)
Vous avouerez, Monsieur, que ce nouveau certificat de royalisme et de philanthropie (2), libéralement

(1) Des personnes qui ont vécu dans l'intimité du général Duroc m'assurent qu'il n'était point dans son caractère de faire les confidences et les communications dont l'abbé de Montgaillard se prévaut en vingt endroits de son livre ; il faut admirer, du reste, le soin qu'a pris cet écrivain de ne faire parler que des hommes qui ne peuvent plus le démentir.

(2) L'humanité du prince de Bénévent est encore attestée, en ces termes, à la fin du septième volume : « On voit que ce
» fonctionnaire se sera produit dans tous les régimes, un seul
» excepté, le régime révolutionnaire, ce qui ne pouvait avoir

concédé à l'ancien évêque d'Autun, se concilie plus aisément avec le langage de l'éditeur, dans la note

» lieu, et par diverses raisons : d'abord, il était hors de France,
» et ne pouvait y rentrer; ensuite, l'ex-prélat aimait une liberté
» douce, bénigne, conciliante, conforme à l'esprit de son pre-
» mier état, à l'esprit des cours; il repoussait l'effrayante austé-
» rité du système républicain. Animé d'une modération évan-
» gélique, craignant de voir couler les larmes du malheureux,
» comment aurait-il pu voir répandre des flots de sang? D'ail-
» leurs, la secte infernale des jacobins ne s'affiliait que des
» hommes dont l'ame lui semblait susceptible d'un certain degré
» de force, etc. Ainsi, lors même que le citoyen Talleyrand ne
» se fût pas montré sincère ami de la liberté constitutionnelle,
» et ennemi prononcé de la licence démagogique (car ses utiles
» travaux à l'assemblée constituante le présentent sous cet hono-
» rable aspect), il était doué d'une trop grande sagacité pour
» se dissimuler à quel point la nature lui refusa des dehors
» prononcés et l'art des longs et beaux discours. » (406 et 407, VII.) Il est bien difficile de croire que l'abbé de Montgaillard ait tracé lui-même toutes les lignes que je viens de transcrire. L'historien qui accuse, à plusieurs reprises, le citoyen Talleyrand, *d'avoir offert ses services à la convention, et d'avoir obéi avec résignation aux rémunérateurs de ses attaques contre la royauté,* n'a pu, ce me semble, le louer sérieusement de son éloignement des affaires publiques pendant le régime révolutionnaire, et attribuer surtout cette retraite momentanée, à la modération évangélique, et à la sensibilité profonde de ce *diplomate ondoyant,* qu'il avait désigné, dans son premier volume, par l'épithète d'*évêque agioteur*, auquel il impute ensuite la note justificative de la journée du 10 août, et qu'il appelle ironiquement le *Massillon*, le *Vincent de Paul de la politique*. (48, VI.)

que je viens de citer, qu'avec celui de l'auteur même, qui a reproduit si complaisamment la fameuse lettre de Mirabeau au comte d'Antraigues sur la vénalité de l'abbé de Périgord (193, II), et rappelé non seulement les efforts de ce dernier pour se faire absoudre, par la convention, du reproche d'avoir montré du zèle pour Louis XVI, (307, II; 301 à 306, III), mais encore sa présence à la célébration de l'anniversaire du 21 janvier, sous la république, (90, V) et sa participation au coup d'état de fructidor contre les royalistes de Clichy. (52, 64 et 74, V.) Quelque désordre qu'il y eût, en effet, dans la tête de l'abbé de Montgaillard, il n'est pas possible de supposer que cet écrivain se fût chargé de constater lui-même le dévouement inaltérable du prince de Talleyrand à la royauté et à la maison de Bourbon, après avoir écrit toutes les pages auxquelles je vous renvoie, et s'être exprimé surtout de la manière suivante sur ce grand personnage : « Le citoyen Talleyrand, d'humeur
» accorte, d'opinion flexible, etc., pour mieux
» soigner l'édifice de sa fortune privée, obéit avec
» résignation à ses maîtres, aux promoteurs de
» son élévation dans un régime de démocratie, aux
» rémunérateurs de *ses attaques contre la royauté !*
» Trois fois déjà sa marche ascendante fut suspen-
» due : d'abord pendant le règne de l'assemblée
» constituante, quoique, par des efforts assidus,

» mais qu'il présentait comme désintéressés, il eût
» coopéré en première ligne à l'anéantissement du
» clergé, dans lequel il avait rang d'évêque, et
» qu'il eût fait une mercuriale à Louis XVI (*V.* 19
» avril 1791), en sa qualité d'administrateur civil;
» en second lieu, à l'époque de l'assemblée législa-
» tive, *en essayant de faire valoir l'opportunité du*
» *coup d'état frappé dans la journée du* 10 *août*
» (*V. Moniteur,* n° 190, an 1798); enfin, sous la
» dictature de la convention, à laquelle il fit offrir
» ses services, et qui se contenta de reconnaître sa
» noble conduite en secondant puissamment la
» révolution comme citoyen et comme ecclésiasti-
» que. (*V.* 4 septembre 1795.) » (164, V.) Permettez-moi, Monsieur, d'ajouter à cette citation deux
passages non moins remarquables, dont l'un précède et l'autre suit immédiatement l'éloge du caractère humain et du royalisme de M. de Talleyrand,
et vous me direz, dans votre réponse, si vous êtes
plus disposé que moi à rapporter à la même source
et cet éloge et les phrases accusatrices au milieu desquelles il semble avoir été jeté par une main jalouse de faire démentir de plus en plus l'abbé de
Montgaillard par lui-même. « Bonaparte, dit cet
» écrivain, donna l'ordre d'enlever à Ettenheim et
» à Offembourg les émigrés qu'on assurait y être
» assemblés. M. de Talleyrand mit un grand em-
» pressement à exécuter cet ordre pour la partie

» qui était dans ses attributions ministérielles.....
» (51 et 52, VI.) Si tout fut iniquité et barbarie, de-
» puis l'enlèvement du duc d'Enghien à Ettenheim
» jusqu'à son supplice et à l'enfouissement de son
» cadavre dans les fossés du château, il n'en est que
» plus douloureux de penser que les jours du prince
» eussent peut-être été sauvés si les conseillers, les
» sbires, les bourreaux de Bonaparte n'eussent tous,
» *sans exception*, apporté une effroyable inhumanité
» dans la précipitation des mesures tendant à ame-
» ner et à consommer une si exécrable catastrophe.
» (53, VI). En 1814, on verra figurer à l'avant-
» garde des royalistes, des transfuges de la cause de
» Napoléon, dont ils restèrent les défenseurs opi-
» niâtres jusqu'au jour où ses bienfaits leur furent
» retirés, jusqu'au moment où son courroux venait
» les atteindre : tels furent les Beugnot, les Fauve-
» let (dit Bourienne), les Talleyrand, les de Pradt (1),
» les Clarke, etc. » (84 et 85, VI.)

Je ne veux pas insister davantage, Monsieur, sur ce qui concerne le prince de Talleyrand, dans le

---

(1) Le nom de M. de Pradt, cité ici parmi les *transfuges de la cause de Napoléon*, me rappelle que ce célèbre écrivain se trouve pourtant compris dans la liste des publicistes et des litté-teurs, qu'une note du premier volume (pag. 31, *Discours préliminaire*), a recommandés à l'estime nationale pour l'inflexibi-lité de leurs principes politiques : et l'éditeur nous assure cependant que cette note est bien de la main de M. de Montgaillard!

livre qui doit *faire suite à toutes les histoires de France publiées jusqu'à ce jour;* un volume ne suffirait pas, s'il fallait signaler toutes les contradictions dont cet éminent personnage est l'objet, et s'arrêter aux nombreuses anomalies qui trahissent partout les auxiliaires anonymes de feu M. l'abbé de Montgaillard. Je me bornerai donc à répéter ici, que, sans adopter toutes les propositions exagérées de cet écrivain sur la participation du peuple français à la destruction du régime impérial, j'attribue à la force des choses, telle que je vous l'ai expliquée, la révolution politique de 1814, dont les intrigues du vice-grand-électeur, et les manœuvres de quelques généraux ne furent que les causes occasionnelles. J'ajouterai que Napoléon dut comprendre en déposant le sceptre, combien les notabilités qu'il avait créées et l'aristocratie militaire qu'il avait rajeunie, étaient sans racine dans l'opinion, sans harmonie avec les besoins nationaux, et sans crédit sur les masses. En vain ses barons, comtes, ducs, sénateurs, ou conseillers d'état, s'étaient répandus d'un bout de l'empire à l'autre, en qualité de commissaires extraordinaires, pour stimuler le patriotisme des citoyens; la voix de ces hommes, dont la supériorité n'était que factice et accidentelle, s'était perdue dans le désert, après avoir mal déguisé l'embarras du courtisan, dans un rôle national; et l'empereur, reconnaissant alors qu'il n'avait groupé autour de son trône que des forces individuelles, privées d'adhérences avec les sentiments et les intérêts collectifs, et par conséquent avec les forces sociales, n'avait pas tardé non plus de s'apercevoir que l'égoïsme, caractère distinctif des aristocrates dont il s'était flatté de lier l'existence aux destinées de sa famille, lui enlèverait jusqu'aux secours personnels de ses créatures, impatientes de quitter un drapeau qu'avait déserté la fortune, et toujours prêtes à suivre celui qui leur assurerait la possession des richesses et des honneurs (1).

La restauration ne manqua pas de mettre à profit ces dispositions des grands de l'empire; elle offrit des garanties à leur ambition et à leur vanité, et ils donnèrent en échange des serments de fidélité et des preuves de servilisme. Sentant aussi le besoin de ménager certains intérêts de la révolution et d'en sanctionner les principaux résultats, matériels et moraux, tels que la vente des biens nationaux et l'égalité de tous les citoyens devant la loi, sans distinction de rang et de titres, elle octroya une Charte, pour servir de transaction à l'ancienne et à la nouvelle France; et comme dans cette concession exigée par les circonstances, elle

---

(1) Il y a peu d'exceptions à faire. M. de Montgaillard cite le duc de Bassano; je citerai, moi, les exilés volontaires de l'île d'Elbe et de Sainte-Hélène.

n'avait pu se dépouiller ni de ses affections ni de ses doctrines, elle eut soin de fonder le nouveau pacte fondamental sur les traditions de la vieille monarchie; d'appuyer le trône constitutionnel sur le principe du droit divin, et d'appeler aux fonctions publiques, éminentes ou subalternes, les hommes qui avaient combattu pour ces traditions et ce principe, contre le système des innovations. Malgré l'hommage solennel qu'elle n'osa pas refuser à l'esprit du siècle, et en dépit de toutes ses précautions pour rassurer les existences acquises depuis 1789, elle céda enfin à l'influence des souvenirs et des regrets, et prit de plus en plus une allure rétrograde. Ses imprudences réveillèrent l'exilé de l'île d'Elbe, et lui fournirent l'occasion de tenter la plus étonnante de toutes les entreprises gigantesques auxquelles s'attachait le nom de Bonaparte. L'empire et la démocratie, instantanément réunis contre un ennemi commun, et réconciliés en apparence, profitèrent des fautes de la restauration, et l'obligèrent à repasser la frontière. Mais le sort des armes trahit les espérances de ces alliés d'un jour, qui déjà s'apprêtaient à se combattre, et la restauration reparut plus jalouse que jamais de soumettre la France à ses antiques doctrines, et décidée aussi à user de représailles envers ses adversaires, à les frapper impitoyablement, et à faire marcher de front l'application de ses théories et l'accomplissement de ses vengeances. Les publicistes et les législateurs de 1815 accusèrent Napoléon et la république de n'avoir laissé après eux qu'un vide immense, sans s'apercevoir que la république et Napoléon avaient été surtout chargés de défendre la révolution contre la coalition des rois, et d'en propager les maximes dans toute l'Europe, ce qu'ils avaient admirablement exécuté. On vit alors les Bonald et les Montlosier (1), proclamer la nécessité de retourner aux institutions de la monarchie féodale, comme renfermant seules les moyens d'une réorganisation, qu'on avait demandée en vain aux métaphysiciens de nos assemblées nationales ainsi qu'au génie des conquêtes. Ces menaces de résurrection eurent bientôt ranimé les passions et rajeuni les idées qui avaient renversé l'ordre social dont on faisait appréhender le retour. Les invoca-

(1) La section militaire ou féodale du parti rétrograde ayant perdu, par la prolongation de la paix, l'ascendant dont elle avait joui au milieu d'un triomphe obtenu par les armes de l'aristocratie européenne; et le sacerdoce étant parvenu au plus haut degré de prépondérance politique par le reste d'influence que lui laissaient son organisation et la direction des consciences; M. de Montlosier et ses nobles amis ont accusé le pouvoir d'ingratitude et d'aveuglement, parce qu'il préférait l'appui du clergé à celui du patriciat, dans un siècle où les maximes démocratiques de l'évangile, habilement invoquées, pouvaient exercer encore quelque action sur les masses populaires, dont les habitudes religieuses formaient, d'ailleurs, un élément de crédit pour l'ordre.

tions à l'ancien régime provoquèrent les réminiscences révolutionnaires, et la discussion politique se trouva reportée sur le terrain de 1789, quoique les questions qu'elle embrassait fussent irrévocablement résolues dans la société. La lutte a duré douze ans, entre les rêveurs rétrogades et les doctrinaires libéraux. D'un côté, l'on s'est efforcé de rendre son ancienne vigueur au droit divin, pour faire entrer, le plus possible, des vieilleries et des rouages usés de l'antique organisation sociale dans le mécanisme gouvernemental; de l'autre, on s'est retranché derrière le droit naturel, pour en tirer vingt hypothèses diverses sur l'équilibre des pouvoirs, et l'on n'a cherché des moyens de défense contre le passé et des garanties pour l'avenir que dans la combinaison des éléments démocratiques, aristocratiques et monarchiques, dans telle propor-

ecclésiastique, tandis que l'esprit d'égalité qui travaillait toutes les têtes, ne permettait plus à l'illustration héréditaire et aux noms historiques, d'obtenir sur la société un empire réel, et de se faire considérer, par conséquent, comme les plus utiles et les plus puissants auxiliaires que dut rechercher le gouvernement. Les folles tentatives et les bévues du parti, dénoncé par M. de Montlosier, ont du reste prouvé, et prouveront chaque jour davantage, que la rétrogradation, tentée par des prêtres ou par des barons, est également impossible, et que les réorganisateurs à rebours, aussi divisés entre eux que les constitutionnistes métaphysiciens, ne peuvent plus produire que de nouveaux déchirements en cherchant à appliquer leurs vieilles théories.

tion plutôt que dans telle autre, en sorte que les destinées de notre pays se sont trouvées attachées à la valeur d'une composition doublement abstraite, et que l'absolutisme ou l'anarchie ont paru imminents, selon que nos chimistes politiques ont mis, dans le creuset législatif, une plus forte dose de *légitimité* ou de *souveraineté du peuple.* Mais au milieu de ces débats oiseux, qui ne faisaient que révéler l'égale stérilité des partisans de la rétrogradation (1) et des ontologistes (2), et qu'entretenir

---

(1) Un organe du parti contre-révolutionnaire, chargé d'exprimer la colère des siens au sujet des élections, reprochait, il y a peu de jours, au libéralisme, de n'avoir rien conçu d'applicable, rien produit d'utile à la France. « Depuis quarante ans qu'il tra» vaille au bonheur du monde, disait-il, il n'a fait que le troubler; » au lieu de la prospérité, il n'a créé que la détresse; au lieu de » la liberté, il n'y a apporté que l'anarchie et le plus lourd, le » plus trivial despotisme. » Cette appréciation de la période républicaine et de l'ère impériale est toute naturelle chez un publiciste de la contre-révolution : nous ne pouvons exiger de lui qu'il reconnaisse, avec nous, les immenses et salutaires résultats que nous attribuons à la démocratrie et aux conquêtes de Napoléon, puisqu'ils consistent précisément dans la destruction des abus et des préjugés dont il invoque le rétablissement; mais nous lui demanderons si les hommes d'état, dont il s'est constitué le champion, ont fait preuve d'une plus grande capacité organique que les libéraux, depuis qu'ils sont arrivés au pouvoir pour essayer de nous faire marcher à reculons; si la France est réellement plus

(2) C'est à cette stérilité des formules de l'opposition qu'il faut

l'agitation et le malaise dans la société, l'opinion publique, soumise à l'action irrésistible des faits, s'éclairait insensiblement et découvrait le vide dans lequel se heurtaient incessamment, sans résultat, le fantôme de l'ancien régime et l'ombre de la révolution. Le sentiment de la futilité actuelle des doctrines militantes ne pouvait donc manquer de provoquer tôt ou tard la recherche et l'émission de nouvelles idées générales sur la politique, et l'on ne tarda pas effectivement de s'apercevoir que les esprits spéculatifs se

satisfaite de leurs expériences rétrogrades, que des abstractions du criticisme stationnaire? En vain ils ont fait et refait des lois électorales, torturé leurs propres conceptions, et vidé l'arsenal de la législation révolutionnaire et impériale, au profit de la rétrogradation; ils n'ont pu lui faire gagner un pouce de terrain dans la société française, et leurs efforts n'ont produit, au contraire, qu'un redoublement de haine contre les hommes et les institutions de l'ancien régime. Il est vrai qu'ils ont répondu à la répugnance de la nation pour leurs doctrines et leurs plans de réorganisation en sabrant la jeunesse studieuse, en fusillant la population industrielle et en décimant les mécontents au moyen de conspirations habilement provoquées ou encouragées. Mais ce système peut-il être le régulateur de l'avenir d'un peuple placé aux avant-postes de la civilisation? On le croit à Saint-Acheul et dans les bureaux de la *Gazette*.

attribuer le scepticisme, l'égoïsme et l'apathie politique qui ont régné en France jusqu'au moment où les menaces de la contre-révolution ont produit une irritation générale, un sentiment commun, un besoin de nouvelles idées à opposer aux efforts des rétrogrades.

mettaient partout en travail pour créer un système moins dépourvu de concordance avec notre statistique sociale, que tous ceux dont l'expérience avait jusqu'alors démontré la vanité. L'école du censeur substitua un examen grave, profond et consciencieux des hautes questions de l'économie sociale aux pasquinades quotidiennes ou hebdomadaires des écrivains superficiels et passionnés, dont toute la capacité politique se réduisait à connaître les événements d'antichambre et de salon, pour entretenir, aux frais du public, une opposition spirituelle contre les ministres, avec des anecdotes et des saillies; et qui ne faisaient d'ailleurs du libéralisme depuis la restauration, que parce qu'elle ne leur avait pas permis de continuer les services illibéraux qu'ils rendaient au pouvoir sous l'empire. MM. Comte et Dunoyer s'isolèrent soigneusement des divers partis qui se disputaient les emplois; et de la hauteur du désintéressement et de la science, ils effacèrent les dénominations mesquines et surannées, par lesquelles se désignaient réciproquement les factions, pour tracer une ligne de démarcation qui exprimât réellement les différentes manières d'être des membres de la société actuelle, et qui pût servir à classer chaque citoyen selon sa valeur intrinsèque et son utilité. Alors le général Tarayre prononça un discours qui porta l'étonnement dans toutes les sections de la chambre des députés, tant ses idées

ressemblaient peu à ce qu'on avait coutume d'y entendre. Il ne chercha point à soulever le bonapartisme contre le royalisme, ni à faire l'analyse de notre constitution pour savoir si les trois principes élémentaires s'y trouvaient encore dans la proportion établie par le législateur; il aima mieux dire, au risque d'être rappelé à l'ordre, que la nation se composait d'industrieux et d'oisifs, et que ceux-ci, directeurs politiques de la société, se faisaient payer trop chèrement par les travailleurs leur service gouvernemental. Après lui vint M. Beauséjour qui, attaquant aussi le budjet de 1820, débuta par cet exorde : « Messieurs, au degré de civilisation où est
» parvenue la société dans toute l'Europe, il n'existe
» plus aujourd'hui que deux classes d'hommes;
» ceux qui vivent de leur travail ou du produit de
» leurs capitaux, et ceux qui sont nourris par les
» capitaux et l'industrie des autres.

» Plus il y a des premiers dans une nation, plus
» elle est riche.

» Plus il y a des derniers, plus elle est pauvre.

» Le gouvernement est d'autant plus défecteux,
» qu'il entretient un plus grand nombre de ces
» derniers aux dépens des autres. » (Séance du 3 juillet 1820.)

Il devait résulter deux choses de cette déviation des doctrines libérales et de l'abandon des vieilles formules, considérées jusque-là comme classiques.

ou sacramentelles, dans les rangs de l'opposition. D'abord, puisque les oisifs étaient portés à exagérer d'autant plus les frais d'administration qu'ils étaient eux-mêmes administrateurs, et que les charges de l'état retombaient exclusivement, en définitif, sur la classe laborieuse, il était naturel de penser que la translation graduelle de la capacité politique, des non-producteurs aux travailleurs, pourrait seule apporter insensiblement un remède pacifique et efficace à l'abus dont on se plaignait, et donner une garantie solide aux citoyens contre la cherté excessive des services publics. D'autre part, après avoir soumis la qualité de *fonctionnaire* à une investigation scrupuleuse, pour savoir si les avantages qui s'y trouvaient attachés ne dépassaient pas son importance et son utilité réelles; après avoir distingué, dans la société, deux classes d'hommes, ceux qui vivaient de leur travail ou du produit de leurs capitaux, et ceux qui étaient nourris par les capitaux et l'industrie des autres, il fallait bien arriver à faire une nouvelle division, à séparer le travailleur du capitaliste, et à se demander si l'existence sociale de ce dernier n'était pas aussi hors de proportion avec sa coopération effective à la production et au bien-être communs. Déjà même ces diverses questions étaient indiquées dans quelques ouvrages de Henri Saint-Simon, que ses réclamations en faveur des industriels avaient amené sur les bancs de la cour d'assises. Bientôt de nouveaux écrits, pleins d'idées neuves, hardies et fécondes, et recélant le germe d'un système philosophique complet, annoncèrent que ce penseur profond, en qui la plupart de ses contemporains s'obstinaient à ne voir qu'un homme bizarre, était parvenu à tirer de l'étude réfléchie du passé de grandes probabilités sur l'avenir, et qu'il avait su s'élever au point de vue général qui semblait devoir dominer l'organisation future des sociétés humaines, les plus avancées en civilisation. Un de ses élèves, M. Auguste Comte, publia ensuite le troisième cahier du *Catéchisme des industriels*, auquel il donna le titre de *Système de politique positive*; tandis qu'un écrivain, saturé, pour ainsi dire, d'esprit et d'érudition, et fort habile à revêtir les pensées les plus profondes des formes de la naïveté, l'ingénieux et infortuné vigneron de la Chavonnières, Paul-Louis Courrier, ne craignait pas de scandaliser nos fervents *équilibristes*, en mettant à nu, et en caractérisant, d'un mot, l'objet de leur engouement et de leur culte. Peu de temps après, le *producteur* parut pour développer la doctrine de Saint-Simon, pour continuer (1) l'exploration philosophique

(1) Des obstacles matériels ont fait suspendre la publication de ce journal; mais les études philosophiques, dont il devait communiquer les résultats au public, n'ont point été interrompues,

dans la voie ouverte par cet homme ardent et infatigable. Les rédacteurs de ce recueil s'appliquèrent à arrêter le débordement du criticisme, et à faire sentir la nécessité de fermer l'arène révolutionnaire, où l'on n'avait plus à combattre que des *revenants*, pour s'occuper de travaux organiques devant lesquels seuls devaient disparaître les vestiges de l'ancien régime, et pour chercher le nouveau lien qui pourrait maintenir désormais l'unité et l'harmonie dans le corps social. Ils firent plus; ils signalèrent la nature de ce lien, et s'efforcèrent de prouver, par le simple exposé des progrès généraux de l'esprit humain, que les savants, les artistes et les industriels, qui renfermaient, dans leur sphère respective, les divers genres d'utilité et de supériorité universellement reconnus aujourd'hui, et qui allaient obtenir de plus en plus une influence politique proportionnée à leur valeur réelle, étaient appelés à ramener l'ordre dans la société, en classant toutes les individualités de manière à tirer le meilleur parti possible de l'aptitude de chacune d'elles, pour le bien général; en donnant des idées, des sentiments et un but com-

et l'école de Saint-Simon, loin de se condamner au silence, par suite du non succès de ses efforts, ainsi que plusieurs personnes l'ont présumé et annoncé, avec beaucoup trop de précipitation, fera paraître, d'ici à quelques mois, un résumé complet de sa doctrine pour servir d'introduction à ses travaux ultérieurs.

muns aux producteurs ; en s'organisant, en un mot, pour la paix et le travail, comme les supériorités du moyen âge s'étaient organisées dans un esprit militaire et religieux, selon l'exigence des intérêts prédominants à cette époque. Mal comprise d'abord, la doctrine positive du *producteur* n'excita que le dédain ou la colère, même parmi les hommes qui en avaient été, à leur insu, les précurseurs ou les auxiliaires, en attaquant les constitutionnels immobiles et en poussant la classe pensante hors des sentiers battus du libéralisme vulgaire; mais les préventions doivent céder tôt ou tard à l'amour de la vérité, chez les esprits philosophiques, qu'un examen impartial conduit souvent à adopter, en connaissance de cause, ce qu'ils repoussèrent brusquement avant d'y avoir réfléchi. J'ignore ce que pensent aujourd'hui, du système scientifique industriel, la plupart de ses anciens adversaires ; une chose cependant m'a vivement frappé pendant le cours du mois dernier, c'est que le *Globe*, le plus redoutable d'entre eux sous tous les rapports, a publié plusieurs articles qui annoncent une heureuse tendance à se rapprocher des nouvelles idées que ses rédacteurs, écrivains de talent et de conscience, combattirent autrefois avec vigueur (1). D'autres journaux ont donné

(1) M. le baron d'Eickstein avait prévu ce rapprochement dans le *Catholique*.

aussi, depuis quelque temps, des aperçus fort remarquables sur l'organisation des capacités contemporaines, sur les grandes rénovations sociales, et sur la perfectibilité de l'espèce humaine : pour n'en citer qu'un seul, je nommerai le *Journal des Débats*, où vous avez lu sans doute l'examen du livre de M. Dunoyer par M. Fiévée, et les articles de M. Boutard, sur *le Tableau progressif des forces de la France*, de M. Charles Dupin.

Mais ce n'est pas seulement dans le domaine des théories et dans les discussions littéraires ou scientifiques, que se font sentir les progrès de la doctrine à laquelle Saint-Simon attribuait la puissance organique, invoquée par la société française, et destinée, selon lui, à devenir tôt ou tard le guide et le lien de la famille universelle : les faits, la politique pratique, viennent les attester encore. Jetez les yeux, Monsieur, sur la liste des nouveaux députés que la France a choisis. Vous n'y trouverez plus en grande majorité les notabilités de la vieille monarchie, de la république ou de l'empire ; les représentants de la triple aristocratie, de la naissance, de la propriété et des fonctions publiques ; mais des travailleurs, pris dans les trois grandes divisions où s'exerce l'activité humaine ; des membres de l'académie des sciences (Thénard, Vauquelin, Lefebvre-Gineau, Charles Dupin) ; des publicistes et des philanthropes, des manufacturiers, des agriculteurs, des négociants, des banquiers, qui, de Bayonne à Strasbourg, de Montpellier à Dunkerque, de Sedan à Bordeaux, de Lyon au Hâvre, de Nantes à Paris (1), dirigent et secondent la puissance productive de leurs concitoyens, et contribuent non seulement à la prospérité nationale, mais à l'amélioration de l'existence humaine sur tous les points du globe : tant est vraie cette remarque, consignée et développée il y a peu de jours, dans l'une de nos feuilles littéraires que la lutte n'existe plus entre les anciens partis politiques, mais plutôt *entre l'ignorance et les lumières, entre la paresse et l'industrie.*

Cependant des réclamations s'élèvent autour de moi. « Vos savants, vos philanthropes, vos indus-
» triels, me dit-on, ne sont pas moins vains que
» nos anciens aristocrates; et l'institut, les comités
» philhelléniques, les sociétés d'encouragement ou
» de bienfaisance, et les salons de la Chaussée-

(1) Dans les colléges mêmes où le parti de la rétrogradation politique a fait nommer ses candidats, les électeurs ont cédé à la tendance anti-aristocratique des esprits, et à la prépondérance de l'industrialisme. Marseille, par exemple, a pris ses députés dans les professions qui seraient replacées sous la loi humiliante de la dérogeance si la contre-révolution pouvait s'accomplir; M. Straforello est négociant, et M. Roux, pharmacien. La progression existe donc en réalité là où le système rétrograde domine en apparence. Mais n'a-t-on pas vu à Bourges les agents du ministère constater eux-mêmes le néant des titres de supériorité

» d'Antin reproduisent tous les travers du fau-
» bourg Saint-Germain. » J'en conviens; j'ajouterai
même que les notabilités actuelles n'ont pas cette
délicatesse de manières, ce vernis de politesse chevaleresque, ces formes d'urbanité exquise qui rendent la supériorité aimable, ou du moins suppor-
table, à ceux sur qui elle s'exerce; mais la faute
en est aux circonstances qui environnèrent leur
première éducation, et à notre voisinage d'un ordre
social, dont les préjugés laissent quelques traces
dans les mœurs, après qu'ils ont perdu tout empire
sur les esprits. Les capacités rationnelles, morales
et industrielles de notre époque, parvenues à primer,
dans l'opinion, la capacité théologique et féodale,
dans un temps où l'occupation des hautes positions
sociales offrait encore, comme l'un de ses principaux avantages et de ses traits caractéristiques,
l'assujétissement des classes élevées au code de l'orgueil, et à toutes les petitesses de l'étiquette; les

détruits par la révolution, et signaler ainsi comme ridicules les institutions de l'ancien régime dont leurs patrons semblaient néanmoins poursuivre et espérer le rétablissement? Tel est l'empire des faits qu'il maîtrise, à leur insu, ceux-là mêmes qui se flattent de soumettre le cours des choses à leurs caprices et de le modifier selon leurs vues! Telle est la puissance de l'opinion qui exprime les vrais besoins sociaux, qu'elle entraine à la fois au même but, quoique sous des formes diverses, et ceux qui obéissent de plein gré à sa direction, et ceux qui s'efforcent de lui résister.

capacités rationnelles, morales et industrielles, dis-je, ont été amenées à signaler leur avénement à la prééminence sociale en s'affublant de l'enveloppe aristocratique du patriciat et du sacerdoce, en prenant les habitudes qui avaient servi jusque-là d'expression à la supériorité de leurs devanciers. A mesure que nous nous éloignerons du règne de la vanité, cette morgue ridicule, trouvée dans la succession des anciens directeurs de la société, disparaîtra de plus en plus; et les hommes qui s'élèveront aux sommités de la nouvelle hiérarchie, en cultivant les sciences ou les beaux arts, en se livrant à la production matérielle, au lieu de se présenter comme des patrons superbes à leurs concitoyens, seront conduits par la nature de leurs travaux à ne se considérer que comme des associés, ayant droit seulement, dans la distribution du bien-être social, à une considération personnelle et à des avantages positifs d'autant plus étendus, que leur coopération à la prospérité commune aura été plus puissante et plus active.

Ici se termine, Monsieur, l'exposé de mes propres vues sur l'histoire de la révolution, de l'empire et de la restauration. Je vous ai montré le privilége expirant, en France, en 1789, sous l'éloquence foudroyante de Mirabeau; sa résurrection, conjurée par la terreur, sous Robespierre, et sa chute définitive, préparée dans le reste de l'Europe par les conquêtes de Napoléon. En examinant d'un certain point de vue les résultats de la popularité ou de la domination de ces trois hommes, il est impossible de ne pas reconnaître que leur apparition sur la scène politique correspond à chacune des trois grandes crises par lesquelles devait passer la révolution française pour accélérer l'affranchissement du genre humain; de telle sorte qu'une appréciation exacte de leur mission respective formerait une véritable histoire philosophique de cette vaste révolution. Après eux viennent les stériles débats des réorganisations rétrogrades et des libéraux stationnaires, qui rempliront le monde du bruit de leur vaine querelle, jusqu'à ce que les progrès de la société et de la nouvelle doctrine organique qu'elle réclame, ne laisseront plus que des chances de ridicule à ces voltigeurs d'époques diverses. Je vous ai donné, Monsieur, un aperçu de cette doctrine; puissiez-vous accueillir les indications qu'il renferme sur l'avenir de notre pays, et sur les destinées que le développement graduel de la perfectibilité humaine me semble réserver, en définitif, à l'association universelle des producteurs, ou à la sainte alliance des peuples.

Mais il me reste à vous entretenir du jugement que l'abbé de Montgaillard a porté lui-même sur la dernière période de notre histoire, et de la conclusion qu'il a placée à la fin de son volumineux pamphlet. Sur le premier point, deux mots suffiront : M. de Montgaillard, dans son tableau des événements de 1814 à 1825, a fait de la politique au jour le jour, comme s'il eût écrit pour le *Constitutionnel*. Presque tous les ministres de la restauration y sont traités avec aussi peu de ménagement que ceux de Napoléon (M. le duc de Bassano excepté), ou que les meneurs révolutionnaires. M. Decazes (366 à 371 — 440 à 450, VIII), s'y trouve flétri comme M. de Villèle, et M. de Châteaubriand lui-même ne peut obtenir grâce (176, IX) de l'apologiste de M. Dudon. Je laisse à d'autres le soin de défendre le premier de ces hauts personnages contre d'odieuses comparaisons, et me contente d'observer, à l'égard du troisième, qu'il n'a pas besoin de défenseur. Quant à M. de Villèle, ses avocats sont à Saint-Acheul; et, Dieu aidant, l'on peut croire qu'il sera bientôt forcé de recourir à leur ministère pour répondre à des accusateurs autres que l'abbé de Montgaillard.

Il est pourtant une chose, Monsieur, sur laquelle je ne pense pas comme cet écrivain, quoiqu'elle appartienne au ministère de M. de Villèle : je veux parler de la réduction de la rente, ou de la fameuse loi du trois pour cent (1). Le patron des jésuites

---

(1) M. de Montgaillard la qualifie par cette exclamation : « Inepte et désastreuse conception financière ! » (171, IX.)

n'y voyait sans doute qu'une occasion d'agiotage, qu'un moyen de faire passer de l'argent entre ses mains pour l'exécution et le succès de ses plans politiques, pour alimenter le zèle de ses amis et attiédir la pétulance de ses bouillants adversaires; il n'est du moins, dans sa carrière ministérielle, aucun acte dont on puisse induire qu'il ait songé alors à favoriser les classes populaires, et à alléger le poids des charges que les oisifs faisaient peser sur la partie la plus nombreuse de la société. Mais fallait-il, dans la discussion d'une loi qui devait avoir ce dernier résultat, indépendamment des vues du gouvernement qui la proposait, et des facilités accidentelles qu'elle pouvait offrir à une faction, pour continuer de stériles tentatives de rétrogradation; fallait-il poser la question intentionnelle, par rapport aux ministres, et dans la crainte de procurer une satisfaction éphémère à ces dominateurs d'un jour, reculer devant une amélioration importante pour la population laborieuse qui survit à tous les ministères et à toutes les factions? C'est ce que pensèrent quelques députés libéraux, qui prouvèrent par là qu'ils avaient encore plus de répugnance pour les rêveries contre-révolutionnaires de M. de Villèle, que de sollicitude éclairée pour les intérêts positifs des masses nationales; et qui, dupes de la préoccupation où les tenait plongés leur politique superficielle et instantanée, laissèrent ainsi apercevoir le défaut de relation qui existait entre le caractère de leur opposition et de leurs doctrines, et les véritables besoins de la majorité sociale. M. Humann, seul parmi les membres du côté gauche, ne se laissa point aveugler par les préventions de son parti, jusqu'à nier la valeur intrinsèque d'une mesure dont il avait compris l'utilité, parce qu'elle avait été conçue par une administration odieuse. Affligé de voir que ceux de ses honorables amis, qui jouissaient d'une grande réputation d'habileté financière, ne se bornaient pas à repousser le projet de la réduction des rentes par des considérations politiques, mais s'obstinaient encore à l'attaquer dans ses dispositions, considérées d'une manière abstraite, relativement à certaines circonstances environnantes et passagères, ainsi que dans ses conséquences réelles et définitives, il eut le courage d'avoir raison contre l'opinion à la mode, et de défendre la cause du peuple contre les préjugés du peuple, au risque de lui déplaire; et l'isolement, auquel ses collègues de l'opposition libérale l'abandonnèrent, fit dire à un homme qui avait su s'élever aussi au-dessus des petites passions du moment (M. Bertin de Vaux), qu'il ne pouvait trop s'étonner de voir de quel côté on combattait le trois pour cent, et de quel côté on l'appuyait; qu'il était inouï que les opiniâtres champions des doctrines monarchiques se fussent décidés à voter pour une loi toute démocratique, et que les organes du parti populaire l'eussent au contraire rejetée avec indignation.

Voici au reste, Monsieur, sur cette grande opération financière, appréciée en elle-même, et séparée de la question des ministres, des jésuites et de l'indemnité ; voici quelques observations qui m'ont semblé aussi justes que piquantes, et que j'emprunte encore au *Producteur* que j'ai cité tant de fois. Elles sont extraites de la *lettre d'un rentier converti* (1), et vous paraîtront peut-être non moins instructives qu'amusantes. L'honnête oisif, dans sa judicieuse naïveté, s'exprime de la manière suivante :

« Lorsque le premier projet de conversion fut pro-
» posé, je tremblais de voir cet accord du ministère
» avec les banquiers cosmopolites : ils offraient,
» comme vous le dites, le secours des capitaux de
» l'Europe, pour faire la loi aux rentiers français,
» et nous présentaient une nouvelle tête de Méduse.
» Il n'y avait pas moyen de reculer ; mais j'espérais
» dans notre noble chambre des pairs, et mon at-
» tente ne fut pas trompée. Les rentiers y trouvè-
» rent de dignes défenseurs ; on y combattit victo-
» rieusement l'injuste attaque des banquiers contre

(1) **Cette lettre est de M. P. Enfantin.**

» notre *indolence*, qu'ils voulaient payer un peu
» moins cher, et le projet fut rejeté.

» Ce fut un jour de fête pour nous, Monsieur;
» et si vous examinez avec attention l'effet produit
» par cet événement, vous vous convaincrez
» que notre joie fut partagée par la majorité des
» gens qui nous paient nos rentes. Cette exces-
» sive générosité de leur part m'étonna, je l'avoue;
» je cherchai à comprendre pourquoi ils aimaient
» mieux nous payer cinq que quatre, et je n'en
» trouvai pas la raison; mais je ne m'arrêtai pas
» long-temps à creuser cette idée, ce n'était pas
» mon affaire; je pris le fait comme il se pré-
» sentait, et je vis, dans les bénédictions géné-
» rales dont la chambre des pairs fut couverte,
» la certitude que tout le monde s'intéressait à
» nous, et que les efforts faits par les ban-
» quiers, pour réduire nos rentes, n'étaient pas
» conformes aux désirs du public, par conséquent
» aux intérêts réels de la nation.

» Le petit nombre de conversions, opérées l'an-
» née suivante, me raffermit dans cette idée : je
» fus presque porté à croire qu'il y avait une loi
» naturelle qui devait maintenir, en France, l'in-
» térêt à cinq pour cent ou au-dessus; mais cette
» espérance ne suffit plus aujourd'hui à ma tran-
» quillité, en supposant même que vous ne m'eus-
» siez pas démontré que les rapports qui existent

» entre les prêteurs et les emprunteurs pourront
» être changés au désavantage des premiers. Les
» réflexions que je vous ai communiquées me
» font craindre que mon revenu de 10,000 francs
» ne permette pas un jour à mon fils de vivre,
» même misérablement. Je me rappelle un temps
» où 10,000 francs d'assignats ne pouvaient point
» faire vivre un mois, et peut-être en sera-t-il
» bientôt de même avec 10,000 francs de rente,
» même en argent.

» J'ai entendu parler des nombreuses tentatives
» faites depuis quelques années, par des spécu-
» lateurs anglais, pour perfectionner l'exploitation
» des mines d'or et d'argent. Notre bonne étoile
» veut que plusieurs de ces essais soient infruc-
» tueux; mais je vous le demande, Monsieur,
» si l'or et l'argent sont assez facilement extraits
» du sein de la terre pour être vendus à moitié
» prix de ce qu'ils valent aujourd'hui, qu'aurai-je
» avec mes dix mille francs de rente, c'est à dire
» avec mes 50,000 grammes d'argent? On me
» donnera bien toujours le même poids de mé-
» taux; mais si cela continuait, 50,000 grammes
» d'argent bientôt ne vaudraient pas plus que
» 50,000 grammes de cuivre, et nous souffririons
» seuls de cette calamité, car nous sommes les
» seuls dont la fortune soit essentiellement no-
» minale.

» Je vois bien qu'on ne mange pas, qu'on ne
» s'habille pas, qu'on ne se loge pas avec de l'ar-
» gent seulement ; sans cela, je serais aussi bien
» nourri, vêtu et logé avec 10,000 francs en 1826
» qu'en 1789; et je crains, puisque je ne peux avoir,
» avec cette somme, toutes les commodités qu'elle
» me procurait avant la révolution, que mon fils,
» dans quarante ans, n'éprouve une semblable dif-
» ficulté ..... Mon fils, je le vois, ne peut trouver
» que dans le travail les moyens de conserver l'ai-
» sance que je lui laisserai, et de l'augmenter dans
» la même proportion que celle de tous les mem-
» bres actifs de la société qui l'entoure. En lui lé-
» guant l'oisiveté, je l'exposerais à toutes les priva-
» tions que j'ai éprouvées, et je le condamnerais
» d'avance à ressentir, sur ses vieux jours, les re-
» grets qui me tourmentent aujourd'hui.

» Je comprends à présent votre indifférence, je
» dirais presque votre cruauté, à l'égard des ren-
» tiers. Vous pensez que la patrie réclame, avant
» tout, le travail de ses enfants; vous prônez les
» travailleurs, et, je le sens, c'est à ce titre seul que
» la société peut s'intéresser aux hommes qui la
» composent. Malgré tous vos efforts, Monsieur,
» vous aurez bien de la peine à prouver à une foule
» d'oisifs, comme moi, qu'ils ne sont pas des mem-
» bres très utiles du corps social; plusieurs vous di-
» ront qu'ils font vivre les travailleurs par leurs dé-

» penses, et que le bien-être public exige qu'il y
» ait beaucoup de gens qui se reposent pour payer
» ceux qui travaillent. Je ne vous répète ces absur-
» dités que pour vous prévenir qu'elles règnent
» encore dans bien des têtes, même dans celles des
» travailleurs. Je sais fort bien que nous ne payons
» les travailleurs qu'avec les rentes que nous pré-
» levons sur eux. Or, plus ces rentes seront peti-
» tes, moins nous leur acheterons des produits,
» et par conséquent ces produits resteront à leur
» disposition, pour satisfaire leurs plaisirs et non
» les nôtres. Mais vous savez combien les plus gros-
» ses absurdités sont difficiles à déraciner; vous se-
» rez obligé d'employer, je le crois, bien des
» moyens différents pour opérer cette révolution
» pacifique à laquelle vous travaillez, et qui doit
» établir un jour la prédominance du travail sur
» l'oisiveté. »

On ne saurait trop déplorer, Monsieur, qu'une loi, qui devait hâter inévitablement cette révolution philanthropique, ait été présentée par un ministère, justement poursuivi d'ailleurs par l'animadversion publique, et condamné à ne pouvoir pas même faire le bien, tant son attitude hostile envers les intérêts de la nouvelle France, avait disposé les meilleurs citoyens à voir toujours un piége caché, derrière celles de ses propositions qui n'avaient pas évidemment une tendance contre-révolutionnaire, ou qui s'offraient même avec un caractère d'utilité. Car, sans le discrédit où était tombée l'administration qui imagina de réduire la rente sans les coupables précédents qui lui firent appliquer le *timeo Danaos*, il est permis de croire qu'une foule de personnes qui s'élevèrent, avec une espèce de fureur, contre la loi du trois pour cent, auraient reconnu, comme le *rentier converti*, qu'elle était favorable aux travailleurs (1), c'est à dire à la nation tout entière, moins une poignée de bourgeois, et quelques grands seigneurs (2) et leur livrée.

Je vais à présent, Monsieur, vous exposer, aussi

(1) Il ne faut pas entendre seulement par le mot de *travailleurs* les hommes qui se livrent à la production matérielle, mais généralement tous les membres de la société qui contribuent à satisfaire ses besoins de toute nature, intellectuels, moraux ou physiques, et qui exercent par conséquent leurs facultés dans les sciences, les beaux-arts ou l'industrie. Le poëte, l'orateur, le moraliste, etc., qui s'appliquent à réveiller en l'homme des sentiments généreux et énergiques pour le porter à telle ou telle action, utile à ses semblables, sont des artistes dans le sens que le *Producteur* attache à ce mot, comme le peintre et le sculpteur qui se proposent le même résultat dans la confection d'un tableau ou d'une statue. Le propriétaire qui dirige l'exploitation de ses champs est aussi un travailleur, dont le concours à la production agricole n'a pas moins d'importance que le travail du chef de manufacture.

(2) Je dis *quelques grands seigneurs*, parce que le plus grand nombre d'entr'eux est aujourd'hui associé à des entreprises industrielles. La force des choses les y entrainera tous.

briévement que possible, mon opinion sur la conclusion qui termine l'histoire de France de M. l'abbé de Montgaillard. Je vous ferai observer d'abord que ce morceau, non moins rempli de déclamations et d'incohérences que tout ce qui précède, est moins, à mon avis, une conclusion qu'un résumé, dans lequel on retrouve, sous une forme sommaire, les appréciations injurieuses ou ridicules, péniblement délayées et ressassées jusqu'au rabachage, dans huit volumes et demi. Les nobles, les prêtres, les philosophes, les rois et le peuple de l'ancien régime, reparaissent avec tous les traits hideux que nous leur avons vus dans le discours préliminaire et l'introduction historique. Quant aux hommes de notre époque, il y a pour eux aussi une reproduction des couleurs effrayantes sous lesquelles on nous les a présentés jusqu'ici. La lâcheté, l'ambition, l'aveuglement, la perversité, forment encore les attributs des royalistes et des patriotes, des républicains et des bonapartistes. Quatre hommes seulement échappent *à peine* à la démoralisation universelle (262 , IX). Certes, ce ne sera pas moi qui réclamerai contre la justice rendue à Lafayette et à Larochefoucault-Liancourt : mais je regretterai qu'elle ne se soit pas étendue sur d'autres contemporains illustres, dont ces grands citoyens auraient eux-mêmes attesté les vertus et le civisme; et je ne craindrai pas de protester, au nom de l'honneur national et de la vérité, contre l'étroite exception qui réduit à quatre les caractères purs, ou héroïques, dont la France peut se glorifier depuis 1789. Je ne contesterai pas non plus les qualités honorables des deux autres personnages cités par M. de Montgaillard; mais je dirai hardiment qu'il me paraît ridicule de présenter comme les seuls patriotes invariables ; comme *étant en* 1824 *ce qu'ils furent en* 1789 (*id.*) Lanjuinais et Boissy-d'Anglas ; Lanjuinais! qui vota, en 1789, contre le système des deux chambres, et qui siégeait, en 1824, dans une chambre haute; qui se prononça fortement, en 1790, pour l'abolition des titres, et dont le nom, accolé au titre de comte, ne se retrouve plus depuis long-temps avec sa brillante simplicité et sa nudité roturière, même dans les recueils libéraux dont il fut un des rédacteurs! Eh Boissy-d'Anglas! approbateur aussi de l'abolition des titres nobiliaires à l'assemblée constituante, et depuis comte de l'empire et de la restauration, selon la remarque de Montgaillard lui-même; correspondant de Louis XVIII, sous la république, dont il avait juré l'établissement et juré le maintien; membre du sénat impérial et de la commission chargée de protéger nos franchises à la manière dont M. de Bonald veillait naguère sur la liberté de la presse; pair de France en 1814; pair de l'empire, en 1815, pendant les cent jours, et habile à glisser le mot *royaume* dans un amendement sur la loi de police, discutée après les désastres de Waterloo; ce qui lui valut un éloge de sa rare prévoyance de la part de Thibaudeau ! Que l'on sache gré à ces hommes de ce qu'ils ont fait de bien dans leur carrière publique, surtout pendant ces dernières années, en s'opposant avec autant de zèle que de talent aux envahissements du jésuitisme ; que l'on admire leur courage au 31 mai, ou au 1er prairial; qu'on rende hommage à leurs lumières et à leurs vertus privées ; mais que leurs droits à l'estime et à la reconnaissance nationales ne soient pas exagérés au détriment d'une génération, illustrée par tous les genres d'héroïsme, et que l'on n'aille pas chercher le vieux démocrate, au milieu des vanités du blason et sous le manteau de la pairie, pour lui décerner le prix de la constance, et l'entourer exclusivement d'admiration et de respect.

La conclusion de M. de Montgaillard contient aussi, Monsieur, une explication fort curieuse, dans laquelle cet écrivain semble aller au-devant des reproches qui devaient atteindre son livre. On dirait que, du fond du tombeau, l'historien a recueilli toutes les réflexions critiques qu'a fait naître l'apparition successive de ses huit premiers volumes, et qu'il a dicté ensuite, de l'autre monde, aux secrétaires qu'il avait laissés dans celui-ci, la page destinée à servir de réponse aux principaux griefs

dont son ouvrage était l'objet. « L'on nous repro-
» chera sans doute, dit-il, de nous être exprimés
» avec acrimonie, avec irascibilité, sur le compte
» des principaux auteurs ou complices de la révo-
» lution; peut-être même nous accusera-t-on d'a-
» voir voulu accabler quelques uns de ces person-
» nages sous le poids de leur nom, en rappelant
» avec sévérité, mais avec fidélité, toute leur con-
» duite politique : nous n'avons jamais eu de si
» lâches pensées; mais aussi aucune considération
» personnelle ne nous a fait taire la vérité; nous
» avons retracé les actions et rapporté les paroles
» des révolutionnaires de toutes les époques, de
» tous les rangs et de toutes les couleurs; c'était
» notre devoir comme annaliste, comme Français.
» En signalant les fautes commises depuis la res-
» tauration, nous avons été dirigés par cet esprit
» de vérité et d'impartialité qui doit ne faire accep-
» tion, ni de sectes, ni de partis, ni de person-
» nes... (1). Si dans ces annales, nous avons commis

(1) L'éditeur trouve ici l'occasion d'une nouvelle note pour nous faire observer que M. de Montgaillard a poussé l'impartialité jusqu'à s'exprimer sans ménagement sur le compte de l'un de ses parents, M. le marquis de Villeneuve, ancien prieur d'Argenton, aujourd'hui préfet de la Corrèze. Singulière preuve d'impartialité ! Comment l'éditeur n'a-t-il pas senti qu'il ne faisait qu'attester la monomanie diffamatoire de son abbé, à qui la parenté pouvait bien d'ailleurs n'offrir qu'un motif de plus de médire et de déchirer.

» des erreurs, c'est sans le vouloir, sans le savoir,
» si nous avons porté de faux jugements, c'est la
» faute de notre esprit, et non celle de notre cœur;
» *loin et à jamais loin de nous l'intention de blesser*
» *les individus!* » (275 et 276, IX.) Quelle humilité
soudaine! quelle incroyable bonhommie! chez l'arrogant et infatigable satiriste, que nous avons vu
s'obstiner jusqu'ici à ternir complaisamment toutes
les illustrations de l'antique et de la nouvelle
France! Qui l'eût cru, Monsieur! que les réclamations
élevées de tout côté contre l'abbé de Montgaillard,
à la lecture de son livre, ne seraient pas perdues
pour lui, quoique, depuis deux ans, il eût cessé de
vivre! qu'il saurait assez en profiter, pour s'expliquer, dans un dernier volume, sur l'acrimonie et
l'irascibilité dont on le blâmait universellement; et
pour essayer de corriger, au moyen d'une protestation édifiante, contre toute intention malveillante
de sa part, les fâcheux effets produits par les déclamations injurieuses et les interminables diatribes,
qui lui avaient valu, dans une *Histoire* (1) *de Napoléon*, le titre de *misérable pamphlétaire, qui salit tout ce qu'il touche!* Pour moi, je n'aurais jamais
pensé, Monsieur, que la mort pût opérer de pareilles conversions, et donner tout à coup à un
énergumène les apparences d'un *bon apôtre;* je

(1) Cette histoire est attribuée au général Jomini.

n'aurais pas osé croire surtout qu'il fût permis à ce tardif converti de renouer ses communications avec les vivants pour leur faire agréer sa palinodie. Mais l'exemple de l'abbé de Montgaillard confond mon incrédulité, et je ne puis plus douter qu'il n'ait eu réellement l'avantage inappréciable de se survivre à lui-même, quand je songe qu'il a réparé, dans son huitième volume, publié en mai ou juin 1827, une injustice commise envers M. Grégoire (1), dans un volume qui avait paru dans le courant de la même année, c'est à dire deux ans après la mort de l'auteur; quand je réfléchis que ce dernier, descendu dans la tombe, en 1825, a pu rectifier, à deux mois d'intervalle, en 1827, une erreur grave sur le maréchal Davout, qu'il fait mourir d'abord en 1819, et qu'il tue une seconde fois en 1823, époque à laquelle le prince d'Ekmühl cessa effectivement de vivre. Heureux historien! à qui les destins ont ainsi accordé le rare privilége de repasser le fleuve qui nous sépare de l'éternité, pour venir mettre à profit les sages leçons d'Horace, pour polir et repolir son travail! Heureux *revenant!* qui a trouvé un secrétaire assez hardi pour oser écrire sous sa dictée!

Je finis enfin, Monsieur, en recommandant à votre attention la dernière phrase d'un livre, sur le mérite duquel nous devons être fixés depuis long-

---

(1) *Voyez* les *Pièces justificatives* (F).

temps. « Honorons les classes moyennes, dit l'abbé
» de Montgaillard; elles sont la force d'un état; les
» hautes classes n'en sont, le plus souvent, qu'une
» vaine décoration. » (281, IX.) Tant de gens, et
des gens d'un très grand mérite, dont l'opinion fait
autorité dans le monde politique, nous répètent
tous les jours la même chose, qu'il peut n'être pas
inutile de demander des explications sur ces *classes
moyennes*, pour savoir si elles forment réellement
la force de l'état, et si elles ont droit à l'espèce de
culte qu'on leur rend.

Qu'est-ce d'abord qu'une classe moyenne? Où
est la ligne de démarcation qui la sépare, d'une manière précise, des classes inférieures, d'un côté, et
des hautes classes, de l'autre? Le banquier opulent,
le riche manufacturier, le fastueux négociant de la
Chaussée-d'Antin, entrent-ils dans cette sphère mitoyenne avec le petit marchand de la rue Beaubourg ou de la place Maubert? Et les membres de
l'institut doivent-ils être compris dans la même catégorie que l'humble *magister* qui soutient une
pénible concurrence, dans son village, contre les
ignorantins? Je crains bien, Monsieur, qu'on ne
puisse me donner une réponse satisfaisante là-dessus, et qu'en m'imposant le devoir d'honorer les
classes moyennes, on ne me laisse ignorer à qui
s'adresseront positivement mes hommages. Mais
pourquoi adopterions-nous une classification incer-

taine, qui nous exposerait aux plus étranges méprises dans la distribution de notre estime, en nous présentant parfois comme les membres les plus utiles de l'état, des hommes que l'état nourrit somptueusement sans en recevoir le moindre service ? Les rentiers, les propriétaires oisifs, dont se compose cette bourgeoisie, qui fait, dans le jargon de la bonne compagnie, le plus bel ornement des classes moyennes, loin d'être la force de la société, ne font au contraire qu'absorber la meilleure partie de ses ressources sans rien produire pour elle : ne serait-il pas souverainement injuste de leur attribuer l'importance et la considération dues aux seuls citoyens, qui, selon l'expression de M. de Montgaillard lui-même, *répandent le travail et l'aisance dans toutes les classes de la société, ajoutent aux commodités de la vie, produisent les chefs-d'œuvre qui deviennent le plus beau luxe de l'opulence et fécondent des sillons qui nourrissent le trône et le peuple ?* (*id.*) Prenons donc une autre formule pour nous guider dans l'appréciation des différentes valeurs sociales ; abandonnons une division qui confond, dans une même dénomination, les choses les plus disparates, l'indolence et l'activité ; et qui nous entraînerait à priser, par dessus tout, le bourgeois inutile, tandis que nous n'aurions que du mépris, pour le prolétaire laborieux, et de la haine, pour le grand seigneur, qui aurait abjuré les préjugés de sa caste, pour contribuer à la prospérité commune, en se livrant à l'exploitation de ses champs, à des entreprises commerciales, à la culture des sciences ou des beaux-arts. Ne disons plus qu'il faut honorer les *classes moyennes*, mais plutôt les hommes de toutes les classes, qui, exerçant, dans leur position respective, leurs facultés intellectuelles, morales ou physiques, concourent à la production du bien général, et sont ainsi les véritables artisans de la richesse, de la force et de la gloire sociales.

La distribution de la société en classes haute, moyenne et inférieure, et la prédilection dont la seconde est l'objet de la part de certains publicistes, nous expliquent, au reste, comment ces prétendus défenseurs des intérêts du peuple ont méconnu tant de fois les vœux et les besoins de leur nombreuse clientelle; comment ils se sont crus parvenus au dernier terme du perfectionnement social, parce qu'ils avaient obtenu certaines combinaisons gouvernementales qui faisaient passer l'importance politique, des anciens privilégiés, à la bourgeoisie, leur classe favorite (1); et qu'ils avaient pu faire

(1) Un journal de l'opposition royaliste constitutionnelle renfermait, il y a peu de jours, les réflexions suivantes : « Fortifiez » le salutaire ascendant de la bourgeoisie, toujours amie du re- » pos et de l'ordre; car, après tout, qui souffre de la loi d'aî- » nesse? la bourgeoisie, qui a quelque chose à partager entre ses

inscrire, sur un morceau de papier, les mots de liberté et d'égalité. Que manque-t-il en effet à une nation de trente millions d'habitants, lorsque les cent mille individus qui forment l'élite de ses citoyens, et dont la satisfaction doit être considérée comme le but de l'activité sociale, jouissent de toutes les commodités de la vie et de toutes les libertés politiques ? Lorsqu'ils peuvent se servir du niveau de la loi et des doctrines libérales vis-à-vis de l'ancienne noblesse, qu'ils priment d'ailleurs par la fortune, sans que cela les engage à faire l'application de leurs principes d'égalité, en faveur des vingt-neuf millions neuf cent mille individus, placés au-dessous d'eux sur l'échelle sociale ? Lorsqu'ils peuvent déclamer à l'aise dans un salon, voter dans un collége, faire un livre ou parler à la tribune ? Ce qui lui manque, je m'en vais vous le dire Tandis que les organes des classes moyennes s'efforcent de lui prouver qu'elle doit s'estimer la plus heureuse des nations, d'avoir échappé à la censure et d'avoir obtenu des chances de majorité à la chambre élective, ce qui peut amener la sub-

» enfants, et non le petit peuple, qui n'a rien. Qui se ruine au 3
» pour 100 ? la bourgeoisie. Qui s'indigne de la censure ? la
» bourgeoisie, qui aime à lire et à penser librement; et non le
» petit peuple, qui n'a que le temps de travailler afin de gagner
» sa vie. » Ceci confirme pleinement ce que Necker fait dire aux prolétaires qui forment la masse du peuple.

stitution de M. de Talleyrand, ou de tout autre, à M. de Villèle, et remettre en honneur les invocations à la liberté et à l'égalité constitutionnelles ; une grande partie de la population est menacée de ne pouvoir plus vivre de son travail, à côté de quelques hommes qui regorgent de biens et dissipent, dans l'oisiveté et dans le faste, les produits de son propre labeur. Rassurez donc cette classe infortunée, en lui rappelant votre égalité abstraite. Mais non, vous ne portez pas si bas vos regards ; ils sont irrévocablement fixés sur la classe moyenne ; elle est dans l'ivresse du triomphe, peu vous importe donc que le grain manque au marché, que le prix du pain s'élève partout à un prix exhorbitant, que la misère provoque le crime, et que les gens, qui ont faim, l'expriment par des excès.

Que prétendez-vous donc ? va-t-on me dire. Si vous regardez comme stériles les garanties constitutionnelles, la liberté et l'égalité consacrées par la Charte, quels sont vos remèdes aux malheurs publics, vos moyens de bonheur social ? A défaut d'efficacité dans la loi qui proclame l'égalité des citoyens, voudriez-vous établir violemment une égalité de fait, niveler la société, partager les terres ? Je ne veux rien de tout cela, répondrai-je ; mais je désirerais seulement que la science politique prît un caractère assez positif pour que ses abstractions pussent correspondre aux réalités et devenir applicables. Je voudrais, par exemple, qu'au lieu de crier incessamment à la foule des hommes qui supportent tout le poids de l'inégalité, et qui sont enchaînés aux plus pénibles travaux par le besoin, qu'ils jouissent de toute la liberté possible et de la seule égalité légitime; je voudrais qu'on s'occupât de fournir au législateur des idées moins creuses sur l'organisation sociale, et qu'on lui indiquât une voie sûre pour améliorer pacifiquement l'existence de cette masse de malheureux ; pour augmenter la part qu'on leur laisse dans le produit de leurs sueurs; pour les éloigner ainsi graduellement de la servitude réelle qu'enfante l'indigence, et les rapprocher, de plus en plus, dans la pratique, par un accroissement continu d'aisance et de lumières, de la liberté et de l'égalité théoriques, dont on a la sottise ou la barbarie d'exiger qu'ils se contentent; je voudrais enfin que l'immense majorité, que la portion active de l'espèce humaine ne fût pas réduite à s'écrier avec Necker : « Que m'importent vos lois » de propriété ? Je ne possède rien. Vos lois de li-» berté ? si je ne travaille pas demain, je mourrai. » Pour cela, il faut cesser de faire consister la bonté d'un régime quelconque, dans la proclamation de certains principes abstraits, et renoncer à considérer cette proclamation comme le but social; il faut voir dans la reconnaissance des libertés politiques par le pouvoir, non pas le dernier terme des efforts civiques, ni le type du bonheur public, mais seulement un moyen de rendre ces efforts plus efficaces et de parvenir plus promptement à ce bonheur (1). Un rôle assez beau reste encore à la liberté légale dans ce système : en protégeant l'exercice de toutes les facultés, elle contribue au développement des forces individuelles, à l'augmentation des éléments de prospérité générale, et à l'extension de la liberté de fait (2), qui, après tout, est la vraie liberté.

(1) Les doctrines libérales eurent une valeur progressive, dans la période révolutionnaire, parcequ'elles fournirent les moyens d'accomplir ce qui formait alors la principale nécessité du temps, c'est à dire la destruction d'un ordre suranné ; mais lorsqu'après la chute définitive des vieilles institutions, le libéralisme s'obstine à donner, pour le dernier terme de la perfectibilité sociale, l'introduction dans la loi, d'un principe dont la vertu corrosive ne peut plus s'exercer que sur les restes impuissants de l'ancien régime, lorsqu'il se complaît dans la contemplation de ses conquêtes légales ou fictives, sans rien voir au-delà, sans s'apercevoir que ces abstractions tant chéries ne peuvent plus conserver leur caractère d'utilité, que comme auxiliaires pour parvenir plus aisément au véritable but social, et pour porter le perfectionnement dans le domaine des réalités ; le libéralisme alors n'est plus que stationnaire. Cette distinction pourra servir à expliquer les jugements divers que j'ai énoncés sur les libéraux de la révolution et sur ceux de la restauration. Le zèle des derniers s'épuise contre des débris, et concentre péniblement les efforts du gros de l'armée philosophique contre l'arrière-garde de l'armée théologique féodale, irrévocablement détruite.

(2) Sous certains rapports, la liberté de fait est déjà assez

Voici, Monsieur, ma dernière observation. Dans le cours de cet examen critique, je vous ai laissé entrevoir plus d'une fois le désir de signaler, au blâme public, les écrivains qui m'ont paru se cacher derrière l'ombre d'un homme mort depuis deux ans, pour louer leurs amis sans retenue et outrager impunément leurs ennemis : c'est assez vous dire que je ne veux pas les imiter, en vous laissant la responsabilité de cet écrit. Veuillez donc, en envoyant cette dernière lettre à l'impression, ne pas toucher à la signature qui doit vous décharger du fardeau que vous avez accepté dans votre *prospectus*.

J'ai l'honneur, etc.

LAURENT.

grande en France; et c'est ce qui m'a fait dire que nous étions plus libres, *par la grâce* de Dieu, qu'on ne l'est en Amérique, par la volonté du peuple; mais il faut étendre l'empire de cette liberté réelle, et en faire pour tous un moyen de développement pour les forces sociales qui doivent assurer l'ordre et le bonheur de l'avenir.

PIÈCES JUSTIFICATIVES.

A.

Plan politique de Mirabeau.

Si l'on entend par le mot parti, une coalition systématique d'hommes qui, d'accord sur les bases principales, se tolèrent et même s'appuient réciproquement dans toutes les choses de détail, et marchent solidairement et fidèlement à un même but, il n'y a de parti ni dans l'assemblée ni dans la nation.

Si l'on entend par ce mot parti, les amis ou les ennemis de la révolution, on se tromperait de n'en compter que deux. Il en est quatre :

Ceux qui veulent la révolution sans bornes et sans mesures, faute d'instruction et de principes, et qui transportent dans la constitution toutes les méfiances nées d'un ordre de choses sans constitution ;

Ceux qui sans bonne foi comme sans esprit, croient ou feignent de croire au rétablissement de l'ancien système ;

Ceux qui ne voulaient pas de révolution, mais qui aujourd'hui comprennent qu'elle est faite et veulent de bonne foi la circonscrire et la consolider ;

Ceux enfin qui ont toujours voulu la révolution, mais sans être envieux du temps et en désirant de la mesure, des gradations, et une hiérarchie pour l'intérêt même de la liberté.

Cette dernière classe gouvernera à la fin les opinions et les

affaires, du moins si la décomposition générale ne range pas ses
vœux et ses projets parmi les nombreux rêves des gens de bien.
Elle peut aisément se coalitionner avec la précédente; mais il
n'existe plus de point central.

Tous les liens de l'opinion sont dissous. Elle ne sait plus où
se rallier. Les excès des ministres ont travaillé si long-temps à
démonarchiser les Français qu'ils y sont parvenus. Pour pallier
tous les manques de respect, toutes les indécences de l'indiscipline, toutes les utopies de la licence, on isole la cause de l'autorité royale, l'individu du monarque, et au moyen de cette fiction, l'autorité royale et la monarchie avec elle sont en péril, et le
roi lui-même n'est pas en sûreté, du moins en tant que les complots des factieux ou de leurs amis d'une part, l'emportement
excessif et l'ignorance du parti aristocratique de l'autre, et enfin
l'inexpérience indocile de l'assemblée, peuvent compromettre
cette précieuse sûreté dans des circonstances si difficiles, et au
sein d'une capitale oisive et misérable, enivrée d'une sorte de fanatisme.

Mais dans toute société, où il y a des restes d'organisation, on
trouve toujours une grande ressource, c'est que les gens qui ont
quelque chose à perdre ou à conserver sont de beaucoup les plus
nombreux: et cette ressource a chez nous un puissant auxiliaire,
c'est notre mobilité prodigieuse, mère de cette impatience corrosive qui fait que jusqu'ici il n'y a eu en France ni mal ni bien
durable, disposition toute particulière à notre nation, qui ne
changera que par la lente influence de l'instruction et d'un bon
système d'éducation publique.

Profitons de l'inquiétude des honnêtes gens et de l'amour des
nouveautés. On se sépare du roi parce que l'on voit qu'il s'abandonne lui-même, que ses ministres ne pensent qu'à eux et à
échapper comme ils le pourront à l'agonie générale, sans mort
violente, et que l'autorité royale, trop faible pour lutter contre
l'anarchie, paraît la favoriser pour se ressaisir d'une plénitude de

prétentions et de prérogatives que l'on sent trop bien qu'elle ne recouvrera jamais.

Que le roi s'annonce de bonne foi pour adhérer à la révolution à la seule condition d'en être le chef et le modérateur ; qu'il oppose à l'égoïsme de ses ministres un représentant de sa famille dispersée, qui ne soit pas lui, parce que son métier de roi est et doit être exclusif de l'esprit de famille : mais qui soit tout à la fois la caution de cette famille, en quelque sorte son otage et l'organe non ministériel de la volonté du chef de la nation, aussitôt l'on verra la confiance ou du moins l'espoir renaître, le goût de la monarchie reparaître, et les partis qui veulent de bonne foi que l'empire français ne se décompose pas ou ne devienne pas pour un demi-siècle l'arène des jeux sanglants de quelques ambitieux subalternes ou de quelques démagogues insensés, se rallier autour du Bourbon devenu le conseil du roi, et le chef des amis de l'autorité royale réglée, subjuguer l'opinion et dompter les factieux. Le choix de ce Bourbon est indiqué non seulement par la nature, mais par la nécessité des choses, puisque tous les princes du sang, excepté un seul, sont en conspiration réelle ou présumée, et regardés comme les ennemis de la nation, si universellement, qu'il est douteux qu'ils puissent être sauvés par l'avénement de *Monsieur*, mais qu'il est certain qu'ils ne peuvent l'être que par là.

Pour peu que cet avénement tarde, il ne paraîtra plus qu'une intrigue, tandis que lié à l'événement où *Monsieur* a eu le courage de placer, dans son discours populaire, le roi à la tête de la révolution, il aurait l'incalculable avantage d'être l'adhésion du roi, et en réchauffant toutes ses ressources dans l'opinion, les seules sur lesquelles il puisse compter, de lui préparer des moyens de renouveler sans secousse et sans difficulté son conseil, qui n'est aujourd'hui que le plus embarrassant de ses bagages et la première maladie de l'état.

B.

Copie d'une lettre attribuée à Monsieur, *comte de Provence, et adressée à* M. ***, *en* 1789.

Il ne tiendrait qu'à moi, my dear son, de prendre pour une manière de reproche direct, la première phrase de votre lettre; cependant je pourrais vous répondre que c'est presque toujours vous qui commencez à parler de Haye, ou d'Ouna ; mais basto, je passe par là-dessus, et je vais au second grief qui est bien plus considérable. J'ai vu tous ces gens-là, j'en conviens; ils m'ont persuadé, j'en conviens encore; mais quelque raison qu'ils aient eu (et il faut qu'ils en aient eu une furieuse dose, car c'est bien contre le vœu de mon cœur que je me suis rendu; et si ma raison n'y veillait sans cesse, il ferait certainement une insurrection) quelque raison que j'aie moi-même en parlant d'après eux, il n'est pas aisé de persuader des gens dont le cœur est au moins aussi fort que la raison, et de plus quatre fois plus ulcéré que le mien. Ce n'est pas que je veuille disconvenir de ma timidité; il y a trente-quatre ans que j'ai ce malheur, ou plutôt ce défaut-là, mais la mienne est d'une espèce particulière : en public je le suis fort peu; diminuez le cercle, elle augmente; et elle est à son comble dans le tête à tête. Il n'y a que lorsque je suis assez animé par l'objet pour pouvoir assommer mon adversaire d'un seul coup, que j'en puis venir à bout, et il est rare que je sois dans ce cas là. Vous me faites bien de l'honneur de me comparer à un éléphant, mais le fussé-je, le rôle qu'il m'a fallu jouer toute ma vie, rôle si opposé à celui que je serais dans le cas de jouer en ce moment, m'a ôté beaucoup de la force qui me serait nécessaire; retenez le meilleur coureur au lit pendant six mois, s'il n'en sort pas paralytique, au moins courra-t-il bien mal. Jugez quand c'est 18 ans, au lieu de 6 mois. D'ailleurs, encore une fois, vous me jugez trop favorablement ; je ne vous dirai pas que je suis un sot, car je n'en crois rien, mais mon genre d'esprit consiste plutôt dans une certaine aptitude à saisir les idées, à me les identifier, à les présenter quelquefois sous un jour plus favorable que leur auteur même, qu'à en enfanter tout seul. De là vient, que lorsque j'ai un second, pourvu que ce ne soit pas absolument un *apoco*, je me défens et même j'attaque bien ; mais lorsque je suis seul et qu'on me fait une objection imprévue, je reste souvent court, et quand on y a été une fois pris, l'air de noblesse et de dignité n'en impose plus : le cornac qui a dompté l'éléphant, cesse de le craindre. Voilà ce qui m'est arrivé plusieurs fois avec la reine, et c'est ce qui fait que je ne puis pas espérer de lui en imposer ; quant au roi, il est si versatile, parce qu'il est si engourdi, qu'on n'en peut rien tirer : il jette sa confiance comme un pêcheur de baleine jette son harpon, et puis au lieu de tirer le poisson, c'est le poisson qui le tire. Je le sais bien, puisque j'ai été premier ministre pendant trois jours ; c'est moi qui l'ai engagé à aller à l'assemblée nationale, à rappeler ses ministres, et à aller à Paris, ce sont trois petites choses assez importantes ; on aurait cru que j'allais gouverner l'état, point du tout : M. de Montmorin est revenu, je me suis retrouvé Gros-Jean comme devant. La reine a encore une manière qui est diabolique, c'est qu'elle vous dit, moi je ne me mêle pas de cela, et quand une fois elle s'est cramponnée à cette phrase, pas pour un diable vous ne l'en feriez démarrer. Il y aurait peut-être un moyen, qui serait de me montrer tout-à-fait sans m'embarrasser d'eux, de me mettre assez en avant pour me rendre même à craindre si je pouvais avoir de mauvaises intentions, et ensuite de leur tendre une main qu'ils seraient bien obligés de prendre ; mais jamais je ne jouerai un pareil rôle, j'aimerais mieux périr ici avec eux, ou, comme d'autres aller en pays étranger *manger le pain de la pitié*, que de manquer à ce point, quoiqu'à bonne intention, aux principes que j'ai sucés avec le lait. Après avoir répondu à vos reproches, il faut que je satisfasse mon cœur en vous disant que votre lettre ne m'a fait éprouver qu'un seul sentiment et bien doux, c'est de me dire, mon fils m'aime donc comme je l'aime, comme je desire d'être aimé! Vous parlez de distance; ah! quand il y en avait encore, n'étions-nous pas trop heureux lorsque quelqu'un voulait bien la franchir : non, mon fils, jamais il n'y en a eu de votre cœur au mien; s'il pouvait en exister, ce n'est que celle que quelques années de plus y ont placée : celle-là est naturelle. Je ne parle pas de l'adoption que j'ai faite de vous; les premiers soins que j'ai pris de vous ne vous avaient pas pour objet, je les rendais à un homme que j'aimais, que je respectais, que je regretterais bien davantage si je ne savais combien tout ceci le rendrait malheureux. Il est vrai que j'en ai perdu le mérite, même avant de m'apercevoir que je l'eusse perdu, mais encore une fois entre un bon père et un fils tendre, il n'y a point de distance. J'attends votre discours qui doit être intéressant à en juger par l'exorde, et je pars pour la fabrique, mais ce ne sera pas sans vous avoir en esprit comme je le voudrais en chair et en os, serré contre mon cœur.

C.

Note communiquée par les héritiers de Mme *CAMPAN.*

En venant me retirer à Mantes je savais que le nommé Baruel Beauvert, libelliste, qui le premier a osé dénaturer la conduite la plus dévouée à l'auguste reine Marie-Antoinette, avait long-temps résidé dans cette petite ville; j'eus la confiance d'écrire à madame la duchesse de Tourzelles à ce sujet, elle me fit la grâce de me répondre une lettre qui contenait les mots suivants.

« Je comprends parfaitement la peine que vous éprouvez de
» tout ce qui peut tendre à jeter des doutes sur votre attache-
» ment et votre fidélité à l'auguste princesse à laquelle vous
» aviez l'honneur d'être attachée, dans les fonctions que vous
» remplissiez auprès d'elle.

» C'est avec grand plaisir, Madame, que je vous rendrai la
» justice que pendant les trois ans où ma place m'a donné de
» fréquents rapports, avec notre grande et trop malheureuse
» reine, je vous ai toujours vue empressée de lui témoigner votre
» respect et votre attachement. J'ai été témoin qu'elle vous
» avait donné des marques de confiance toute particulière, et
» de votre discrétion, et de votre fidélité dans les diverses cir-
» constances. Vous lui en donnâtes des preuves dans ce malheu-
» reux voyage de Varennes, et les délations faites à ce sujet sur
» votre compte, sont de toute fausseté et ont été de toute injus-
» tice.

» Je vous ai vue aux Feuillants, la nuit du 10 août, présenter
» à la reine l'hommage de votre douleur, et lui offrir vos services,
» quoique vous ne fussiez pas en ce moment dans votre mois de
» service: c'est un hommage que je rends à la vérité, et je m'esti-
» merai heureuse si ma lettre pouvait apporter quelque consola-
» tion aux amertumes dont votre cœur est accablé, etc.

Signé Croy d'Havré, duchesse de Tourzelles.

Paris 27 avril 1816.

Il existe encore une lettre originale de madame la duchesse de
Luynes, du 7 août 1819, dans laquelle on trouve la preuve que
les diffamations dirigées contre madame Campan avaient été reconnues de la fausseté la plus révoltante par l'auguste princesse
qui tient le premier rang sur les degrés du trône, et qui en avait
été instruite par la voie de M. le vicomte Mathieu de Montmorency.

D.

Copie d'une lettre othographe de Louis XVI, *au comte* Demoustiers, *son ministre à Berlin.*

Paris, le 19 septembre 1791.

J'ai chargé M. de Montmorin, de vous écrire, Monsieur, au sujet de la place des affaires étrangères que je vous destine. Comme les circonstances sont changées, j'espère que vous ne ferez plus de difficultés d'accepter une place que je vous verrai remplir avec grand plaisir. Je compte que vous ne tarderez pas à vous rendre ici.

Signé Louis.

M. Demoustiers, à Berlin.

E.

Copie d'une lettre du feu roi Louis XVIII, *à M. le comte* Demoustiers, *ancien ministre du roi* Louis XVI, *à Berlin.*

A Blankenbourg, ce 19 novembre 1797.

Je viens, Monsieur, d'apprendre la mort du roi de Prusse; mon premier mouvement a été d'envoyer quelqu'un exprès pour complimenter le roi, son fils, sur ce triste événement, mais j'ai pensé que cette démarche pourrait être embarrassante pour lui. Vous êtes établi en Prusse, et les bontés que le feu roi avait pour vous, à si juste titre, vous mettent, à ce que j'imagine, dans le cas de faire quelquefois votre cour à son successeur. C'est donc à vous que je m'adresse pour vous charger d'exprimer à S. M. P. la part que je prends à sa juste douleur, et celle que me fait éprouver à moi-même, la mort d'un souverain dont l'amitié m'était chère, et auquel j'ai personnellement des obligations que rien n'effacera jamais de mon cœur ni de ma mémoire. Profitez aussi de cette occasion pour rappeler à S. M. P. les sentiments dont elle m'a donné l'assurance en 1792, et pour lui parler de ceux qu'elle m'a inspirés. La meilleure preuve que je puisse lui en donner, c'est de lui souhaiter de tout mon cœur de retracer aux yeux de l'univers le héros qui parvint à son âge au trône qu'elle occupe aujourd'hui.

J'espère que la reine n'a pas oublié le plaisir que j'ai eu de la voir un moment à Francfort, et je vous charge aussi d'être, auprès d'elle, l'interprète de mes sentiments dans cette triste occasion.

Soyez bien persuadé, Monsieur, de tous mes sentiments pour vous.

Signé Louis.

M. le comte Demoustiers.

Copie d'une lettre de M. le comte Demoustiers, *à S. M. Prussienne, en lui faisant l'envoi de la lettre ci-dessus.*

Sire,

Si j'ose m'exposer au risque de déplaire à votre majesté en prenant la liberté de mettre sous ses yeux la lettre ci-jointe, je n'ai pas dû craindre moins de pouvoir un jour mériter ses reproches si je m'en étais abstenu, puisque cette lettre paraît être aujourd'hui le seul moyen par lequel puisse parvenir à votre majesté la connaissance des sentiments d'un prince, sur le sort duquel l'arbitre suprême des destinées des souverains et des empires tient peut être son arrêt suspendu, et que les relations qui pourront exister définitivement entre votre majesté et lui sont nécessairement voilées par une obscurité que l'avenir, toujours caché aux hommes, pourra seul dissiper.

La démarche à laquelle je me suis soumis, m'a paru d'autant plus susceptible d'indulgence de la part de votre majesté, qu'un roi peut seul apprécier ce qu'un monarque malheureux, écarté de son trône par la fatalité des circonstances, a droit d'attendre d'un homme, qui comme moi, n'a jamais pris le cours de la fortune pour la règle de ses devoirs, et qui s'est immolé à leur accomplissement. Dans le nombre des peines que ma fidélité à mes devoirs et à l'honneur m'a attirées, une de celles qui ont le plus vivement affecté mon cœur, et laquelle l'afflige constamment, est d'avoir perdu l'avantage dont le prix était infini à mes yeux, de servir d'organe au rapprochement des intérêts de ma patrie et de ceux des états de votre majesté. Le moment éclatant de son avénement au trône a dû particulièrement me faire sentir toute la douleur d'être déchu d'une situation par laquelle j'aurais pu jouir du bonheur inappréciable de cultiver ses bontés et son estime.

La circonstance présente m'entrainant à une démarche dont je sens toute la délicatesse, je crois donner au moins une preuve de l'extrême confiance que m'inspirent ses lumières et la bonté de son cœur royal, en m'abstenant de recourir à aucun intermédiaire, en sorte que, de quelque manière que votre majesté puisse envisager cette démarche, elle ait au moins la conviction de ma scrupuleuse attention au secret le plus profond qui restera déposé dans le sein de votre majesté, selon le jugement qu'elle-même daignera porter de la mesure prise envers elle par un prince qui prouve par les vœux qu'il forme pour la gloire de votre majesté et la prospérité de son règne, combien ce qui peut intéresser votre majesté est cher à son cœur.

PIÈCES JUSTIFICATIVES. 483

La rigueur du secret me semblant exiger de m'abstenir envers S. M. la reine de la démarche qui m'est prescrite à son égard, j'ose supplier très humblement votre majesté de considérer mon silence dans le sens de la plus respectueuse circonspection.

Je suis, etc.,

Signé : le comte DEMOUSTIERS.

Berlin, le   novembre 1797

Copie de la réponse de S. M. Prussienne, à M. le comte DEMOUSTIERS, *en lui renvoyant la lettre communiquée de* LOUIS XVIII.

Monsieur le comte de Moustiers, je ne saurais qu'être vivement touché des sentiments exprimés dans la lettre que vous venez de me communiquer, et que vous trouverez ci-jointe en retour : une connaissance personnelle m'ayant mis à même de rendre justice aux éminentes qualités de son auguste auteur, vous jugez vous-même à quel point je dois apprécier son souvenir et sa façon de penser à mon égard. Je vous prie de lui en marquer ma reconnaissance dans les termes les plus propres pour en désigner la force et la sincérité. Ajoutez-y les assurances de mon admiration pour des vertus mises à une si rude épreuve, de l'intérêt constant que je prends à ses malheurs, et des vœux fervents que je forme pour sa prospérité et pour la jouissance d'un sort plus heureux et digne de lui. Ne craignez point surtout, en servant d'organe à ces sentiments, de leur prêter trop d'énergie par celle de vos expressions. Quant à vous, Monsieur le comte, je vous ai bien des obligations d'avoir voulu porter la lettre en question à ma connaissance d'une manière aussi franche que circonspecte, et j'espère d'avoir l'occasion à une des cours prochaines, qui auront lieu chez moi, de vous témoigner personnellement l'estime que je vous porte, et sur ce, je prie Dieu qu'il vous ait, Monsieur le comte Démoustiers, en sa sainte et digne garde.

Berlin, ce 5 décembre 1797.

Signé FRÉDÉRIC-GUILLAUME.

Au comte Demoustiers, à Berlin.

F

La lettre suivante, que nous sommes autorisés à publier, servira de réponse au reproche de versatilité et à deux autres griefs dont son respectable auteur a été l'objet dans le livre de l'abbé de Montgaillard, et confirmera tout ce qui a été dit sur M. Grégoire dans le cours de cette réfutation.

Abdication volontaire et motivée du titre de commandeur dans la légion d'honneur.

Paris, 19 novembre 1822.

MONSIEUR LE GRAND CHANCELIER (1),

Votre lettre du 13 de ce mois m'avertit que l'ordonnance du 26 mars 1816, dont j'ignorais la teneur, prescrit le remplacement des anciens brevets des membres de l'ordre royal de la légion d'honneur.

Je vous envoie ci-joint l'acte primitif de ma nomination au grade de commandeur, et si je n'y joins pas les autres pièces

(1) M. Macdonald, maréchal et grand chancelier de la légion d'honneur.

exigées pour l'obtention d'un nouveau brevet, c'est par des considérations que je vais déduire avec la franchise (j'ai presque dit) la crudité de mon caractère. Parler de soi est une tâche embarrassante, mais elle m'est imposée par l'obligation de vous répondre.

Pendant un quart de siècle et plus, j'ai rempli honorablement dans l'ordre social des fonctions éminentes que m'avait déléguées l'estime de mes concitoyens. En 1819, leur faveur persévérante rappela sur le théâtre politique un vétéran concentré dans la solitude; mais alors était arrivé le temps des vengeances féodales, ecclésiastiques, coloniales, etc., etc. Un plan systématique d'impostures, d'outrages, de persécutions commandées, soudoyées, fut ourdi; les rôles furent distribués, pour faire retentir dans toute l'Europe une calomnie démentie, si l'on peut le dire, *jusqu'au-delà de l'évidence*, par un procès-verbal, par un discours prononcé à la tribune nationale, par une lettre dont l'original est déposé aux archives du gouvernement; toutes ces pièces sont imprimées. A ce déchaînement de fureurs dont les annales françaises n'offrent pas un pareil exemple, concouraient ardemment des *dévots*, c'est l'antipode des hommes *pieux*. Le pardon que je leur accorde et le désir sincère de me *venger* d'eux par des bienfaits, ne les absolvent pas d'un assassinat moral et des conséquences que pour eux il entraîne.

Le résultat de cette trame odieuse, subversive de la Charte et de toute liberté nationale, fut tel que j'ai pu m'en applaudir, car depuis cette époque l'opinion publique et très publique n'a pas cessé d'offrir des consolations à celui auquel suffit le témoignage de sa conscience.

Mais cependant, M. le grand chancelier, si l'homme contre lequel furent déployées tant de fureurs, était coupable, doit on lui renouveler le brevet d'inscription sur le tableau de la légion d'honneur? Le fait suivant rendrait plus saillante encore cette contradiction.

Sons la terreur de 1793, après avoir plus que personne (j'ose le dire, car le fait est indéniable), contribué à sauver les monuments des sciences, des arts et ceux qui les cultivent; membre de la représentation nationale, je fus un des plus fervents promoteurs et l'un des fondateurs de l'institut auquel m'aggrégea une élection libre et sanctionnée par la *loi*, mais dont je fus exclus en 1816, sinon de droit, au moins de fait par *ordonnance*, et celui qui le premier dans cette société avait *expressément* repoussé *l'acte additionnel*, dont on se rappelle le dernier article, fut d'après cette ordonnance réputé sans doute *indigne* de siéger au milieu de cent cinquante signataires de ce fameux acte additionnel; il fut même censé *indigne* de vivre, car pendant quelques années on lui ravit ses moyens d'existence, et quoique, soit nécessité, soit pudeur, on ait arrêté ou suspendu le cours de cette injustice, jamais on n'a rempli à son égard les lacunes d'une dette étayée de lois et d'ordonnances.

La métamorphose de l'institut a établi une doctrine absolument neuve sur la *légitimité littéraire*, et si elle n'a pu obscurcir la notion des devoirs que commande la *solidarité littéraire*, elle a laissé à d'autres hommes, d'autres temps, d'autres pays la gloire de les mettre en pratique; mais, revenant à l'objet de ma lettre, je demande si l'exclusion de l'institut ne heurterait pas la concession d'un nouveau brevet de la légion d'honneur, et n'offrirait pas une seconde contradiction, qui ne serait pas la dernière, car d'autres résulteraient de faits et de monuments historiques dont on pourrait ici entremêler le souvenir.

A ces difficultés il est une solution, mais il ne faut pas même la faire entrevoir, parcequ'en général les ministères ont pour maxime d'agir comme s'ils étaient infaillibles et impeccables.

Honoré des suffrages les plus flatteurs dans les trois hiérarchies ecclésiastique, politique et littéraire, je ne les cherchai point; ils vinrent trouver celui qui s'efforçait de les mériter et non de les obtenir. Dans cette dernière route on est coudoyé par la foule, dans l'autre on ne court pas ce danger. Tandis qu'au milieu des tourbillons révolutionnaires, les hommes sans caractère (c'est la presque totalité) se traînaient dans les ornières de l'adulation, de la servilité, je restai immobile sur les principes qui, dès la plus tendre jeunesse, présidèrent à ma conduite; car la religion est une boussole qui ne décline jamais : avec elle on épanche sur tous les hommes les effusions de la bonté; celui qui est l'objet de leurs persécutions, n'est pas le plus à plaindre.

Une vie intègre défie la médisance, mais qui pourrait défier la calomnie, surtout depuis que les théories de l'*indignité*, du pouvoir absolu et du système interprétatif ont fait un progrès si étrange ? Des vexations d'un genre nouveau, si toutefois l'immense série n'en est pas épuisée, sont réservées peut-être à un citoyen paisible, inoffensif, éloigné du monde, que les amis des mœurs, de la liberté, de l'ordre, rencontrent toujours dans leurs rangs, mais qui n'étant pas dirigé par des idées, par des sentiments d'emprunt, toujours rallié au drapeau de la loi, ne s'enrôle jamais sous la bannière des partis.

Un serment de fidélité au gouvernement est exigé dans la légion d'honneur, il est également prescrit aux colléges électoraux où plusieurs fois je l'ai prêté et récemment encore aux dernières élections de Paris.

Certes, elle est très respectable cette institution d'un ordre destiné à récompenser le mérite civil et militaire. Mon diplôme de nomination sous la date du 26 prairial an 12 énonce textuellement qu'elle est *un témoignage éclatant de la reconnaissance nationale*. Si c'eût été simplement une grâce, je l'eusse refusée; mais le régime sous lequel on vivait alors, était aussi peu disposé à étendre sur moi la répartition de ses faveurs que j'étais peu disposé à les recevoir.

Quiconque se respecte met dans sa conduite un ensemble dont il ne sait pas se départir; telle est ma susceptibilité à cet égard, que placé (par une main ennemie) dans une catégorie particulière, appelant le passé au conseil du présent, je craindrais (si j'envoyais les documents demandés pour le renouvellement du brevet), que cette démarche ne fût assimilée à une sollicitation. Qui sait, si contre la volonté formelle et l'assurance positive consignée dans la lettre du grand chancelier, qui sait, dis-je, si des agents de la puissance la circonvenant, ne se ménageraient pas en cette occurrence le plaisir, que ne je ne veux pas leur donner, de faire rejeter la *prétendue* sollicitation, ou après l'expédition du brevet le plaisir de le faire révoquer.

D'ailleurs, lorsque pendant huit ans consécutifs, un individu a été conspué, tourmenté sans relâche, et *par qui?* Lorsque pour le flétrir ont été faites des tentatives inouies, quoique sans aucun succès, conserver son nom dans la matricule de l'honneur civil, ne serait-ce pas une inconséquence dont on peut, dont on doit s'épargner le reproche? Il serait plus convenable, ce semble, de procéder *régulièrement* à l'examen de ses griefs et de ses droits. Celui qui indique cette mesure tient pour indubitable que la justice rendue sur un article, fait ressortir plus vivement l'injustice en d'autres.

Inaccessible à l'ambition, arrivé aux confins de l'éternité, je m'occupe uniquement, comme dans toute ma vie, de ce qui peut éclairer mon esprit, améliorer mon cœur, et contribuer au bonheur des hommes, quoique les services, qu'on leur rend, soient ici bas rarement *impunis*. Repoussé du siége législatif, repoussé de l'institut; à ces deux exclusions, on permettra sans doute que j'en ajoute moi-même une troisième, et que je me renferme dans le cercle des qualités qui ne peuvent être ni conférées par *brevet*, ni enlevées par *ordonnance;* qualités seules admises dans deux tribunaux qui réviseront beaucoup de jugements dont nous sommes contemporains : le tribunal de l'histoire et celui du juge éternel.

M. le grand chancelier, la prolixité de cette lettre réclame votre indulgence. Pour obvier à des interprétations erronées, à des suppositions gratuites d'arrière-pensées, en vous annonçant ma détermination, j'ai dû l'entourer des motifs sur lesquels elle s'appuie. La vérité les a tracés, je vous crois digne de l'entendre, et cette déclaration est un hommage d'estime que je vous présente.

Signé ✝ Grégoire, *ancien évêque de Blois.*

FIN.

TABLE.

		Pages.
Avis de l'éditeur.		vj
Première lettre.	— Sur le Discours préliminaire.	1
Seconde lettre.	— Sur l'Introduction historique.	28
Troisième lettre.	— Assemblée constituante, 1789.	56
Quatrième lettre.	— *idem.*	76
Cinquième lettre.	— *idem.*	113
Sixième lettre.	— *idem.*	145
Septième lettre.	— *idem.* 1789 et 1790.	171
Huitième lettre.	— *idem.* 1791.	199
Neuvième lettre.	— Assemblée législative, 1791-1792.	224
Dixième lettre.	— Convention nationale, 1792-1793.	276
Onzième lettre.	— *idem.* 1793-1794.	304
Douzième lettre.	— Convention nationale, Gouvernement directorial de 1794 à 1799.	357
Treizième lettre.	— Consulat.—Empire, 1799 à 1814.	383
Quatorzième et dernière lettre.	— Restauration de 1814 à 1827.	414
Pièces justificatives.		473

ERRATA.

Page 32, ligne 22 : au lieu de infirmer ; *lisez* insinuer.
— 62, — 25 : au lieu de, second ministère pendant lequel celui-ci fit convoquer les états généraux du Genevois ; *lisez*, second ministère du Genevois, etc.
— 72, — 26 : au lieu de, il l'a peint ; *lisez*, il la peint.
— 198, — 19 : au lieu de, général Sor... ; *lisez*, général Sar...
— 204, — 16 : cinconstances, *lisez*, circonstances ; et *au lieu de* : on sortir ; *lisez*, au sortir.
— 289, — 22 : au lieu de, autre ; *lisez* autres.
— 295, — 7 : au lieu de, d'un prince ; *lisez* de ce prince.
— 367, — 16 : au lieu de déclarer, *lisez* déclamer.

Douzième lettre : *lisez*, aux titres courants, depuis la page 259 jusqu'à la page 381, CONVENTION NATIONALE ; GOUVERNEMENT DIRECTORIAL, DE 1794 à 1799 ; au lieu de : CONVENTION NATIONALE, 1793-1794.

Treizième lettre : *lisez*, aux titres courants, depuis la page 385 jusqu'à la page 399, CONSULAT. — EMPIRE ; au lieu de : CONVENTION NATIONALE, 1793-1794.

www.ingramcontent.com/pod-product-compliance
Lightning Source LLC
Chambersburg PA
CBHW060222230426
43664CB00011B/1516